CAMPUS SUR

CURSO INTENSIVO DE ESPAÑOL

B1

LIBRO DEL ALUMNO

Francisco Rosales Varo
Teresa Moreno
Ana Martínez Lara
Pilar Salamanca
Kris Buyse
Matilde Martínez
Núria Murillo
Pablo Garrido

difusión

CRÉDITOS

Francisco Rosales Varo
COLUMBIA UNIVERSITY. NUEVA YORK

Teresa Moreno
LUDWIG-MAXIMILIANS-UNIVERSITÄT. MÚNICH

Ana Martínez Lara
UNIVERSIDAD POLITÉCNICA DE MADRID

Pilar Salamanca
UNIVERSIDAD DE LENGUAS APLICADAS - SDI MÚNICH

Kris Buyse
KU LEUVEN

Matilde Martínez
FORMADORA DE ELE Y MIEMBRO DE G.R.E.I.P. (UAB)

Núria Murillo
EDITORIAL DIFUSIÓN

Pablo Garrido
EDITORIAL DIFUSIÓN

Anexo de comprensión auditiva
Marta Nogueroles López, Daniel Miguel Fuentes

Revisión pedagógica
Agustín Garmendia, Pablo Garrido, Núria Murillo

Coordinación editorial y redacción
Pablo Garrido, Núria Murillo, Clara Serfaty, Sara Zucconi

Diseño y maquetación
Pedro Ponciano, Laurianne Lopez

Corrección
Sara Alba, Agnès Berja, Lídia Franquesa, Cálamo&Cran, Sílvia Jofresa

Agradecimientos
Emilia Conejo, Dimitris Xygalatas, Paula Lorente, Amor Aguaded, Bàrbara Cuenca, Carmelo Fernández Loya, Fundación Aldauri, Carmen Ramos, REAS Red Redes, María José Ruiz Frutos, Universidad Nebrija, Meritxell Uriel, John Coogan, Brian Brennan, Audrey Avanzi, Barbara Ceruti, Anja Burkhardt, Sara Zucconi, Marc Fernández Gómez, Javier Pérez Zapatero

El vídeo "El lenguaje gestual" de la unidad 9 está basado en "Gestos y lenguaje no verbal en la clase de ELE" de Paula Lorente, Amor Aguaded, Bàrbara Cuenca y Meritxell Uriel.
Casa África ha colaborado con Difusión autorizando la inclusión del vídeo "Informar sobre África" en este manual.

© Los autores y Difusión, S.L. Barcelona 2017
ISBN: 978-84-16347-79-7
Reimpresión: septiembre 2019
Impreso en España por Novoprint

Queda prohibida cualquier forma de reproducción, distribución, comunicación pública y transformación de esta obra sin contar con la autorización de los titulares de la propiedad intelectual. La infracción de los derechos mencionados puede ser constitutiva de delito contra la propiedad intelectual (arts. 270 y ss. Código Penal).

C/ Trafalgar, 10, entlo. 1ª
08010 Barcelona
Tel. (+34) 93 268 03 00
Fax (+34) 93 310 33 40
editorial@difusion.com

www.difusion.com

CAMPUS SUR Y CAMPUS.DIFUSION.COM

Para reforzar la experiencia de aprendizaje, **CAMPUS SUR** cuenta con numerosas extensiones digitales. Entra en **campus.difusion.com** o descárgate* la aplicación de Campus Difusión y accede a todos los recursos complementarios del manual: **transcripciones**, **audios**, **vídeos**, **textos complementarios**, **textos mapeados**, **actividades extra**, etc.

Versión digital premium
CAMPUS SUR cuenta con una versión digital interactiva accesible desde la web o la aplicación de Campus Difusión para los usuarios con cuenta premium.

* Disponibles en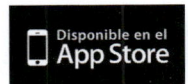

CÓMO ES **CAMPUS SUR**

CAMPUS SUR es un manual intensivo que, en 18 unidades, cubre los niveles

UNIDADES 1-4

UNIDADES 5-10

UNIDADES 11-18

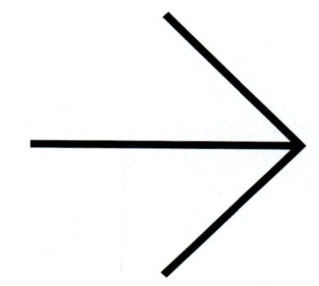

CAMPUS SUR Y LA CLASE INVERTIDA. El contexto universitario suele exigir que parte del proceso de aprendizaje de los y las estudiantes se lleve a cabo fuera del aula. La propuesta de Campus Sur tiene en cuenta los principios de la **clase invertida** y ofrece la posibilidad de que los alumnos y las alumnas vayan a clase después de haber realizado investigaciones sobre un tema, hayan comprendido documentos (textos escritos, vídeos, audios...) o hayan reflexionado sobre cuestiones gramaticales, léxicas, etc. El propósito es aprovechar las a veces escasas horas presenciales para **potenciar el trabajo en colaboración y la interacción significativa**, esenciales en el aprendizaje de una lengua extranjera.

Estas propuestas de trabajo previo individual están señaladas con el icono 🏠 **PREPÁRATE**, aunque los y las docentes podrán siempre determinar en qué casos aplicar este modelo.

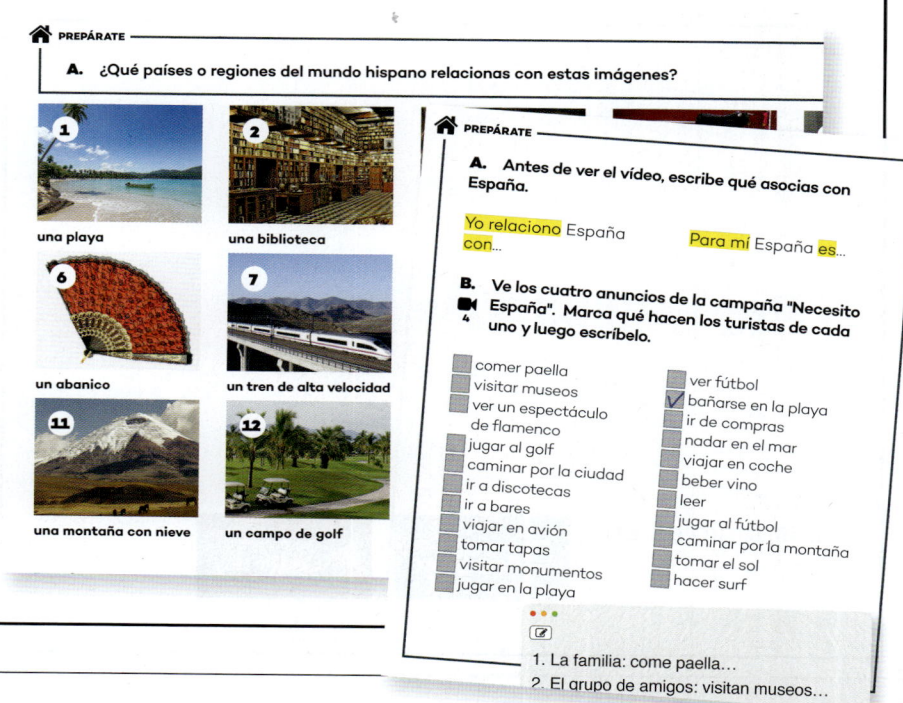

¿CÓMO SON LAS UNIDADES?

DOCUMENTOS PARA EMPEZAR

Una doble página con documentos breves (imágenes, infografías, citas, textos escritos, vídeos...) y actividades para activar conocimientos de los y las estudiantes e introducir el tema de la unidad.

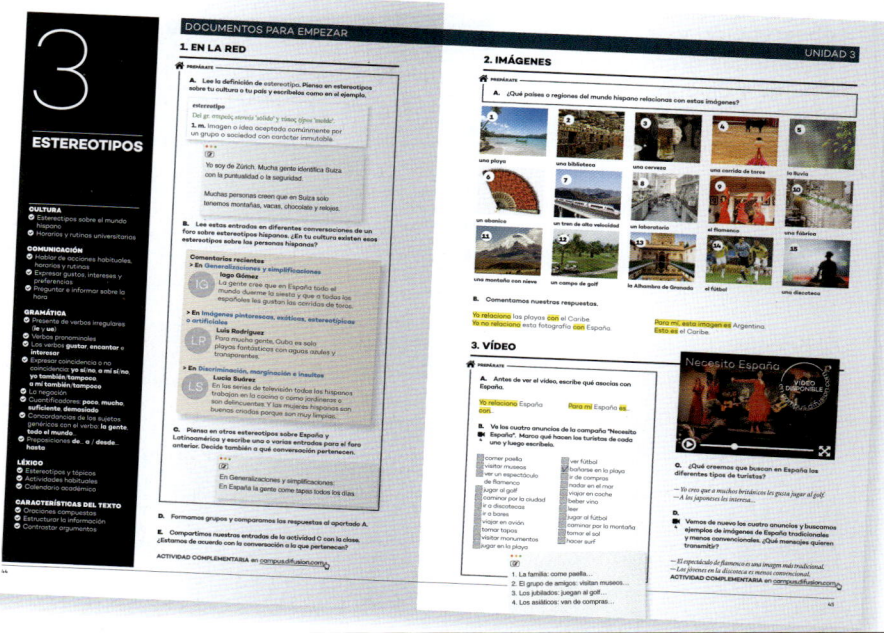

DOCUMENTOS PARA DESCUBRIR

Para contextualizar los contenidos lingüísticos y temáticos de la unidad, en esta doble página se incluyen, principalmente, textos escritos y orales de una mayor extensión acompañados de actividades de comprensión y conexión con el mundo de los y las estudiantes.

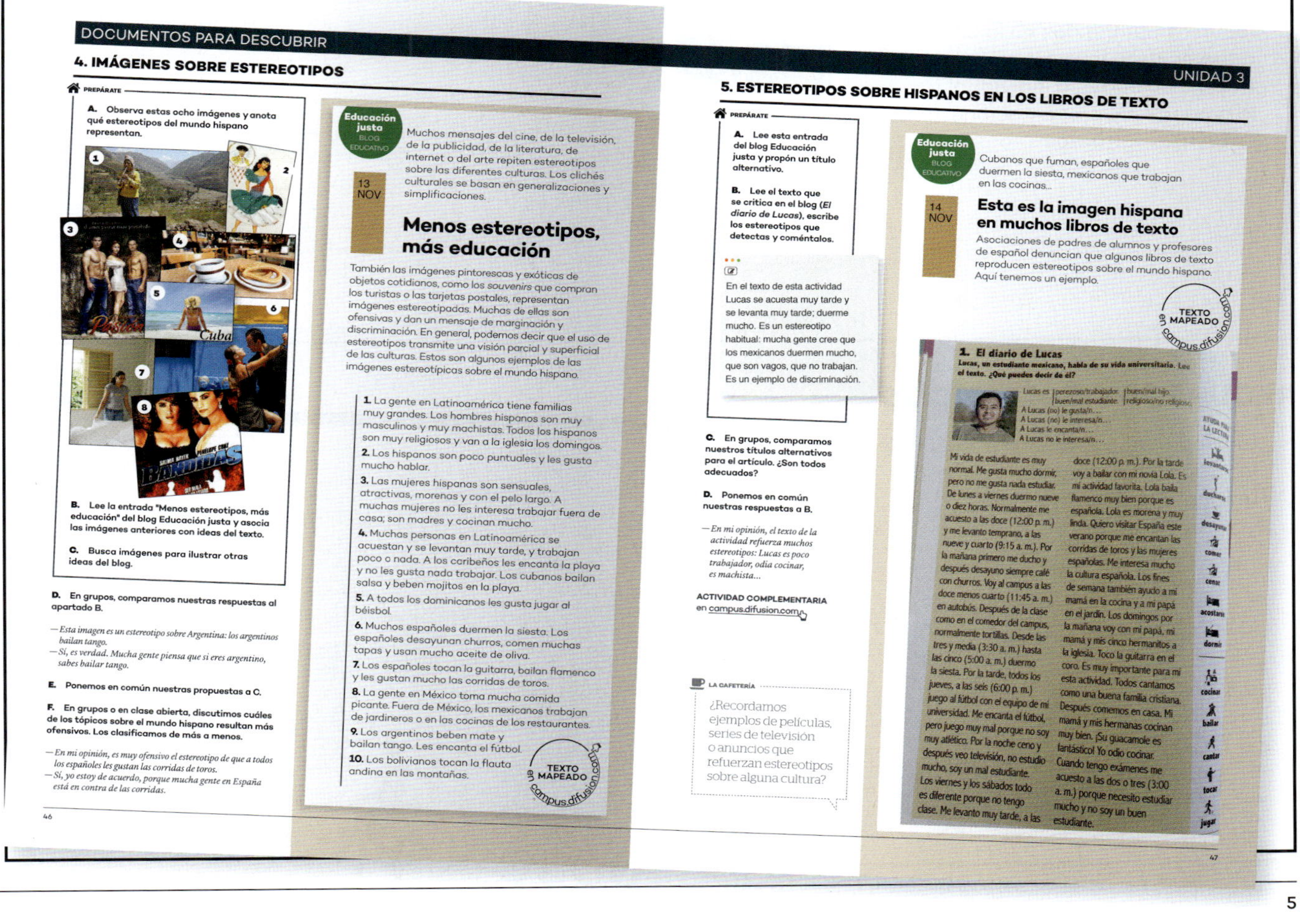

CÓMO ES **CAMPUS SUR**

¿CÓMO SON LAS UNIDADES?

SISTEMA FORMAL

Sección dedicada a la observación y práctica de fenómenos gramaticales, léxicos y discursivos.

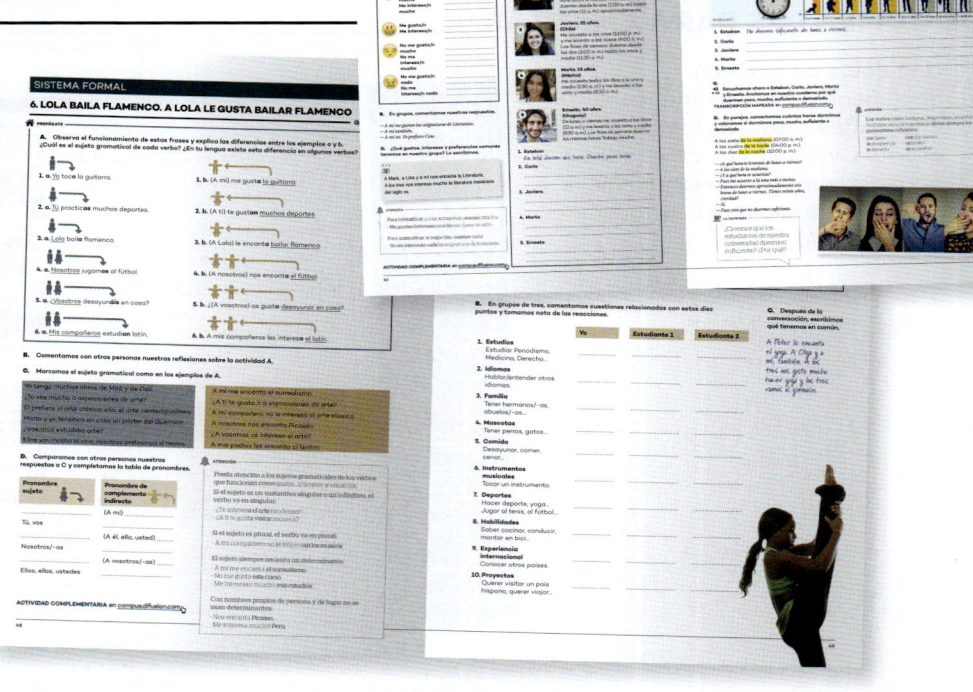

TAREAS

Para cerrar la unidad, se proponen dos tareas en las que el alumno tiene la oportunidad de crear productos lingüísticos más complejos movilizando los recursos aprendidos en la unidad a través de la investigación, el trabajo colectivo o individual y la creación de presentaciones en diferentes formatos.

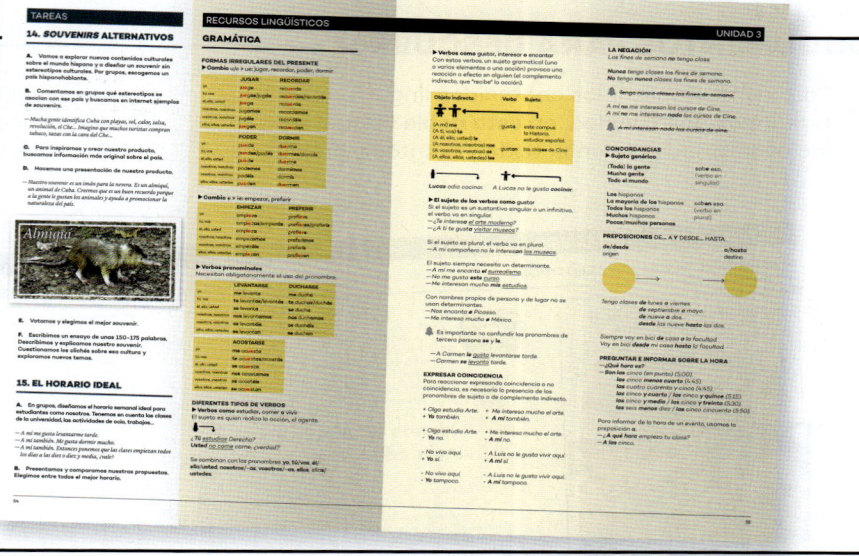

RECURSOS LINGÜÍSTICOS

Explicación y conceptualización de los contenidos lingüísticos de la unidad: gramática, léxico y características del texto.

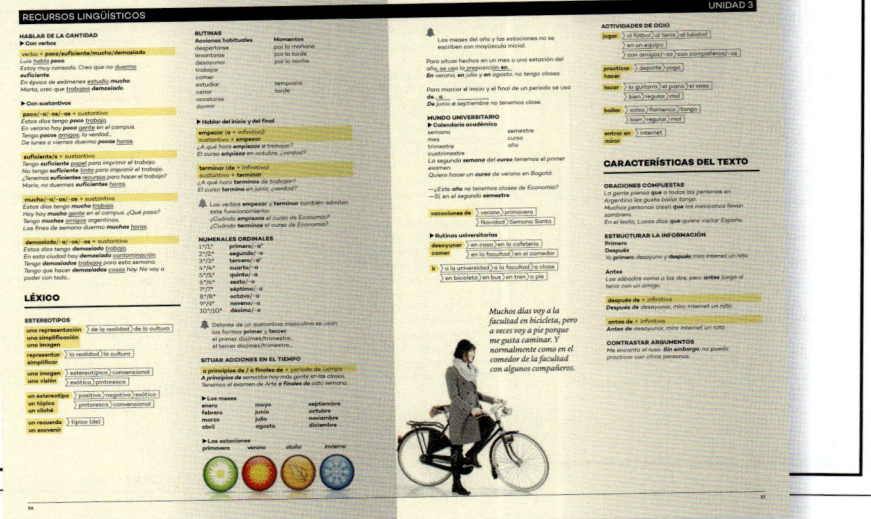

Y vamos a encontrar algunos elementos para ayudarnos

Andamiajes
Estructuras lingüísticas destinadas a ayudar en las producciones orales y escritas. Se presentan subrayadas en amarillo.

> Las siete de la mañana. (07:00 a. m.)
> Las cuatro de la tarde. (04:00 p. m.)
> Las diez de la noche. (10:00 p. m.)

Muestras de lengua (orales y escritas)
Ejemplos de lo que se puede decir o escribir en determinadas actividades.

> —En mi opinión, el texto de la actividad refuerza muchos estereotipos: Lucas es poco trabajador, odia cocinar, es machista…

> Tomar helados, pasear por la playa…

Cuadros de estrategias
Estrategias de aprendizaje tanto de comprensión, como de escritura, memorización, ampliación del léxico, etc.

> **ESTRATEGIAS**
> Cuando no queremos hablar de algún tema, podemos usar frases estereotipadas.
> Prefiero no contestar a esa pregunta.
> De ese tema prefiero no hablar.
> Prefiero no hablar de mi vida personal.

Cuadros de atención
Breves explicaciones de contenidos lingüísticos que aparecen puntualmente en una actividad.

> **ATENCIÓN**
> Los verbos como llamarse, despertarse, levantarse, ducharse, lavarse o acostarse llevan siempre los pronombres reflexivos.
> me llamo   nos duchamos
> te despiertas   os laváis
> se levanta   se acuestan

Cafetería
Propuestas para que los y las estudiantes conversen y hablen de su mundo en relación con los temas de la unidad.

> **LA CAFETERÍA**
> ¿Creemos que los estudiantes de nuestra universidad duermen suficiente? ¿Por qué?

E indicaciones para saber cuándo usar los recursos campus.difusion.com

ACTIVIDAD COMPLEMENTARIA
en campus.difusion.com

TRANSCRIPCIÓN MAPEADA
en campus.difusion.com

TEXTO MAPEADO en campus.difusion.com

VÍDEO DISPONIBLE en campus.difusion.com

Transcripciones y textos mapeados
Se trata de una propuesta en la que, mediante un código de colores, se resaltan determinados recursos lingüísticos: combinaciones léxicas frecuentes, nombres y verbos con preposición, marcadores y conectores.

ANEXOS

- **Proyectos** propone nuevas tareas para realizar cada dos unidades.

- **Textos del mundo universitario** presenta textos relacionados con el ámbito académico o laboral para que los y las estudiantes se familiaricen con las técnicas implicadas en su producción.

- **Comprensión auditiva** con actividades suplementarias.

CULTURA	COMUNICACIÓN	GRAMÁTICA	LÉXICO

UNIDAD 0 PALABRAS A1

- El mundo hispano
- Palabras del español

P. 14–19

- Presentarse
- Afirmar y negar
- Hablar del significado de las palabras
- Expresar si conocemos algo
- Identificar un lugar
- Expresar gustos e intereses

- El alfabeto
- Artículos definidos (**el, la, los, las**)
- Artículos indefinidos (**un, una**)
- El verbo **ser**
- El verbo **gustar** (**me gusta**)
- El verbo **llamarse** (**me llamo**)
- Expresar interés y deseo: **me gustaría**

- Los colores
- Países del mundo hispano
- Los días de la semana
- Preguntas útiles en clase
- Saludos

UNIDAD 1 IDENTIDADES A1

- Identidades hispanas
- Personalidades del mundo hispano
- Nombres y apellidos

P. 20–31

- Uso de **tú** y **usted**, **vosotros/-as** y **ustedes**
- Dar y pedir información personal básica
- Hacer preguntas: **qué, quién, cómo, de dónde, dónde, cuántos**

- Verbos regulares en presente de indicativo
- Verbos irregulares básicos en presente de indicativo
- Pronombres de sujeto
- El artículo (definido e indefinido)
- Sustantivos: género y número
- Adjetivos: género, número y posición
- Sonidos

- Información personal
- Gentilicios y profesiones

UNIDAD 2 PLANES A1

- El español como lengua internacional
- Familias interculturales

P. 32–43

- Expresar planes: **querer** + infinitivo
- Expresar gradación: **muy, bastante, un poco** (**de**)
- Hablar de habilidades y conocimientos
- Dar y pedir datos de contacto: teléfono, correo electrónico, dirección

- Verbos con diptongo en **ie**: **entender, querer**
- Verbos irregulares en la primera persona: **saber, hacer, conocer**
- Oraciones causales y finales: **porque, para, por**
- Posesivos: **mi, tu, su, nuestro**...
- Expresar impersonalidad: **se** + 3.ª persona

- Países, gentilicios y lenguas
- Carreras universitarias y profesiones
- Actividades de tiempo libre
- La familia
- Los verbos **saber** y **conocer**

UNIDAD 3 ESTEREOTIPOS A1

- Estereotipos sobre el mundo hispano
- Horarios y rutinas universitarias

P. 44–57

- Hablar de acciones habituales, horarios y rutinas
- Expresar gustos, intereses y preferencias
- Preguntar e informar sobre la hora

- Presente de verbos irregulares (**ie** y **ue**)
- Verbos pronominales
- Los verbos **gustar, encantar** e **interesar**
- Expresar coincidencia o no coincidencia: **yo sí/no, a mí sí/no, yo también/tampoco, a mí también/tampoco**
- La negación
- Cuantificadores: **poco, mucho, suficiente, demasiado**
- Concordancias de los sujetos genéricos con el verbo: **la gente, todo el mundo**...
- Preposiciones **de... a / desde... hasta**

- Estereotipos y tópicos
- Actividades habituales
- Calendario académico
- Números ordinales del 1 al 10

UNIDAD 4 LUGARES A1

- Geografía, historia y fronteras del mundo hispano

P. 58–69

- Localizar e identificar
- Describir y comparar

- Los verbos **ser, estar** y **haber**
- Usos de **cuál, cuáles, qué, quién, quiénes** en preguntas
- Localizar en el espacio
- La comparación: **más/menos que, tan... como, tanto/-a/-os/-as... como**
- El superlativo

- Época
- Lugares, y cultura
- Mundo universitario
- Los números
- Números ordinales del 1 al 10
- Los colores
- Mi habitación

UNIDAD 5 EXPERIENCIAS A2

- El mercado laboral en España e Hispanoamérica
- Competencias necesarias para encontrar trabajo

P. 70–81

- Hablar de experiencias
- Expresar sentimientos y emociones
- Hablar de habilidades y talentos
- Hablar de acciones futuras

- Pretérito perfecto
- Marcadores temporales
- Verbo **saber** + infinitivo, **se me da/n bien/mal** algo, **ser bueno** + gerundio
- **Se** para expresar impersonalidad
- Perífrasis: **estar** + gerundio, **tener que** + infinitivo, **ir a** + infinitivo
- Expresar deseos: **me gustaría** + infinitivo

- El mundo laboral
- Adjetivos para describir estados de ánimo y sentimientos
- Competencias y personalidad
- Profesiones y experiencia

UNIDAD 6 VIAJES A2

- Países y ciudades de habla hispana
- Viajes y movimientos migratorios
- Diversidad cultural

P. 82–91

- Hablar sobre viajes
- Referirse a acciones y acontecimientos en el pasado
- Describir lugares

- El pretérito indefinido: verbos regulares
- El pretérito indefinido de **hacer, ir** y **ser**
- Contraste pretérito perfecto-indefinido
- Pronombres relativos de lugar: **donde, en el que, en la que**

- Los verbos **ir** y **venir**
- El verbo **saber**
- Viajes
- Tipos de alojamientos

CARAC. TEXTO	DOCUMENTOS		TAREAS
• Puntuación • Los conectores **y** y **pero**	• Textos escritos: • El blog de una estudiante • Citas (palabras del español) • Artículo (Lo más conocido del mundo hispano)	 • Documentos audiovisuales: • El alfabeto (audio)	• Hacer un alfabeto con palabras del español • Hacer un póster de asociaciones con la lengua española
• Conectores básicos: **y (e), pero, por eso, también**	• Textos escritos: • Fichas de datos personales • Artículo (personas del mundo hispano) • Infografía (el mundo en 100 personas) • Perfil de una hispana en Estados Unidos • Resumen de una encuesta sobre los jóvenes españoles	• Documentos audiovisuales: • América Latina y el Caribe en números (audio) • Pronunciación de algunas letras (audio) • Jóvenes indígenas (vídeo) • Presentaciones de *youtubers* (vídeo)	• Crear material informativo sobre nuestro país • Hacer un póster o *collage* sobre gente con perfil multicultural
• Reglas de acentuación 	• Textos escritos: • Citas (hablar otro idioma) • Infografía (los idiomas más hablados) • Artículo (aprender español) • Anuncios de intercambios lingüísticos • Árbol genealógico • Artículo (Jorge Drexler) • Infografía (los mexicanos en su tiempo libre)	• Documentos audiovisuales: • Llamadas telefónicas (audio) • ¿Por qué es importante saber más de un idioma? (vídeo)	• Presentar a una familia famosa • Hacer una infografía (nuestras razones y nuestros planes en relación con nuestros estudios)
• Oraciones compuestas • Estructurar la información • Contrastar argumentos 	• Textos escritos: • Definición de la palabra **estereotipo** • Comentarios en un foro y entradas de blog • Testimonios sobre las horas de sueño • Gráfico (Cuánto debemos dormir)	 • Documentos audiovisuales: • Testimonios sobre las horas de sueño (audio) • Necesito España (vídeo)	• Diseñar un *souvenir* sin estereotipos culturales • Diseñar el horario ideal para estudiantes universitarios
• Usos de los relativos **que/donde/en + artículo + que**	• Textos escritos: • Infografía (Patrimonio en peligro) • Artículo (lugares declarados Patrimonio de la Humanidad) • Test cultural sobre La Giralda y el Teide • Mapa de la Universidad Autónoma de Madrid (UAM)	• Documentos audiovisuales: • Lugares favoritos en España (audio) 	• Hacer una presentación sobre un lugar candidato a Patrimonio de la Humanidad • Diseñar un examen sobre un país de América Latina
• Conectores para estructurar secuencias: **en primer lugar, en segundo lugar, por último...** 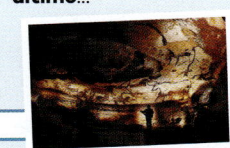	• Textos escritos: • Viñeta humorística • Infografía (el primer empleo) • Ofertas de empleo • Artículo (las experiencias en el extranjero) • Testimonios de estudiantes (talentos) • Perfil de Luis von Ahn • Testimonios de seleccionadores de candidatos	• Documentos audiovisuales: • Testimonios de estudiantes sobre sus experiencias en el extranjero (audio) • Un videocurrículum (vídeo) 	• Presentar datos sobre diferentes mercados laborales • Preparar una candidatura para un trabajo
• Conectores causales: **porque, como, por eso** • Conectores consecutivos: **así que, de manera que** 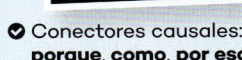	• Textos escritos: • Fragmentos de canciones • Infografía (El plan perfecto en Barcelona) • Artículo (Contacto entre culturas) • Comentarios en un foro (restaurantes) • Infografía (el senderismo) • Biografía de un cocinero español • Historias de viajeros	• Documentos audiovisuales: • Mensajes de voz (audio) • Las migraciones en el mundo (vídeo) 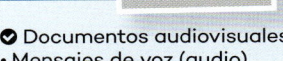 	• Presentar una propuesta de viaje de estudios a un lugar de habla hispana • Hacer una presentación sobre los movimientos migratorios de nuestro país o de algún país de habla hispana

| CULTURA | COMUNICACIÓN | GRAMÁTICA | LÉXICO |

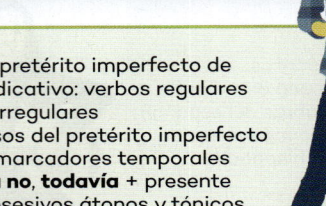

UNIDAD 7 GENERACIONES A2

- Diferencias generacionales
- Periodos históricos

- Describir cosas y personas en el pasado
- Hablar de hábitos y costumbres en el pasado
- Hablar de cambios y parecidos

- El pretérito imperfecto de indicativo: verbos regulares e irregulares
- Usos del pretérito imperfecto y marcadores temporales
- **Ya no**, **todavía** + presente
- Posesivos átonos y tónicos
- El presente histórico

- Las etapas de la vida
- La familia
- Diferencias entre **parecer** y **parecerse (a)**

P. 92–103

UNIDAD 8 RELACIONES A2

- El amor y las nuevas tecnologías
- Distintos tipos de familia y relaciones familiares

- Expresar acuerdo, desacuerdo y contraargumentar
- Hablar de qué haríamos en determinadas situaciones
- Relatar hechos del pasado
- Hablar de emociones y estados de ánimo

- Pronombres de OD y OI
- Pretérito indefinido: verbos irregulares
- Contraste pretérito indefinido/imperfecto
- **Estar** + gerundio
- Expresar acuerdo y desacuerdo
- **Ser** y **estar**

- Los verbos **prestar**, **dejar**, **pedir** y **deber**
- Sentimientos y opiniones
- Relaciones sociales

P. 104–117

UNIDAD 9 MODA Y CUERPO A2

- La importancia de la ropa para la identidad personal y colectiva
- El impacto de la industria textil
- El lenguaje corporal

- Valorar y opinar sobre el mundo de la moda
- Dar órdenes y expresar prohibiciones
- Aconsejar y sugerir
- Identificar y señalar
- Referirse a algo mencionado anteriormente

- El imperativo afirmativo (formas regulares e irregulares y combinación con pronombres)
- Los demostrativos
- Dar consejos: **lo mejor es / te recomiendo**…, **si** + presente de indicativo, imperativo/presente
- Dar órdenes: **tener que / hay que** + infinitivo
- Dar sugerencias: **¿por qué no**…?
- Expresar preferencias: **prefiero** + infinitivo

- La ropa
- Los colores
- Los verbos **ponerse**, **llevar**, **probarse**, **quedar bien/mal**

P. 118–129

UNIDAD 10 COMIDA Y SALUD A2

- Culturas gastronómicas del mundo hispanohablante

- Hablar de costumbres gastronómicas
- Pedir en un restaurante y acordar un menú
- Describir un plato
- Dar instrucciones, aconsejar y sugerir
- Hablar y preguntar sobre preferencias
- Valorar y opinar

- Dar instrucciones usando el infinitivo, el imperativo y el presente

- Hablar de platos y recetas
- Medidas y cantidades
- Envoltorios, envases y porciones
- En el restaurante

P. 130–139

UNIDAD 11 EDUCACIÓN Y FUTURO B1

- Universidades de países de habla hispana
- Tendencias futuras de la educación

- Hacer predicciones
- Hablar sobre lo que sucederá en un futuro
- Situar una acción en el futuro
- Expresar acuerdo o desacuerdo
- Indicar el aumento o la disminución: **cada vez más**, **cada vez menos**

- Futuro imperfecto
- Perífrasis verbales: **seguir** + gerundio, **dejar de** + infinitivo
- Comparar (**igual de/que**, **más/mejor… que**, **menos/peor… que**, **el mismo/la misma/los mismos/las mismas**)
- Marcadores temporales de futuro: **esta tarde**, **en diciembre/2030**, **dentro de dos días/años**
- Oraciones condicionales (**si** + presente, futuro)

- Educación
- **Ya**, **aún no / todavía no**

P. 140–149

UNIDAD 12 ORGANIZACIÓN Y TIEMPO B1

- La percepción del tiempo en las distintas culturas
- Comparación de horarios y vacaciones entre distintos países
- Expresiones de cultura popular para hablar de tiempo

- Comparar estadísticas, datos y horarios
- Ofrecer, pedir y preguntar por un servicio
- Dar consejos

- El presente de subjuntivo
- El artículo determinado neutro **lo**
- Aconsejar y valorar con infinitivo/subjuntivo
- Oraciones de relativo con indicativo/subjuntivo
- Relacionar acciones con **cuando** (+ indicativo/subjuntivo)

- Ofrecer y pedir servicios
- Expresiones con la palabra **tiempo**
- Gestión del tiempo

P. 150–163

CARAC. TEXTO	DOCUMENTOS		TAREAS
• Conectores adversativos: **aunque, a pesar de que, y eso que** y **sin embargo** 	• Textos escritos: • Artículo (La generación del milenio) • Descripciones de la vida en distintos periodos históricos • Viñetas humorísticas sobre la vida hoy en día • Testimonios de jóvenes • Biografía de Maruja Mallo • Comentarios sobre una fotografía • Infografía (un programa intergeneracional)	• Documentos audiovisuales: • Testimonios sobre cómo era la vida antes (audio) • Adolescentes, 2015 (vídeo) 	• Hacer una presentación sobre la vida antes de un hecho histórico • Crear una presentación escrita sobre una obra y su contexto 
• Marcadores para relatar • Reaccionar a lo que nos cuentan otros  	• Textos escritos: • Tuits en la red • Artículo (amor y nuevas tecnologías) • Testimonios de personas que cuentan cómo tuvieron hijos • Noticia (una petición de matrimonio) • Sinopsis de la película *Las razones de mis amigos* • Testimonios sobre reuniones familiares	• Documentos audiovisuales: • Ventajas o inconvenientes de las aplicaciones para ligar (audio) • Cómo conoció a alguien especial (audio) • YO TB TQ (vídeo)  	• Transformar una anécdota en diálogo y representarlo en clase • Crear "la línea del tiempo de las redes sociales"
• Mecanismos de cohesión textual 	• Textos escritos: • Citas de diseñadores • Viñeta humorística (el mundo de la moda) • Artículo (Cómo (no) vestirse para una entrevista de trabajo) • Decálogo para ir de compras • Carteles de prohibiciones • Artículo (qué dicen los tatuajes de las personas) • Viñetas de un cómic	• Documentos audiovisuales: • La moda también es yoga (vídeo) • El lenguaje gestual (vídeo) 	• Hacer una presentación sobre una tribu urbana • Organizar un mercadillo sostenible en clase
• Textos que analizan y comentan gráficos 	• Textos escritos: • Infografía (la salud de los jóvenes) • Artículo (La cocina peruana) • Mensajes del Ministerio de Salud argentino • Receta de la sopa castellana • El óvalo de la alimentación • Explicación sobre la denominación de origen • El menú de un restaurante	• Documentos audiovisuales: • Acentos tónicos (audio) • Horchata de arroz rica y sencilla (vídeo) 	• Preparar un menú típicamente hispano • Adaptar un plato del mundo hispano y presentarlo
• Estructurar la información: conectores de inicio y de continuación  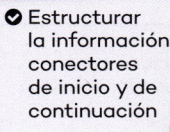	• Textos escritos: • Citas (la universidad) • Presentación de la Universidad Gálvez de Guatemala • Artículo de opinión (el mundo laboral del futuro) • Artículo (tecnología y educación) • Titulares de prensa • Artículo (el futuro de las universidades locales)	• Documentos audiovisuales: • Diálogo entre dos jóvenes sobre los riesgos a los que se enfrenta la educación (audio) • Opiniones sobre la educación (audio) • ¿El fin de las universidades? (vídeo)	• Hacer propuestas para hacer mejoras en la universidad • Hacer una presentación digital del modelo de universidad ideal del futuro
• Uso de la coma 	• Textos escritos: • Infografía (horarios de distintos países) • Refranes, proverbios y aforismos • Test (cómo nos organizamos) • Comentarios en foros (la gestión del tiempo) • Descripciones de aplicaciones • Anuncios de ofertas y demandas • Decálogo para compaginar estudios y trabajo	• Documentos audiovisuales: • Entrevistas a estudiantes sobre la gestión del tiempo (audio) • Opiniones sobre compaginar estudios y trabajo (audio) • El banco del tiempo (vídeo)    	• Hacer un banco del tiempo en clase • Proponer una aplicación para solucionar un problema de gestión del tiempo

| CULTURA | COMUNICACIÓN | GRAMÁTICA | LÉXICO |

UNIDAD 13 CONSUMO Y MEDIOAMBIENTE B1

- Consumo responsable
- Medioambiente: problemas y retos de países hispanos

- Evocar situaciones imaginarias
- Hacer sugerencias y dar consejos
- Exponer problemas y hablar de las causas
- Expresar deseos, necesidad, peticiones, y reivindicaciones

- Expresar deseos y reivindicaciones: **querer/ esperar/pedir...** + infinitivo y **querer/esperar/ pedir... que** + subjuntivo
- Expresar necesidad: **es necesario/ imprescindible...** + infinitivo y **es necesario/ imprescindible... que** + subjuntivo
- Forma y usos del condicional

- Consumo y medioambiente

P. 164–175

UNIDAD 14 MARKETING Y PUBLICIDAD B1

- Conocer técnicas de *marketing* y distintos tipos de publicidad
- Conocer algunos anuncios y campañas de países hispanos

- Expresar la opinión y valorar
- Expresar finalidad
- Organizar la argumentación

- Afirmar, negar y expresar certeza con indicativo/subjuntivo: **creo que / es verdad / es evidente / está claro / está demostrado que** + indicativo, **no es verdad / no es cierto / no creo que** + subjuntivo
- Valorar con subjuntivo/infinitivo: **me parece bien/mal/injusto/ilógico... que** + presente de subjuntivo, **me parece bien/mal/injusto/ ilógico...** + infinitivo
- Expresar finalidad: **para** + infinitivo / **para que** + subjuntivo

- *Marketing* y publicidad
- Objetivos de la publicidad

P. 176–185

UNIDAD 15 HISTORIAS Y DESAFÍOS B1

- Historia de las relaciones de los países hispanohablantes
- Desafíos importantes de la actualidad

- Describir eventos históricos
- Expresar opinión
- Expresar acuerdo y desacuerdo

- El pretérito pluscuamperfecto de indicativo
- Narrar acontecimientos pasados
- El presente histórico
- Oraciones de relativo con **que**, **quien** y **donde**
- **Como/cómo, cuando/ cuándo, donde/dónde**

- Historia y política

P. 186–197

UNIDAD 16 REDES B1

- Presencia positiva o negativa de internet en la vida de las personas
- Nuevas figuras de la era de internet
- Conocer los riesgos de publicar contenidos en internet

- Transmitir palabras de otros
- Entender textos de disculpa

- Cambios de tiempos verbales en el discurso referido
- Oraciones adverbiales con indicativo/ subjuntivo
- Combinación de infinitivo y pronombres

- Internet
- Nuevas formas de trabajo
- Anglicismos

P. 198–207

UNIDAD 17 TRADICIONES B1

- Tradiciones, celebraciones y ritos del mundo hispano

- Exponer y explicar eventos
- Valorar acontecimientos

- El orden de la frase
- Construcciones reflexivas y no reflexivas
- Recursos para expresar impersonalidad
- Construcciones pasivas
- Intensificar con **lo** + adjetivo/adverbio

- Tradiciones, celebraciones y ritos

P. 208–217

UNIDAD 18 EMOCIONES B1

- La vida emocional del universitario
- Inteligencias y estilos de aprendizaje

- Expresar emociones
- Valorar y aconsejar
- Agradecer, felicitar, disculparse y pedir
- Sugerir e influir en los demás

- **Ser** y **estar**
- **Parecer** + adjetivos y participios
- Intensificaciones
- **Ser** y **parecer** + adjetivos abstractos
- Valorar usando verbos de objeto indirecto: **(no) me gusta(n), me motiva(n)...**
- Verbos con sujeto personal

- Emociones
- Familias de palabras
- Sustantivos abstractos

P. 218–229

ANEXOS

- Proyectos   P. 230
- Textos del mundo universitario   P. 240
- Comprensión auditiva   P. 250

CARAC. TEXTO	DOCUMENTOS		TAREAS
⊙ Conectores de causa y consecuencia ⊙ Mecanismos de cohesión textual 	⊙ Textos escritos: • Citas (consumo y medioambiente) • Artículo (¿Qué es el consumo responsable?) • Testimonios (el consumo responsable) • Anuncio (Hábitat verde) • Página web con consejos para reducir la huella ecológica • Historia de una organización 	⊙ Documentos audiovisuales: • Entrevista a personas preocupadas por el consumo y el medioambiente (audio) • Conferencia sobre el cambio climático y el consumo de carne (audio) • ¿Tienes un marrón o una alternativa? (vídeo)	⊙ Redactar un manifiesto contra una práctica o industria perjudicial para el medioambiente ⊙ Hacer un cuestionario para comprobar nuestro compromiso con el medioambiente
⊙ Conectores para argumentar: aditivos 	⊙ Textos escritos: • Citas (la publicidad) • Artículo de opinión (el *neuromarketing*) • Definición de *remarketing* • Anuncios publicitarios • Titulares de prensa • Artículo (trucos para que compremos más) • Opiniones de lectores sobre la publicidad corporal	⊙ Documentos audiovisuales: • Testimonios sobre el *remarketing* (audio) • Héroes que nos inspiran (vídeo) 	⊙ Hacer un concurso de publicidad emocional ⊙ Publicar un texto a favor o en contra de una práctica o técnica de *marketing*
⊙ Riqueza léxica: nominalización 	⊙ Textos escritos: • Viñeta de Mafalda • Infografía (Objetivos de desarrollo sostenible) • Artículo (escritores saharauis) • Fragmentos de poemas • Mapa • Biografía de Donato Ndongo • Fragmento de un artículo de Donato Ndongo • Titular de un periódico (las relaciones diplomáticas entre Cuba y Estados Unidos)	⊙ Documentos audiovisuales: • Informar sobre África (vídeo) 	⊙ Hacer un cuestionario sobre la historia de nuestro país ⊙ Diseñar un tablero sobre los objetivos del milenio
⊙ Precisión y riqueza léxicas: alternativas al verbo **decir** 	⊙ Textos escritos: • Viñetas humorísticas (las redes sociales) • Citas de Zygmunt Bauman • Artículo (los *influencers*) • Artículo (un estudio sobre internet y los adolescentes) • Queja en un foro de consumidores • Una carta comercial • Titulares de prensa	⊙ Documentos audiovisuales: • La huella digital (vídeo)  	⊙ Crear titulares con declaraciones impactantes ⊙ Hacer una infografía sobre una persona de un país hispano influyente en internet
⊙ El texto expositivo 	⊙ Textos escritos: • Definiciones de **celebración**, **rito** y **tradición** • Citas de personajes famosos • Descripciones de manifestaciones culturales del mundo hispano • Artículo (la noche de San Juan) • Testimonios sobre tradiciones	⊙ Documentos audiovisuales: • Testimonio sobre las tradiciones de la noche de San Juan (audio) • #FALLASUNESCO (vídeo)	⊙ Crear un anuncio para promocionar una tradición de un país de habla hispana ⊙ Crear un mapa mental de los sentidos
⊙ Actos de habla expresivos y directivos ⊙ Combinación de actos de habla	⊙ Textos escritos: • Haikus de Mario Benedetti • Test (inteligencias múltiples) • Lista de actividades que se realizan en clase de español • Testimonios de estudiantes de español • Mensajes de WhatsApp	⊙ Documentos audiovisuales: • Entrevista a una psicóloga (audio) • Cajitas de colores (vídeo)	⊙ Crear un *collage* emocional ⊙ Presentar una noticia controvertida

0

PALABRAS

CULTURA
- El mundo hispano
- Palabras del español

COMUNICACIÓN
- Presentarse
- Afirmar y negar
- Hablar del significado de las palabras
- Expresar si conocemos algo
- Identificar un lugar
- Expresar gustos e intereses

GRAMÁTICA
- El alfabeto
- Artículos definidos (**el**, **la**, **los**, **las**) e indefinidos (**un**, **una**)
- Los verbos **ser** y **llamarse** (**me llamo**)
- El verbo **gustar** (**me gusta** y **me gustaría**)

LÉXICO
- Los colores
- Países del mundo hispano
- Los días de la semana
- Preguntas útiles en clase
- Saludos

CARACTERÍSTICAS DEL TEXTO
- Puntuación
- Los conectores **y** y **pero**

DOCUMENTOS PARA EMPEZAR

1. EN LA RED

Nos presentamos siguiendo el modelo de Carla.

Me llamo Mark.
Soy Mark.
Soy estudiante de Ciencias Políticas / Ingeniería Industrial / Traducción...
Estudio Ciencias Políticas / Ingeniería Industrial / Traducción...

EL BLOG DE Carla — HOME SOBRE MÍ BLOG CONTACTO

¡HOLA!
Me llamo Carla y soy estudiante de Antropología.

2. IMÁGENES

A. Miramos las imágenes. ¿Conocemos estos lugares?

1 2 3 4

— *Esto es la Isla de Pascua, en Chile.*

B. Buscamos una foto de un lugar de un país de habla hispana para presentarla en clase.

C. Presentamos a los demás los lugares que hemos buscado.

— *Esto es la Pampa, en Argentina.*

3. CITAS

PREPÁRATE

A. ¿Conoces a estas personas? Marca cuáles conoces.

B. Lee sus palabras favoritas. ¿Sabes qué significan? Anótalo.

1
Espíritu
— ISABEL ALLENDE

2
Querer
— ELENA OCHOA

3
Verdad
— RICARDO DARÍN

4
Madre
— EUGENIA SILVA

5
Libertad
— MARIO VARGAS LLOSA

6
Solidaridad
— DIEGO FORLÁN

ESTRATEGIAS

Puedes deducir el significado de algunas palabras gracias a su parecido con las de otro idioma.

C. Comentamos nuestras respuestas a A y B.

Conozco a Mario Vargas Llosa, pero no conozco a Elena Ochoa.
Conozco la palabra **madre**. Significa *mother*.

D. ¿Cuál es nuestra palabra favorita de nuestra lengua? ¿Qué significa?

Mi palabra favorita es *awesome*. Significa...

LA CAFETERÍA

¿Qué palabras del español conocemos?

DOCUMENTOS PARA DESCUBRIR

4. PALABRAS QUE ME DEFINEN

PREPÁRATE

A. Lee cómo se presenta Ana, una de las autoras de este libro, en un mural digital. Marca las palabras que entiendes por el contexto y busca en el diccionario las que no entiendes.

UN LUGAR:
EL PARQUE NACIONAL DE AIGÜESTORTES

UN COLOR:
EL VIOLETA

UN LIBRO:
PEDRO PÁRAMO, DE JUAN RULFO

UNA PERSONA FAMOSA:
ICÍAR BOLLAÍN

UNA CANCIÓN:
ÓLEO DE MUJER CON SOMBRERO, DE SILVIO RODRÍGUEZ

UNA PELÍCULA:
AMANECE QUE NO ES POCO, DE JOSÉ LUIS CUERDA

UN OBJETO:
UNA GOMA

UNA PALABRA:
GUAY

UN DÍA DE LA SEMANA:
EL JUEVES

UN PLATO:
EL SALMOREJO

B. Comentamos en grupos el significado de las palabras de A.

ESTRATEGIAS

Para recordar el género de los sustantivos, puede ser útil anotarlos en una libreta con los artículos.

C. Ahora nos presentamos. Decimos nuestro nombre y tres palabras que nos definen.

— *Yo soy Manfred. Mis palabras son azul, Heidelberg y violín.*

5. EL MUNDO HISPANO

PREPÁRATE

A. Según esta revista, esto es lo más conocido del mundo hispano. ¿Hay algo nuevo para ti? Márcalo y busca información en internet.

B. Hablamos con las demás personas de lo que ya conocemos y nos gusta y de lo que nos gustaría conocer.

<mark>Me gusta</mark> el ceviche / la Alhambra.
<mark>Me gustaría ver</mark> *Amores perros* / el Perito Moreno…
<mark>Me gustaría leer</mark> *Cien años de soledad*…
<mark>Me gustaría probar</mark> la paella / el mole poblano…
<mark>Me gustaría conocer</mark> el Machu Picchu…

C. En grupos, escribimos otras cosas del mundo hispano que conocemos.

— *Los alfajores, los tacos, las cataratas del Iguazú…*

ATENCIÓN

— ¿Cómo se escribe la palabra alfajores?
— a, ele, efe, a, jota, o, erre, e, ese.

— ¿Cómo se pronuncia paella?

ATENCIÓN

Me gust**an** los tacos / las cataratas del Iguazú.

UNIDAD 0

LO MÁS CONOCIDO DEL MUNDO HISPANO

Platos
- el asado
- el ceviche
- la paella

Lugares
- el Perito Moreno
- el Machu Picchu
- la Alhambra de Granada

Libros
- *Don Quijote de la Mancha*, Miguel de Cervantes
- *Cien años de soledad*, Gabriel García Márquez
- *La casa de los espíritus*, Isabel Allende

Películas
- *Amores perros*, Alejandro González Iñárritu
- *Todo sobre mi madre*, Pedro Almodóvar
- *Diarios de motocicleta*, Walter Salles

TAREAS

6. NUESTRO ALFABETO

A. Escucha el alfabeto y repite. ¿Qué letras no se pronuncian como en tu idioma? ¿Qué sonidos no son familiares para ti?

🔊 1

B. En grupos, vamos a hacer un alfabeto con palabras del español. Decimos las palabras que conocemos y elegimos una para cada letra.

—¡A!
—Amor...
—Amigo...

A: amigo
B: billete
C: casa

C. Miramos los alfabetos de las demás personas. ¿Entendemos el significado de todas las palabras?

¿Qué significa billete?
¿Billete es masculino o femenino?

D. Elegimos nuestra palabra favorita y la decimos a los demás.

7. EL ESPAÑOL ES EL AMARILLO

🏠 PREPÁRATE

A. ¿Qué es el español para ti? Anota tus ideas.

- Un color
- Un lugar
- Una persona famosa
- Un libro
- Una película
- Una canción
- Una palabra
- Un objeto
- Un plato
- Un deporte
- Una fruta
- Una prenda de ropa
- ...

B. Ahora haz un póster de tus asociaciones con el español.

C. Mostramos nuestro póster a los demás y lo presentamos.

Para mí el español es
 el amarillo, Mallorca...

 ATENCIÓN

Delante de ciudades, regiones y países no usamos ningún artículo. A veces se puede poner artículo delante de algunos países: el Perú, la Argentina.

RECURSOS LINGÜÍSTICOS

GRAMÁTICA

EL ALFABETO

A, a	a	Ñ, ñ	eñe
B, b	be	O, o	o
C, c	ce	P, p	pe
D, d	de	Q, q	cu
E, e	e	R, r	erre
F, f	efe	S, s	ese
G, g	ge	T, t	te
H, h	hache	U, u	u
I, i	i	V, v	uve
J, j	jota	W, w	uve doble
K, k	ka	X, x	equis
L, l	ele	Y, y	i griega
M, m	eme	Z, z	zeta
N, n	ene		

 Cuando nos referimos a una letra, usamos el artículo **la**: la a (= la letra **a**).

PRESENTARSE
Me llamo Axel.
Soy Axel.

EL VERBO SER

	SER
yo	soy
tú, vos	eres/sos
él, ella, usted	es
nosotros/-as	somos
vosotros/-as	sois
ellos, ellas, ustedes	son

Yo **soy** Rachel. **Soy** estudiante de Informática.

IDENTIFICAR UN LUGAR
*Esto **es** el Machu Picchu.*

AFIRMAR Y NEGAR
—¿Esto es la Sagrada Familia?
—**Sí**.

—¿La palabra madre significa woman?
—**No**, significa mother.

ARTÍCULOS DEFINIDOS E INDEFINIDOS
En español hay artículos definidos e indefinidos. Las formas varían según el género y el número del sustantivo al que acompañan.

EL ARTÍCULO DEFINIDO

	masculino	femenino
singular	**el** rojo	**la** Sagrada Familia
plural	**los** alfajores	**las** palabras

Lo usamos cuando nuestro interlocutor ya sabe a qué nos referimos.
*Esto es **el** Machu Picchu.* (el único que existe)
*Mi palabra preferida es **la** palabra sí.* (ya sabemos de qué hablamos)

UNIDAD 0

EL ARTÍCULO INDEFINIDO

	masculino	femenino
singular	un libro	una película

Lo usamos cuando el interlocutor no sabe necesariamente a qué nos referimos.
*Para mí el español es **una** playa.* (no sabemos qué playa)

EXPRESAR GUSTOS E INTERESES

▶ **Gustos**
Me gusta Buenos Aires.
Me gusta el ceviche.

▶ **Intereses**
Me gustaría conocer Perú.
Me gustaría ver la película Mi vida sin mí.
Me gustaría visitar la Alhambra.

EXPRESAR SI CONOCEMOS ALGO
Conozco Barcelona.
No conozco a Vargas Llosa.

PREGUNTAS PARA LA GESTIÓN DE LA CLASE
—¿**Qué significa** (la palabra) verdad?
—True.

—¿**Cómo se escribe** (la palabra) alfajores?
—*a, ele, efe, a, jota, o, erre, e, ese*.

¿**Cómo se pronuncia** (la palabra) rojo?

—¿*Negro* **es masculino o femenino**?
—Es masculino: el negro.

¿*Película* **es masculino o femenino**?

LÉXICO

SALUDOS
Hola
Buenas
Buenos días
Buenas tardes

DÍAS DE LA SEMANA
(el) lunes
(el) martes
(el) miércoles
(el) jueves
(el) viernes
(el) sábado
(el) domingo

LOS COLORES

- ⚫ (el) negro
- ⚪ (el) blanco
- 🟡 (el) amarillo
- 🔴 (el) rojo
- 🔵 (el) azul
- 🟢 (el) verde
- 🟤 (el) marrón
- 🩷 (el) rosa
- 🟣 (el) violeta/morado
- 🟠 (el) naranja

PAÍSES DE HABLA HISPANA

En África
Guinea Ecuatorial

En América del Norte
México

En América Central
Costa Rica
Cuba
El Salvador
Guatemala
Honduras
Nicaragua
Panamá
Puerto Rico
República Dominicana

En América del Sur
Argentina
Bolivia
Chile
Colombia
Ecuador
Paraguay
Perú
Uruguay
Venezuela

En Europa
España

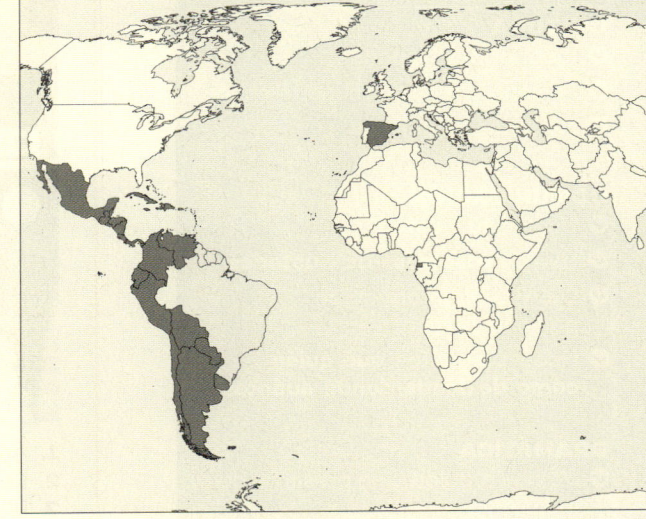

CARACTERÍSTICAS DEL TEXTO

PUNTUACIÓN
▶ **Uso de la coma para enumerar**
Para mí, el español es el amarillo, una playa, un perro y la letra eñe.

▶ **Mayúscula después de punto**
*Soy Olivier. **E**studio Filología Hispánica.*

▶ **Mayúscula después de interrogación y exclamación**
*¿Cómo te llamas? **Y**o soy Carla.*
*¡Hola! **S**oy Carla.*

LOS CONECTORES Y Y PERO

y
Coordina palabras o frases al mismo nivel.
*Soy Olivier **y** estudio Filología Hispánica.*

pero
Introduce una idea presentada como opuesta.
*Conozco a Mario Vargas Llosa, **pero** no conozco a Ricardo Darín.*

1

IDENTIDADES

CULTURA
- Identidades hispanas
- Personalidades del mundo hispano
- Nombres y apellidos

COMUNICACIÓN
- Uso de **tú** y **usted**
- Uso de **vosotros/-as** y **ustedes**
- Dar y pedir información personal básica
- Hacer preguntas: **qué**, **quién**, **cómo**, **de dónde**, **dónde**, **cuántos**

GRAMÁTICA
- Verbos regulares en presente de indicativo
- Verbos irregulares básicos en presente de indicativo
- Pronombres de sujeto
- El artículo (definido e indefinido)
- Sustantivos: género y número
- Adjetivos: género, número y posición
- Sonidos

LÉXICO
- Información personal
- Gentilicios y profesiones

CARACTERÍSTICAS DEL TEXTO
- Conectores: **y (e)**, **pero**, **por eso**, **también**

DOCUMENTOS PARA EMPEZAR

1. IMÁGENES

PREPÁRATE

A. Mira estas fotografías de algunas personas hispanohablantes destacadas. Relaciona las fotos con la descripción. Si lo necesitas, consulta en internet.

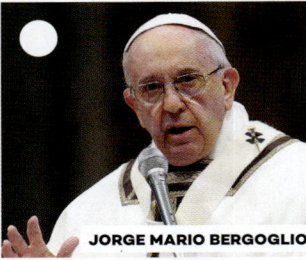
JORGE MARIO BERGOGLIO

GUSTAVO DUDAMEL RAMÍREZ

ALEJANDRO GONZÁLEZ IÑÁRRITU

PENÉLOPE CRUZ

CHRISTIANA FIGUERES

MICHELLE BACHELET

1. Actriz española
2. Director de orquesta venezolano
3. Primer papa latinoamericano (argentino): Francisco
4. Política chilena, dos veces presidenta de Chile
5. Director de cine mexicano
6. Política costarricense, secretaria de la ONU para el cambio climático

B. ¿Conoces otras personalidades destacadas del mundo hispano? Busca fotos en internet para presentarlas en clase.

C. En parejas, comparamos nuestras respuestas a B.

Esta es Andrea Echeverri, una cantante colombiana muy famosa buena...

Este es Alfonso Cuarón, un...

ATENCIÓN

Usamos el artículo indefinido para identificar a una persona cuando, por ejemplo, respondemos a la pregunta "¿Quién es Ana de Armas?"
Ana de Armas es **una** actriz cubana famosa.

No usamos el artículo si solo informamos de su profesión.
Ana de Armas es ø actriz.

ATENCIÓN

un actor / una actriz

ACTIVIDAD COMPLEMENTARIA en campus.difusion.com

2. EN LA RED

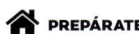

PREPÁRATE

A. Observa estas fichas de una escuela primaria colombiana. ¿Cuántos apellidos tienen estos alumnos? ¿Entiendes de dónde viene cada uno de los apellidos?

Datos personales

Apellidos:	Hernández Ruiz	Nombres:	Carla
Fecha de nacimiento:	03.11.2011	Sexo:	Femenino
Dirección:	Calle 12A APTO. 502 5P Barrio Los Cedros, Cali		

Datos de los padres o tutores

Nombre del padre:	Juan José Hernández Rodríguez	Teléfono:	571
Nombre de la madre:	Elena Ruiz Gutiérrez		

Datos personales

Apellidos:	Rodríguez Páramo	Nombres:	Luis Antonio
Fecha de nacimiento:	24.09.2010	Sexo:	Masculino
Dirección:	Calle 17A APTO. 202 Barrio Junín, Cali		

Datos de los padres o tutores

Nombre del padre:	Manuel Rodríguez Gómez	Teléfono:	55787
Nombre de la madre:	Alma Páramo Rojas	Teléfono:	57186

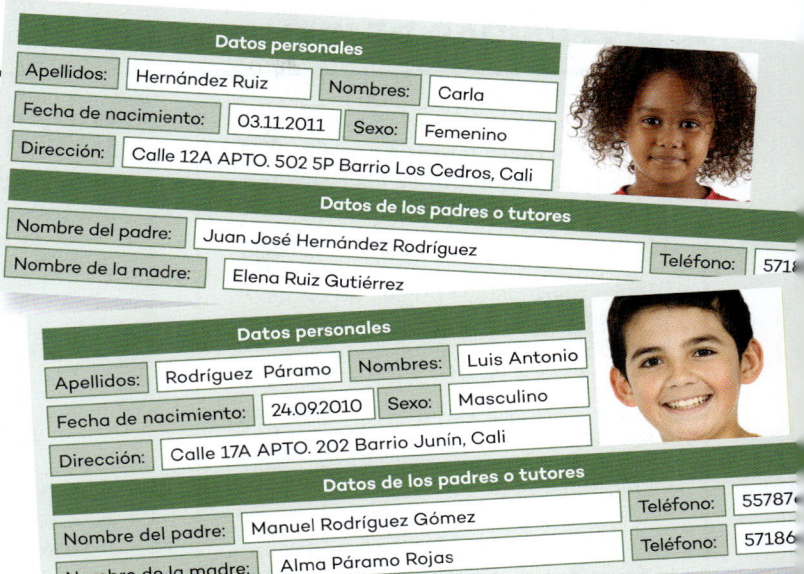

B. Comentamos con otras personas cuántos apellidos tiene la gente en nuestra cultura o en otras que conocemos.

—En mi país la gente normalmente tiene solo un apellido.

ACTIVIDAD COMPLEMENTARIA en campus.difusion.com

LA CAFETERÍA

¿Qué apellidos son comunes en nuestro país?

¿Sabemos qué significa nuestro nombre o apellido?

3. VÍDEO

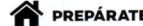

PREPÁRATE

A. Ve el vídeo y contesta a estas preguntas. 1

1. **¿Cómo se llama el protagonista?** (nombre y apellidos)
2. **¿De dónde es?**
3. **¿Qué lenguas habla en el vídeo?**
4. **¿Qué estudia?**

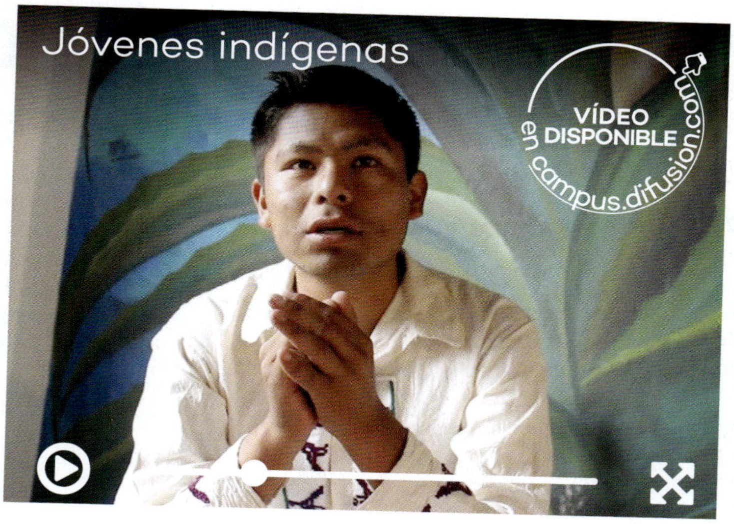

B. Comparamos nuestras respuestas.

C. Entrevistamos a dos compañeros para obtener algunos datos.

¿Cómo te llamas?
Me llamo Barbara.

¿De dónde eres?
Soy de Alemania.
Soy alemana.

¿Qué lenguas hablas?
Hablo alemán/inglés/francés/ruso...

¿Qué estudias?
Estudio Historia/Biología/Medicina...

ATENCIÓN

Me llamo Ana.
Mi nombre es Ana y **mi apellido es** López.

ACTIVIDAD COMPLEMENTARIA en campus.difusion.com

DOCUMENTOS PARA DESCUBRIR

4. DIVERSIDAD DE IDENTIDADES

PREPÁRATE

A. Lee el texto y completa las frases con el nombre de las personas que aparecen en él.

- .... y .... viven fuera de sus países de origen.
- .... y .... escriben.
- ...., ..., ... y .... cantan.
- .... y .... son sudamericanos.

B. ¿Qué artistas de tu país trabajan a favor de un colectivo o hacen crítica social a través de la música, el arte urbano o el cine? Elige a una persona y escribe una breve descripción.

- **Es un** pintor francés / **una** pintora francesa...
- **Vive en** Alemania...
- **Es uno de los** artistas más representativos de...
- **una de las** artistas más famosas de...
- **Hace** música/fotografías...
- **Escribe** poesía/libros...
- En sus libros/canciones... **habla sobre**...

ESTRATEGIAS

Usamos los conocimientos que tenemos de otras lenguas para hacer conexiones e identificar palabras similares.

C. Comparamos nuestras soluciones del apartado A.

D. En grupos, leemos nuestras descripciones de B y elegimos al artista más interesante para presentar ante toda la clase.

— Yo os presento a Banksy. Es un artista urbano muy famoso. Es inglés...

E. Hacemos la presentación.

ACTIVIDAD COMPLEMENTARIA
en campus.difusion.com

DIVERSIDAD HISPANOHABLANTE

Estas son algunas de las personas creativas, talentosas y críticas que trabajan a favor del reconocimiento de la diversidad cultural en los países de habla hispana.

Aldo Villegas, Bocafloja
¿Quién es?
Un artista de *hip hop* mexicano.
¿Dónde vive?
En Estados Unidos.
¿Qué hace?
Hace rap, escribe poemas y hace documentales sobre la discriminación de la cultura afrodescendiente en América Latina.

Lía Samantha
¿Quién es?
Una diseñadora de moda y cantante colombiana.
¿Dónde vive?
En Colombia.
¿Qué hace?
Hace moda con diseños africanos y canta sobre las culturas afrodescendientes en el Caribe.

Inti Castro
¿Quién es?
Un artista urbano chileno.
¿Dónde vive?
En Francia.
¿Qué hace?
Pinta murales con crítica social y personajes característicos de las culturas andinas.

Domingo Antonio Edjang Moreno, El Chojín
¿Quién es?
Un cantante de rap y conductor de radio y televisión español.
¿Dónde vive?
En España.
¿Qué hace?
Hace música, escribe artículos y trabaja con distintas organizaciones contra la discriminación y el racismo.

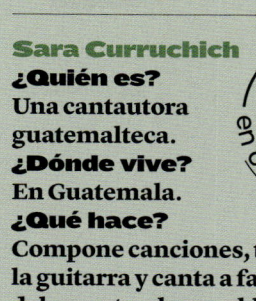

Sara Curruchich
¿Quién es?
Una cantautora guatemalteca.
¿Dónde vive?
En Guatemala.
¿Qué hace?
Compone canciones, toca la guitarra y canta a favor del respeto a los pueblos indígenas.

TEXTO MAPEADO en campus.difusion.com

UNIDAD 1

5. EL MUNDO EN 100 PERSONAS

PREPÁRATE

A. Lee esta infografía y corrige las cifras en las frases de la derecha.

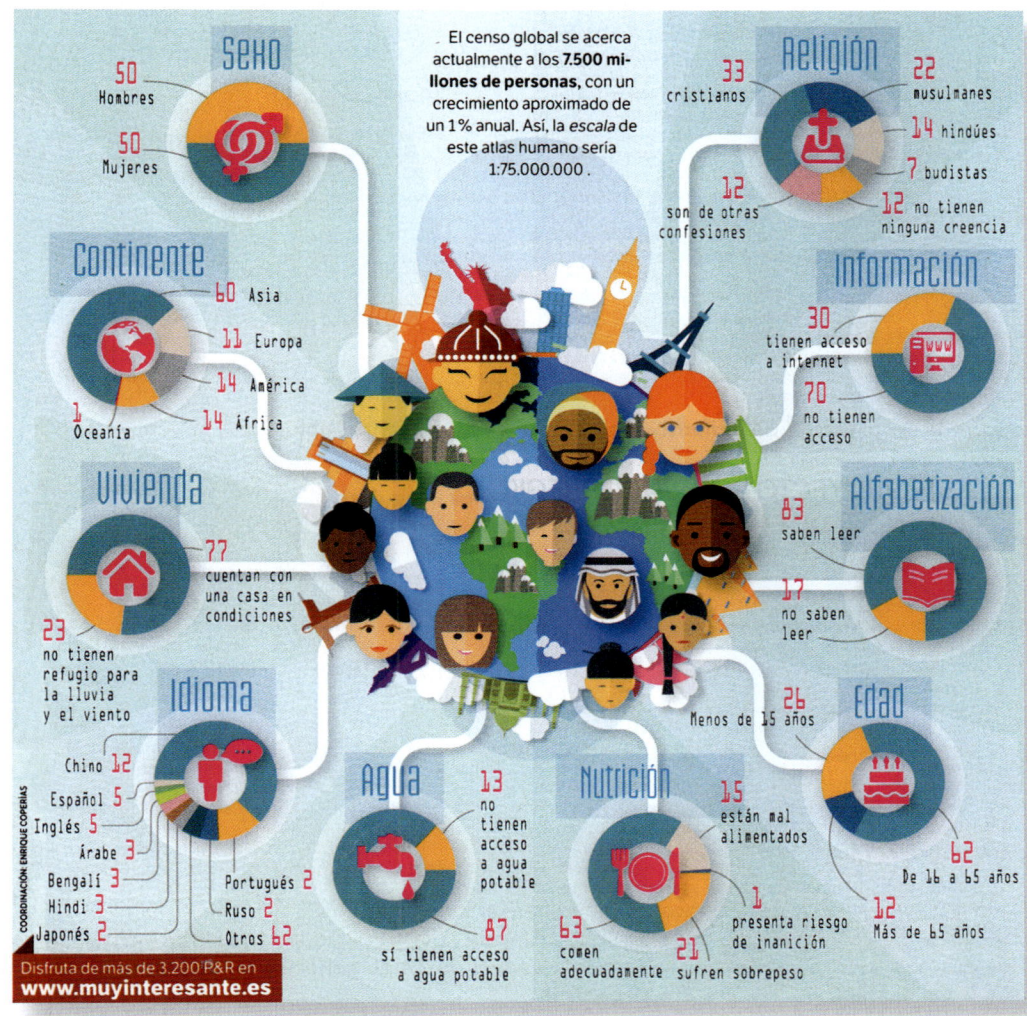

- Cinco personas de cada cien viven en el continente americano.
- Veintiséis personas tienen menos de sesenta y cinco años.
- Veinticuatro personas no tienen una religión.
- Cincuenta personas son mujeres.
- Nueve personas hablan español.
- Siete personas no tienen acceso a internet.

B. Dos estudiantes comentan la infografía. ¿Qué categorías mencionan? Márcalas.
🔊 2

- [ ] sexo
- [ ] continente
- [ ] vivienda
- [ ] idioma
- [ ] agua
- [ ] nutrición
- [ ] edad
- [ ] alfabetización
- [ ] información
- [ ] religión

TRANSCRIPCIÓN MAPEADA en campus.difusion.com

C. Escucha la continuación de la conversación y completa la información con las cifras correctas.
🔊 3

América Latina y el Caribe en 100 personas
1. .... viven en Sudamérica, ... en México y Centroamérica y .... en el Caribe.
2. .... son mujeres.
3. .... hablan español; ...., portugués; ...., inglés; ...., una lengua indígena y .... hablan francés.
4. .... no tienen internet.

D. Y nuestra clase de español, ¿cómo es? Por grupos, hacemos una estadística con las categorías que nos parezcan interesantes (sexo, nacionalidad, edad, idioma materno, lenguas extranjeras...).

ACTIVIDAD COMPLEMENTARIA en campus.difusion.com

SISTEMA FORMAL

6. JÓVENES HISPANOS EN ESTADOS UNIDOS

GRAMÁTICA

🏠 **PREPÁRATE**

A. Lee la presentación de esta joven. ¿Encuentras paralelismos con tu país?

"Hola, soy Linda Ramírez, vivo en Los Ángeles con mis padres. Mi madre es de origen mexicano y mi padre ecuatoriano. En Los Ángeles, mucha gente es de origen hispano. También los estados de Texas, Florida y Nueva York tienen un porcentaje importante de población hispana.

Los hispanos son el grupo de población más joven en Estados Unidos. En mi universidad, muchos jóvenes hispanos viven en una situación complicada: estudian, pero no tienen documentos oficiales de residencia. Yo tengo suerte: tengo 21 años, soy ciudadana estadounidense y estudio Comunicación y Ciencias Políticas en la UCLA.

Afortunadamente, cada vez más personas creen en la juventud hispana. Yo creo que todos los jóvenes que vivimos, estudiamos y trabajamos en este país tenemos derecho a una vida con las mismas oportunidades. Por eso soy activista a favor de los derechos de los migrantes."

⚙️ **ESTRATEGIAS**

Puedes subrayar en los textos las estructuras que te son útiles para hablar de tu realidad.

B. Busca en el texto las formas del presente de indicativo que faltan en la siguiente tabla.

	verbos regulares			verbos irregulares	
	ESTUDIAR	**CREER**	**VIVIR**	**SER**	**TENER**
yo	....	....	....	....	....
tú, vos	estudias/estudiás	crees/creés	vives/vivís	eres/sos	tienes/tenés
él, ella, usted	estudia	cree	vive	....	tiene
nosotros, nosotras	....	creemos	....	somos	....
vosotros, vosotras	estudiáis	creéis	vivís	sois	tenéis
ellos, ellas, ustedes	....	....	....	....	....

C. Completa estas frases sobre Linda.

Linda .... 21 años, ... estudiante de Ciencias Políticas en la UCLA, ... estadounidense, pero sus padres .... de origen hispano. Linda .... que todos los jóvenes .... derecho a las mismas oportunidades, por eso trabaja a favor de los derechos de los migrantes.

D. Comparamos nuestras respuestas a A, B y C.

E. En parejas, jugamos a conjugar estos verbos. Usamos un dado: cada número corresponde a una de las personas.

1. hablar
2. estudiar
3. tocar
4. cantar
5. pintar
6. trabajar
7. hacer
8. ser
9. tener
10. escribir
11. vivir

 yo
 tú, vos
 él, ella, usted
 nosotros, nosotras
 vosotros, vosotras
 ellos, ellas, ustedes

—Hablar
—¡Cuatro! Nosotros hablamos.

🔔 **ATENCIÓN**

hacer, yo: hago

F. Ahora, investigamos en internet cuáles son los principales países de origen de los hispanos en Estados Unidos. Luego, escribimos una breve descripción de tres personalidades estadounidenses de origen hispano.

Los principales países de origen de los hispanos en Estados Unidos son…

Zoe Saldana es una actriz estadounidense. Sus padres son de origen dominicano y puertorriqueño. Zoe habla inglés, español e italiano. Vive en…

UNIDAD 1

7. ¿TÚ O USTED?

GRAMÁTICA

PREPÁRATE

A. Relaciona las conversaciones con las fotografías.

1.
– ¡Hola! Tú eres la chica alemana de intercambio, ¿no?
– Sí, me llamo Kerstin, ¿y tú?
– Soy Ana. ¿Y de dónde eres de Alemania?
– Soy de Múnich.

2.
– Perdone, ¿es usted el profesor Rubén López?
– Sí.
– ¡Encantada! Yo soy Marta Díaz.
– ¡Ah, sí! Usted es la profesora visitante de Salamanca, ¿no?
– Sí, soy yo.
– Pues bienvenida.

3.
– Vosotros sois los amigos de Joaquín, ¿verdad?
– Sí, ¿vosotras sois sus compañeras de clase?
– Sí, yo soy Elena y ella es Vicky.
– ¡Mucho gusto! Yo soy Carla y él es Iñaki.

4.
– Buenos días, señores, ¿ustedes son los médicos colombianos?
– Sí, somos nosotros.
– Bienvenidos a Barcelona. Soy de la organización del congreso.
– Gracias. ¿Usted es del Hospital del Mar?
– No, soy de la Universidad de Barcelona, de la Facultad de Medicina.

B. De acuerdo con la situación, las personas utilizan elementos que indican formalidad o informalidad. Márcalos en cada conversación.

C. ¿En nuestra lengua existen tratamientos equivalentes a tú y usted? En parejas, comentamos con quién los usamos. Después, preguntamos a nuestro/-a profesor/a qué es lo usual en su país o en otros países hispanos.

- Personas mayores que no son familiares
- Los padres de un amigo
- Tu jefe/-a
- Un/a profesor/a de la universidad
- Tus abuelos
- Un/a adolescente
- Un/a camarero/-a en un restaurante
- Un/a camarero/-a en un bar

— *En alemán, existe "Sie", que es como "usted". Yo, con los padres de un amigo, uso siempre "Sie".*

8. PREGUNTAS Y RESPUESTAS

GRAMÁTICA

PREPÁRATE

A. Relaciona cada pregunta con la información que pide.

1. ¿Cómo te llamas?
2. ¿Dónde vives?
3. ¿De dónde eres?
4. ¿Eres francesa?
5. ¿Vives en Madrid?
6. ¿Cuántos años tienes?
7. ¿Hablas inglés?
8. ¿Qué estudias?
9. ¿Qué haces?
10. ¿Qué lenguas hablas?

- Nombre y apellidos
- Nacionalidad/origen
- Lugar de residencia
- Edad
- Estudios/profesión
- Idiomas

B. Con estas palabras interrogativas y estos verbos, escribe en tu cuaderno diez preguntas para hacer a personas de la clase.

• ¿Cómo...	ser
• ¿Quién...	tener
• ¿Cuántos/-as...	trabajar
• ¿Qué...	vivir
• ¿Dónde...	estudiar
• ¿De dónde...	llamarse
	hacer
	leer
	hablar

C. Hacemos nuestras preguntas a diferentes personas.

— *Max, ¿cuántos años tienes?*

ATENCIÓN

En las preguntas se usan signos de apertura y de cierre (¿...?).
¿Cómo te llamas? ¿Dónde vives?

SISTEMA FORMAL

9. ¿VOSOTROS O USTEDES?

GRAMÁTICA

🏠 PREPÁRATE

A. En estas conversaciones informales unos estudiantes usan las formas correspondientes a ustedes y otros, las correspondientes a vosotros. ¿Sabes por qué? Busca información sobre el uso de ustedes/vosotros en el mundo hispano.

B. Leemos la explicación de Recursos lingüísticos y comentamos nuestra investigación con el/la profesor/a y el resto de la clase.

C. Vemos estas presentaciones de *youtubers*. ¿Usan vosotros o ustedes? Lo escribimos.

🎥 2
1. ....
2. ....
3. ....
4. ....

ACTIVIDAD COMPLEMENTARIA en campus.difusion.com

10. ASÍ SON LOS JÓVENES ESPAÑOLES

LÉXICO

🏠 PREPÁRATE

A. Lee este perfil de la juventud española según una encuesta realizada a jóvenes de entre 21 y 30 años. ¿Te ves reflejado?

Yo no vivo con mis padres: vivo en una residencia.
Yo también creo que los amigos son lo más importante…

- Son creativos. Aprenden cosas nuevas. Experimentan.
- Son productivos. Estudian, trabajan o hacen las dos cosas a la vez.
- Son optimistas sobre su futuro a pesar de los problemas.
- Creen que la familia y los amigos son lo más importante.
- No son independientes económicamente. Reciben algún tipo de ayuda económica.
- No viven solos. Viven con sus padres o en pisos compartidos.
- Hablan una lengua extranjera: inglés o francés.
- No tienen interés en emigrar a otro país o vivir en el extranjero a largo plazo.

FUENTE: QUEQUIERESHACERCONTUVIDA.COM, INJUVE.ES

B. Comparamos nuestras frases con las de otras personas.

C. En parejas, investigamos en internet sobre los jóvenes de nuestro país. Escribimos un texto breve y lo presentamos en clase.

UNIDAD 1

11. ¿CÓMO SE PRONUNCIA?

FONÉTICA

 PREPÁRATE

A. Escucha y marca qué letra o combinaciones de letras se pronuncian de manera diferente en tu lengua.

B/V (/b/)
Bianca Velázquez
Vicente Bueno
Verónica Bermúdez

C/Z (/θ/ o /s/)
Cecilia Cisneros
Jon Zubizarreta
Celso Zorrilla

C/QU (/k/)
Carolina Castro
Enrique Cuevas
Consuelo Quesada

Ch (/tʃ/)
Chema Chávez
Nacha Chivas

G/J (/x/)
Jaime Jiménez
Germán Juárez
Gerardo Gil
Jesús Jordán

G/Gu (/g/)
Guadalupe Guerrero
Gabriela Guillén
Gonzalo Gómez

H (/ø/)
Hugo Hernández
Hilda Hinojosa

LL/Y (/ʎ/)
Carla Valle
Diego Llanos
Yolanda Llorente

Ñ (/ɲ/)
Iñaki Núñez
Íñigo Yáñez

R (/r/)
María Pérez
Arturo Arteaga
Araceli Arámburu

R/RR (/rr/)
Rodrigo Ruedas
Rita Reyes
Ramiro Parra

B. En grupos, cada uno busca en la unidad palabras con los sonidos de A y, después, las presentamos a las otras personas del grupo.

C. Buscamos en internet trabalenguas con los sonidos anteriores. Podemos hacer un concurso de trabalenguas en clase.

● El perro de San Roque no tiene rabo...

● Pancha plancha con una plancha...

ACTIVIDAD COMPLEMENTARIA
en campus.difusion.com

ATENCIÓN

En toda Latinoamérica, en las Islas Canarias y en regiones de Andalucía, za, ce, ci, zo y zu se pronuncian con el sonido /s/. El sonido /θ/ solo se usa en el resto de España. En Argentina y Uruguay LL e Y se pronuncian /ʃ/.

12. UNA PERSONA INTERESANTE

GRAMÁTICA

 PREPÁRATE

A. Fíjate en las terminaciones de los sustantivos y de los adjetivos en estos ejemplos. ¿Tu lengua funciona de manera similar? Consulta la gramática en Recursos lingüísticos.

- Ricardo es un chic**o** muy inteligent**e** y simpátic**o**.
- Ricardo y Manuel son dos chic**os** muy inteligent**es** y simpátic**os**.

- Luisa es una chic**a** inteligent**e** y simpátic**a**.
- Luisa y Jazmín son dos chic**as** muy inteligent**es** y simpátic**as**.

- Juan Gómez es un escrit**or** famos**o**. Es una person**a** muy crític**a** e influyent**e**.
- María Moreno es una escrit**ora** famos**a**. Es una person**a** muy crític**a** e influyent**e**.

- Juan Gómez y María Moreno son dos escrit**ores** famos**os**. Son dos person**as** muy crític**as** e influyent**es**.

B. Escribe ejemplos combinando estos sustantivos y adjetivos.

una amiga
unas estudiantes
unos artistas
un político
un actor

talentoso/-a/-os/-as
importante/s
activo/-a/-os/-as
internacional/es
simpático/-a/-os/-as

— *Tengo una amiga muy talentosa: se llama Alice y toca cinco instrumentos musicales.*

C. Contrastamos nuestras respuestas a B. ¿Tenemos las mismas combinaciones?

D. Escribimos ejemplos para cada categoría y los comparamos con los de otras personas.

- Un país interesante
- Un artista crítico
- Una lengua internacional
- Un político influyente
- Una cantante talentosa

Un país interesante para mí es India porque...

SISTEMA FORMAL

13. EL MUNDO HISPANOHABLANTE

LÉXICO

PREPÁRATE

A. Localiza los países hispanohablantes en el mapa.

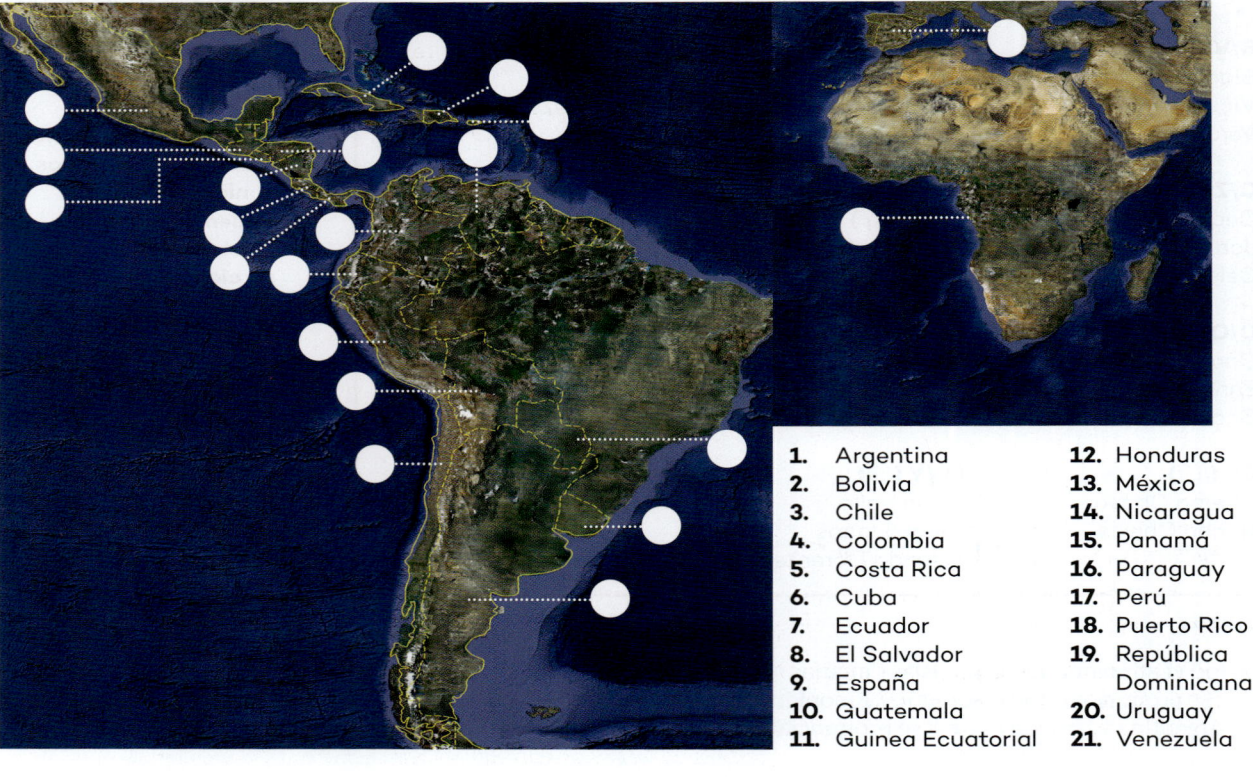

1. Argentina
2. Bolivia
3. Chile
4. Colombia
5. Costa Rica
6. Cuba
7. Ecuador
8. El Salvador
9. España
10. Guatemala
11. Guinea Ecuatorial
12. Honduras
13. México
14. Nicaragua
15. Panamá
16. Paraguay
17. Perú
18. Puerto Rico
19. República Dominicana
20. Uruguay
21. Venezuela

B. Estas son personas importantes para la cultura hispanohablante. ¿Las conoces? ¿De qué época son (actuales o del siglo xx)? Márcalo en la tabla.

	actual	del siglo xx
1. Carlos Gardel, cantante de tango y compositor uruguayo	☐	☐
2. Gustavo Santaolalla, músico y compositor argentino	☐	☐
3. Frida Kahlo, pintora mexicana	☐	☐
4. Luis Buñuel, director de cine español	☐	☐
5. Miquel Barceló, pintor y escultor español	☐	☐
6. Isabel Allende, escritora chilena	☐	☐
7. Augusto Roa Bastos, escritor paraguayo	☐	☐
8. Teresa Carreño, compositora y pianista venezolana	☐	☐

C. En parejas, ponemos en común nuestras respuestas a A y B.

— *Frida Kahlo es una pintora mexicana del siglo XX, ¿no?*

D. Buscamos otras personalidades (actuales o de otra época) con las siguientes nacionalidades. Luego, lo ponemos en común con la clase.

boliviano/-a
colombiano/-a
costarricense
cubano/-a
dominicano/-a

ecuatoguineano/-a
ecuatoriano/-a
guatemalteco/-a
hondureño/-a
nicaragüense

panameño/-a
peruano/-a
puertorriqueño/-a
salvadoreño/-a

— *Fernando Botero es un pintor y escultor colombiano.*

28

UNIDAD 1

14. ¿CÓMO ERES?

LÉXICO

PREPÁRATE

A. Marca qué adjetivos son similares en tu lengua materna o en otras que conoces.

- famoso/-a
- crítico/-a
- talentoso/-a
- creativo/-a
- activo/-a
- productivo/-a
- optimista
- independiente
- inteligente
- simpático/-a
- interesante
- influyente

B. Escribe en cada frase el adjetivo de la lista anterior que corresponde.

1. Manuel tiene ideas originales: es muy ....
2. Carla hace muchas cosas diferentes en un día: es una persona ....
3. Edurne tiene una actitud positiva ante la vida: es ....
4. Alberto toca el piano fenomenal: es muy ....
5. Camila vive sola, trabaja y no quiere la ayuda de sus padres: es una chica muy ....

C. En parejas, comparamos nuestras respuestas a B.

D. Escribimos nuestros propios ejemplos con los adjetivos que no aparecen en las frases de B y los compartimos con la clase.

ACTIVIDAD COMPLEMENTARIA en campus.difusion.com

15. RECURSOS PARA CONECTAR FRASES E IDEAS

CARACTERÍSTICAS DEL TEXTO

PREPÁRATE

A. Marca si crees que estas frases son verdaderas (V) o falsas (F). Después, lee el texto y comprueba.

	V	F
1. En Argentina muchas personas tienen origen italiano.	☐	☐
2. Muchos peruanos son de origen asiático.	☐	☐
3. El español tiene palabras de origen árabe.	☐	☐
4. En América Latina existen más de 500 pueblos indígenas.	☐	☐

Gente de aquí y de allá

El mundo hispanohablante tiene una larga historia de conquistas, migraciones e intercambios culturales, por eso la gente, la cultura y la lengua son muy diversas.

Muchos países no tienen estadísticas sobre la población indígena, pero, según UNICEF, en América Latina viven actualmente 522 pueblos indígenas. En los países de habla hispana, una parte importante de la población tiene antepasados africanos o españoles. Hay también muchas personas de origen chino y japonés (como en Perú), judío, alemán o italiano (como en Argentina).

España tiene también una larga historia de conquistas y encuentros entre pueblos ibéricos, celtas, romanos, judíos, germanos, árabes y africanos. El español tiene, por ejemplo, muchas palabras de origen árabe como *aceite*, *azúcar* y *alcohol*.

B. Nos fijamos en los conectores subrayados en el texto anterior. ¿Cuáles son los equivalentes en nuestra lengua?

C. Completamos las frases con el conector más adecuado. Comparamos luego nuestras propuestas con las de otra persona.

1. Ana es una persona muy inteligente, creativa .... talentosa.
2. Carlos es de México, ... vive en España desde hace muchos años.
3. Eva Longoria es actriz y modelo. .... es activista por los derechos de los hispanos en Estados Unidos.
4. Es un actor muy bueno y colabora con muchas organizaciones sociales, ... tiene el reconocimiento de muchas personas.
5. ¿Tú vives solo .... con tus padres?
6. Isabel habla francés, español .... inglés.

TAREAS

16. ASÍ SOMOS

A. En pequeños grupos, vamos a crear un material informativo sobre nuestro país para compartirlo en las redes sociales, páginas de turismo, etc. Decidimos qué tipo de material queremos crear (una infografía, un vídeo...) y elegimos la herramienta.

B. En nuestra presentación tenemos que responder a estas preguntas.

- ¿Cuántos habitantes tiene el país?
- ¿Qué porcentaje de la población son mujeres, hombres, jóvenes y personas mayores de 65 años?
- ¿De qué países son las principales comunidades de inmigrantes?
- ¿Qué lenguas habla la población?
- ¿Cómo es la gente joven?

C. Preparamos una primera versión, la corregimos entre todos y se la enseñamos a nuestro/-a profesor/a antes de crear la versión definitiva.

D. Hacemos la presentación ante los demás o la compartimos en un entorno virtual de la clase.

17. MULTICULTURAL

A. En parejas, vamos a hacer un póster o un *collage* sobre gente importante de nuestro país con un perfil bicultural o multicultural. Primero, investigamos en internet y elegimos a tres personas interesantes.

- ¿Cómo se llaman?
- ¿De dónde son? ¿Qué origen tienen?
- ¿Qué lenguas hablan?
- ¿Dónde viven?
- ¿Cuántos años tienen?
- ¿Qué hacen?
- ¿Cómo son?

B. Escribimos las frases que queremos usar en el póster y las corregimos (las podemos comentar con el/la profesor/a). Buscamos también fotos de esas personas e imágenes relacionadas.

C. Hacemos juntos el póster. Luego, lo pegamos en alguna pared o lo compartimos en un entorno virtual de la clase.

RECURSOS LINGÜÍSTICOS

GRAMÁTICA

PRESENTE DE INDICATIVO
▶ Conjugación regular de los verbos: -ar, -er, -ir

	TRABAJAR	APRENDER	VIVIR	LLAMARSE
yo	trabajo	aprendo	vivo	me llamo
tú, vos	trabajas/-ás	aprendes/-és	vives/-ís	te llamas/-ás
él, ella, usted	trabaja	aprende	vive	se llama
nosotros/-as	trabajamos	aprendemos	vivimos	nos llamamos
vosotros/-as	trabajáis	aprendéis	vivís	os llamáis
ellos/-as, ustedes	trabajan	aprenden	viven	se llaman

 Los verbos pronominales, como **llamarse**, llevan siempre los pronombres **me**, **te**, **se**, **nos**, **os**, **se**.
Yo **me llamo** Carla. ¿Tú cómo **te llamas**?

▶ **Los verbos** ser, ir **y** tener

	SER	IR	TENER
yo	soy	voy	tengo
tú, vos	eres/sos	vas	tienes/tenés
él, ella, usted	es	va	tiene
nosotros, nosotras	somos	vamos	tenemos
vosotros, vosotras	sois	vais	tenéis
ellos, ellas, ustedes	son	van	tienen

PRONOMBRES PERSONALES DE SUJETO
Los pronombres de sujeto se usan solamente cuando queremos destacar o contrastar la persona.
¡Hola! **Yo** soy Teresa. **Él** es Juan y **ella** es Ana.
Les presento a un amigo muy especial... **Él** es Carlos...

EL VOSEO
En algunas regiones de América Latina, el pronombre **vos** (y sus formas verbales correspondientes) se usa en lugar de **tú** en contextos informales. Esto sucede especialmente en gran parte de Argentina, en Uruguay, Paraguay y regiones de Centroamérica y México.

¿VOSOTROS O USTEDES?
En España, **vosotros** es la forma de tratamiento informal plural y **ustedes**, la de tratamiento formal plural. En el español de América no se utiliza **vosotros**: **ustedes** es la forma de tratamiento formal e informal. En España, sucede lo mismo en zonas de Andalucía y en las Islas Canarias.

PRONOMBRES INTERROGATIVOS
¿**Quién** es Gael García?   ¿**Dónde** vives?
¿**Cómo** te llamas?   ¿**De dónde** eres?
¿**Cuántos** años tienes?   ¿**Qué** estudias?

EL ARTÍCULO DEFINIDO

	masculino
singular	**el** libro, **el** actor
plural	**los** libros, **los** actores

 El (sin tilde) es artículo: **el** libro, **el** chico.
Él (con tilde) es pronombre personal: **Él** es Carlos.

UNIDAD 1

	femenino
singular	la familia, la universidad
plural	las familias, las universidades

 Los sustantivos femeninos que comienzan con **a** o **ha** y tienen el acento en esta vocal, se combinan con el artículo **el**: **el a**gua, **el a**rma, **el ha**cha.

EL ARTÍCULO INDEFINIDO

	masculino	femenino
singular	un libro, un actor	una familia, una universidad
plural	unos libros, unos actores	unas familias, unas universidades

 Los sustantivos femeninos que comienzan con **a** o **ha** y tienen el acento en esta vocal, se combinan con el artículo **un**: **un a**gua, **un a**rma, **un ha**cha.

DEMOSTRATIVOS (I)

	masculino	femenino
singular	este actor	esta universidad
plural	estos actores	estas universidades

*¿Quién es **este** chico de la foto?*
***Esta** universidad es muy reconocida.*

EL SUSTANTIVO: GÉNERO Y NÚMERO

género	terminación	singular	plural (-s/-es)
masculino el, un, este los, unos	-o	libro	libros
	-ema, -oma	problema	problemas
	-aje	paisaje	paisajes
femenino la, una, esta las, unas, estas	-a	persona	personas
	-dad, -tad	universidad	universidades
	-ción, -sión	discusión	discusiones
masculino/ femenino	-ista	artista	artistas
	-ante	estudiante	estudiantes

Los sustantivos que terminan en consonante (**-l**, **-n**, **-r**, **-s**, **-z**) o en **-e** pueden ser masculinos o femeninos: **el móvil** / **la capital**, **el examen** / **la imagen**, **el color** / **la flor**, **el autobús** / **la crisis**, **el lápiz** / **la paz**, **el parque** / **la calle**.

EL ADJETIVO: GÉNERO Y NÚMERO

terminación	masculino	femenino	plural (-s/-es)
-o/-a	simpático	simpática	simpáticos simpáticas
-or/-ora	trabajador	trabajadora	trabajadores trabajadoras
-e	amable	amable	amables
-ista	feminista	feminista	feministas
-n, -l, -r, -z	joven especial regular capaz	joven especial regular capaz	jóvenes especiales regulares capaces

Generalmente, el adjetivo va detrás del sustantivo:
*una **persona comprometida**, un **estudiante alemán**.*

 Los gentilicios acabados en **-l**, **-n** o **-s** añaden **-a** para formar el femenino.
un señor españo**l** / una señora española
un señor alemá**n** / una señora alemana
un señor escocé**s** / una señora escocesa

LÉXICO

INFORMACIÓN PERSONAL

estudiar › Ingeniería › idiomas
› en la universidad › en España

hablar › español › lenguas extranjeras
› con compañeros › con amigos

tener › 23 años › amigos

trabajar › en la universidad › en México › en una ONG
› con niños › con jóvenes migrantes

ser › estudiante › mexicano › simpático
› de Bogotá
› un artista crítico › una cantante mexicana
› de origen asiático

vivir › en España › en el extranjero
› con los padres › solo

CARACTERÍSTICAS DEL TEXTO

CONECTORES BÁSICOS

y: coordina palabras o frases al mismo nivel.
*Martín **y** Rosa estudian **y** trabajan.*

 Y se convierte en **e** cuando la palabra siguiente empieza por el sonido [i].
*Luis **e** Irene.*
*Padres **e** hijos.*

o: se utiliza para presentar opciones.
*¿Estudias **o** trabajas?*

también: añade información.
*Se habla español en España, en América Latina y **también** en Estados Unidos.*

pero: introduce una idea presentada como opuesta.
*Entiendo francés, **pero** no lo hablo muy bien.*

por eso: introduce una consecuencia.
*Mi novio es de Perú, **por eso** estudio español.*

PUNTUACIÓN: SIGNOS DE INTERROGACIÓN Y EXCLAMACIÓN

En español, los signos interrogativos y exclamativos son dobles: abren y cierran un enunciado.
¿Cuál es la capital de Argentina?
¡Muchas gracias!

 En textos informales (principalmente en formatos digitales o en notas manuscritas), muchas personas no escriben el signo inicial, pero en textos cuidados es muy importante escribirlo.

2 PLANES

CULTURA
- El español como lengua internacional
- Familias interculturales

COMUNICACIÓN
- Expresar planes: **querer** + infinitivo
- Expresar gradación: **muy**, **bastante**, **un poco (de)**
- Hablar de habilidades y conocimientos
- Dar y pedir datos de contacto: **número de teléfono**, **correo electrónico**, **dirección**

GRAMÁTICA
- Verbos con diptongo en **ie**: **entender**, **querer**
- Verbos irregulares en la primera persona: **saber**, **hacer**, **conocer**
- Oraciones causales y finales: **porque**, **para**, **por**
- Posesivos: **mi**, **tu**, **su**, **nuestro**…
- Expresar impersonalidad: **se** + 3.ª persona

LÉXICO
- Países, gentilicios y lenguas
- Carreras universitarias y profesiones
- Actividades de tiempo libre
- La familia
- Los verbos **saber** y **conocer**

CARACTERÍSTICAS DEL TEXTO
- Reglas de acentuación

DOCUMENTOS PARA EMPEZAR

1. CITAS

PREPÁRATE

A. ¿Con qué frase relacionas cada una de estas citas?

Cuantos más idiomas sabes, más humano eres.
— TOMÁŠ GARRIGUE MASARYK (1850-1937), fundador de la República de Checoslovaquia

Cuantos más idiomas hablas, más te conoces a ti mismo.
— SANDRA CISNEROS (1954), escritora estadounidense

Aprender otro idioma es como convertirse en otra persona.
— HARUKI MURAKAMI (1949), escritor japonés

a. Si hablas varios idiomas, eres más flexible y abierto a la diversidad del mundo.
b. Cuando aprendes otros idiomas, descubres más sobre tu identidad.
c. Cuando hablas otro idioma, adoptas una personalidad diferente.

B. Comparamos nuestras respuestas con las de otra persona y comentamos cuál es para nosotros la cita más interesante.

— *Para mí, la cita más interesante es la de…*

C. En parejas, escribimos dos frases más sobre la importancia de hablar lenguas y las compartimos con la clase.

ACTIVIDAD COMPLEMENTARIA en campus.difusion.com

2. INFOGRAFÍA

PREPÁRATE

A. Mira la infografía. ¿Aparece tu lengua materna en la lista? Si no, investiga en internet cuántos hablantes tiene.

B. Investiga también el número de hablantes de estas lenguas y los países donde se hablan.

- Alemán: ....
- Coreano: ....
- Francés: ....
- Italiano: ....
- Griego: ....
- Guaraní: ....
- Quechua: ....
- Polaco: ....
- Turco: ....

C. España tiene cuatro lenguas oficiales, ¿cuáles son? Escríbelas.

D. ¿Eres competente en varias lenguas? Completa en tu cuaderno una tabla como esta.

idioma	hablar	entender	leer	escribir
Inglés	Es mi lengua materna.			
Chino	Bastante bien.	Muy bien.	Bastante mal.	No sé.

ATENCIÓN

+ Perfectamente
Muy bien
Bastante bien
Bastante mal
− Muy mal

Fuentes: Ethnologue: Languages of the World, Instituto Cervantes

E. Comparamos nuestras respuestas a A y B con las de otras personas.

—*El francés tiene ... millones de hablantes aproximadamente. Se habla en Francia, Bélgica...*

ATENCIÓN

Frases impersonales:
se + verbo en 3.ª persona

F. Comentamos nuestras tablas (apartado D).

<mark>Mi lengua materna es</mark> el inglés.
<mark>Mis lenguas maternas son</mark> el inglés y el turco.
<mark>Hablo muy bien</mark> ruso.
<mark>Leo bastante bien en</mark> italiano, pero <mark>escribo bastante mal</mark>.
<mark>Entiendo un poco de</mark> árabe.

G. Comentamos qué hacemos en diferentes lenguas.

- Leer libros/periódicos/revistas...
- Ver series/películas/noticieros...
- Escuchar música/*podcasts*...
- Hablar con la familia / la pareja...
- Hablar con turistas/compañeros...
- Chatear con amigos/familiares...
- Tener clases de la carrera
- Otros: ....

—*Yo hablo italiano con mi mamá. Leo libros en...*

ACTIVIDAD COMPLEMENTARIA
en campus.difusion.com

3. VÍDEO

PREPÁRATE

A. En tu opinión, ¿por qué es importante saber más de un idioma? Marca las frases y después ve el vídeo para comprobar si coincides con José Luis Scerri.

☐ Porque la economía es cada vez más global.
☐ Porque el inglés tiene cada vez menos importancia como lengua franca.
☐ Porque es más fácil acceder a más información.
☐ Porque es más fácil hacer negocios y ganar más dinero.
☐ Porque hablar otros idiomas da prestigio social.

B. Comentamos cuáles creemos que son los idiomas más relevantes para nuestro futuro profesional.

ACTIVIDAD COMPLEMENTARIA en campus.difusion.com

DOCUMENTOS PARA DESCUBRIR

4. ESTUDIAR Y VIAJAR

PREPÁRATE

A. Lee el artículo y marca a quién corresponde cada información (es posible más de una opción).

	Anne	Vincenzo	Alyssa
1. Quiere trabajar en un país de América Latina después de sus estudios.	☐	☐	☐
2. Su país tiene un gran número de hispanohablantes.	☐	☐	☐
3. Estudia español porque es muy importante en su ámbito profesional.	☐	☐	☐
4. Tiene mucho interés por la cultura.	☐	☐	☐
5. Su país es un socio comercial importante de España.	☐	☐	☐

B. Comparamos nuestras respuestas.

C. Marcamos las frases que corresponden a nuestros motivos y las comentamos con otra persona.

Quiero aprender español...
- ☐ para hacer unas prácticas o un voluntariado en el extranjero.
- ☐ para trabajar en otro país después de los estudios.
- ☐ para viajar por América Latina.
- ☐ para entender canciones en español.
- ☐ porque tengo amigos hispanohablantes.
- ☐ porque mi novio/-a es hispanohablante.
- ☐ porque quiero hacer un intercambio.
- ☐ por la cultura.
- ☐ por mis estudios.
- ☐ otros: ....

— *Yo aprendo español por mis estudios (estudio Filología Románica) y también porque tengo amigos hispanohablantes de Chile y España y para hablar español con la gente en mis vacaciones...*

D. Entrevistamos a otros compañeros, hacemos una lista y ponemos en común los resultados. ¿Cuáles son los tres principales motivos de la clase?

— *Michael, ¿tú por qué estudias español?*

LOS UNIVERSITARIOS APRENDEN ESPAÑOL

Aprender idiomas es importante para el desarrollo personal, profesional y cognitivo. Los jóvenes de hoy aprenden más de una lengua extranjera, viajan más, hacen intercambios, voluntariados, prácticas o trabajan por un tiempo en otros países.

España es el destino número uno de los estudiantes europeos del programa de intercambio Erasmus. Los países favoritos de los estudiantes estadounidenses en América Latina son Costa Rica, México y Argentina. Tres estudiantes nos presentan sus motivos para aprender español y vivir en un país hispanohablante.

"Este semestre estoy en Granada con el programa Erasmus. El español es una lengua muy importante para los negocios internacionales y Alemania tiene muchas relaciones comerciales con España y América Latina. Después de mis estudios quiero hacer unas prácticas en México y trabajar en una empresa transnacional."

"Yo estudio español por mi profesión, soy periodista. Creo que un buen periodista tiene que hablar varios idiomas. El español es la tercera lengua en internet y la segunda en las redes sociales, por eso para mí es una lengua muy importante. Quiero hacer prácticas en una agencia de noticias aquí en Madrid un año y después viajar por Sudamérica unos meses."

"Realmente hablar español no es obligatorio para mi doctorado o mi profesión, pero yo quiero hablar con la gente en español y conocer más cosas de la cultura costarricense. Además, ¡Estados Unidos tiene millones de hispanohablantes! Después de mi doctorado quiero trabajar un tiempo aquí y conocer mejor las políticas de biodiversidad de Costa Rica."

Anne
Alemana
22 años
Estudiante de Administración de Empresas

Vincenzo
Italiano
23 años
Estudiante de Periodismo

Alyssa
Estadounidense
27 años
Doctoranda en Biología

Según datos del Instituto Cervantes (2015), más de 20 millones de personas estudian español.

UNIDAD 2

5. BUSCO TÁNDEM

 **PRÉPARATE**

A. Lee estos anuncios en una universidad mexicana. ¿Qué motivos tiene cada persona para buscar un intercambio?

BUSCO TÁNDEM

¡Hola!
Soy Gabi, de Alemania.

Estudio Etnología. Tengo un nivel avanzado de español (B2) y quiero practicar para hablar con más fluidez. Soy muy abierta. Mi lengua materna es el alemán, pero también hablo inglés perfectamente.

Mi correo:
gabi.shwartz@mymail.com
Mi celular: 5559356224

Intercambio Español – Francés

¡Salut! ¡Hola! Soy Ludovic, soy francés y estudio Turismo. Busco alguien para practicar español. Cocino muy bien y quiero aprender a cocinar platos mexicanos. ¿Quién me enseña?

Email: jesuisludo@yahoo.fr
Celular: 5559329815

¿QUIERES PRACTICAR CHINO? YO QUIERO PRACTICAR ESPAÑOL

Soy Mei Ling, estudio Economía y quiero practicar conversación. Busco una persona tranquila y simpática para hablar de cine y arte. Contáctame por correo (meiling@mail.com) o por celular (5559307218).

B. Escucha a tres personas que llaman para responder a los anuncios y, para cada una, anota la siguiente información.
🔊 5-7

- Cómo se llama
- Qué estudia
- A quién llama
- Qué lengua quiere practicar
- Cuáles son sus motivos para hacer el intercambio

TRANSCRIPCIÓN MAPEADA
en campus.difusion.com

C. Comparamos nuestras respuestas a A y B.

D. Escribimos nuestro anuncio para hacer un intercambio en nuestra universidad.

E. Nos pedimos y nos damos nuestros números de teléfono y nuestros correos electrónicos.

¿**Cuál es tu** correo electrónico / número de celular?
Mi correo electrónico / número de celular **es**...

🔔 **ATENCIÓN**
- @ arroba
- \- guion
- _ guion bajo
- . punto

🔔 **ATENCIÓN**
España: móvil
América Latina: celular

ACTIVIDAD COMPLEMENTARIA en campus.difusion.com

☕ **LA CAFETERÍA**

¿Qué tipo de anuncios hay en nuestra universidad? ¿Qué quieren o qué ofrecen los estudiantes?

SISTEMA FORMAL

6. ¿POR QUÉ ESTUDIAS MEDICINA?

GRAMÁTICA

🏠 **PREPÁRATE**

A. Lee estas afirmaciones realizadas por estudiantes, ¿qué carreras estudian? Completa las frases.

- Administración de Empresas
- Arqueología
- Magisterio
- Física
- Medicina
- Química
- Sociología
- Ciencias de la Computación

1. "Estudio .... **porque creo** que es fascinante conocer culturas antiguas." (Martín, 21 años)
2. "Estudio .... **por curiosidad**. Quiero comprender el universo, la energía, la materia, la relación entre el tiempo y el espacio." (Laura, 23 años)
3. "Estudio .... **para entender** mejor las relaciones entre las personas, sus instituciones, sus costumbres y su evolución." (Leo, 21 años)
4. "Estudio .... **para saber** cómo funciona el cuerpo **humano**, curar enfermedades. Mi idea es trabajar para una ONG." (Marina, 20 años)
5. "Estudio .... **porque quiero** trabajar con niños. La educación es muy importante para tener un mundo mejor." (Xabier, 22 años)

B. Fíjate en los fragmentos destacados en negrita. ¿Entiendes cuándo se usa para, porque y por?

C. Comparamos nuestras respuestas a A y B.

—Martín estudia...

D. Y nosotros, ¿por qué estudiamos nuestra carrera? Lo comentamos con los demás.

E. ¿Qué carreras se ofrecen en nuestra facultad o escuela? ¿Cómo se dicen en español? En parejas, hacemos una lista.

ACTIVIDAD COMPLEMENTARIA en campus.difusion.com

7. ¿QUÉ QUIERES HACER?

GRAMÁTICA

🏠 **PREPÁRATE**

A. ¿Tienes alguno de estos planes o intenciones para tus próximas vacaciones? Márcalo y completa.

- ☐ Hacer unas prácticas o un voluntariado.
- ☐ Hacer un curso de ....
- ☐ Ir de vacaciones a ....
- ☐ Trabajar en ....
- ☐ Visitar a mis padres o a ....

B. En pequeños grupos, comparamos nuestras respuestas.

—En las próximas vacaciones yo quiero trabajar en un café.
—Pues yo quiero ir a Barcelona con mi novia...

C. Rellenamos el cuadro con nuestros planes o intenciones.

🔔 **ATENCIÓN**

Si hablamos de planes decididos, podemos usar ir a + infinitivo.

En las próximas vacaciones **voy a ir** a Barcelona con mi novia.

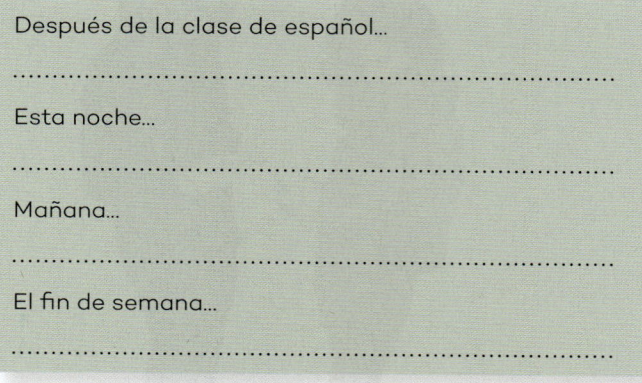

Después de la clase de español...
....

Esta noche...
....

Mañana...
....

El fin de semana...
....

ACTIVIDAD COMPLEMENTARIA en campus.difusion.com

UNIDAD 2

8. LA FAMILIA DE ANA

LÉXICO

PREPÁRATE

A. Lee las frases y completa el árbol genealógico de Ana con las palabras correspondientes.

1. Ángeles es la **mujer** de José.
2. Alberto es el **padre** de Rosario y Elisa y el **abuelo** de Cristina.
3. Carlos es el **nieto** de José y Ángeles.
4. Rodrigo es el **hermano** de Carmen y Ana.
5. Ana es la **tía** de Elisa.
6. Elisa y Carlos son **primos**.
7. Cristina es la **hija** de Antonio y Rosario.

B. Contrastamos nuestras respuestas.

C. En parejas, escogemos a una persona famosa y escribimos una breve descripción de su familia.

Shakira es una cantante muy famosa. También es empresaria y filántropa. Tiene una familia multicultural. Su padre es estadounidense de origen libanés y su madre es colombiana...

D. Preparamos una o dos frases sobre una persona de la familia de Ana. Luego las leemos en voz alta. ¿Quién adivina más rápido de quién se trata?

— Es el tío de Carlos.
— ¡Alberto!

ACTIVIDAD COMPLEMENTARIA en campus.difusion.com

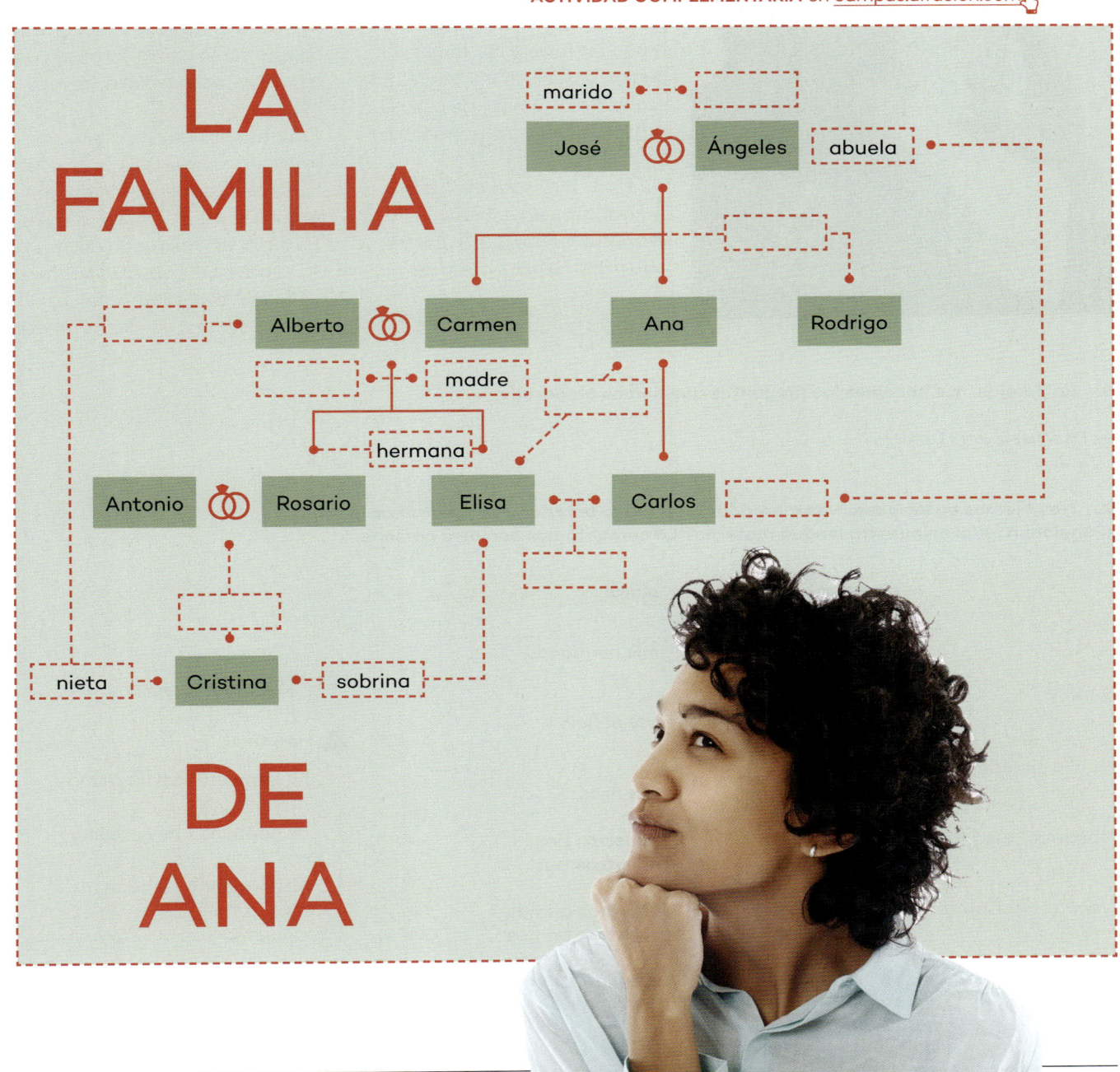

LA FAMILIA DE ANA

- marido
- José ⚭ Ángeles — abuela
- Alberto ⚭ Carmen — Ana — Rodrigo
- madre
- hermana
- Antonio ⚭ Rosario — Elisa — Carlos
- nieta — Cristina — sobrina

SISTEMA FORMAL

9. MÉDICO, CANTANTE, CIUDADANO DEL MUNDO

GRAMÁTICA

PREPÁRATE

A. Lee este artículo sobre Jorge Drexler. Luego escribe cinco preguntas para hacerle a otra persona y comprobar si ha entendido el texto.

JORGE DREXLER

Jorge Drexler es un conocido cantautor uruguayo, pero también es médico. "Todos en mi familia -mis padres, mis tíos, mis primos, mis hermanos- son médicos", comenta en una entrevista. Su familia es, además, bastante multicultural. En la canción "De amor y de casualidad" Jorge canta a su primer hijo:

*Tu madre tiene sangre holandesa,
yo tengo el pelo sefaradí,
somos la mezcla de tus abuelos,
y tú mitad de ella y mitad de mí.*

Jorge vive en España con su segunda esposa, una actriz y cantante española, y sus hijos, pero no pierde el contacto con Uruguay: "Tengo un vínculo muy sólido con mi país, tanto con mis amigos como con mi familia y con el público", dice en otra entrevista.

Jorge es una persona creativa, optimista y sensible, habla cuatro idiomas y canta en otros más: español, portugués, italiano, catalán e inglés. "Es el trabajo más lindo del mundo: escribir canciones y viajar para cantarlas", comenta.

B. En parejas, nos hacemos las preguntas que hemos preparado.

—¿De dónde es Jorge Drexler?
—De...

C. Nos fijamos en los posesivos marcados en el texto anterior y completamos la tabla. ¿Funcionan igual en nuestra lengua materna? Lo comentamos con otra persona.

	singular	plural
yo	**mi** hermano	....
	....	**mis** hermanas
tú, vos	**tu** abuelo	....
	....	**tus** abuelas
él, ella, usted	....	....
	....	**sus** hijas
nosotros, nosotras	**nuestro** tío	**nuestros** tíos
	nuestra tía	**nuestras** tías
vosotros, vosotras	**vuestro** primo	**vuestros** primos
	vuestra prima	**vuestras** primas
ellos, ellas, ustedes	**su** nieto	**sus** nietos
	su nieta	**sus** nietas

ATENCIÓN

Mi hermano + mi hermano = mis hermanos

Mi hermana + mi hermana = mis hermanas

Mi hermano + mi hermana = mis hermanos

10. LOS JÓVENES MEXICANOS Y EL TIEMPO LIBRE

LÉXICO

PREPÁRATE

A. Mira la siguiente infografía. ¿Haces las mismas cosas que los jóvenes mexicanos?

> Yo voy al cine, pero no voy a bailar.

B. En parejas, hablamos sobre nuestras actividades de tiempo libre.

> ¿Ves la televisión en tu tiempo libre?

> Bueno, no tengo televisión, pero veo muchas series en la computadora. Y tú, ¿duermes la siesta?

> Sí. ¿Y tú?

C. Comentamos en clase abierta si hacemos actividades que no aparecen en la infografía. Las anotamos todas.

— Yo toco la guitarra.
— Yo hago teatro.

D. En parejas, buscamos imágenes para ilustrar las actividades de tiempo libre. Se las enseñamos a los demás, que tienen que adivinar cómo se dice esa actividad en español.

— ¡Cantar!

ACTIVIDAD COMPLEMENTARIA
en campus.difusion.com

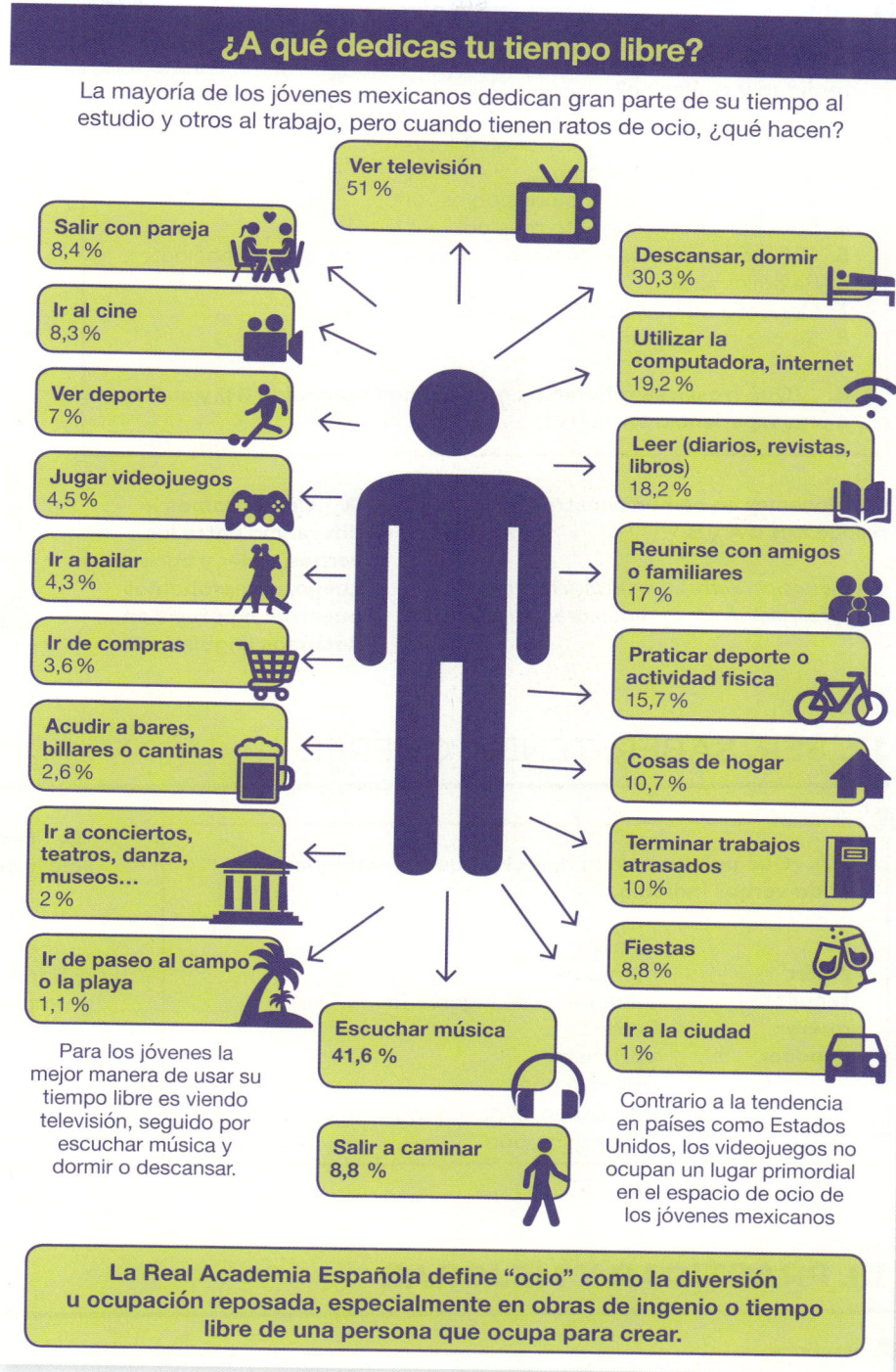

¿A qué dedicas tu tiempo libre?

La mayoría de los jóvenes mexicanos dedican gran parte de su tiempo al estudio y otros al trabajo, pero cuando tienen ratos de ocio, ¿qué hacen?

- Ver televisión 51 %
- Salir con pareja 8,4 %
- Ir al cine 8,3 %
- Ver deporte 7 %
- Jugar videojuegos 4,5 %
- Ir a bailar 4,3 %
- Ir de compras 3,6 %
- Acudir a bares, billares o cantinas 2,6 %
- Ir a conciertos, teatros, danza, museos… 2 %
- Ir de paseo al campo o la playa 1,1 %
- Escuchar música 41,6 %
- Salir a caminar 8,8 %
- Descansar, dormir 30,3 %
- Utilizar la computadora, internet 19,2 %
- Leer (diarios, revistas, libros) 18,2 %
- Reunirse con amigos o familiares 17 %
- Praticar deporte o actividad física 15,7 %
- Cosas de hogar 10,7 %
- Terminar trabajos atrasados 10 %
- Fiestas 8,8 %
- Ir a la ciudad 1 %

Para los jóvenes la mejor manera de usar su tiempo libre es viendo televisión, seguido por escuchar música y dormir o descansar.

Contrario a la tendencia en países como Estados Unidos, los videojuegos no ocupan un lugar primordial en el espacio de ocio de los jóvenes mexicanos

La Real Academia Española define "ocio" como la diversión u ocupación reposada, especialmente en obras de ingenio o tiempo libre de una persona que ocupa para crear.

Instituto Mexicano de la Juventud

ATENCIÓN

En América Latina se dice computador o computadora. En España, se dice ordenador.

ATENCIÓN

a + el cine = al cine
a + el tenis = al tenis

UNIDAD 2

SISTEMA FORMAL

11. SÉ HABLAR CHINO, PERO NO CONOZCO CHINA

LÉXICO

PREPÁRATE

A. ¿Cuáles de estas frases puedes usar para hablar de tu realidad y cuáles no?

1. Conozco tres países hispanohablantes.
2. Sé hablar cuatro idiomas.
3. Conozco muchas canciones en español.
4. Sé tocar un instrumento musical.
5. Conozco a algunos estudiantes de intercambio hispanohablantes.
6. Sé bailar salsa.
7. Conozco un restaurante español en mi ciudad.
8. Sé cocinar bastante bien.

B. ¿Qué frases se refieren a una habilidad aprendida (H) y cuáles a una experiencia vivida (E)?

C. Ponemos en común nuestras respuestas a A y B.

— Yo sé hablar cuatro idiomas: inglés, alemán…
— Yo sé cocinar platos vegetarianos bastante bien.

D. Comentamos la diferencia entre los **verbos** saber y conocer. Luego, comprobamos nuestras hipótesis en Recursos lingüísticos.

12. SER, SABER, TENER, QUERER

LÉXICO

PREPÁRATE

A. ¿Qué palabras de la derecha puedes combinar con cada verbo? Indícalo.

ser	21 años
saber	hermanos
tener	estudiante de Ingeniería
querer	Europa
conocer	optimista
	tres idiomas
	trabajar en un país hispanoamericano
	viajar a España

B. Creamos una ficha de una persona de la clase con la siguiente información.

- Nombre y apellidos
- Edad
- Nacionalidad
- Familia
- Lengua materna
- Otras lenguas
- Proyectos
- Habilidades

— ¿Tienes hermanos?
— Sí, tengo tres.

ACTIVIDAD COMPLEMENTARIA
en campus.difusion.com

13. PRACTICAR Y MEJORAR

LÉXICO

PREPÁRATE

A. ¿Qué puedes hacer para practicar y mejorar tus conocimientos de una lengua?

- escuchar
- escribir
- leer
- ver
- hablar con
- hacer

artículos · canciones · correos electrónicos · otros estudiantes · ejercicios · hablantes nativos · libros · películas · *podcasts* · revistas · series · un tándem · un curso · un viaje

B. Comentamos qué lenguas hablamos y qué hacemos para practicarlas.

— Yo hablo un poco de italiano. Voy a clases y, para practicar, hago un intercambio con una estudiante de Verona…

14. REGLAS DE ACENTUACIÓN

CARACTERÍSTICAS DEL TEXTO

PREPÁRATE

A. Lee estas reglas de acentuación gráfica de las palabras en español y marca las frases correctas.

> En español hay un único acento gráfico (o tilde) y solo se escribe sobre vocales. Estas son las reglas básicas de uso del acento gráfico.

Todas las palabras tienen una sílaba que se pronuncia con más intensidad (sílaba tónica):

- yo
- ha-**blar**
- en-ten-**der**
- e-du-ca-**ción**

- **li**-bro
- her-**ma**-no
- es-cri-**to**-ra

- **mé**-di-co
- po-**lí**-ti-ca

La mayor parte de las palabras en español tienen la sílaba tónica en la última (ha-**blar**) o penúltima sílaba (**li**-bro).

No se escribe tilde si una palabra termina en **vocal**, **–n**, o **–s** y se pronuncia con intensidad en la penúltima sílaba: **ca**-sa, **nom**-bre, **ha**-blan, **vi**-ves.

No se escribe tilde si una palabra termina en **consonante** (excepto **–n** o **–s**) y se pronuncia con intensidad en la última sílaba: ac-**triz**, es-cri-**tor**, or-de-na-**dor**, ac-ti-vi-**dad**, na-tu-**ral**.

En todos los otros casos sí se escribe tilde sobre la vocal de la sílaba tónica: a-le-**mán**, **fút**-bol, **mú**-si-ca, ma-te-**má**-ti-cas.

Las palabras monosílabas no llevan tilde (**pan**, **con**, **en**, **sol**…).

Algunas palabras monosílabas sí llevan tilde cuando es necesario diferenciar significados.

mi (pronombre posesivo)	mí (pronombre personal)
tu (pronombre posesivo)	tú (pronombre personal)
el (artículo masculino)	él (pronombre personal masculino)
se (pronombre impersonal)	sé (verbo **saber**, 1.ª persona, presente indicativo)
que (conjunción)	qué (interrogativo/ exclamativo)

Las palabras interrogativas y exclamativas (**quién**, **qué**, **cómo**, **cuándo**, **cuál**, **cuánto**, **dónde**) siempre se escriben con tilde: ¿**Cuándo** tenemos vacaciones? ¡**Cuánto** tiempo! No sé **quién** es Junot Díaz.

La tilde también se usa con las letras mayúsculas.

Á

1. En español existen tres tipos de tilde.
2. Todas las palabras en español llevan tilde.
3. La tilde sirve para diferenciar el significado de algunas palabras.
4. Los pronombres interrogativos en español siempre llevan tilde.

B. Escucha estas palabras y escribe las tildes necesarias.

🔊 8

dolar	papa	Sudamerica	control
cancion	academico	dificil	primo
clasica	cancer	casa	telefono
mejor	adios	gramatica	

C. Escribe la tilde en las siguientes frases.

- ¿Como es tu universidad?
- Tu eres el amigo frances de mi prima, ¿verdad?
- Para mi tu eres la persona mas simpatica de la clase.
- No se como se escribe esa palabra en español.
- ¿Cual es tu direccion de correo electronico?

ESTRATEGIAS

Haz búsquedas con estas palabras (u otras) para encontrar recursos y mejorar tu escritura en español:

buen + uso + español
escribir + bien + español
escribir + correctamente + español

TAREAS

PROYECTOS UNIDADES 1 Y 2
→ PÁGS. 230-231

15. FAMILIAS FAMOSAS

A. En grupos, vamos a investigar sobre familias famosas y exitosas en diferentes ámbitos (negocios, política, artes, etc.) en nuestro país o en el mundo. Primero hacemos una lluvia de ideas de las diferentes familias famosas que conocemos.

— Bueno, Carlos Slim, por ejemplo, es uno de los empresarios más exitosos del mundo y su familia también trabaja en sus empresas...

B. Elegimos tres familias de nuestra lista. Luego buscamos fotos y la siguiente información.

- Nombres de los miembros
- Lugar de origen y de residencia
- Ámbito profesional
- Un dato curioso o interesante sobre la familia

C. Hacemos una ficha por familia.

D. Hacemos una breve presentación de las familias a la clase y elegimos entre todos la más interesante de cada grupo.

— Nosotros presentamos primero a la familia del mexicano Carlos Slim Helú, uno de los empresarios más exitosos del mundo. Slim es ingeniero civil e inversionista y tiene varias empresas (principalmente en el sector de las telecomunicaciones). Slim es viudo y tiene seis hijos. Carlos, Marco Antonio y Patricio son directivos de sus empresas; sus hijas Soumaya, Vanessa y Johanna trabajan en el área de la responsabilidad social, especialmente en el ámbito de la cultura y la educación. La familia realiza muchas actividades filantrópicas.

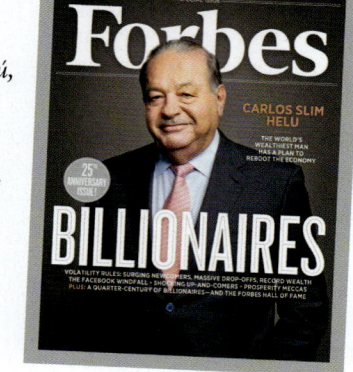

16. MIS PLANES Y RAZONES

A. Individualmente, vamos a preparar una infografía sobre nuestros planes en la vida y nuestras razones para estudiar español y nuestra carrera.

- MIS RAZONES PARA ESTUDIAR ESPAÑOL
  - Quiero ir a...
  - Quiero...
- Yo
- MIS PLANES Y PROYECTOS
  - Voy a...
- MIS RAZONES PARA ESTUDIAR MI CARRERA
  - Quiero ser...

B. Si queremos, la podemos colgar en algún espacio virtual compartido.

RECURSOS LINGÜÍSTICOS

GRAMÁTICA

FORMAS IRREGULARES DEL PRESENTE

▶ **Cambio e > ie:** entender, querer

	ENTENDER	QUERER
yo	entiendo	quiero
tú, vos	entiendes/entendés	quieres/querés
él, ella, usted	entiende	quiere
nosotros, nosotras	entendemos	queremos
vosotros, vosotras	entendéis	queréis
ellos, ellas, ustedes	entienden	quieren

▶ **Verbos con la primera persona del singular irregular:** saber, hacer, conocer, salir

	SABER	HACER
yo	sé	hago
tú, vos	sabes/sabés	haces/hacés
él, ella, usted	sabe	hace
nosotros, nosotras	sabemos	hacemos
vosotros, vosotras	sabéis	hacéis
ellos, ellas, ustedes	saben	hacen

	CONOCER	SALIR
yo	conozco	salgo
tú, vos	conoces/conocés	sales/salís
él, ella, usted	conoce	sale
nosotros, nosotras	conocemos	salimos
vosotros, vosotras	conocéis	salís
ellos, ellas, ustedes	conocen	salen

🔔 Los vebos que acaban en **-ecer** y **-ucir** forman la 1.ª persona en **-zco** (como **conocer**).
crecer   crezco
producir   produzco

▶ **Verbos con más de una irregularidad:** tener, venir, estar

	TENER	VENIR	ESTAR
yo	tengo	vengo	estoy
tú, vos	tienes/tenés	vienes/venís	estás/estás
él, ella, usted	tiene	viene	está
nosotros, nosotras	tenemos	venimos	estamos
vosotros, vosotras	tenéis	venís	estáis
ellos, ellas, ustedes	tienen	vienen	están

EXPRESAR IMPERSONALIDAD

Para hacer generalizaciones sin un sujeto concreto, usamos la siguiente estructura:

se + 3.ª persona
En Guinea Ecuatorial **se** habla español.

HABLAR DE PLANES O PROYECTOS

querer + infinitivo
Quiero aprender español para hablar con la familia de mi pareja.

UNIDAD 2

POSESIVOS

singular	plural
mi padre **mi** madre	**mis** hermanos **mis** hermanas
tu padre **tu** madre	**tus** hermanos **tus** hermanas
su padre **su** madre	**sus** hermanos **sus** hermanas
nuestro padre **nuestra** madre	**nuestros** hermanos **nuestras** hermanas
vuestro padre **vuestra** madre	**vuestros** hermanos **vuestras** hermanas
su padre **su** madre	**sus** hermanos **sus** hermanas

🔔 En español los posesivos concuerdan en género y número con el objeto o persona que acompañan.

LA PREPOSICIÓN DE

La preposición **de** se usa para denotar origen, posesión o materia.
Carlos es **de** Guatemala. (origen)
Un amigo **de** mi hermana. (posesión)
Un libro **de** español. (materia)

🔔 un amigo **mío**
   un amigo ~~de mí~~
   una amiga **mía**
   una amiga ~~de mí~~

La preposición **de** se contracta con el artículo singular masculino (**el**).
la página 20 **del** libro
la página 20 ~~de el~~ libro

la clase **del** Sr. Muñoz
la clase ~~de el~~ Sr. Muñoz

EXPRESAR CAUSA

porque + verbo conjugado

Aprendo español **porque quiero** viajar por Sudamérica.

por + sustantivo

Aprendo español **por mi trabajo**. Mi empresa es española.

EXPRESAR FINALIDAD

para + infinitivo

Aprendo español **para hablar** con la familia de mi novio.

GRADACIÓN

(muy) bien	Hablo francés **muy bien**.
bastante bien	Escribo **bastante bien** en japonés.
un poco (de)	Sé tocar la guitarra **un poco**.
regular	Bailo **regular**.
(muy) mal	Canto **muy mal**.
nada de	No hablo **nada de** alemán.

LÉXICO

SABER **Y** CONOCER
Usamos el verbo **saber** para referirnos a información, datos, temas o habilidades que presentamos como adquiridos o integrados en nuestro conocimiento.
Sé contar en español: uno, dos, tres...
No **sé** qué significa paraguas.
Sé bailar flamenco.

Usamos el verbo **conocer** para referirnos al contacto o a la experiencia directa que hemos tenido con personas, lugares, cosas, temas, etc.
Conozco muy bien Buenos Aires.
No **conozco** la palabra paraguas. ¿Qué significa?

ACTIVIDADES PARA PRACTICAR UNA LENGUA

chatear con > compañeros > amigos

chatear en > español > alemán

escuchar > canciones > podcasts > la radio
  > al profesor > a los compañeros

hablar > español > inglés > francés
  > con amigos > con la familia
  > con compañeros

hacer > un tándem > un intercambio

leer > libros > periódicos > revistas > blogs
  > en español

ver > series > películas > noticieros

viajar > a un país hispanohablante > a Costa Rica
  > por América Latina > por España

ESTUDIOS Y TRABAJO

escribir > un texto > un ensayo

estudiar > Física > Medicina > Ingeniería > Periodismo
  > en un país hispanohablante > en la biblioteca
  > para un examen
  > por interés > por curiosidad

tener > clases en español

hacer > unas prácticas > un voluntariado
  > un intercambio > un Erasmus

trabajar > en otro país > en el extranjero
  > en una empresa internacional

hacer > preparar > una presentación

3

ESTEREOTIPOS

CULTURA
- Estereotipos sobre el mundo hispano
- Horarios y rutinas universitarias

COMUNICACIÓN
- Hablar de acciones habituales, horarios y rutinas
- Expresar gustos, intereses y preferencias
- Preguntar e informar sobre la hora

GRAMÁTICA
- Presente de verbos irregulares (**ie** y **ue**)
- Verbos pronominales
- Los verbos **gustar**, **encantar** e **interesar**
- Expresar coincidencia o no coincidencia: **yo sí/no, a mí sí/no, yo también/tampoco, a mí también/tampoco**
- La negación
- Cuantificadores: **poco, mucho, suficiente, demasiado**
- Concordancias de los sujetos genéricos con el verbo: **la gente, todo el mundo**...
- Preposiciones **de... a / desde... hasta**

LÉXICO
- Estereotipos y tópicos
- Actividades habituales
- Calendario académico

CARACTERÍSTICAS DEL TEXTO
- Oraciones compuestas
- Estructurar la información
- Contrastar argumentos

DOCUMENTOS PARA EMPEZAR

1. EN LA RED

PREPÁRATE

A. Lee la definición de estereotipo. Piensa en estereotipos sobre tu cultura o tu país y escríbelos como en el ejemplo.

> **estereotipo**
> Del gr. στερεός *stereós* 'sólido' y τύπος *týpos* 'molde'.
> **1. m.** Imagen o idea aceptada comúnmente por un grupo o sociedad con carácter inmutable.

> Yo soy de Zúrich. Mucha gente identifica Suiza con la puntualidad o la seguridad.
>
> Muchas personas creen que en Suiza solo tenemos montañas, vacas, chocolate y relojes.

B. Lee estas entradas en diferentes conversaciones de un foro sobre estereotipos hispanos. ¿En tu cultura existen esos estereotipos sobre las personas hispanas?

Comentarios recientes

> **En Generalizaciones y simplificaciones**
>
> **Iago Gómez**
> La gente cree que en España todo el mundo duerme la siesta y que a todos los españoles les gustan las corridas de toros.

> **En Imágenes pintorescas, exóticas, estereotípicas o artificiales**
>
> **Luis Rodríguez**
> Para mucha gente, Cuba es solo playas fantásticas con aguas azules y transparentes.

> **En Discriminación, marginación e insultos**
>
> **Lucía Suárez**
> En las series de televisión todos los hispanos trabajan en la cocina o como jardineros o son delincuentes. Y las mujeres hispanas son buenas criadas porque son muy limpias.

C. Piensa en otros estereotipos sobre España y Latinoamérica y escribe una o varias entradas para el foro anterior. Decide también a qué conversación pertenecen.

> En Generalizaciones y simplificaciones:
> En España la gente come tapas todos los días.

D. Formamos grupos y comparamos las respuestas al apartado A.

E. Compartimos nuestras entradas de la actividad C con la clase. ¿Estamos de acuerdo con la conversación a la que pertenecen?

ACTIVIDAD COMPLEMENTARIA en campus.difusion.com

UNIDAD 3

2. IMÁGENES

PREPÁRATE

A. ¿Qué países o regiones del mundo hispano relacionas con estas imágenes?

1. una playa
2. una biblioteca 
3. una cerveza 
4. una corrida de toros 
5. la lluvia 
6. un abanico 
7. un tren de alta velocidad 
8. un laboratorio 
9. el flamenco 
10. una fábrica 
11. una montaña con nieve  
12. un campo de golf 
13. la Alhambra de Granada
14. el fútbol 
15. una discoteca 

B. Comentamos nuestras respuestas.

Yo relaciono las playas con el Caribe.
Yo no relaciono esta fotografía con España.

Para mí, esta imagen es Argentina.
Esto es el Caribe.

3. VÍDEO

PREPÁRATE

A. Antes de ver el vídeo, escribe qué asocias con España.

Yo relaciono España con...
Para mí España es...

B. Ve los cuatro anuncios de la campaña "Necesito España". Marca qué hacen los turistas de cada uno y luego escríbelo.

- [ ] comer paella
- [ ] visitar museos
- [ ] ver un espectáculo de flamenco
- [ ] jugar al golf
- [ ] caminar por la ciudad
- [ ] ir a discotecas
- [ ] ir a bares
- [ ] viajar en avión
- [ ] tomar tapas
- [ ] visitar monumentos
- [ ] jugar en la playa
- [ ] ver fútbol
- [x] bañarse en la playa
- [ ] ir de compras
- [ ] nadar en el mar
- [ ] viajar en coche
- [ ] beber vino
- [ ] leer
- [ ] jugar al fútbol
- [ ] caminar por la montaña
- [ ] tomar el sol
- [ ] hacer surf

1. La familia: come paella…
2. El grupo de amigos: visitan museos…
3. Los jubilados: juegan al golf…
4. Los asiáticos: van de compras…

Necesito España — VÍDEO DISPONIBLE en campus.difusion.com

C. ¿Qué creemos que buscan en España los diferentes tipos de turistas?

— Yo creo que a muchos británicos les gusta jugar al golf.
— A los japoneses les interesa…

D. Vemos de nuevo los cuatro anuncios y buscamos ejemplos de imágenes de España tradicionales y menos convencionales. ¿Qué mensajes quieren transmitir?

— El espectáculo de flamenco es una imagen más tradicional.
— Los jóvenes en la discoteca es menos convencional.

ACTIVIDAD COMPLEMENTARIA en campus.difusion.com

DOCUMENTOS PARA DESCUBRIR

4. IMÁGENES SOBRE ESTEREOTIPOS

PREPÁRATE

A. Observa estas ocho imágenes y anota qué estereotipos del mundo hispano representan.

B. Lee la entrada "Menos estereotipos, más educación" del blog Educación justa y asocia las imágenes anteriores con ideas del texto.

C. Busca imágenes para ilustrar otras ideas del blog.

D. En grupos, comparamos nuestras respuestas al apartado B.

— *Esta imagen es un estereotipo sobre Argentina: los argentinos bailan tango.*
— *Sí, es verdad. Mucha gente piensa que si eres argentino, sabes bailar tango.*

E. Ponemos en común nuestras propuestas a C.

F. En grupos o en clase abierta, discutimos cuáles de los tópicos sobre el mundo hispano resultan más ofensivos. Los clasificamos de más a menos.

— *En mi opinión, es muy ofensivo el estereotipo de que a todos los españoles les gustan las corridas de toros.*
— *Sí, yo estoy de acuerdo, porque mucha gente en España está en contra de las corridas.*

ACTIVIDAD COMPLEMENTARIA
en campus.difusion.com

Educación justa
BLOG EDUCATIVO

13 NOV

Muchos mensajes del cine, de la televisión, de la publicidad, de la literatura, de internet o del arte repiten estereotipos sobre las diferentes culturas. Los clichés culturales se basan en generalizaciones y simplificaciones.

Menos estereotipos, más educación

También las imágenes pintorescas y exóticas de objetos cotidianos, como los *souvenirs* que compran los turistas o las tarjetas postales, representan imágenes estereotipadas. Muchas de ellas son ofensivas y dan un mensaje de marginación y discriminación. En general, podemos decir que el uso de estereotipos transmite una visión parcial y superficial de las culturas. Estos son algunos ejemplos de las imágenes estereotípicas sobre el mundo hispano.

1. La gente en Latinoamérica tiene familias muy grandes. Los hombres hispanos son muy masculinos y muy machistas. Todos los hispanos son muy religiosos y van a la iglesia los domingos.

2. Los hispanos son poco puntuales y les gusta mucho hablar.

3. Las mujeres hispanas son sensuales, atractivas, morenas y con el pelo largo. A muchas mujeres no les interesa trabajar fuera de casa; son madres y cocinan mucho.

4. Muchas personas en Latinoamérica se acuestan y se levantan muy tarde, y trabajan poco o nada. A los caribeños les encanta la playa y no les gusta nada trabajar. Los cubanos bailan salsa y beben mojitos en la playa.

5. A todos los dominicanos les gusta jugar al béisbol.

6. Muchos españoles duermen la siesta. Los españoles desayunan churros, comen muchas tapas y usan mucho aceite de oliva.

7. Los españoles tocan la guitarra, bailan flamenco y les gustan mucho las corridas de toros.

8. La gente en México toma mucha comida picante. Fuera de México, los mexicanos trabajan de jardineros o en las cocinas de los restaurantes.

9. Los argentinos beben mate y bailan tango. Les encanta el fútbol.

10. Los bolivianos tocan la flauta andina en las montañas.

TEXTO MAPEADO en campus.difusion.com

UNIDAD 3

5. ESTEREOTIPOS SOBRE HISPANOS EN LOS LIBROS DE TEXTO

PREPÁRATE

A. Lee esta entrada del blog Educación justa y propón un título alternativo.

B. Lee el texto que se critica en el blog (*El diario de Lucas*), escribe los estereotipos que detectas y coméntalos.

> En el texto de esta actividad Lucas se acuesta muy tarde y se levanta muy tarde; duerme mucho. Es un estereotipo habitual: mucha gente cree que los mexicanos duermen mucho, que son vagos, que no trabajan. Es un ejemplo de discriminación.

C. En grupos, comparamos nuestros títulos alternativos para el artículo. ¿Son todos adecuados?

D. Ponemos en común nuestras respuestas a B.

—En mi opinión, el texto de la actividad refuerza muchos estereotipos: Lucas es poco trabajador, odia cocinar, es machista...

LA CAFETERÍA

¿Recordamos ejemplos de películas, series de televisión o anuncios que refuerzan estereotipos sobre alguna cultura?

Educación justa
BLOG EDUCATIVO

Cubanos que fuman, españoles que duermen la siesta, mexicanos que trabajan en las cocinas...

14 NOV

Esta es la imagen hispana en muchos libros de texto

Asociaciones de padres de alumnos y profesores de español denuncian que algunos libros de texto reproducen estereotipos sobre el mundo hispano. Aquí tenemos un ejemplo.

TEXTO MAPEADO en campus.difusion.com

---

1. El diario de Lucas

Lucas, un estudiante mexicano, habla de su vida universitaria. Lee el texto. ¿Qué puedes decir de él?

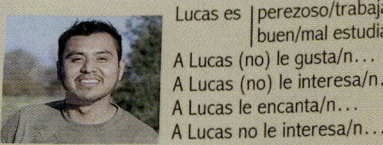

Lucas es | perezoso/trabajador. | buen/mal hijo.
         | buen/mal estudiante. | religioso/no religioso.

A Lucas (no) le gusta/n…
A Lucas (no) le interesa/n…
A Lucas le encanta/n…
A Lucas no le interesa/n…

Mi vida de estudiante es muy normal. Me gusta mucho dormir, pero no me gusta nada estudiar. De lunes a viernes duermo nueve o diez horas. Normalmente me acuesto a las doce (12:00 p. m.) y me levanto temprano, a las nueve y cuarto (9:15 a. m.). Por la mañana primero me ducho y después desayuno siempre café con churros. Voy al campus a las doce menos cuarto (11:45 a. m.) en autobús. Después de la clase como en el comedor del campus, normalmente tortillas. Desde las tres y media (3:30 a. m.) hasta las cinco (5:00 a. m.) duermo la siesta. Por la tarde, todos los jueves, a las seis (6:00 p. m.) juego al fútbol con el equipo de mi universidad. Me encanta el fútbol, pero juego muy mal porque no soy muy atlético. Por la noche ceno y después veo televisión, no estudio mucho, soy un mal estudiante. Los viernes y los sábados todo es diferente porque no tengo clase. Me levanto muy tarde, a las doce (12:00 p. m.). Por la tarde voy a bailar con mi novia Lola. Es mi actividad favorita. Lola baila flamenco muy bien porque es española. Lola es morena y muy linda. Quiero visitar España este verano porque me encantan las corridas de toros y las mujeres españolas. Me interesa mucho la cultura española. Los fines de semana también ayudo a mi mamá en la cocina y a mi papá en el jardín. Los domingos por la mañana voy con mi papá, mi mamá y mis cinco hermanitos a la iglesia. Toco la guitarra en el coro. Es muy importante para mí esta actividad. Todos cantamos como una buena familia cristiana. Después comemos en casa. Mi mamá y mis hermanas cocinan muy bien. ¡Su guacamole es fantástico! Yo odio cocinar. Cuando tengo exámenes me acuesto a las dos o tres (3:00 a. m.) porque necesito estudiar mucho y no soy un buen estudiante.

AYUDA PARA LA LECTURA

- levantarse
- ducharse
- desayunar
- comer
- cenar
- acostarse
- dormir
- cocinar
- bailar
- cantar
- tocar
- jugar

SISTEMA FORMAL

6. LOLA BAILA FLAMENCO. A LOLA LE GUSTA BAILAR FLAMENCO

GRAMÁTICA

PREPÁRATE

A. Observa el funcionamiento de estas frases y explica las diferencias entre los ejemplos a y b. ¿Cuál es el sujeto gramatical de cada verbo? ¿En tu lengua existe esta diferencia en algunos verbos?

1. a. Yo toc**o** la guitarra.

1. b. (A mí) me gust**a** la guitarra.

2. a. Tú practic**as** muchos deportes.

2. b. (A ti) te gust**an** muchos deportes.

3. a. Lola bail**a** flamenco.

3. b. (A Lola) le encant**a** bailar flamenco.

4. a. Nosotros jugam**os** al fútbol.

4. b. (A nosotros) nos encant**a** el fútbol.

5. a. ¿Vosotros desayun**áis** en casa?

5. b. ¿(A vosotros) os gust**a** desayunar en casa?

6. a. Mis compañeros estudi**an** latín.

6. b. A mis compañeros les interes**a** el latín.

B. Comentamos con otras personas nuestras reflexiones sobre la actividad A.

C. Marcamos el sujeto gramatical como en los ejemplos de A.

Yo tengo muchos libros de Miró y de Dalí.
¿Tú vas mucho a exposiciones de arte?
Él prefiere el arte clásico; ella, el arte contemporáneo.
Marta y yo tenemos en casa un póster del *Guernica*.
¿Vosotros estudiáis arte?
Ellos van mucho al cine; nosotros preferimos el teatro.

A mí me encanta el surrealismo.
¿A ti te gusta ir a exposiciones de arte?
A mi compañero no le interesa el arte clásico.
A nosotras nos encanta Picasso.
¿A vosotras os interesa el arte?
A mis padres les encanta el teatro.

D. Comparamos con otras personas nuestras respuestas a C y completamos la tabla de pronombres.

Pronombre sujeto	Pronombre de complemento indirecto
....	(A mí) ....
Tú, vos	....
....	(A él, ella, usted) ....
Nosotros/-as	....
....	(A vosotros/-as) ....
Ellos, ellas, ustedes	....

ACTIVIDAD COMPLEMENTARIA en campus.difusion.com

ATENCIÓN

Presta atención a los sujetos gramaticales de los verbos que funcionan como **gustar**, **interesar** y **encantar**.

Si el sujeto es un sustantivo singular o un infinitivo, el verbo va en singular:
- ¿Te interes**a el arte** moderno?
- ¿A ti te gust**a visitar** museos?

Si el sujeto es plural, el verbo va en plural:
- A mi compañero no le interes**an los museos**.

El sujeto siempre necesita un determinante:
- A mí me encanta **el surrealismo**.
- No me gusta **este curso**.
- Me interesan mucho **mis estudios**.

Con nombres propios de persona y de lugar no se usan determinantes:
- Nos encanta **Picasso**.
- Me interesa mucho **Perú**.

7. EL PERFIL DEL ESTUDIANTE

GRAMÁTICA

PREPÁRATE

A. En estos ejemplos alguien afirma o niega algo y otras personas expresan coincidencia o no coincidencia. ¿Entiendes los mecanismos utilizados? ¿Son parecidos a los de tu lengua o a los de otras que conoces?

1. a.
+ Yo estudio Biología.
+ Yo también.

2. a.
+ Yo estudio Biología.
− Yo no.

3. a.
− Yo no estudio Arte.
+ Yo sí.

4. a.
− Yo no estudio Arte.
− Yo tampoco.

1. b.
+ (A mí) me interesa mucho la ciencia.
+ A mí también.

2. b.
+ (A mí) me interesa mucho la ciencia.
− A mí no.

3. b.
− (A mí) no me interesa mucho la política.
+ A mí sí.

4. b.
− (A mí) no me interesa mucho la política.
− A mí tampoco.

B. En grupos de tres, comentamos cuestiones relacionadas con estos diez puntos y tomamos nota de las reacciones.

C. Después de la conversación, escribimos qué tenemos en común.

A Peter le encanta el yoga. A Olga y a mí, también. A los tres nos gusta mucho hacer yoga y los tres vamos al gimnasio.

	Yo	Estudiante 1	Estudiante 2
1. Estudios Estudiar Periodismo, Medicina, Derecho…	…………	…………	…………
2. Idiomas Hablar/entender otros idiomas.	…………	…………	…………
3. Familia Tener hermanos/-as, abuelos/-as….	…………	…………	…………
4. Mascotas Tener perros, gatos…	…………	…………	…………
5. Comida Desayunar, comer, cenar…	…………	…………	…………
6. Instrumentos musicales Tocar un instrumento.	…………	…………	…………
7. Deportes Hacer deporte, yoga… Jugar al tenis, al fútbol…	…………	…………	…………
8. Habilidades Saber cocinar, conducir, montar en bici…	…………	…………	…………
9. Experiencia internacional Conocer otros países.	…………	…………	…………
10. Proyectos Querer visitar un país hispano, querer viajar…	…………	…………	…………

SISTEMA FORMAL

8. MIS INTERESES
LÉXICO

🏠 **PREPÁRATE**

A. ¿Qué temas y qué asignaturas te interesan? Clasifícalos en esta tabla (puedes buscar otros en el directorio de tu universidad).

Arquitectura	Biología	Cine	Derecho
Enfermería	Física	Geografía	Historia
Ingeniería	Literatura	Matemáticas
Neurología	Oftalmología	Periodismo	Química
Religión	Sociología	Teatro	Humanidades

😍 Me encanta/n
Me gusta/n mucho
Me interesa/n mucho
....

😃 Me gusta/n
Me interesa/n
....

😒 No me gusta/n mucho
No me interesa/n mucho
....

😖 No me gusta/n nada
No me interesa/n nada
....

B. En grupos, comentamos nuestras respuestas.

—A mí me gustan las asignaturas de Literatura.
—A mí también.
—A mí no. Yo prefiero Cine.

C. ¿Qué gustos, intereses y preferencias comunes tenemos en nuestro grupo? Lo escribimos.

> A Mark, a Lisa y a mí nos encanta la Literatura. A los tres nos interesa mucho la literatura mexicana del siglo xx.

🔔 **ATENCIÓN**

Para intensificar gustar e interesar, usamos mucho:
- Me gustan/interesan mucho las clases de latín.

Para intensificar la negación, usamos nada:
- No me interesan nada las asignaturas de Economía.

9. ¿DUERMES POCO?

🏠 **PREPÁRATE**

A. Lee los testimonios de estas personas. Escribe cuántas horas duermen y di si, en tu opinión, duermen mucho, poco o suficiente.

1. Esteban. 18 años. (España)
De lunes a viernes me acuesto a las dos (2:00 a. m.) y me levanto a las ocho (8:00 a. m.).

2. Carla. 19 años. (Perú)
De lunes a viernes me acuesto a las once (11:00 p. m.) y me levanto a las ocho (8:00 a. m.). Los fines de semana duermo desde la una (1:00 a. m.) hasta las once (11 a. m.) aproximadamente.

3. Javiera. 25 años. (Chile)
Me acuesto a las once (11:00 p. m.) y me levanto a las nueve (9:00 a. m.). Los fines de semana duermo desde las dos (2:00 a. m.) hasta las once y media (11:30 a. m.)

4. Marta. 15 años. (México)
Me acuesto todos los días a la una y media (1:30 a. m.) y me levanto a las ocho y media (8:30 a. m.).

5. Ernesto. 40 años. (Uruguay)
De lunes a viernes me acuesto a las doce (12 a. m.) y me levanto a las ocho y media (8:30 a. m.). Los fines de semana duermo las mismas horas. Trabajo mucho.

1. **Esteban**
En total duerme seis horas. Duerme pocas horas.

2. **Carla**
....

3. **Javiera**
....

4. **Marta**
....

5. **Ernesto**
....

B. Ahora escribimos si, según la información que da este gráfico, las personas del ejercicio anterior duermen mucho, poco, suficiente o demasiado.

CUÁNTO DEBEMOS DORMIR

La Fundación Nacional del Sueño de Estados Unidos emitió recientemente nuevas recomendaciones en relación a cuánto deberíamos dormir en base a una revisión de los criterios. Si bien los valores expresados en el gráfico remiten a lo recomendable según cada edad, existe en torno a ellos cierto margen aceptable de variabilidad.

eldía.com

Edad	Horas recomendadas	Rango de edad
Recién nacido	de 14 a 17 h	0 a 3 meses
Bebé	de 12 a 15 h	4 a 11 meses
Niño	de 11 a 14 h	1 a 2 años
Niño en edad preescolar	de 10 a 13 h	3 a 5 años
Niño en edad escolar	de 9 a 11 h	6 a 13 años
Adolescente	de 8 a 10 h	14 a 17 años
Joven adulto	de 7 a 9 h	18 a 25 años
Adulto	de 7 a 9 h	24 a 64 años
Adulto mayor	de 7 a 8 h	+ de 65 años

1. **Esteban**   No duerme suficiente de lunes a viernes.
2. **Carla**   ....
3. **Javiera**   ....
4. **Marta**   ....
5. **Ernesto**   ....

C. Escuchamos ahora a Esteban, Carla, Javiera, Marta y Ernesto. Anotamos en nuestro cuaderno por qué duermen poco, mucho, suficiente o demasiado.
🔊 9-13

TRANSCRIPCIÓN MAPEADA en campus.difusion.com

D. En parejas, comentamos cuántas horas dormimos y valoramos si dormimos poco, mucho, suficiente o demasiado.

A las siete **de la mañana** (07:00 a. m.).
A las cuatro **de la tarde** (04:00 p. m.).
A las diez **de la noche** (10:00 p. m.).

—¿A qué hora te levantas de lunes a viernes?
—A las siete de la mañana.
—¿Y a qué hora te acuestas?
—Pues me acuesto a la una más o menos.
—Entonces duermes aproximadamente seis horas de lunes a viernes. Tienes veinte años, ¿verdad?
—Sí.
—Pues creo que no duermes suficiente.

☕ **LA CAFETERÍA**

¿Creemos que los estudiantes de nuestra universidad duermen suficiente? ¿Por qué?

> **ATENCIÓN**
>
> Los verbos como llamarse, despertarse, levantarse, ducharse, lavarse o acostarse **llevan siempre los pronombres reflexivos**.
>
> **me** llamo   **nos** duchamos
> **te** despiertas   **os** laváis
> **se** levanta   **se** acuestan

LÉXICO
UNIDAD 3

SISTEMA FORMAL

10. MI CALENDARIO ACADÉMICO

LÉXICO

PREPÁRATE

A. Teresita, una estudiante hispana en una universidad de Estados Unidos, explica su calendario. Compáralo con el tuyo.

> En mi universidad terminamos las clases a finales de junio y los exámenes son en julio.
> En invierno tenemos una semana de vacaciones, en febrero.

Crear entrada

Mi primera semana

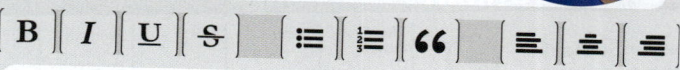

Estoy en mi tercer año de universidad. El curso empieza a principios de septiembre, la primera semana. El cuatrimestre de otoño termina a finales de diciembre. Después tenemos tres semanas de vacaciones. En otoño tengo cuatro asignaturas.

La tercera semana de enero empezamos las clases del cuatrimestre de invierno y primavera. Normalmente, a finales de marzo también tengo otra semana de vacaciones. Terminamos en mayo.

Los exámenes son a finales de diciembre (las dos últimas semanas) y a principios de mayo (las dos primeras semanas). En verano, desde junio hasta principios de septiembre, no tengo clases.

PUBLICAR

B. Busca en internet otros calendarios académicos para compararlos con el tuyo. Usa palabras clave como calendario académico, curso académico, universidad, Latinoamérica, Chile, México...

C. Ponemos en común la información que hemos encontrado en B.

ATENCIÓN

Para situar en las estaciones y los meses del año, se usa la preposición **en**.

en primavera   **en** verano
en otoño   **en** invierno

en enero	**en** abril	**en** julio	**en** octubre
en febrero	**en** mayo	**en** agosto	**en** noviembre
en marzo	**en** junio	**en** septiembre	**en** diciembre

- **En verano**, **en julio** y **en agosto**, no tengo clases.

Con las semanas y los días no se usa preposición, pero sí artículos u otros determinantes.

- **Los lunes** no tengo clase.
- **Esta semana** tenemos vacaciones.

11. ¿MAÑANA POR LA MAÑANA?

LÉXICO

PREPÁRATE

A. Completa cada frase con la opción más adecuada.

1. tarde / por la tarde

a. Cuando estudio toda la noche, me levanto ...., a las 5 p. m. o a las 6 p. m.
b. Los fines de semana me levanto ...., a las 10 o a las 11 de la mañana.

2. mañana / por la mañana

a. Tengo clase de español .... a las 4 p. m.
b. Tengo clase de español todos los días ...., a las 7:30 a. m.

B. Busca situaciones para usar estas referencias temporales en tus rutinas diarias. Escribe tus ejemplos.

C. Comparamos nuestras respuestas a A y comentamos nuestros ejemplos de B. ¿Encontramos errores?

UNIDAD 3

12. YO PRIMERO DESAYUNO

CARACTERÍSTICAS DEL TEXTO

PREPÁRATE

A. Compara estas dos versiones de las rutinas de Pablo. ¿Cuál de los textos te parece mejor? Marca los recursos de la versión 2 que no existen en la versión 1.

Versión 1
De lunes a viernes me levanto a las 8 h. Me ducho. Desayuno. A las 9 h voy a la universidad. Llego a las 9:30 h. Tengo clases de 10 a 13:30 h. A las 14:30 h como. A las 16 h tengo clase. Termino a las 17:30 h. A las 18 h juego al tenis. A las 20 h llego a mi residencia. Ceno a las 21:00 h. Estudio dos horas. Miro internet una o dos horas. A las 0:00 h o a la 1:00 h, aproximadamente, me acuesto.

Versión 2
De lunes a viernes me levanto a las 8 h. Primero me ducho y después desayuno. Después de desayunar, a las 9 h, voy a la universidad. Llego a las 9:30 h. Tengo clases de 10 a 13:30 h. Después, a las 14:30 h, como. A las 16 h tengo clase. Termino a las 17:30 h. Después juego al tenis a las 18 h. A las 20 h llego a mi residencia y a las 21:00 h ceno. Después de la cena estudio dos horas. Antes de dormir miro internet una o dos horas. A las 0:00 h o a la 1:00 h, aproximadamente, me acuesto.

B. Escribe tus rutinas. Usa los recursos para secuenciar acciones de la versión 2.

C. Individualmente, escribimos cómo es un día normal para nosotros. Luego, buscamos a personas que hacen cosas en el mismo orden que nosotros.

— Yo primero me ducho y después desayuno.
— Yo también.
— Yo no. Yo desayuno primero.

13. MÁS COHERENCIA Y MÁS COHESIÓN

CARACTERÍSTICAS DEL TEXTO

PREPÁRATE

A. Marca las repeticiones en el siguiente texto.

Muchos estereotipos repiten generalizaciones simples o negativas sobre otras culturas. Muchos estereotipos representan imágenes positivas, representan imágenes convencionales, representan imágenes absurdas.

Muchas personas no conocen realmente el mundo hispano. Muchas personas tienen una visión turística, superficial. Muchas personas piensan que los clichés culturales representan la realidad. La realidad es mucho más diversa y compleja.

B. Lee con atención esta nueva versión, más coherente y cohesionada, y marca los nuevos recursos que ayudan a no hacer repeticiones innecesarias.

Muchos estereotipos repiten generalizaciones simples o negativas sobre otras culturas. Estos estereotipos representan imágenes positivas, convencionales o absurdas. Muchas personas no conocen realmente el mundo hispano y tienen una visión turística, superficial. Piensan que los clichés culturales representan la realidad. Sin embargo, esta es mucho más diversa y compleja.

C. En parejas, marcamos las repeticiones y creamos una versión de este texto más coherente y cohesionada.

Los mensajes habituales del cine, los mensajes de la televisión, los mensajes de la publicidad, los mensajes de la literatura, los mensajes de internet o los mensajes del arte repiten estereotipos sobre las culturas. Los estereotipos sobre las culturas se basan en generalizaciones y simplificaciones. También las imágenes pintorescas y exóticas de objetos cotidianos como los *souvenirs* que compran los turistas o las imágenes pintorescas y exóticas de las tarjetas postales representan imágenes convencionales. Los estereotipos sobre las culturas son casi siempre muy incorrectos. Los estereotipos sobre las culturas son un insulto y contienen un mensaje de marginación y discriminación. En general, podemos decir que el uso de estereotipos sobre las culturas transmite una perspectiva parcial y superficial sobre las culturas.

D. Comparamos nuestros textos.

TAREAS

14. *SOUVENIRS* ALTERNATIVOS

A. Vamos a explorar nuevos contenidos culturales sobre el mundo hispano y a diseñar un *souvenir* sin estereotipos culturales. Por grupos, escogemos un país hispanohablante.

B. Comentamos en grupos qué estereotipos se asocian con ese país y buscamos en internet ejemplos de *souvenirs*.

— Mucha gente identifica Cuba con playas, sol, calor, salsa, revolución, el Che... Imagino que muchos turistas compran tabaco, tazas con la cara del Che...

C. Para inspirarnos y crear nuestro producto, buscamos información más original sobre el país.

D. Hacemos una presentación de nuestro producto.

— Nuestro souvenir es un imán para la nevera. Es un almiquí, un animal de Cuba. Creemos que es un buen recuerdo porque a la gente le gustan los animales y ayuda a promocionar la naturaleza del país.

Almiquí

E. Votamos y elegimos el mejor *souvenir*.

F. Escribimos un ensayo de unas 150-175 palabras. Describimos y explicamos nuestro *souvenir*. Cuestionamos los clichés sobre esa cultura y exploramos nuevos temas.

15. EL HORARIO IDEAL

A. En grupos, diseñamos el horario semanal ideal para estudiantes como nosotros. Tenemos en cuenta las clases de la universidad, las actividades de ocio, trabajos...

— A mí me gusta levantarme tarde.
— A mí también. Me gusta dormir mucho.
— A mí también. Entonces ponemos que las clases empiezan todos los días a las diez o diez y media, ¿vale?

B. Presentamos y comparamos nuestras propuestas. Elegimos entre todos el mejor horario.

RECURSOS LINGÜÍSTICOS

GRAMÁTICA

FORMAS IRREGULARES DEL PRESENTE

▶ **Cambio** u/o > ue: jugar, recordar, poder, dormir

	JUGAR	RECORDAR
yo	juego	recuerdo
tú, vos	juegas/jugás	recuerdas/recordás
él, ella, usted	juega	recuerda
nosotros, nosotras	jugamos	recordamos
vosotros, vosotras	jugáis	recordáis
ellos, ellas, ustedes	juegan	recuerdan

	PODER	DORMIR
yo	puedo	duermo
tú, vos	puedes/podés	duermes/dormís
él, ella, usted	puede	duerme
nosotros, nosotras	podemos	dormimos
vosotros, vosotras	podéis	dormís
ellos, ellas, ustedes	pueden	duermen

▶ **Cambio** e > ie: empezar, preferir

	EMPEZAR	PREFERIR
yo	empiezo	prefiero
tú, vos	empiezas/empezás	prefieres/preferís
él, ella, usted	empieza	prefiere
nosotros, nosotras	empezamos	preferimos
vosotros, vosotras	empezáis	preferís
ellos, ellas, ustedes	empiezan	prefieren

▶ **Verbos pronominales**
Necesitan obligatoriamente el uso del pronombre.

	LEVANTARSE	DUCHARSE
yo	me levanto	me ducho
tú, vos	te levantas/levantás	te duchas/duchás
él, ella, usted	se levanta	se ducha
nosotros, nosotras	nos levantamos	nos duchamos
vosotros, vosotras	os levantáis	os ducháis
ellos, ellas, ustedes	se levantan	se duchan

	ACOSTARSE
yo	me acuesto
tú, vos	te acuestas/acostás
él, ella, usted	se acuesta
nosotros, nosotras	nos acostamos
vosotros, vosotras	os acostáis
ellos, ellas, ustedes	se acuestan

DIFERENTES TIPOS DE VERBOS
▶ **Verbos como** estudiar, comer **o** vivir
El sujeto es quien realiza la acción, el agente.

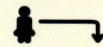

¿**Tú** estudias Derecho?
Usted no come carne, ¿verdad?

Se combinan con los pronombres **yo**, **tú/vos**, **él/ella/usted**, **nosotros/-as**, **vosotros/-as**, **ellos**, **ellas/ustedes**.

UNIDAD 3

▶ **Verbos como** gustar, interesar **o** encantar
Con estos verbos, un sujeto gramatical (uno o varios elementos o una acción) provoca una reacción o efecto en alguien (el complemento indirecto, que "recibe" la acción).

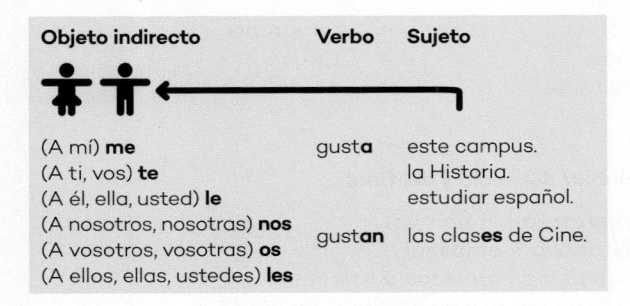

Objeto indirecto	Verbo	Sujeto
(A mí) **me**	gust**a**	este campus.
(A ti, vos) **te**		la Historia.
(A él, ella, usted) **le**		estudiar español.
(A nosotros, nosotras) **nos**	gust**an**	las clas**es** de Cine.
(A vosotros, vosotras) **os**		
(A ellos, ellas, ustedes) **les**		

Lucas odia cocinar.   A Lucas no le gusta **cocinar**.

▶ **El sujeto de los verbos como** gustar
Si el sujeto es un sustantivo singular o un infinitivo, el verbo va en singular.
—¿Te interes**a** el arte moderno?
—¿A ti te gust**a** visitar museos?

Si el sujeto es plural, el verbo va en plural.
—A mi compañero no le interes**an** los museos.

El sujeto siempre necesita un determinante.
—A mí me encanta **el** surrealismo.
—No me gusta **este** curso.
—Me interesan mucho **mis** estudios.

Con nombres propios de persona y de lugar no se usan determinantes.
—Nos encanta ø Picasso.
—Me interesa mucho ø México.

🔔 Es importante no confundir los pronombres de tercera persona **se** y **le**.

—A Carmen **le** gusta levantarse tarde.
—Carmen **se** levanta tarde.

EXPRESAR COINCIDENCIA
Para reaccionar expresando coincidencia o no coincidencia, es necesaria la presencia de los pronombres de sujeto o de complemento indirecto.

+ Olga estudia Arte.   + Me interesa mucho el arte.
+ **Yo** también.   + **A mí** también.

+ Olga estudia Arte.   + Me interesa mucho el arte.
- **Yo** no.   - **A mí** no.

- No vivo aquí.   - A Luis no le gusta vivir aquí.
+ **Yo** sí.   + **A mí** sí.

- No vivo aquí.   - A Luis no le gusta vivir aquí.
- **Yo** tampoco.   - **A mí** tampoco.

LA NEGACIÓN
Los fines de semana **no** tengo clase.

Nunca tengo clases los fines de semana.
No tengo **nunca** clases los fines de semana.

🔔 ~~Tengo nunca clases los fines de semana.~~

A mí **no** me interesan los cursos de Cine.
A mí **no** me interesan **nada** los cursos de Cine.

🔔 ~~A mí interesan nada los cursos de cine.~~

CONCORDANCIAS
▶ **Sujeto genérico**

(**Toda**) la gente	sab**e** eso.
Mucha gente	(verbo en
Todo el mundo	singular)

Los hispanos	
La mayoría de los hispanos	sab**en** eso.
Todos los hispanos	(verbo en
Muchos hispanos	plural)
Pocas/muchas personas	

PREPOSICIONES DE... A Y DESDE... HASTA

de/desde   **a/hasta**
origen   destino

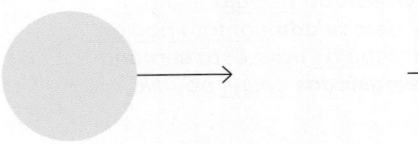

Tengo clases **de** lunes **a** viernes.
    de septiembre **a** mayo.
    de nueve **a** dos.
    desde las nueve **hasta** las dos.

Siempre voy en bici **de** casa **a** la facultad.
Voy en bici **desde** mi casa **hasta** la facultad.

PREGUNTAR E INFORMAR SOBRE LA HORA
—¿Qué hora es?
—**Son las** cinco (en punto) (5:00).
    las cinco **menos cuarto** (4:45).
    las cuatro cuarenta y cinco (4:45).
    las cinco **y cuarto** / **las** cinco **y quince** (5:15).
    las cinco **y media** / **las** cinco **y treinta** (5:30).
    las seis **menos** diez / **las** cinco cincuenta (5:50).

Para informar de la hora de un evento, usamos la preposición **a**.
—¿**A qué hora** empieza tu clase?
—**A las** cinco.

RECURSOS LINGÜÍSTICOS

HABLAR DE LA CANTIDAD
▶ Con verbos

verbo + poco/suficiente/mucho/demasiado

Luis habla **poco**.
Estoy muy cansado. Creo que no duermo **suficiente**.
En época de exámenes estudio **mucho**.
Marta, creo que trabajas **demasiado**.

▶ Con sustantivos

poco/-a/-os/-as + sustantivo

Estos días tengo **poco** trabajo.
En verano hay **poca** gente en el campus.
Tengo **pocos** amigos, la verdad...
De lunes a viernes duermo **pocas** horas.

suficiente/s + sustantivo

Tengo **suficiente** papel para imprimir el trabajo.
No tengo **suficiente** tinta para imprimir el trabajo.
¿Tenemos **suficientes** recursos para hacer el trabajo?
Mario, no duermes **suficientes** horas.

mucho/-a/-os/-as + sustantivo

Estos días tengo **mucho** trabajo.
Hoy hay **mucha** gente en el campus. ¿Qué pasa?
Tengo **muchos** amigos argentinos.
Los fines de semana duermo **muchas** horas.

demasiado/-a/-os/-as + sustantivo

Estos días tengo **demasiado** trabajo.
En esta ciudad hay **demasiada** contaminación.
Tengo **demasiados** trabajos para esta semana.
Tengo que hacer **demasiadas** cosas hoy. No voy a poder con todo...

LÉXICO

ESTEREOTIPOS

una representación 〉 de la realidad 〉 de la cultura
una simplificación
una imagen

representar 〉 la realidad 〉 la cultura
simplificar

una imagen 〉 estereotípica 〉 convencional
una visión 〉 exótica 〉 pintoresca

un estereotipo 〉 positivo 〉 negativo 〉 exótico
un tópico 〉 pintoresco 〉 convencional
un cliché

un recuerdo 〉 típico (de)
un souvenir

RUTINAS

Acciones habituales	Momentos
despertarse	por la mañana
levantarse	por la tarde
desayunar	por la noche
trabajar	
comer	
estudiar	temprano
cenar	tarde
acostarse	
dormir	

▶ Hablar del inicio y del final

empezar (a + infinitivo)
sustantivo + empezar

¿A qué hora **empiezas a** trabajar?
El curso **empieza** en octubre, ¿verdad?

terminar (de + infinitivo)
sustantivo + terminar

¿A qué hora **terminas** de trabajar?
El curso **termina** en junio, ¿verdad?

🔔 Los verbos **empezar** y **terminar** también admiten este funcionamiento:
¿Cuándo **empiezas** el curso de Economía?
¿Cuándo **terminas** el curso de Economía?

NUMERALES ORDINALES

1.º/1.ª	**primero/-a***
2.º/2.ª	**segundo/-a**
3.º/3.ª	**tercero/-a***
4.º/4.ª	**cuarto/-a**
5.º/5.ª	**quinto/-a**
6.º/6.ª	**sexto/-a**
7.º/7.ª	**séptimo/-a**
8.º/8.ª	**octavo/-a**
9.º/9.ª	**noveno/-a**
10.º/10.ª	**décimo/-a**

🔔 Delante de un sustantivo masculino se usan las formas **primer** y **tercer**:
el primer día/mes/trimestre...
el tercer día/mes/trimestre...

SITUAR ACCIONES EN EL TIEMPO

a principios de / a finales de + periodo de tiempo

A principios de semestre hay más gente en las clases.
Tenemos el examen de Arte **a finales de** esta semana.

▶ Los meses

enero	mayo	septiembre
febrero	junio	octubre
marzo	julio	noviembre
abril	agosto	diciembre

▶ Las estaciones

primavera   verano   otoño   invierno

UNIDAD 3

🔔 Los meses del año y las estaciones no se escriben con mayúscula inicial.

Para situar hechos en un mes o una estación del año, se usa la preposición **en**.
En *verano*, **en** *julio* y **en** *agosto*, no tengo clases.

Para marcar el inicio y el final de un periodo se usa **de... a**.
De *junio* **a** *septiembre* no tenemos clase.

MUNDO UNIVERSITARIO
▶ **Calendario académico**

semana	semestre
mes	curso
trimestre	año
cuatrimestre	

La segunda **semana** del **curso** tenemos el primer examen.
Quiero hacer un **curso** de verano en Bogotá.

—¿Este **año** no tenemos clases de Economía?
—Sí, en el segundo **semestre**.

vacaciones de › verano › primavera
› Navidad › Semana Santa

▶ **Rutinas universitarias**

desayunar › en casa › en la cafetería
comer › en la facultad › en el comedor

ir › a la universidad › a la facultad › a clase
› en bicicleta › en bus › en tren › a pie

Muchos días voy a la facultad en bicicleta, pero a veces voy a pie porque me gusta caminar. Y normalmente como en el comedor de la facultad con algunos compañeros.

ACTIVIDADES DE OCIO

jugar › al fútbol › al tenis › al béisbol
› en un equipo
› con amigos/-as › con compañeros/-as

practicar › deporte › yoga
hacer

tocar › la guitarra › el piano › el saxo
› bien › regular › mal

bailar › salsa › flamenco › tango
› bien › regular › mal

entrar en › internet
mirar

CARACTERÍSTICAS DEL TEXTO

ORACIONES COMPUESTAS
La gente piensa **que** a todas las personas en Argentina les gusta bailar tango.
Muchas personas creen **que** los mexicanos llevan sombrero.
En el texto, Lucas dice **que** quiere visitar España.

ESTRUCTURAR LA INFORMACIÓN
Primero
Después
Yo **primero** desayuno y **después** miro internet un rato.

Antes
Los sábados como a las dos, pero **antes** juego al tenis con un amigo.

después de + infinitivo
Después de desayunar, miro internet un rato.

antes de + infinitivo
Antes de desayunar, miro internet un rato.

CONTRASTAR ARGUMENTOS
Me encanta el ruso. **Sin embargo**, no puedo practicar con otras personas.

4

LUGARES

CULTURA
- Geografía, historia y fronteras del mundo hispano

COMUNICACIÓN
- Localizar e identificar
- Describir y comparar

GRAMÁTICA
- Los verbos **ser**, **estar**, **haber**
- Usos de **cuál**, **cuáles**, **qué**, **quién**, **quiénes** en preguntas
- Localizar en el espacio
- La comparación: **más/menos que**, **tan... como**, **tanto/-a/-os/-as... como**
- El superlativo

LÉXICO
- Época
- Lugares y cultura
- Mundo universitario
- Los números
- Números ordinales del 1 al 10
- Los colores
- Mi habitación
- Lugares y geografía

CARACTERÍSTICAS DEL TEXTO
- Conectar información: **con** + sustantivo y oraciones de relativo con **que** y **donde**
- Oraciones de relativo: la preposición **en**

DOCUMENTOS PARA EMPEZAR

1. PALABRAS CLAVE

PREPÁRATE

A. Busca más lugares para cada una de estas categorías y piensa también en otras categorías posibles.

DONDE VEMOS ARTE
- MUSEO
- GALERÍA DE ARTE

DONDE VIVIMOS
- CASA
- RESIDENCIA

DONDE ESTUDIAMOS
- CAMPUS
- AULA

DONDE TRABAJAMOS
- TIENDA
- OFICINA

LUGARES

QUE VISITAMOS EN LA NATURALEZA
- MONTAÑA
- PARQUE NATURAL

DONDE PASAMOS EL TIEMPO LIBRE
- BAR
- CINE

B. Comparamos nuestro mapa conceptual con el de otras personas y lo completamos con nuevas palabras clave.

2. IMÁGENES

PREPÁRATE

A. Observa estas cuatro fotografías y escribe todo lo que puedas sobre ellas.

(Esto) es un monumento / un puente / una calle / una plaza / un pueblo / un río / una montaña / un bosque...
Creo que es una escuela / una universidad / una facultad...
Me parece que está en...

B. Comparamos nuestras hipótesis. Después podemos ver las soluciones en el margen derecho.

—*Esto es un glaciar. Creo que es...*

1. Puente romano de Córdoba, Andalucía, España. **2.** Parque Nacional Los Glaciares, Patagonia austral, Argentina. **3.** Universidad Nacional Autónoma de México, Ciudad de México, México. **4.** Calle y plaza de La Habana Vieja, Cuba.

UNIDAD 4

3. INFOGRAFÍA

PREPÁRATE

A. Lee esta infografía y clasifica los siete lugares que se citan usando las categorías de la actividad 1.

PATRIMONIO EN PELIGRO
EN AMÉRICA LATINA

Actualmente existen 48 lugares considerados Patrimonio de la Humanidad que se encuentran en peligro. Estos son los sitios en riesgo de Latinoamérica.

ZONA ARQUEOLÓGICA DE CHAN CHAN PERÚ
Tuvo su mayor esplendor en el siglo XV. Es la ciudad de adobe más grande de América Latina.

Lo que afecta:
- La erosión natural
- La falta de proyectos de conservación

CIUDAD DE POTOSÍ BOLIVIA
Tiene 22 lagunas que dan energía hidráulica a 140 ingenios (fincas).

Lo que afecta:
- La falta de control de la actividad minera en el Cerro Rico
- La degradación del lugar, a pesar de la normativa

OFICINAS SALITRERAS DE HUMBERSTONE Y SANTA LAURA CHILE
Se forjó una importante cultura comunitaria de trabajadores de Chile, Perú y Bolivia.

Lo que afecta:
- Los saqueos
- Las demoliciones
- La falta de mantenimiento

SISTEMA DE RESERVAS DE LA BARRERA DE ARRECIFE BELICE
Es el complejo más grande de la región Atlántico-Caribe.

Lo que afecta:
- Las especies marinas extranjeras
- La infraestructura de alojamiento para visitantes
- El petróleo y el gas

RESERVA DE RÍO PLÁTANO HONDURAS
Viven 2000 indígenas que conservan su modo de vida tradicional.

Lo que afecta:
- La tala y la ocupación ilegal
- El deterioro de la seguridad en la región

PORTOBELO Y SAN LORENZO PANAMÁ
Fortificaciones de arquitectura militar de los siglos XVII y XVIII.

Lo que afecta:
- El frágil estado de conservación
- La expansión urbana
- La deforestación

SANTA ANA DE CORO VENEZUELA
Fue una de las primeras ciudades coloniales en América. Tiene más de 600 edificios históricos de estilo autóctono, mudéjar y holandés.

Lo que afecta:
- El deterioro arquitectónico
- La construcción de muros y vallas

pbs.twimg.com

B. Identifica a qué lugar se refieren estas frases.

1. **Es** un lugar que **está al norte** de Chile, en las montañas.
2. Aquí **hay** restos de la arquitectura colonial militar.
3. Este lugar **es** una reserva marina.
4. **Es** una ciudad prehispánica.
5. Esta reserva **es más pequeña que** la reserva de arrecifes.
6. Es un lugar **donde hay** minas.
7. **Está** al este de Panamá y Colombia y **es** una ciudad.

C. Comparamos nuestras respuestas a A y B con las de otras personas.

—La Barrera de Arrecife de Belice es un lugar que visitamos para ver naturaleza.
—Sí, exacto.

D. ¿A cuáles de estos siete lugares pueden ir Alberto, Ernesto y Begoña para desarrollar proyectos de cooperación internacional? ¿Por qué?

- A Alberto le interesa la antropología, la lingüística, el arte, la sociología y la música.
- A Ernesto le encanta la biología, el medioambiente, los derechos humanos, la educación y la política.
- A Begoña le gusta mucho la economía, los negocios, la ingeniería, la arquitectura y las ciencias informáticas.

—Alberto puede ir a Honduras para trabajar con los indígenas: le interesa la antropología y...

E. ¿Dónde nos gustaría ir para realizar un proyecto de cooperación internacional? Lo comentamos en grupos.

DOCUMENTOS PARA DESCUBRIR

4. PATRIMONIO DE LA HUMANIDAD

PREPÁRATE

A. Piensa en un lugar de interés cultural o turístico que conoces y da información sobre estos cinco aspectos.

1. ¿Cómo se llama?
2. ¿Dónde está?
3. ¿De qué época y estilo es?
4. ¿Qué es? ¿Cómo es?
5. ¿Por qué es importante?

B. Compartimos con otras personas la información de A.

— Yo he elegido la Acrópolis de Atenas en Grecia porque es...

C. Por parejas, observamos las ocho fotografías de esta página y hablamos sobre estos lugares de España declarados Patrimonio de la Humanidad.

No sé qué es esto. / No lo conozco. /
No tengo ni idea de qué es esto.
Creo que esto es una catedral /
 una iglesia gótica...
Esto parece un teatro / un auditorio...
Es de estilo gótico / modernista...
Está en el norte de España / en Galicia...

D. Individualmente, leemos los textos y los conectamos con las fotografías. Después, marcamos dónde están en el mapa y escribimos los nombres de las comunidades autónomas en las que están. Comparamos nuestras respuestas con las de otra persona.

E. Por parejas, completamos una ficha como la de A para los dos lugares que más nos interesan de estos ocho.

F. Ahora, ordenamos cronológicamente los ocho lugares y escribimos las fechas y los estilos. Comparamos con otra pareja nuestras respuestas.

— Primero: la cueva de Altamira, en Cantabria. Tiene más de siete mil años, es...

ATENCIÓN

1.º: primero	6.º: sexto
2.º: segundo	7.º: séptimo
3.º: tercero	8.º: octavo
4.º: cuarto	9.º: noveno
5.º: quinto	10.º: décimo

OCHO LUGARES ÚNICOS

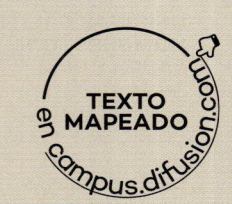

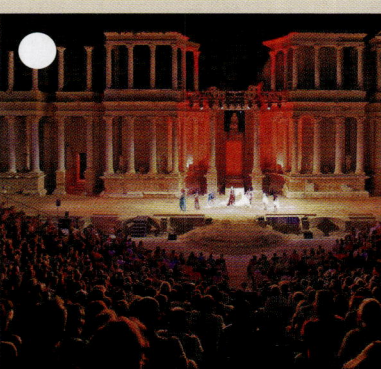

TEXTO MAPEADO en campus.difusion.com

UNIDAD 4

La UNESCO (Organización de Naciones Unidas para la Educación, la Ciencia y la Cultura) da el título de Patrimonio de la Humanidad a lugares de interés cultural o natural de todo el mundo. En total, hay más de mil sitios que tienen este título y, entre ellos, más de cuarenta están en España. Aquí tenemos ocho ejemplos.

1. La Muralla de Ávila es una construcción militar que rodea el casco antiguo de la ciudad de Ávila, en la mitad norte de España, en **Castilla y León**. Este monumento de los siglos doce al quince (ss. XII-XV d. C.) es probablemente la muralla medieval mejor conservada de toda Europa.

2. La Torre de Hércules es un antiguo faro romano del siglo primero después de Cristo (s. I d. C.). Está situada en la costa atlántica de la ciudad de La Coruña, en **Galicia**, en el noroeste de la península ibérica. Es el faro romano más antiguo que todavía está activo.

3. La cueva de Altamira, en el norte de España, en **Cantabria**, pintada cinco mil años antes de Cristo (5000 a. C.), es el mejor ejemplo español de pintura paleolítica, que se caracteriza por el realismo de las figuras.

4. Los Dólmenes de Antequera, en Málaga, en el centro de **Andalucía**, son unos monumentos funerarios de la cultura neolítica construidos cuatro mil años antes de Cristo (4000 a. C.). Están orientados para marcar el sol durante los equinoccios de primavera y otoño y también los solsticios de verano e invierno.

5. El Palau de la Música Catalana de Barcelona es un edificio de principios del siglo veinte (s. XX), obra del arquitecto Lluís Domènech i Montaner. Este auditorio, construido en **Cataluña** entre 1905 y 1908, es una de las mejores representaciones del modernismo catalán.

6. El Puente de Vizcaya, de 1893, es una gran obra de ingeniería del siglo diecinueve (s. XIX) y un modelo para otras construcciones industriales similares en Europa y América. Está situado entre Portugalete y Getxo, en el **País Vasco**, y es el puente transbordador en servicio más antiguo del mundo.

7. Este teatro romano del siglo primero antes de Cristo (s. I a. C.) está situado en Mérida, la capital de **Extremadura**. Hay muchos restos de la época romana en toda la península ibérica, pero este es uno de los mejor conservados. En la actualidad todavía funciona como teatro.

8. La catedral gótica de Burgos, del siglo trece (s. XIII), está situada en el norte de **Castilla y León**. Fue declarada Patrimonio de la Humanidad en 1984 y es la única catedral española que tiene esta distinción como obra única, sin estar unida al centro histórico de una ciudad.

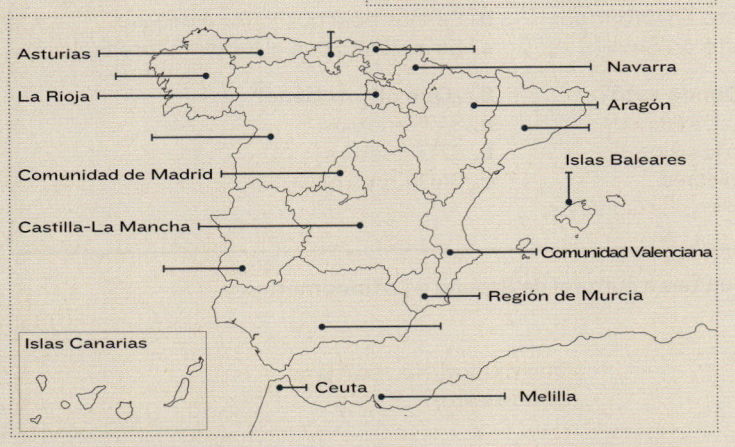

G. En grupos, una persona piensa en uno de estos ocho lugares y el resto adivina cuál es. Solo se pueden hacer preguntas de respuesta sí o no.

—¿Es un monumento moderno?
—No.
—¿Está en el norte de España?

H. Ahora imaginamos un viaje a España. Tenemos la posibilidad de visitar cinco de estos lugares en una semana. ¿Cuáles son los más interesantes en nuestra opinión? Organizamos el itinerario.

—A mí me interesa mucho el arte gótico, podemos visitar la catedral de Burgos.
—A mí también. Podemos ir primero a...

I. Escuchamos a Yeray y a Lola hablar sobre sus lugares favoritos en España. Tomamos nota de la siguiente información y, después, la relacionamos con las imágenes.

14-15

1. ¿Cómo se llama este lugar?
2. ¿Dónde está?
3. ¿De qué época y estilo es?
4. ¿Qué es? ¿Cómo es? ¿Qué hay?
5. ¿Por qué es importante?

TRANSCRIPCIÓN MAPEADA
en campus.difusion.com

ACTIVIDAD COMPLEMENTARIA
en campus.difusion.com

SISTEMA FORMAL

5. MAPA DE CENTROAMÉRICA Y EL CARIBE

GRAMÁTICA

PREPÁRATE

A. Dibuja en este mapa los países de Centroamérica desde el sur de México hasta el norte de Colombia. Pon también el nombre de los países que son islas.

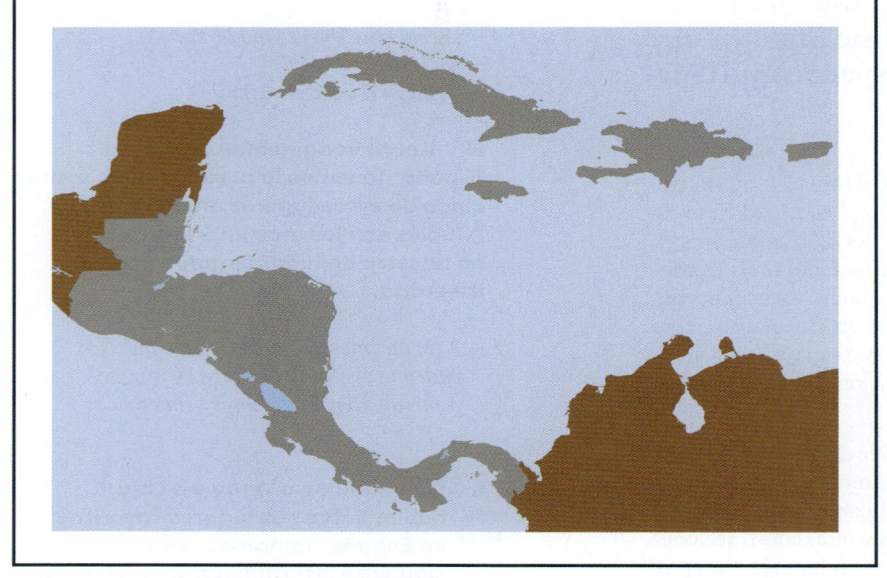

B. Explicamos y comparamos con otra persona nuestro mapa. ¿Dónde están exactamente los países? ¿Cómo son? ¿Cuántos hay? Puedes usar estos recursos para localizarlos geográficamente.

- arriba / encima (de)
- al norte (de)
- al noroeste (de)
- al noreste (de)
- al sur (de)
- abajo / debajo (de)
- al suroeste (de)
- al sureste (de)
- al este (de) / a la derecha (de)
- al oeste (de) / a la izquierda (de)
- en el centro (de)
- entre

— Creo que Cuba está más al oeste. Pero, ¿dónde está Puerto Rico?
— Puerto Rico es una isla más pequeña y está más al este.

C. Ahora, completamos estas frases con los verbos **ser** y estar y confirmamos nuestras hipótesis de A y B.

1. Nicaragua .... al norte de Costa Rica. Tiene costa en el Caribe y el Pacífico.
2. Honduras .... al oeste y norte de Nicaragua. Tiene costa en el Caribe y un poquito en el Pacífico.
3. Colombia .... al sur de Panamá.
4. Guatemala .... al sureste de México. No .... muy grande.
5. Belice .... un país muy pequeño. Está al noreste de Guatemala.
6. Haití y República Dominicana .... al este de Cuba, en la misma isla.
7. La isla de Puerto Rico .... al este de la República Dominicana.
8. El Salvador .... al sur de Guatemala y al oeste de Honduras.
9. Costa Rica .... entre Nicaragua y Panamá. Tiene costa en el Caribe y en el Pacífico.
10. Panamá .... al norte de Colombia y al sur de Costa Rica, entre los dos países.

6. TEST CULTURAL

GRAMÁTICA

PREPÁRATE

A. Responde a este test cultural sobre La Giralda y sobre el Teide. Al pie de la página tienes las soluciones.

1. ¿Qué es La Giralda?
   a. Es un faro.
   b. Es una torre.
   c. Es un castillo.

2. ¿Cuál es su origen?
   a. Es visigodo.
   b. Es musulmán.
   c. Es cristiano.

3. ¿Dónde está?
   a. Está en Córdoba.
   b. Está en Granada.
   c. Está en Sevilla.

4. ¿Qué afirmación es cierta?
   a. Es más alta que el Big Ben.
   b. Es más baja que la Torre de Pisa.
   c. Es más alta que el Empire State Building.

5. ¿Qué es el Teide?
   a. Es un volcán.
   b. Es una isla.
   c. Es una ciudad.

6. ¿Cuál es la altura máxima de España?
   a. El Teide.
   b. El Mulhacén.
   c. El Aneto.

7. ¿Dónde está?
   a. En los Pirineos.
   b. En las Islas Baleares.
   c. En la Islas Canarias.

8. ¿Qué altura tiene?
   a. 3479 metros.
   b. 3718 metros.
   c. 3404 metros.

B. Comparamos nuestras respuestas.

C. Por parejas, investigamos un tema cultural de España o Latinoamérica y lo presentamos en clase.

- ¿Qué es/son...?
- ¿Cuál es... / Cuáles son...?
- ¿Qué ciudad/río... es/tiene...?
- ¿Dónde está/n...?

Soluciones: 1.b 2.b 3.c 4.a 5.a 6.a 7.c 8.b

UNIDAD 4

7. BANDERAS Y SUPERFICIES DE CENTROAMÉRICA Y EL CARIBE
GRAMÁTICA

A. Por parejas, relacionamos las banderas con los nombres de estos países.

1. Guatemala
2. Puerto Rico
3. República Dominicana
4. México
5. Colombia
6. Cuba

— *Creo que esta es la bandera de Cuba porque es azul, blanca y roja.*
— *¿No es la de Puerto Rico?*
— *No, la de Puerto Rico es esta. Tiene el triángulo azul.*

ATENCIÓN

Los colores concuerdan en género y en número con el nombre al que acompañan.

La bander**a** es roj**a**.
El triángul**o** es roj**o**.

● rojo/-a ○ blanco/-a ● azul ● marrón ● morado/-a
● amarillo/-a ● negro/-a ● verde ● naranja ● rosa

B. Buscamos y describimos las banderas de otros países de Latinoamérica.

C. Ahora, identificamos las siluetas de estos seis países. En estas imágenes todos tienen el mismo tamaño. ¿Cuál es realmente más grande?

— *¿Cuál es este país?*
— *Creo que es Costa Rica.*
— *Yo creo que esta isla es Cuba. Es más grande que Costa Rica, ¿no?*

D. Conectamos las cifras de la superficie de estos seis países con los números correspondientes.

1. Colombia: 1 141 748 km^2
2. Cuba: 109 884 km^2
3. Guatemala: 108 889 km^2
4. México: 1 972 550 km^2
5. Puerto Rico: 9104 km^2
6. República Dominicana: 48 442 km^2

a. Ciento nueve mil ochocientos ochenta y cuatro kilómetros cuadrados.
b. Cuarenta y ocho mil cuatrocientos cuarenta y dos kilómetros cuadrados.
c. Ciento ocho mil ochocientos ochenta y nueve kilómetros cuadrados.
d. Un millón ciento cuarenta y un mil setecientos cuarenta y ocho kilómetros cuadrados.
e. Un millón novecientos setenta y dos mil quinientos cincuenta kilómetros cuadrados.
f. Nueve mil ciento cuatro kilómetros cuadrados.

E. ¿Entendemos cómo funcionan los números en español? Escribimos en cifras y en letras las superficies de cuatro países que nos interesan.

F. Comparamos las superficies con las de otra persona. Consultamos cómo se construyen las comparaciones y el superlativo en Recursos lingüísticos.

...es **más** grande **que**...
...es **menos** grande **que**... / ...es **más** pequeño/-a **que**...
...es **tan** grande **como**...

...tiene **más** superficie **que**...
...tiene **menos** superficie **que**...
...tiene **tanta** superficie **como**...

El país más grande / pequeño de Centroamérica es...
La isla más grande / pequeña del Caribe es...

G. En grupos pequeños, una persona piensa en secreto en un país hispano. El resto trata de adivinar haciendo preguntas de respuesta **sí** o **no**.

— *¿Es un país más grande que Colombia?*
— *No*
— *¿Es más pequeño que Perú?*
— *Sí.*
— *¿Es tan grande como Nicaragua?*
— *Sí... más o menos.*

SISTEMA FORMAL

8. ¿QUÉ HAY EN TU CAMPUS? ¿QUÉ NO HAY?

GRAMÁTICA Y LÉXICO

A. Por parejas, observamos este mapa de la Universidad Autónoma de Madrid (UAM) y lo comparamos con nuestros campus. Buscamos cinco diferencias y cinco coincidencias.

En mi campus / en mi universidad (no) hay / tenemos...

B. ¿Nos gusta nuestro campus? Escribimos una lista con los elementos que no hay y que nos gustaría tener. ¿Por qué? Comparamos nuestras listas.

ATENCIÓN

Para expresar deseos utilizamos
me gustaría + **infinitivo**

Me gustaría tener una piscina grande en el campus.

1. Rectorado y Servicios Centrales / 2. Facultad de Filosofía y Letras / 3. Facultad de Formación de Profesorado y Educación / 4. Facultad de Ciencias Económicas y Empresariales / 5. Facultad de Ciencias (Edificio Ciencias) / 6. Escuela Politécnica Superior / 7. Facultad de Psicología / 8. Facultad de Ciencias (Edificio Biología) / 9. Facultad de Derecho / 10. Biblioteca de Humanidades / 11. Idiomas / Centro Superior de Música / 12. Centro de Estudios de Posgrado / 13. Pabellón de Servicios Universitarios / 14. Polideportivo / 15. Instalaciones Deportivas / 16. Piscinas cubierta y al aire libre / 17. Centro Nacional de Biotecnología – CSIC / 18. Instituto de Catálisis y Petroleoquímica – CSIC / 19. Instituto de Ciencia de Materiales – CSIC / 20. Instituto de Cerámica y Vidrio – CSIC / 21. Centro de Micro-Análisis de Materiales / 22. Escuela Infantil Bärbel Inhelder / 23. Colegio Príncipe de Asturias / 24. Plaza de la UAM / 25. Estación de tren de Cercanías / 26. Paradas de autobuses / 27. Ingeniería Química y Tecnología de Alimentos / (Facultad de Ciencias) / 30. Laboratorio de Altas Energías (Facultad de Ciencias) / 31. Servicio de Deportes / 32. Residencia universitaria / 33. Carril Bici / 34. Biblioteca de Ciencias / 35. Ciencias Jurídicas, Políticas y Económicas / 36. Centro de Biología Molecular "Severo Ochoa" / 37. Invernadero de investigación / 38. Servicios Centrales de Apoyo a la Investigación / 39. Centro de Investigación de Alimentos / 40. Instituto de Ciencias Matemáticas / 41. Facultad de Formación de Profesorado y Educación

9. TU HABITACIÓN

GRAMÁTICA

PREPÁRATE

A. Tu universidad ha pedido a los estudiantes su opinión sobre una nueva residencia que quieren construir. Estos son los elementos que se van a incluir en cada habitación. ¿Crees que falta algo importante? Completa la lista.

- (una) puerta
- (una) ventana
- (una) cama
- (un) escritorio
- (una) silla
- (un) sofá
- (un) armario
- (una) lámpara
- (un) ordenador
- (una) papelera

B. Diseña en un espacio de 3 x 6 metros la habitación ideal para los estudiantes de tu campus. Utiliza los elementos de A y decide cuántos y dónde deben ir.

C. Por parejas, comparamos nuestros proyectos y creamos la habitación ideal.

— Creo que el escritorio está mejor debajo de la ventana.
— Sí, es verdad, pero en tu habitación hay solo una silla y necesitamos más.
— Estoy de acuerdo. Además...

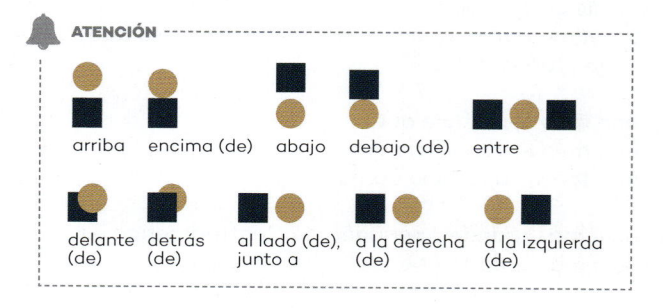

ATENCIÓN

arriba / encima (de) / abajo / debajo (de) / entre

delante (de) / detrás (de) / al lado (de), junto a / a la derecha (de) / a la izquierda (de)

UNIDAD 4

10. LAS FECHAS DE LA INDEPENDENCIA

LÉXICO

PREPÁRATE

A. La mayoría de los países de Latinoamérica se independizaron en el siglo diecinueve (s. XIX). Lee estas fechas de declaración de independencia, consulta el sistema de numeración romano y completa como en el ejemplo.

Sistema de numeración romano			
1 = I	10 = X	100 = C	1000 = M
2 = II	20 = XX	200 = CC	2000 = MM
3 = III	30 = XXX	300 = CCC	3000 = MMM
4 = IV	40 = XL	400 = CD	
5 = V	50 = L	500 = D	
6 = VI	60 = LX	600 = DC	
7 = VII	70 = LXX	700 = DCC	
8 = VIII	80 = LXXX	800 = DCCC	
9 = IX	90 = XC	900 = CM	

- Ecuador: X-VIII-MDCCCIX *10 de agosto de 1809 (mil ochocientos nueve)*
- Cuba: X-XII-MDCCCXCVIII ....
- Colombia: XX-VII- MDCCCX ....
- Uruguay: XXV-VIII-MDCCCXXV ....
- México: XVI-IX-MDCCCX ....
- República Dominicana: XXVII-II-MDCCCXLIV ....

D. Por parejas, buscamos imágenes de monumentos, plazas, avenidas, parques... relacionados con la independencia de estos u otros países de Latinoamérica.

El Ángel o Monumento a la Independencia (Ciudad de México, México) →

Parque del Centenario de la Independencia (Bogotá, Colombia) ←

B. Comparamos con otra persona las fechas y organizamos la lista cronológicamente.

C. Buscamos y escribimos otras fechas de independencia de Latinoamérica.

11. CONECTAMOS INFORMACIÓN

CARACTERÍSTICAS DEL TEXTO

PREPÁRATE

A. Lee estos ejemplos y observa cómo se eliminan los elementos redundantes y se conectan las frases.

Judith
- Judith es una chica. Judith es mexicana. Judith vive en Córdoba.
- Judith es una chica. ~~Judith es mexicana. Judith~~ vive en Córdoba.
- Judith es una chica mexicana **que** vive en Córdoba.

Córdoba
- Córdoba es una ciudad. Córdoba tiene mucha historia. Córdoba está en el norte de Andalucía. En Córdoba hay muchos monumentos. Muchos monumentos son romanos, musulmanes y también cristianos.
- Córdoba es una ciudad. ~~Córdoba tiene~~ mucha historia. ~~Córdoba~~ está en el norte de Andalucía. ~~En Córdoba~~ hay muchos monumentos. ~~Muchos monumentos son~~ romanos, musulmanes y también cristianos.
- Córdoba es una ciudad **con** mucha historia **que** está al norte de Andalucía y **en la que** / **donde** hay muchos monumentos romanos, musulmanes y también cristianos.

B. Ahora tú.

Altamira es una cueva. Altamira es paleolítica. Altamira está en Cantabria, al norte de España. En Altamira se conservan las mejores pinturas prehistóricas de esa época.

El Palau de la Música es un auditorio. El Palau de la Música es un auditorio de estilo modernista. El Palau de la Música está en el centro de Barcelona. En el Palau de la Música podemos observar uno de los mejores ejemplos del modernismo catalán.

C. Describe a dos personas y dos lugares como en los ejemplos.

D. Comparamos nuestras respuestas a B. Podemos consultar la explicación de Recursos lingüísticos. Después, intercambiamos las descripciones de C y mejoramos las producciones de las otras personas.

TAREAS

PROYECTOS UNIDADES 3 Y 4
→ PÁG. 232

12. CANDIDATOS

A. Vamos a presentar a la UNESCO un lugar de interés cultural como candidato a Patrimonio de la Humanidad. Cada grupo elige un país diferente de Latinoamérica y busca un lugar de este país que todavía no tenga este título.

B. Preparamos la información completa sobre el lugar.

1. ¿Cómo se llama?
2. ¿Dónde está?
3. ¿De qué época o estilo es?
4. ¿Qué es exactamente? ¿Cómo es?
5. ¿Por qué es importante? ¿Por qué lo proponemos?

C. Presentamos nuestra elección al resto de la clase. Debemos documentarla con otros textos, imágenes, vídeos, etc.

D. ¿Cuál de los lugares presentados creemos que es el mejor candidato? Escribimos un breve texto explicando nuestras razones.

ACTIVIDAD COMPLEMENTARIA en campus.difusion.com

13. DISEÑAMOS UN EXAMEN

A. Vamos a aprender nuevos contenidos culturales sobre Latinoamérica. Por grupos, elegimos un país y preparamos una lista de temas interesantes, pero no conocidos por la mayoría.

—Podemos preguntar cuál es la fecha aproximada de construcción de Machu Picchu.
—Vale, es una buena pregunta.

B. Ahora escribimos cinco preguntas de opción múltiple sobre los temas elegidos usando estos cinco tipos de preguntas.

¿Qué es/son...?
¿Cuál/es es/son...?
¿Dónde está/n...?
¿Qué ciudad/río... es/tiene...?
¿Quién/es es/son...?

¿Cuál es la fecha aproximada de construcción de la ciudad inca de Machu Picchu?
a. 1450 d. C.   b. 1275 d. C.   c. 825 d. C.

C. Preparamos varias copias de las preguntas y las distribuimos por el resto de los grupos.

D. Después de hacer el test, formamos grupos mixtos (un miembro de cada grupo) y corregimos las preguntas.

ACTIVIDAD COMPLEMENTARIA en campus.difusion.com

RECURSOS LINGÜÍSTICOS

GRAMÁTICA

SER Y ESTAR

	SER	ESTAR
yo	soy	estoy
tú, vos	eres/sos	estás
él, ella, usted	es	está
nosotros, nosotras	somos	estamos
vosotros, vosotras	sois	estáis
ellos, ellas, ustedes	son	están

▶ Usos de ser
• Definir
El Acatenango **es** un volcán.

• Describir
El Acatenango **es** muy bonito.

• Identificar
—¿Quién **es** esta chica de la foto?
—**Es** Adela, creo...

• Especificar el origen
—¿De dónde **es** Roberto?
—**Es** de Bogotá.

• Hablar de la profesión
Carla **es** profesora de español.

• Describir la personalidad
Luis **es** muy amable.

🔔 Para hablar de la edad usamos el verbo **tener**.
Adela **tiene** cuarenta años.

▶ Usos de estar
• Localizar
—¿Dónde **está** ese volcán?
—**Está** en Guatemala, al sur, cerca de Antigua.

• Referirse a un estado o una situación
El Acatenango **está** activo.

QUÉ, CUÁL/ES, QUIÉN/ES
▶ Identificar cosas y personas de una clase

cuál es / cuáles son + sustantivo
¿**Cuál es** el volcán más alto de Guatemala?
¿**Cuál es** tu cantante favorito?
¿**Cuáles son** las ciudades más grandes del país?

▶ Definir cosas y personas

qué es/son + sustantivo
—¿**Qué es** el Tajumulco?
—Es el volcán más alto de Guatemala.

—¿**Qué es** Arequipa?
—Una ciudad peruana.

🔔 Para preguntar por la profesión de manera informal, podemos usar **qué** + **ser**.
—¿**Qué es** Adela?
—Es profesora de español.

UNIDAD 4

▶ **Preguntar por un individuo de una clase de cosas o personas**

qué + sustantivo

¿**Qué volcán** es más alto?
¿**Qué escritor** te gusta más?

▶ **Identificar personas**

quién/quiénes + verbo

—¿**Quién es** Mariano Gálvez?
—Es uno de los líderes de la independencia de Guatemala.

—¿**Quiénes son** estos señores de la fotografía?
—**Son** los dos primeros presidentes de Guatemala.

—¿**Quién vive** en esa casa?
—Los señores Ruiz.

HAY, ESTÁ/N
▶ **Informar sobre cosas o personas no identificadas**

Para hablar de la existencia de algo no identificado, usamos **hay**, que es una forma impersonal del verbo **haber**.
Hay un volcán muy famoso cerca de Antigua.
En Guatemala **hay** muchos volcanes.

🔔 Usamos **hay** para el singular y el plural.
   Hay un puente muy famoso.
   Hay muchos puentes famosos.

▶ **Informar sobre cosas o personas identificadas**

Para hablar de la ubicación de algo identificado, usamos **estar**.
El volcán Acatenango **está** cerca de Antigua.
Los volcanes más famosos **están** en esta región.
Estos volcanes **están** cerca del Pacífico.

🔔 Para hablar de cosas o personas no identificadas, combinamos **hay** con:
   • artículos indeterminados (**un/una/unos/unas**)
   En mi ciudad **hay una** mezquita preciosa.

   • numerales
   En mi ciudad **hay dos** mezquitas preciosas.

   • cuantificadores indefinidos (**mucho/-a/-os/-as**, **bastante/s**, etc.)
   En mi ciudad **hay muchos** monumentos romanos.

🔔 Para hablar de cosas o personas identificadas, combinamos **estar** con:

   • artículos determinados (**el/la/los/las**)
   ¿**La** mezquita **está** en el centro?
   ¿Dónde **están los** volcanes más famosos?

   • demostrativos (**este/esta/estos/estas**, etc.) y posesivos (**mi**, **tu**, **su**, etc.)
   ¿**Estos** volcanes **están** cerca de aquí?
   ¿Dónde **está tu** universidad?

LOCALIZAR EN EL ESPACIO

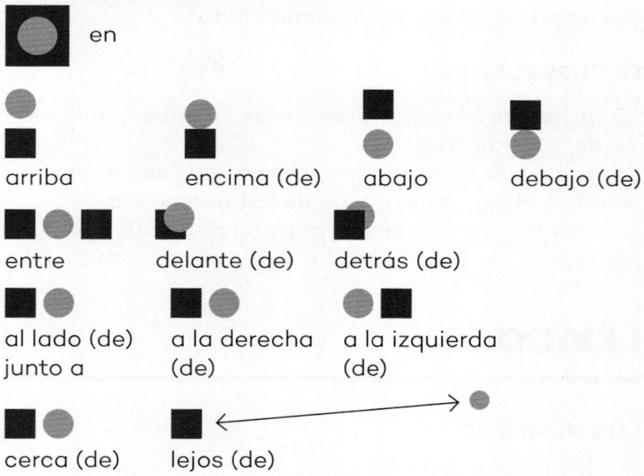

en

arriba   encima (de)   abajo   debajo (de)

entre   delante (de)   detrás (de)

al lado (de)   a la derecha   a la izquierda
junto a   (de)   (de)

cerca (de)   lejos (de)

🔔 La preposición **en** puede indicar posiciones diferentes.
   En la mochila (= dentro de la mochila)
   En la mesa (= encima de la mesa)
   En la pared (= pegado a la pared)

▶ **Hablar de la localización geográfica**

al / **en** el norte (**de**)   **al** / **en** el sureste (**de**)
al / **en** el noroeste (**de**)   **al** / **en** el este (**de**)
al / **en** el noreste (**de**)   **al** / **en** el oeste (**de**)
al / **en** el sur (**de**)   **en el** centro (**de**)
al / **en** el suroeste (**de**)

LA COMPARACIÓN
▶ **Con adjetivos**

➕ **más** / ➖ **menos** + adjetivo + **que**

La mezquita es **más** antigua **que** la catedral.
La catedral es **menos** antigua **que** la mezquita.
Los puentes son **más** antiguos **que** la muralla.

🟰 **tan** + adjetivo + **como**

¿Buenos Aires es **tan** grande **como** Ciudad de México?

▶ **Con sustantivos**

➕ **más** / ➖ **menos** + sustantivo + **que**

En Córdoba hay **más** turismo **que** en Jaén.
En Córdoba hay **más** monumentos **que** en Jaén.
En Jaén hay **menos** monumentos **que** en Córdoba.

🟰 **tanto/-a/-s** + sustantivo + **como**

¿En España hay **tantos** lugares Patrimonio de la Humanidad **como** en Francia?
Mi habitación tiene **tanta** luz **como** la de Pedro.

▶ **Con adverbios**

➕ **más** / ➖ **menos** + adverbio + **que**

Mi universidad está **más** lejos del centro **que** tu casa.
Mi casa está **más** cerca **que** tu universidad.

🟰 **tan** + adverbio + **como**

Luisa vive **tan** cerca del centro **como** yo.

▶ **Con verbos**

verbo + ➕ **más** / ➖ **menos que**

Yo viajo **más que** tú.
Budapest me gusta **menos que** Viena.

RECURSOS LINGÜÍSTICOS

verbo + ⊖ tanto como
Budapest *me gusta* **tanto como** Viena.

EL SUPERLATIVO

el, **la**, **los**, **las** (+ sustantivo) + **más** / **menos** + adjetivo
(+ **de** + sustantivo)

Sevilla tiene **la** catedral gótica **más** grande **de** España.
Brasil es **el** país **más** grande **de** Latinoamérica.
Soria es **la** provincia **menos** poblada **de** España.
Las cuevas de Altamira son **las más** conocidas **de** España.

LÉXICO

LOS NÚMEROS

0	cero	17	diecisiete
1	uno/un/una	18	dieciocho
2	dos	19	diecinueve
3	tres	20	veinte
4	cuatro	21	veintiuno/-ún/-una
5	cinco	22	veintidós
6	seis	23	veintitrés
7	siete	30	treinta
8	ocho	31	treinta y uno/-un/-una
9	nueve	32	treinta y dos
10	diez	40	cuarenta
11	once	50	cincuenta
12	doce	60	sesenta
13	trece	70	setenta
14	catorce	80	ochenta
15	quince	90	noventa
16	dieciséis	100	cien

101	ciento un(o/a)
111	ciento once
200	doscientos/-as
220	doscientos/-as veinte
300	trescientos/-as
400	cuatrocientos/-as
500	**quin**ientos/-as
600	seiscientos/-as
700	**sete**cientos/-as
800	ochocientos/-as
900	**nove**cientos/-as
999	**nove**cientos/-as noventa y nueve

🔔 ciento **un** años
ciento **una** mesas
trescient**os** años
trescient**as** mesas

🔔 **Cien** no tiene variación de género.
cien hombres
cien mujeres

1000	mil
1001	mil un/uno/una
1025	mil veinticinco
1134	mil ciento treinta y cuatro
2000	dos mil
10 000	diez mil
20 300	veinte mil trescientos
100 000	cien mil
1 000 000	un millón
2 000 000	dos millones
3 536 787	tres millones quinientos treinta y seis mil setecientos ochenta y siete

NÚMEROS ORDINALES DEL 1 AL 10

1.º	primero/-a	6.º	sexto/-a
2.º	segundo/-a	7.º	séptimo/-a
3.º	tercero/-a	8.º	octavo/-a
4.º	cuarto/-a	9.º	noveno/-a
5.º	quinto/-a	10.º	décimo/-a

ÉPOCA

una construcción / **un monumento** — prehistórico/-a, griego/-a, romano/-a, precolombino/-a, maya, azteca, inca, barroco/-a, renacentista, modernista

un puente del siglo — II a. C. (antes de Cristo) / I d. C. (después de Cristo)

un edificio de — principios del siglo XX / mediados del siglo XX / finales del siglo XX

LUGARES Y CULTURA

un monumento / **un sitio** / **un lugar** — cultural, histórico, Patrimonio de la Humanidad

un monumento — musulmán, cristiano, judío

ir a visitar — una catedral, una iglesia, una mezquita, una sinagoga, un museo, un teatro, una cueva

ver — un puente, una muralla

una ciudad — monumental, histórica, romana, medieval, renacentista, musulmana, judía, cristiana

MUNDO UNIVERSITARIO

- aula, aulario
- auditorio, sala de conferencias
- parque, jardín
- piscina
- campo de baloncesto
- gimnasio
- pista de tenis
- campo de fútbol
- aparcamiento, *parking*
- biblioteca
- dormitorio
- comedor
- cafetería

LOS COLORES

- rojo/-a/-os/-as
- blanco/-a/-os/-as
- morado/-a/-os/-as
- amarillo/-a/-os/-as
- negro/-a/-os/-as
- azul/es
- marrón/es
- verde/s
- naranja/s
- rosa/s

UNIDAD 4

MI HABITACIÓN

- ventana
- cuadro
- techo
- puerta
- armario
- ordenador/computadora
- lámpara
- silla
- cama
- impresora
- mesa/escritorio
- sofá
- cajones
- papelera
- alfombra
- suelo/piso

LUGARES Y GEOGRAFÍA

Continentes África, América, Antártida, Asia, Europa, Oceanía

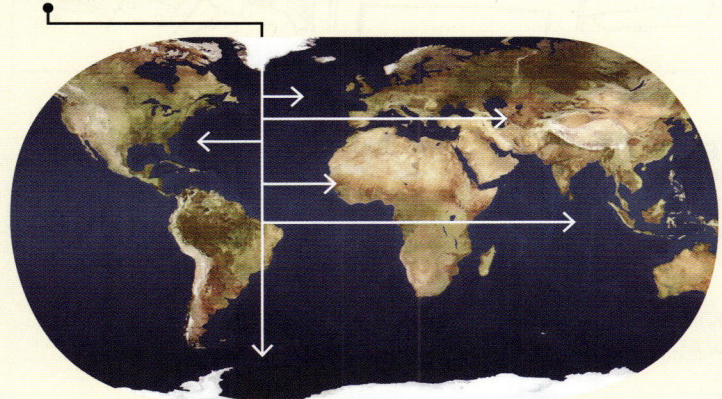

- océano
- mar
- costa
- isla
- archipiélago
- península
- lago
- montaña
- volcán
- río
- ciudad
- pueblo

- estado
- país
- barrio
- calle
- provincia
- comunidad autónoma

CARACTERÍSTICAS DEL TEXTO

CONECTAR INFORMACIÓN

▶ **Con + sustantivo**
Córdoba es una ciudad española. Córdoba tiene monumentos de varias épocas.
> Córdoba es una ciudad española **con** monumentos de varias épocas.

▶ **Frases relativas con que y donde**
Santiago es una ciudad histórica. Santiago tiene muchos monumentos.
> Santiago es una ciudad histórica **que** tiene muchos monumentos.

Cartagena es una ciudad colonial.
En Cartagena hay muchos palacios.
> Cartagena es una ciudad colonial **en la que** / **donde** hay muchos palacios.

🔔 **En el/la/los/las que** concuerda en género y número con su antecedente.
Un lugar **en el que**
Unos museos **en los que**
Una ciudad **en la que**
Unas montañas **en las que**

5

EXPERIENCIAS

CULTURA
- El mercado laboral en España e Hispanoamérica
- Competencias necesarias para encontrar trabajo

COMUNICACIÓN
- Hablar de experiencias
- Expresar sentimientos y emociones
- Hablar de habilidades y talentos
- Hablar de acciones futuras

GRAMÁTICA
- Pretérito perfecto
- Marcadores temporales
- Verbo **saber** + infinitivo, **se me da/n bien/mal algo**, **ser bueno** + gerundio
- **Se** para expresar impersonalidad
- Perífrasis: **estar** + gerundio, **tener que** + infinitivo, **ir a** + infinitivo
- Expresar deseos: **me gustaría** + infinitivo

LÉXICO
- El mundo laboral
- Adjetivos para describir estados de ánimo y sentimientos
- Competencias y personalidad
- Profesiones y experiencia

CARACTERÍSTICAS DEL TEXTO
- Conectores para estructurar secuencias: **en primer lugar**, **en segundo lugar**, **por último**...

DOCUMENTOS PARA EMPEZAR

1. IMÁGENES

🏠 **PREPÁRATE**

A. ¿Cómo interpretas esta viñeta? En tu opinión, ¿qué nos quiere transmitir? ¿Por qué crees que ha estudiado tanto el candidato?

B. En parejas compartimos nuestras respuestas y observamos de nuevo la viñeta. ¿Cómo creemos que se siente el candidato? ¿Por qué?

C. ¿Para ser un buen profesional son suficientes los estudios? En parejas, anotamos qué competencias pueden ser necesarias.

Para ser un buen profesional puede ser necesario:
– hablar lenguas extranjeras
– ...

D. ¿Tenemos ya algunas de las competencias de nuestra lista? ¿Qué podemos hacer para conseguir las que nos faltan?

— *Yo sé italiano.*
— *Yo creo que para aprender una lengua extranjera es bueno pasar un tiempo en el país.*

E. Entre todos creamos en la pizarra una tabla con todas las competencias y las ideas para desarrollarlas. Añadimos ejemplos de profesiones para las que son necesarias.

Competencias	¿Cómo se puede aprender?	Profesión
Ser una persona creativa	Visitando exposiciones Viajando	Responsable de marketing

🔔 **ATENCIÓN**

Para hablar de la manera en la que hacemos algo, podemos usar el gerundio.	Infinitivo		Gerundio
- Siempre voy a clase **caminando**.	hablar	>	hablando
	hacer	>	haciendo
	escribir	>	escribiendo

UNIDAD 5

2. INFOGRAFÍA

PREPÁRATE

A. Esta infografía presenta cinco aspectos importantes en la contratación de candidatos según los seleccionadores de personal en España. ¿Crees que es parecido en tu país? Pregunta su opinión a alguna persona que pueda hablar de otros lugares y lleva a clase las respuestas.

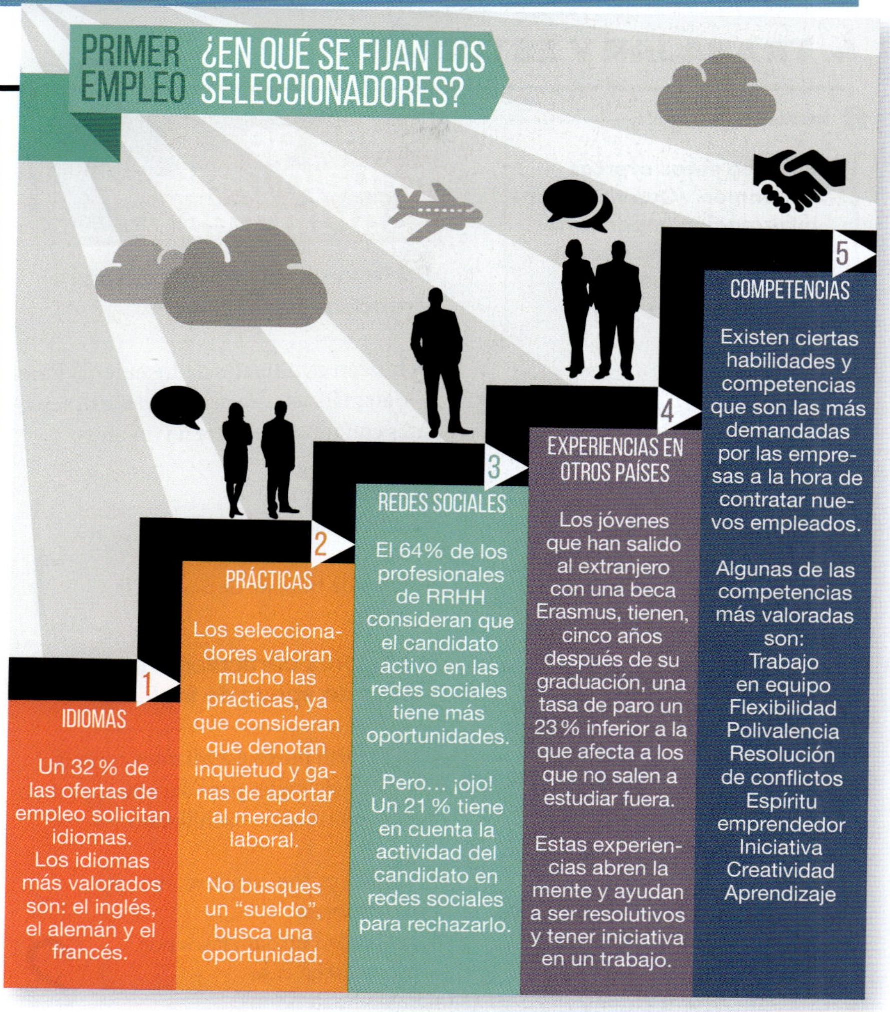

B. Por parejas comparamos las respuestas que hemos recogido.

— Mi profesora de Química piensa que en Suiza es muy importante saber organizar bien el tiempo.
— Pues yo soy suizo y creo que es más importante...

C. Compartimos las respuestas en clase abierta: ¿hay una tendencia general o hay diferencias importantes? ¿Por qué creéis que es así?

En Alemania tienes que saber / tener / ser capaz de...
En China es importante saber / tener / ser capaz de...

PRIMER EMPLEO ¿EN QUÉ SE FIJAN LOS SELECCIONADORES?

1. IDIOMAS
Un 32 % de las ofertas de empleo solicitan idiomas. Los idiomas más valorados son: el inglés, el alemán y el francés.

2. PRÁCTICAS
Los seleccionadores valoran mucho las prácticas, ya que consideran que denotan inquietud y ganas de aportar al mercado laboral.
No busques un "sueldo", busca una oportunidad.

3. REDES SOCIALES
El 64 % de los profesionales de RRHH consideran que el candidato activo en las redes sociales tiene más oportunidades.
Pero... ¡ojo! Un 21 % tiene en cuenta la actividad del candidato en redes sociales para rechazarlo.

4. EXPERIENCIAS EN OTROS PAÍSES
Los jóvenes que han salido al extranjero con una beca Erasmus, tienen, cinco años después de su graduación, una tasa de paro un 23 % inferior a la que afecta a los que no salen a estudiar fuera.
Estas experiencias abren la mente y ayudan a ser resolutivos y tener iniciativa en un trabajo.

5. COMPETENCIAS
Existen ciertas habilidades y competencias que son las más demandadas por las empresas a la hora de contratar nuevos empleados.
Algunas de las competencias más valoradas son:
Trabajo en equipo
Flexibilidad
Polivalencia
Resolución de conflictos
Espíritu emprendedor
Iniciativa
Creatividad
Aprendizaje

Adaptado de ticsyformacion.com

3. VÍDEO

PREPÁRATE

A. Antes de ver el vídeo, escribe tres características de un buen profesor de español.

B. Ahora ve el vídeo y anota las palabras que utiliza Ana para describir su personalidad. Compara con tus notas de A.

C. En grupos comparamos nuestras respuestas a A y B.

D. Ahora valoramos el vídeo de Ana. ¿Presenta de manera atractiva su perfil?

— Yo creo que tiene una estructura muy clara.
— Sí, pero no ves cómo es Ana.

Un videocurrículum
ANA Gómez PROFESORA

VÍDEO DISPONIBLE en campus.difusion.com

LA CAFETERÍA

¿Un videocurrículum es un buen método para buscar trabajo?

¿Qué otras formas conocemos para presentarse?

ACTIVIDAD COMPLEMENTARIA en campus.difusion.com

DOCUMENTOS PARA DESCUBRIR

4. TRABAJAR Y ESTUDIAR

PREPÁRATE

A. Lee estas ofertas de empleo. ¿Qué información importante no aparece? Escribe las preguntas necesarias para obtenerla.

- ¿Dónde son las clases de…?

B. ¿Qué personas de la clase son más adecuadas para cada perfil? Creamos una serie de preguntas y elegimos un candidato o candidata para cada oferta.

— ¿Tienes algún título de grado?
— ¿Tienes experiencia como profesor con niños o adolescentes?
— ¿Cuántas lenguas sabes?
— …

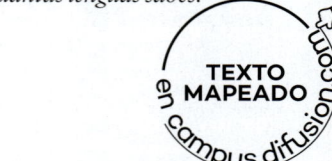

ACTIVIDAD COMPLEMENTARIA en campus.difusion.com

Bolsa de trabajo para estudiantes

Regístrate para solicitar estos empleos y para recibir más información

1. Profesores de programación y robótica para niños

Se buscan estudiantes de Ingeniería, Física o Matemáticas para actividades extraescolares con niños de entre 6 y 16 años.

- Horario de tardes
- Remuneración: de 10 a 15 euros/hora
- Horas de trabajo: de 5 a 10 a la semana

2. Profesores particulares para clases de apoyo de inglés

EasyEnglish busca estudiantes con nivel avanzado de inglés para dar clases particulares a alumnos de bachillerato.

- Remuneración atractiva, neta y sin sorpresas
- Posibilidad de dar clases por internet o en casa
- Flexibilidad horaria

3. Beca Excelencia en diseño publicitario

Oportunidad para adquirir experiencia profesional. Ofrecemos prácticas de un año como diseñador web en empresas de todo el país.

- Horario de mañanas (máximo 5 horas)
- Es necesario tener un título de grado y ser estudiante de máster

4. Socorristas

Cadena hotelera internacional necesita socorristas para la temporada de verano en sus hoteles de España y el Caribe. Excelente oportunidad para trabajar en verano y practicar idiomas.

- Es necesario tener un título oficial de socorrista y se valora saber varias lenguas
- La remuneración varía según los países

5. EXPERIENCIAS EN EL EXTRANJERO Y FUTURO PROFESIONAL

PREPÁRATE

A. ¿Has estado o vivido alguna vez en el extranjero? ¿Qué has aprendido de esas experiencias? Si no has vivido fuera, ¿qué crees que se puede aprender?

He aprendido a… He tenido que…
He descubierto… Me ha ayudado…

B. Lee este artículo. ¿Qué frase resume la conclusión principal? Subráyala.

C. En parejas, comparamos nuestras respuestas a B.

D. Compartimos nuestras respuestas en A y completamos una tabla como esta con nuestras experiencias.

¿Una ventaja para encontrar trabajo?

Según un estudio de la Comisión Europea, las experiencias conseguidas en otros países durante los estudios son positivas para el currículum y pueden ayudar a entrar en el mercado laboral.

De acuerdo con esta investigación, entre candidatos que tienen las mismas cualificaciones, los responsables de recursos humanos prefieren a los que han ido al extranjero. La razón es que, siempre en opinión de los seleccionadores, los empleados con estas experiencias realizan su trabajo mejor que quienes no han salido de su país.

Para los estudiantes es una buena noticia saber que pueden mejorar sus posibilidades de conseguir un primer empleo si deciden hacer unas prácticas, participar en un programa de voluntariado o estudiar durante unos meses en una universidad en el extranjero.

Nombre y estudios	Experiencia	Tareas que puede hacer gracias a esta experiencia
Markus. Medicina	Ha pasado un semestre en una universidad de Francia.	Atender a pacientes que hablan únicamente francés

UNIDAD 5

6. UN SEMESTRE, MUCHAS POSIBILIDADES

PRÉPARATE

A. Lee las experiencias de cuatro estudiantes españoles que acaban de pasar unos meses en el extranjero. ¿Cuál de ellas te parece más interesante? ¿Cuál menos?

TEXTO MAPEADO en campus.difusion.com

¿QUÉ HAN HECHO?

Héctor: Yo acabo de llegar de Costa Rica, donde he pasado cinco meses. He trabajado en una escuela de lenguas y he conocido a gente muy generosa y hospitalaria. He aprendido que se puede vivir con otros horarios, con menos comodidades... Un aspecto muy positivo ha sido tener la oportunidad de ir a cursos de inglés gratis.

Julia: Yo he estado en la Universidad de Guadalajara (México). He tenido mucho tiempo para viajar por el país y he aprendido a organizarme mejor sola. La cultura mexicana me ha parecido muy diferente y me ha encantado. Pero también he visto que los jóvenes somos parecidos en todos los sitios por la influencia de internet. ¿Lo más difícil? ¡Las clases de contabilidad!

Luisa: Yo he hecho unas prácticas en una empresa de recursos humanos en Buenos Aires, donde he podido aplicar la teoría de las clases de la universidad. Pero también he visto que, para poder trabajar en este campo después de los estudios, tengo que hacer un máster o un posgrado. Además, he hecho contactos para mi futura red profesional y he aprendido a hablar en público.

Óscar: Yo he pasado un semestre en París en una fundación cultural. He aprendido muchas cosas, porque he hecho tareas muy diferentes, por ejemplo, leer la prensa todas las mañanas para buscar información sobre temas culturales o hacer fotografías para documentar las actividades de la fundación.

B. Comparamos nuestras decisiones con las de otra persona. ¿Coincidimos?

C. Leemos de nuevo el texto y anotamos en una tabla como esta de qué temas habla cada estudiante.

	Conocimientos culturales y socioculturales	Actividades que han realizado	Competencias y desarrollo personal
Héctor			Ha aprendido a vivir con menos comodidades.
Luisa		Ha hecho prácticas en una empresa de recursos humanos.	
Julia	Ha visto que los jóvenes de diferentes países son parecidos por la influencia de internet.		
Óscar			

D. ¿Cómo creemos que se puede sentir una persona que pasa un tiempo en otro país y por qué? Respondemos en parejas.

Yo creo que cuando estás en otro país, te sientes nervioso cuando... muchas veces tienes ganas de... te estresas porque...

E. Escuchamos a Héctor, Luisa, Julia y Óscar, y anotamos cómo se han sentido. ¿Dicen lo mismo que nosotros?

TRANSCRIPCIÓN MAPEADA en campus.difusion.com

ACTIVIDAD COMPLEMENTARIA en campus.difusion.com

SISTEMA FORMAL

7. ¡SOY BUENÍSIMO!

GRAMÁTICA

PREPÁRATE

A. Lee lo que dicen estos estudiantes sobre sus talentos. ¿Qué carrera crees que puede estudiar cada uno de ellos? Explica por qué.

1. Soy bueno hablando en público y argumentando. Además, sé escuchar muy bien, tengo mucha paciencia y se me dan muy bien las lenguas: hablo chino y ruso.

2. Soy muy buena jugando al baloncesto y en matemáticas.

3. Se me da muy bien encontrar soluciones a problemas y soy muy buena en contabilidad. También se me da bien el dibujo técnico.

4. Se me dan bien la fotografía y la música. Además, sé hablar inglés y árabe.

D. Compartimos nuestras respuestas.

E. Por parejas consultamos la explicación de Recursos lingüísticos y revisamos nuestras respuestas a C.

F. Buscamos en la clase personas con los mismos talentos que nosotros.

—¿Se te da bien hablar en público?
—Pues no mucho. Me estresa bastante.

B. ¿Qué recursos lingüísticos podemos usar para expresar nuestras habilidades? Completa este esquema con los ejemplos anteriores para entenderlo mejor.

Se me da	(muy) bien	el dibujo técnico
Se me dan	(muy) bien	....
Soy	(muy) bueno/-a	....
Sé	....	(muy bien)

C. ¿Y tú? Escribe tres cosas que haces bien.

8. LOGROS Y ÉXITOS PROFESIONALES

GRAMÁTICA

PREPÁRATE

A. Aquí tienes el resumen de algunos éxitos profesionales del guatemalteco Luis von Ahn. Fíjate en las formas del pretérito perfecto marcadas en negrita y escribe los infinitivos correspondientes. ¿Encuentras algún verbo irregular?

Ha realizado > realizar

B. Marca en el texto palabras o expresiones que sirven para situar en el tiempo.

C. Busca información sobre alguna persona que admiras por su trayectoria profesional. ¿Quién es y qué ha hecho hasta ahora?

Algunos logros de Luis von Ahn

Desde su incorporación como profesor a la Universidad Carnegie Mellon (Pensilvania), **ha dirigido** varios proyectos para desarrollar sistemas que combinan la inteligencia de los humanos y la de los ordenadores. Es el creador de CAPTCHA y reCAPTCHA, una prueba utilizada en computación para determinar si el usuario es humano.

Hasta el momento, **ha vendido** una empresa a Google (reCAPTCHA) y **ha fundado** Duolingo, un proyecto social que dirige desde 2011 y que ofrece una aplicación gratuita para aprender idiomas. Desde que está en el mercado, Duolingo **ha conseguido** más de 15 millones de usuarios.

A lo largo de su vida profesional, **ha escrito** numerosos artículos científicos y **ha dado** varias conferencias en español y en inglés en TED Talks.

Hasta ahora **ha sido** dos veces personaje del año en Guatemala y **ha recibido** numerosos premios internacionales.

D. Compartimos en la clase nuestras respuestas a A y B.

E. En pequeños grupos, ponemos en común la información de C y presentamos al personaje más interesante del grupo.

—Pau Gasol es un jugador de baloncesto español. Ha jugado en tres equipos de la NBA en Estados Unidos, ha participado en tres olimpiadas y...

UNIDAD 5

9. EXPERIENCIAS EN UNIVERSIDADES EXTRANJERAS

GRAMÁTICA

PREPÁRATE

A. Estas son algunas normas o costumbres de diferentes universidades. Marca si en tu universidad es igual o es diferente.

	En mi universidad es igual	En mi universidad es diferente
1. No se pueden llevar mascotas a clase.	☐	☐
2. No se puede comer en clase.	☐	☐
3. Los empleados y los alumnos **pueden dejar a sus hijos** en una guardería del campus.	☐	☐
4. Los alumnos **tratan de tú a los profesores**.	☐	☐
5. Se come entre las 13:30 y las 15:00 h.	☐	☐
6. No se pueden consumir bebidas alcohólicas en el campus.	☐	☐
7. Se puede estudiar por la noche en la biblioteca.	☐	☐
8. En el comedor **no se puede pagar con dinero: se paga con el carné electrónico** de estudiante.	☐	☐
9. Se trabaja mucho en equipo.	☐	☐
10. Se puede participar fácilmente en proyectos solidarios.	☐	☐

B. ¿En cuáles de las frases anteriores no se indica de forma explícita quién realiza las acciones destacadas en negrita? ¿Qué estructura se usa en estos casos?

C. En parejas, comentamos el funcionamiento de se + 3.ª persona. Comprobamos con las explicaciones de Recursos lingüísticos.

D. ¿Se utiliza una estructura equivalente en nuestra lengua? Lo comentamos en parejas.

E. Por grupos, comparamos nuestras respuestas a la actividad A.

ACTIVIDAD COMPLEMENTARIA en campus.difusion.com

LA CAFETERÍA

¿Qué otras normas y costumbres hay en nuestra universidad?

¿Qué aspectos pueden sorprender a estudiantes de otros países?

10. ¿QUÉ ESTÁS HACIENDO?

GRAMÁTICA

PREPÁRATE

A. ¿Qué profesión tiene cada una de estas personas?

Raúl *Estoy preparando* un menú fusión con ingredientes japoneses y peruanos. *Vamos a renovar* la carta la semana que viene.

Elena El servidor central se ha estropeado de nuevo. Hoy *voy a trabajar* hasta muy tarde porque mañana el servidor *tiene que funcionar perfectamente*.

Antonio He vuelto hoy de vacaciones y tengo un montón de trabajo acumulado, pero lo primero que *tengo que hacer* es pagar las facturas atrasadas.

Sara *Estamos vendiendo* mucho estos meses. *Tengo que contratar* a un dependiente nuevo.

B. Fíjate en las estructuras subrayadas y marca para qué se usa cada una.

	estar + gerundio	ir a + infinitivo	tener que + infinitivo
1. Se usa para hablar del futuro.	☐	☐	☐
2. Se usa para hablar de una acción en desarrollo.	☐	☐	☐
3. Se usa para expresar obligación.	☐	☐	☐

C. Escribe frases sobre tu actividad de estos días. Usa las estructuras subrayadas.

D. En parejas, comparamos nuestras respuestas a A y B y compartimos nuestras frases de C.

E. En parejas, comentamos estas cuestiones y tomamos nota de la información de la otra persona.

- Qué estás haciendo ahora para conseguir un empleo en el futuro.
- Qué vas a hacer en los próximos meses en relación con tu formación.
- Qué obligaciones tienes actualmente.

F. Compartimos la información con el resto de la clase.

75

SISTEMA FORMAL

11. SOÑAR ES GRATIS
GRAMÁTICA

PREPÁRATE

A. "¿Dónde se imagina usted dentro de cinco años?" es una pregunta clásica de las entrevistas de trabajo. Haz una lista con tus deseos y objetivos.

B. En parejas, comentamos nuestros deseos. ¿Cuáles son más fáciles de conseguir? ¿Cuáles más difíciles? ¿Por qué?

> Dentro de cinco años me gustaría tener un máster, vivir en el extranjero y trabajar desde casa.

12. PROFESIONES, CARÁCTER Y COMPETENCIAS
LÉXICO

PREPÁRATE

A. ¿Qué tipo de carácter y competencias crees que son necesarios para desempeñar estas profesiones?
- médico/-a
- entrenador/a
- intérprete
- bailarín/a
- arquitecto/-a
- responsable de ventas
- periodista
- dependiente/-a
- director/a de hotel

B. En grupos, comparamos nuestras respuestas.

C. En parejas, pensamos una profesión futura, rara... (por ejemplo: guía turístico de viajes a la Luna). Los demás tienen que adivinarla haciendo preguntas.

—¿Tiene que ser una persona paciente?
—Sí, yo creo que sí.
—¿Tiene que saber cocinar?

13. LOS SENTIMIENTOS EN LOS ESTUDIOS Y EN EL TRABAJO
LÉXICO

PREPÁRATE

A. Clasifica en una tabla estos adjetivos para describir estados de ánimo y sentimientos.

motivado/-a | triste | pensativo/-a
desmotivado/-a | indeciso/-a | aburrido/-a
nervioso/-a | asustado/-a | alegre
serio/-a | contento/-a | estresado/-a

En una entrevista de trabajo **es bueno estar**	En una entrevista de trabajo **no es bueno estar**

B. Añade otros adjetivos a la tabla.

C. En parejas, comparamos nuestras tablas.

D. ¿Con qué situaciones pueden asociarse estos sentimientos en el trabajo o en los estudios? Haz una lista con otra persona.

Estar nervioso/-a: en la época de exámenes...
Estar aburrido/-a: durante una reunión...

E. Compartimos nuestros resultados con el resto de la clase.

ACTIVIDAD COMPLEMENTARIA
en campus.difusion.com

14. PALABRAS QUE YA COMPRENDEMOS
LÉXICO

Revisamos los textos de estas primeras unidades y buscamos palabras similares en nuestra lengua u otras que conocemos. ¿Tienen el mismo significado? Compartimos los resultados con la clase.

— Yo tengo la palabra "carrera". En inglés existe "career", pero no se usa siempre igual.

ESTRATEGIAS

¿Cuántas lenguas conocemos? Podemos aprovechar nuestros conocimientos plurilingües para aprender vocabulario. Pero, cuidado: hay muchas palabras parecidas en más de una lengua que tienen usos o significados diferentes.

UNIDAD 5

15. LO PRIMERO ES LO PRIMERO

CARACTERÍSTICAS DEL TEXTO

PREPÁRATE

A. Según tu opinión, ¿qué es importante para tener éxito en una entrevista de trabajo? Puedes preguntar a otras personas o buscar ideas en la red. Escribe, como mínimo, cuatro requisitos.

> Es importante mostrar seguridad y…

B. Lee el texto y subraya los criterios que utilizan estos expertos en los procesos de selección de sus empresas. ¿Hay coincidencias entre ellos? Después, compara estos datos con la infografía de Documentos para empezar.

El mejor candidato para nuestro equipo

Luisana
Cuando seleccionamos personal, lo primero que miramos es la parte técnica: qué estudios tiene el candidato, si tiene experiencia en proyectos internacionales, conocimientos de idiomas, etc. A continuación, hacemos dos o tres entrevistas presenciales para obtener una impresión de la persona en diferentes aspectos, por ejemplo, ver si nos parece una persona positiva, si va a ser fácil colaborar con ella o si puede ser un compañero difícil. También nos interesa mucho la foto del currículum, creemos que puede decir mucho de la persona. Al final, tomamos una decisión, pero no es fácil.

Ángel
Para mí hay tres factores clave para elegir a una persona para nuestra compañía: en primer lugar, en las entrevistas yo observo mucho cómo se expresan, si saben comunicarse con seguridad y, al mismo tiempo, mantienen una sonrisa. En segundo lugar, miro si me parece que la persona puede adaptarse al equipo. Y, por último, además de personas con buenas cualificaciones, buscamos gente con interés por continuar aprendiendo. En general, nos interesa mucho la gente joven con experiencia intercultural.

Beatriz
En nuestro colegio somos muy estrictos con las candidaturas a puestos de profesor. Primero analizamos muy bien los perfiles y solo invitamos a candidatos con muy buenas cualificaciones, pero, luego, en las entrevistas somos bastante informales porque queremos conocer a la persona real, así que intentamos no hacer preguntas típicas o difíciles; buscamos la espontaneidad. Lo primero es saber si se trata de alguien apasionado por la educación. Después nos interesa ver si tiene capacidad de trabajo en equipo, pero también si está centrado en los alumnos y si su objetivo son los intereses de los niños y los adolescentes. Finalmente, respecto a los conocimientos, depende de la asignatura, pero en todos los casos nos interesa el conocimiento de lenguas extranjeras y de informática.

C. En parejas, buscamos en el texto palabras que sirven para indicar el orden de las acciones y las organizamos en una tabla como esta.

Marcadores para indicar el orden de una secuencia		
Inicio	Desarrollo	Final
Primero		

D. En parejas, escribimos cómo pensamos que se debe preparar un buen currículum: qué pasos hay que seguir, cómo se tiene que secuenciar la información, cómo se tiene que presentar…

> Lo primero es pensar si necesitas un currículum o varios diferentes…

E. Ponemos en común nuestras propuestas.

ACTIVIDAD COMPLEMENTARIA en campus.difusion.com

TAREAS

16. EL MERCADO LABORAL

A. En parejas, buscamos datos sobre diferentes aspectos del mercado laboral de nuestro país (empleo por edades y sexo, sueldo mínimo, sectores, horarios de trabajo, desempleo...) Anotamos los resultados y las fuentes que hemos consultado.

Argentina sube 33% el salario mínimo
La nueva cifra surge tras el Consejo Nacional de Empleo. También asc
EL PAÍS
Buenos Aires

B. Elegimos dos de esos aspectos y buscamos información sobre cómo son en dos países de habla hispana.

C. Hacemos una breve presentación con los datos encontrados. ¿Hay diferencias importantes entre los países? ¿Ha sido fácil encontrar la información? ¿Qué fuentes hemos consultado?

—*Nosotros hemos buscado información sobre el sueldo mínimo en Bolivia y en Colombia y hemos descubierto que...*

ESTRATEGIAS

Cuando buscamos informaciones muy específicas, realizamos una lectura selectiva: no siempre es necesario leer los documentos enteros ni comprender exactamente todas las palabras. Así, si solo buscamos una estadística determinada, podemos leer un gráfico.

17. TALENTOS ESPECIALES

PREPÁRATE

A. Prepara tu candidatura para al menos dos de estos trabajos. ¿Qué experiencias, conocimientos y competencias tienes para desempeñar estas profesiones? ¿Puede servirte alguna de las ideas de 7C?

- Guía turístico para viajes al espacio
- Probador de colchones
- Catador de comida para mascotas
- Cuentacuentos para dormir a clientes de hotel

> Yo soy el candidato perfecto para trabajar de cuentacuentos en el hotel porque sé cuatro idiomas y tengo la voz muy suave. Además,...

B. En grupos escogemos al mejor candidato para cada puesto.

RECURSOS LINGÜÍSTICOS

GRAMÁTICA

GERUNDIO

El gerundio es una forma no personal del verbo que permite expresar una acción vista en su desarrollo. Si no forma parte de una perífrasis, funciona como un adverbio de modo, es decir, responde a la pregunta **¿cómo?**.
—¿Cómo ha conseguido Luis von Ahn tanto éxito?
—Pues **siendo** muy innovador y **arriesgando** mucho.

El gerundio es invariable y se forma añadiendo -**ando** a la raíz de los verbos de la primera conjugación (-**ar**) y -**iendo** a la raíz de los verbos de la segunda y la tercera conjugación (-**er**/-**ir**).

| **terminados en -ar** |
| escuchar > escuch**ando** |
| **terminados en -er** |
| aprender > aprend**iendo** |
| **terminados en -ir** |
| vivir > viv**iendo** |

▶ **Verbos con cambio de vocal en la raíz**
En los verbos de la tercera conjugación (-**ir**) cuya última vocal de la raíz es una **e**, esta cambia a **i**.

decir	>	d**i**ciendo
mentir	>	m**i**ntiendo
preferir	>	pref**i**riendo
reír	>	r**i**endo

Hay un grupo pequeño de verbos con una **o** en la raíz que cambia a **u**.

dormir	>	d**u**rmiendo
morir	>	m**u**riendo
poder	>	p**u**diendo

El verbo **ir** y los verbos acabados en -**er**/-**ir** cuya raíz termina en vocal, tienen la terminación -**yendo**.

traer	>	tra**yendo**
leer	>	le**yendo**
oír	>	o**yendo**
ir	>	**yendo**

UNIDAD 5

PRETÉRITO PERFECTO Y MARCADORES TEMPORALES

El pretérito perfecto es un tiempo compuesto. Se construye con el presente de indicativo del verbo **haber**, que es el verbo auxiliar, más el participio del verbo en cuestión.

	presente del verbo haber	+ participio
yo	he	
tú, vos	has	
él, ella, usted	ha	hablado
nosotros, nosotras	hemos	tenido
vosotros, vosotras	habéis	venido
ellos, ellas, ustedes	han	

El participio es invariable y se forma añadiendo **-ado** a la raíz de los verbos terminados en **-ar** e **-ido** a los verbos terminados en **-er** y en **-ir**.

▶ **Participios terminados en -ar**

encontrar	>	encontr**ado**
hablar	>	habl**ado**
mostrar	>	mostr**ado**

▶ **Participios terminados en -er**

vender	>	vend**ido**
ser	>	s**ido**
aprender	>	aprend**ido**

▶ **Participios terminados en -ir**

dormir	>	dorm**ido**
ir	>	**ido**
vivir	>	viv**ido**

▶ **Participios irregulares**

Existen participios irregulares. Estos son algunos de los más frecuentes:

abrir	>	**abierto**
decir	>	**dicho**
escribir	>	**escrito**
hacer	>	**hecho**
poner	>	**puesto**
romper	>	**roto**
ver	>	**visto**
volver	>	**vuelto**

▶ **Uso del pretérito perfecto**

Con el pretérito perfecto nos referimos a acontecimientos pasados que se producen en un tiempo que incluye el actual; es decir, que la acción ha terminado, pero el periodo de tiempo no.

🔔 El pretérito perfecto es propio del español estándar en España. En muchas zonas de habla hispana es menos frecuente o no se utiliza en la lengua oral.

Muchas veces enmarcamos la acción en un periodo de tiempo con marcadores como:

> hoy
> esta mañana/tarde/semana...
> este fin de semana/mes/año...
> últimamente
> hasta el momento
> hasta ahora

He hablado con el rector **esta mañana**.
Esta semana *hemos tenido* muchas visitas.
(las acciones **hablar** y **tener visitas** han teminado, pero la mañana, el día de hoy o la semana continúan)

desde (**que**) + punto en el pasado
*Jorge me ha llamado tres veces **desde ayer**.*
Desde que trabajo en esta empresa *he aprendido* mucho.

También usamos el pretérito perfecto para hablar de experiencias sin especificar el momento de la acción. En este caso utilizamos frecuentemente marcadores temporales como:

> **una/alguna vez**
> **varias/algunas/dos/tres/muchas veces**
> **nunca**
> **siempre**
> **ya**
> **todavía no**

*He vivido **varias veces** en el extranjero y **siempre** he encontrado trabajo en empresas interesantes.*
*¡Qué suerte! Yo **nunca** he trabajado en otro país.*

🔔 En ocasiones no se explicita el momento.
¿Tú has estado en Sudamérica, Carmen?

SE PARA EXPRESAR IMPERSONALIDAD

Utilizamos la forma **se** + verbo en 3.ª persona para dar una información sin mencionar al sujeto de la frase (cuando el sujeto no nos parece importante o para generalizar).

se + verbo en 3.ª persona del singular
Se usa con verbos sin complemento directo y con verbos seguidos de un complemento directo singular, un infinitivo o un complemento con preposición.
*En Bellas Artes **se va** mucho a museos y exposiciones.*
*En Filología Árabe **se estudia** árabe clásico.*
*No **se puede** aparcar en todo el campus.*
*No **se admite** a personas sin invitación.*

se + verbo en 3.ª persona del plural
Se usa con verbos con objeto directo plural.
***Se buscan licenciados** en Física.*

RECURSOS LINGÜÍSTICOS

🔔 En las construcciones con **se** + verbo + infinitivo + complemento directo en plural, se usa la 3.ª persona del plural en función del tipo de verbo.

Con verbos como **poder**, **deber** o **querer**, se usa la 3.ª persona del plural.
*Aquí no **se pueden dejar** las mochilas.*

*Aquí no **se permite dejar** las mochilas.*

HABLAR DE HABILIDADES Y TALENTOS
Utilizamos el verbo **saber** para hablar de nuestros conocimientos y capacidades.
*Nuria **sabe** francés/informática.*
*Nuria **sabe** mucho de ordenadores.*
*Miguel **sabe** jugar muy bien al tenis.*

🔔 El verbo **poder** no tiene este significado en español.
Puedo esquiar. (tengo la posibilidad de hacerlo, por ejemplo, porque tengo tiempo)
Sé esquiar. (he aprendido a hacerlo)

Utilizamos **se me da/n bien/mal**... para hablar del talento que tenemos para ciertas actividades.
***Se me da muy bien** la música.*
*¿**Qué tal se te da** dibujar?*
***Se me dan muy mal** las matemáticas.*

También usamos estructuras como:

ser (muy) bueno/-a + gerundio
*Mi hermana **es muy buena** tocando la guitarra.*

ser (muy) bueno/-a con + sustantivo
*Carlota **es muy buena con** los números.*

PERÍFRASIS
▶ **Obligación o necesidad:** tener que + infinitivo

	TENER	que	+ infinitivo
yo	tengo		
tú, vos	tienes/tenés		
él, ella, usted	tiene	que	estudiar
nosotros, nosotras	tenemos		poner
vosotros, vosotras	tenéis		salir
ellos, ellas, ustedes	tienen		

***Tengo que terminar** el trabajo hoy.*
*Hoy el metro no funciona y **he tenido que venir** en bici.*
***Tienes que llamar** a la oficina de información antes de las 14 h.*

▶ **Acción futura:** ir a + infinitivo
Se usa para presentar una acción futura como consecuencia directa de otra o como una decisión.

	IR	a	+ infinitivo
yo	voy		
tú, vos	vas		
él, ella, usted	va	a	estudiar
nosotros, nosotras	vamos		poner
vosotros, vosotras	vais		salir
ellos, ellas, ustedes	van		

*Este año **voy a estudiar** mucho.*
*Con esta titulación, no **vas a tener** problemas para encontrar un buen trabajo.*
*¿De verdad no **vais a venir** a la inauguración?*

▶ **Acción en proceso:** estar + gerundio

	ESTAR	+ gerundio
yo	estoy	
tú, vos	estás	
él, ella, usted	está	estudi**ando**
nosotros, nosotras	estamos	pon**iendo**
vosotros, vosotras	estáis	sal**iendo**
ellos, ellas, ustedes	están	

*Estos días **estamos teniendo** muchos problemas informáticos.*
*Mi hermano **está haciendo** un Erasmus en Milán.*

Las perífrasis pueden usarse en diferentes tiempos.

• Presente
***Estoy leyendo** un libro muy interesante.*

• Pretérito perfecto
***He estado estudiando** toda la mañana.*

ME GUSTARÍA + INFINITIVO
Se usa para expresar deseos que no parecen fáciles de realizar o planes que no hemos decidido. Podemos dar más intensidad al deseo utilizando **mucho** o **muchísimo**.

(A mí) **me**			
(A ti) **te**			tocar
(A él, ella, usted) **le**	gustaría	mucho/	hacer
(A nosotros/-as) **nos**		muchísimo	salir
(A vosotros/-as) **os**			
(A ellos, ellas, ustedes) **les**			

***Me gustaría** vivir en el extranjero durante un tiempo.*
***Me gustaría mucho** hacer un máster en Derecho.*
***Me gustaría muchísimo** trabajar en la universidad.*

UNIDAD 5

LÉXICO

COMPETENCIAS Y PERSONALIDAD

ser (una persona) → muy organizado/-a, responsable
  → competente, eficaz
  → comprometido/-a, motivado/-a

PROFESIONES Y EXPERIENCIA

ser / trabajar de → abogado/-a, profesor/a
  → guía turístico/-a
  → analista de bolsa, cocinero/-a
  → médico/-a, director/a de orquesta
  → redactor/a, arquitecto/-a

tener → (mucha/poca) experiencia
  → un perfil (poco/muy) interesante

tener experiencia como → jefe/-a de cocina
  → ayudante de laboratorio
  → responsable de ventas
  → director/a de hotel

tener experiencia en → recursos humanos
  → relaciones públicas
  → gestión de proyectos
  → relaciones internacionales
  → *marketing*, análisis clínicos

En general, en español las profesiones tienen masculino y femenino.
agricultor/agricultora
cocinero/cocinera
escritor/escritora
peluquero/peluquera

🔔 Para el femenino de algunas profesiones existe vacilación en el uso actual.
médico/médica
arquitecto/arquitecta
juez/jueza
presidente/presidenta

CARACTERÍSTICAS DEL TEXTO

CONECTORES PARA ESTRUCTURAR SECUENCIAS

primero, en primer lugar, para empezar
Se utilizan para indicar el primer paso o elemento.
Primero *analizamos muy bien los perfiles.*

luego, en segundo lugar, después, a continuación, seguidamente
Presentan elementos intermedios de una secuencia.
Después *nos interesa ver su capacidad negociadora.*

por último, al final, finalmente
Presentan elementos finales de una secuencia.
Por último*, realizamos una entrevista personal.*

En caso de incendio, no se deben usar los ascensores.

6

VIAJES

CULTURA
- Países y ciudades de habla hispana
- Viajes y movimientos migratorios
- Diversidad cultural

COMUNICACIÓN
- Hablar sobre viajes
- Referirse a acciones y acontecimientos en el pasado
- Describir lugares

GRAMÁTICA
- El pretérito indefinido: verbos regulares
- El pretérito indefinido de **hacer**, **ir** y **ser**
- Contraste pretérito perfecto-indefinido
- Dar consejos
- Pronombres relativos de lugar: **donde**, **en el que**, **en la que**

LÉXICO
- Los verbos **ir** y **venir**
- El verbo **saber**
- Actividades en viajes
- Tipos de viajes y motivaciones
- Tipos de alojamientos
- Comidas, bebidas y restaurantes

CARACTERÍSTICAS DEL TEXTO
- Conectores causales: **porque**, **como**, **por eso**
- Conectores consecutivos: **así que**, **de manera que**

DOCUMENTOS PARA EMPEZAR

1. CITAS

PREPÁRATE

A. Lee estos fragmentos de canciones que hablan de viajes y piensa en una posible continuación para cada uno.

1
Volando voy,
volando vengo.
Por el camino
yo me entretengo.
Volando voy
KIKO VENENO

2
Dicen que viajando
se fortalece el corazón,
pues andar nuevos caminos
te hace olvidar el anterior.
Solo se trata de vivir
LITTO NEBBIA

3
Soy del norte, del sur,
del oeste, del este.
Una viajera sin paradero,
sin nombre, sin carnet.
Yo soy ciudadano del planeta tierra,
ser humano que no cree en las fronteras.
La rosa de los vientos
MAKIZA

> Volando voy
> volando vengo
> por el camino
> yo me entretengo.
> Me gusta conocer gente,
> me gusta ir tranquilamente.

B. En parejas, nos intercambiamos las frases. Buscamos en las de nuestros compañeros un símbolo del tema "viajes" y lo dibujamos para compartirlo con el resto de la clase.

C. Presentamos en la clase los símbolos. Al final, decidimos el que más nos gusta para representar el tema de la unidad.

— *Yo he elegido los ojos, porque en un viaje tienes que mirar bien para descubrir cosas nuevas.*

ACTIVIDAD COMPLEMENTARIA en campus.difusion.com

UNIDAD 6

2. INFOGRAFÍA

PREPÁRATE

A. Piensa en dos lugares que te gustan de la ciudad donde estás estudiando. ¿Dónde están? ¿Por qué son especiales para ti? Lleva a clase alguna foto para presentar estos lugares a tus compañeros.

B. Aquí tienes sugerencias para pasar un día en Barcelona. Lee la infografía y marca las actividades que más te gustaría hacer allí.

C. En grupos pequeños, compartimos nuestras respuestas a A. ¿Conocemos los lugares recomendados por los demás compañeros?

D. Comentamos nuestras respuestas a B. ¿Se pueden hacer cosas parecidas en nuestra ciudad? ¿Dónde?

— En Berlín, se puede desayunar un buen café con leche en Mitte.
— Sí, y se puede ir de pícnic a...

E. Vamos a hacer un cartel para un día perfecto en nuestra ciudad. ¿Qué presupuesto tenemos?

F. Presentamos los carteles a los demás compañeros y organizamos una exposición en clase.

EL PLAN PERFECTO EN BARCELONA
(POR MENOS DE 100 EUROS)

- DESAYUNAR UN BUEN CAFÉ CON LECHE PARA COGER ENERGÍA
- PASEAR POR PASEO DE GRACIA
- IRSE DE PÍCNIC A COLLSEROLA
- TOMARSE UNOS VINOS POR EL BORN
- DARSE UN PASEO EN BICI POR LA PLAYA
- DISFRUTAR DEL BUEN ROLLO DE ALGUNA TERRAZA DE GRACIA
- LEER LA PRENSA EN ALGÚN BAR DE SARRIÀ
- DESCUBRIR NUEVOS SITIOS PARA CENAR EN EL RAVAL

MINIGUÍA DISFRUTADA POR: mr. wonderful
www.mrwonderful.es
www.mrwonderfulshop.es
www.muymolon.com

3. IMÁGENES

PREPÁRATE

A. ¿Cuántos nombres de ciudades de habla hispana recuerdas? ¿Cuántas son capital de su país? ¿Cuáles has visitado?

B. Lee las siguientes informaciones e intenta adivinar de qué ciudades son estas fotos. Atención: una de ellas no está en un país de habla hispana.

C. Hacemos nuestro mapa de Latinoamérica y España con los nombres de las ciudades de A. Marcamos las que ha visitado algún miembro del grupo.

D. Comparamos las hipótesis de B.

E. En grupos, buscamos alguna información y una foto de otra ciudad de habla hispana y los demás tratan de adivinar cuál es.

1. Es la capital de un país que tiene un famoso canal. En esta ciudad se llega a los 30 grados todos los meses del año. Su nombre es también el de un sombrero.

2. Está en el centro geográfico de su país. La comunidad autónoma donde se encuentra tiene el mismo nombre.

3. Tiene más de 11 millones de habitantes. Se encuentra a unos 80 kilómetros de la costa y es un importante centro financiero internacional.

4. Se encuentra a más de 2500 metros de altitud y tiene más de cien universidades y centros de enseñanza superior. Es la capital de su país.

1. Ciudad de Panamá (Panamá) 2. Madrid (España) 3. São Paulo (Brasil) 4. Bogotá (Colombia)

DOCUMENTOS PARA DESCUBRIR

4. ¿"CUÁNTAS CULTURAS" VES CUANDO VIAJAS?

PREPÁRATE

A. ¿Hay ejemplos de diversidad cultural en tu lugar de origen? ¿Se nota en la comida, la arquitectura, la música, en las lenguas…?

B. ¿En qué ámbitos existe diversidad cultural en los lugares que presenta el texto? Anótalo en una tabla como esta.

Lugar	¿En qué influye?
Puerto Rico	En la lengua, la música…

C. Comparamos con otras personas nuestras respuestas a A.

— *Aquí, en Ámsterdam, hay templos de religiones diferentes: iglesias cristianas, mezquitas, un templo budista… La sinagoga portuguesa es muy famosa también.*

D. En parejas, investigamos en internet y pensamos, para cada uno de los lugares del texto, en una actividad o un lugar interesante que podría visitarse en un viaje de estudios.

— *En Puerto Rico nosotros proponemos hacer un curso de cocina en la Escuela Hotelera porque nos gustaría conocer la cocina de la isla.*

E. Ahora comparamos las propuestas de todos y elegimos la mejor para cada lugar. ¿A cuál de los destinos nos gustaría más viajar?

F. Redactamos juntos un último párrafo para cada texto recogiendo la propuesta que hemos elegido en E.

Una manera de conocer la cocina de Puerto Rico es visitar la Escuela Hotelera de San Juan, el lugar perfecto para conocer la gastronomía del país…

ACTIVIDAD COMPLEMENTARIA en campus.difusion.com

CONTACTO ENTRE CULTURAS

¿UN FENÓMENO DE NUESTRA ÉPOCA?

Viajes de trabajo, de estudios o vacaciones, desplazamientos debidos a guerras, crisis económicas o catástrofes naturales… Son muchas las razones para viajar o cambiar de país y la sociedad actual se caracteriza por la movilidad y el contacto entre culturas.

Pero ¿es este un fenómeno nuevo? Viajando un poco y observando a nuestro alrededor podemos comprobar fácilmente que no: aunque el contacto entre culturas no siempre se ha producido de forma pacífica, las culturas se influyen unas a otras desde siempre.

Aquí tienes algunos ejemplos del mundo hispano.

Taínos, españoles, africanos, estadounidenses…

La identidad de muchos países americanos se formó por la fusión de diferentes culturas a lo largo de los siglos. Un buen ejemplo de eso es Puerto Rico: a la población originaria de la isla, la llamada cultura taína, se unió la de los conquistadores españoles, que, entre otras cosas, llevaron la lengua y dejaron numerosas obras arquitectónicas en la isla.

Poco más tarde, en el siglo XVI, empezó el comercio de esclavos africanos. Después de la abolición de la esclavitud, aumentaron las relaciones de los descendientes de africanos con el resto de la población y también su influencia en la lengua, la música o la cocina.

Tras la independencia de España, Puerto Rico comenzó una nueva etapa bajo el dominio de Estados Unidos y la identidad cultural de la isla y su lengua recibieron nuevas influencias. Actualmente, Puerto Rico tiene el estatus de Estado Libre Asociado de Estados Unidos, pero la sociedad boricua (nombre con el que se conoce también a los puertorriqueños) mantiene unas raíces culturales que la hacen única.

TEXTO MAPEADO en campus.difusion.com

UNIDAD 6

5. ¿CÓMO TE GUSTA VIAJAR?

PREPÁRATE

A. Lee estas entradas publicadas en un foro de viajeros y elige la propuesta que más te gusta.

B. Busca en el texto la información necesaria para completar una tabla como esta. ¿Puedes añadir otras palabras?

Dónde dormir	Tipo de viaje	Cuándo viajar
....	....	....

---

bioviajes — Publicado: Lunes, 12 de abril **Asunto: Amantes de la biología**

¡Hola! Somos dos amigos profesores de biología y nos gustaría crear un grupo de personas interesadas en hacer viajes de naturaleza por España los fines de semana. Este año, en el puente de mayo, queremos ir por el norte de España. Tenemos pensado ir a los Picos de Europa y también avistar aves en las marismas de Santoña. Creemos que puede ser una experiencia bonita. Si te gustan los animales, los paisajes, las plantas y no te dan miedo la lluvia, el calor o dormir en una tienda de campaña... ¡este es tu grupo!

MarioR — Publicado: Jueves, 18 de junio **Asunto: Compañeros de viaje a Marruecos**

¡¡Hola!! ¡¡Busco gente con ganas de hacer viajes de aventura!! Quiero hacer una ruta por Marruecos en verano. Mi idea es ir a albergues o a pensiones, en plan *low cost* y empezar haciendo *windsurf* en Esauira, luego visitar Marrakech y acabar en el desierto de Merzouga y pasar allí un par de noches, una de ellas en un campamento de haimas. La idea es alquilar una furgoneta, pero acepto otras propuestas. ¡Espero vuestras noticias!

Mercedes — Publicado: Sábado, 25 de noviembre **Asunto: Navidades en Europa**

¡Hola! Soy de Montevideo, tengo 35 años y me gustaría viajar las próximas navidades a alguna ciudad europea con otra mujer. Yo ya conozco Roma y París, y estaría bueno si puede ser otro destino.
Busco gente de mi edad con ganas de pasarla bien y de disfrutar del día y de la noche: visitar museos, salir a comer, ir a algún concierto (nosotros le decimos "toque"), a bailar… Me encanta conocer las ciudades en bicicleta y mi idea es buscar algún hotel barato o un apartamento en Airbnb. Si te parece una buena idea, podés dejarme un mensaje de voz haciendo clic acá.
¡Un saludo! Mercedes

C. Por parejas, compartimos nuestras respuestas a A y B.

D. 🔊 17 Cuatro mujeres dejan un mensaje de voz a Mercedes. ¿Quién creemos que puede ser la mejor compañera para ella? Tomamos notas para explicar por qué. Después, las comparamos con las de otra persona.

TRANSCRIPCIÓN MAPEADA en campus.difusion.com

E. Escribimos nuestro perfil de viajero: qué tipo de viajes nos gusta hacer, con quién, cuándo, dónde solemos alojarnos, qué cosas nos gusta hacer...

F. Ahora, nos levantamos y buscamos personas afines por la clase. Después, ya en pequeños grupos, escribimos una entrada en el foro explicando nuestra propuesta de viaje y buscando compañeros para hacer el viaje juntos.

ACTIVIDAD COMPLEMENTARIA en campus.difusion.com

La ciudad de las tres culturas

En la historia europea se han producido muchos conflictos, guerras y expulsiones, pero también encontramos ejemplos de convivencia entre culturas como la ciudad española de Toledo. La arquitectura de esta ciudad nos muestra que hubo largos periodos de coexistencia de musulmanes, judíos y cristianos.

Un hecho importante es que durante dos siglos (XII y XIII), en esta ciudad, un grupo de estudiosos tradujo al latín obras clásicas griegas y árabes de filósofos y científicos. Por eso, se suele llamar a Toledo "ciudad de las tres culturas".

Me llamo Simunovic y soy chileno

En el siglo XIX llegaron a América Latina varias oleadas de europeos buscando un futuro mejor o, posteriormente, como consecuencia de la Primera Guerra Mundial. Se calcula que entre 1870 y 1930 se trasladaron a América Latina unos 13 millones de europeos.

En el caso de Chile, el gobierno apoyó la llegada de colonos europeos, especialmente alemanes, británicos, croatas, franceses, holandeses, italianos y suizos. La lengua, algunas costumbres y también la arquitectura muestran la presencia de estos emigrantes. Por ejemplo, la ciudad de Punta Arenas, en el estrecho de Magallanes, fue destino de muchos europeos. Por esta razón, en las lápidas del famoso cementerio —y monumento nacional— de Sara Braun pueden leerse apellidos de muy diferentes países.

SISTEMA FORMAL

6. ME ENCANTÓ LA COMIDA

GRAMÁTICA

PREPÁRATE

A. ¿Qué valoras especialmente cuando vas a un restaurante? Ordena estos aspectos de mayor (10) a menor (1) importancia.

- [ ] el precio
- [ ] la decoración
- [ ] la calidad de la comida
- [ ] la cantidad
- [ ] la música
- [ ] la oferta para vegetarianos
- [ ] el servicio
- [ ] la localización
- [ ] el ambiente
- [ ] la bebida

Rosa: Unos amigos nos recomendaron El Gourmet. Hice la reserva y fuimos el fin de semana. Comí una carne buenísima, acompañada con pimientos y arroz. Pero la ración me pareció algo pequeña. Eso sí, los postres eran exquisitos.

Samuel: La Trastienda es un lugar bastante agradable, aunque algo caro. El servicio fue muy bueno. Yo probé el vino de la casa: ¡excelente!, y mis amigos probaron la sangría, también muy buena.

Manuel: El otro día fui a cenar a Da Carlo con los compañeros de trabajo y salimos realmente satisfechos. Compartimos unas ensaladas y unas pizzas, todo riquísimo (creo que comimos demasiado 😵). El único problema es que el local es un poco ruidoso.

Raúl: Me encanta la comida mexicana y en ningún sitio me han tratado tan bien como en El Embarcadero. Fui el sábado y me gustó todo: la música, la cocina, el ambiente... Salí muy contento. ¡Ah! Y el barman nos hizo el mejor margarita que he probado nunca.

Elisa: La semana pasada mi familia y yo celebramos el cumpleaños de mi hijo en El comedor. Fue una experiencia terrible. Todo era muy elegante y muy bonito, pero nos trataron mal y tardaron mucho en servirnos la comida, que además era muy escasa. No nos gustó nada, mi hijo casi no comió. No lo recomiendo en absoluto.

B. Lee los testimonios de estas personas. ¿Se refieren a alguno de los aspectos comentados en A? Márcalo en el texto.

C. En los textos aparecen varias formas regulares del pretérito indefinido. Observa las terminaciones y completa la tabla.

PROBAR	COMER	SALIR
....	....	....
prob**aste**	com**iste**	sal**iste**
prob**ó**	....	sal**ió**
prob**amos**	....	....
prob**asteis**	com**isteis**	sal**isteis**
....	com**ieron**	sal**ieron**

D. En los textos hay también algunos verbos irregulares: ser, ir, hacer. Observa las formas y completa la tabla.

IR/SER	HACER
....	....
fuiste	**hic**iste
....	....
....	**hic**imos
fuisteis	**hic**isteis
fueron	**hic**ieron

E. Compartimos nuestras respuestas a A: ¿tenemos criterios parecidos?

F. ¿Hemos marcado los mismos fragmentos en B?

G. Comprobamos en Recursos lingüísticos si hemos deducido bien las formas de la conjugación del pretérito indefinido en C y D.

H. En pequeños grupos, escribimos un comentario sobre un restaurante de nuestra ciudad. Podemos convertir la pizarra de la clase en un tablón con todas las recomendaciones.

==Fui a un restaurante de comida== peruana.
==Comí en un lugar muy== bonito/agradable...
==Tomé== de primero...
==Me encantó== el servicio.
==No me gustó mucho== el ambiente.
==La comida estaba== fría/salada...
==Los postres estaban== muy ricos/buenísimos...
==El vino era== excelente / muy caro...

UNIDAD 6

7. VACACIONES, LUGARES, ACTIVIDADES

LÉXICO

PREPÁRATE

A. ¿Qué actividades asocias con las vacaciones? Toma notas y llévalas a clase.

Tomar helados, pasear por la playa…

B. Comparamos nuestras respuestas.

C. Completamos entre todos en la pizarra una tabla con actividades que se pueden hacer durante las vacaciones en estos lugares. ¿Cuáles pueden hacerse en más de un sitio?

playa	montaña	ciudad	pueblo
Tomar el sol			

8. LO QUE NO SE TE PUEDE OLVIDAR

GRAMÁTICA Y LÉXICO

PREPÁRATE

A. ¿Qué tipo de actividades al aire libre te gusta hacer cuando viajas? Haz una lista con las cosas que necesitas para realizarlas.

Dar paseos en bici > ropa cómoda, gafas de sol…
Ir a la playa > bañador, protector solar…

B. Lee la infografía. ¿Crees que los consejos son adecuados para la gente que hace senderismo? ¿Te parece que falta alguno? Añádelo.

C. Busca en la infografía las expresiones que se utilizan para hacer recomendaciones y haz una lista con ellas.

D. Comentamos con otras personas nuestras respuestas a A. ¿Cuál es la actividad más popular en la clase?

E. Comparamos nuestras respuestas a B y C.

F. En parejas o pequeños grupos, vamos a crear nuestra propia infografía con consejos para una actividad que nos gusta hacer.

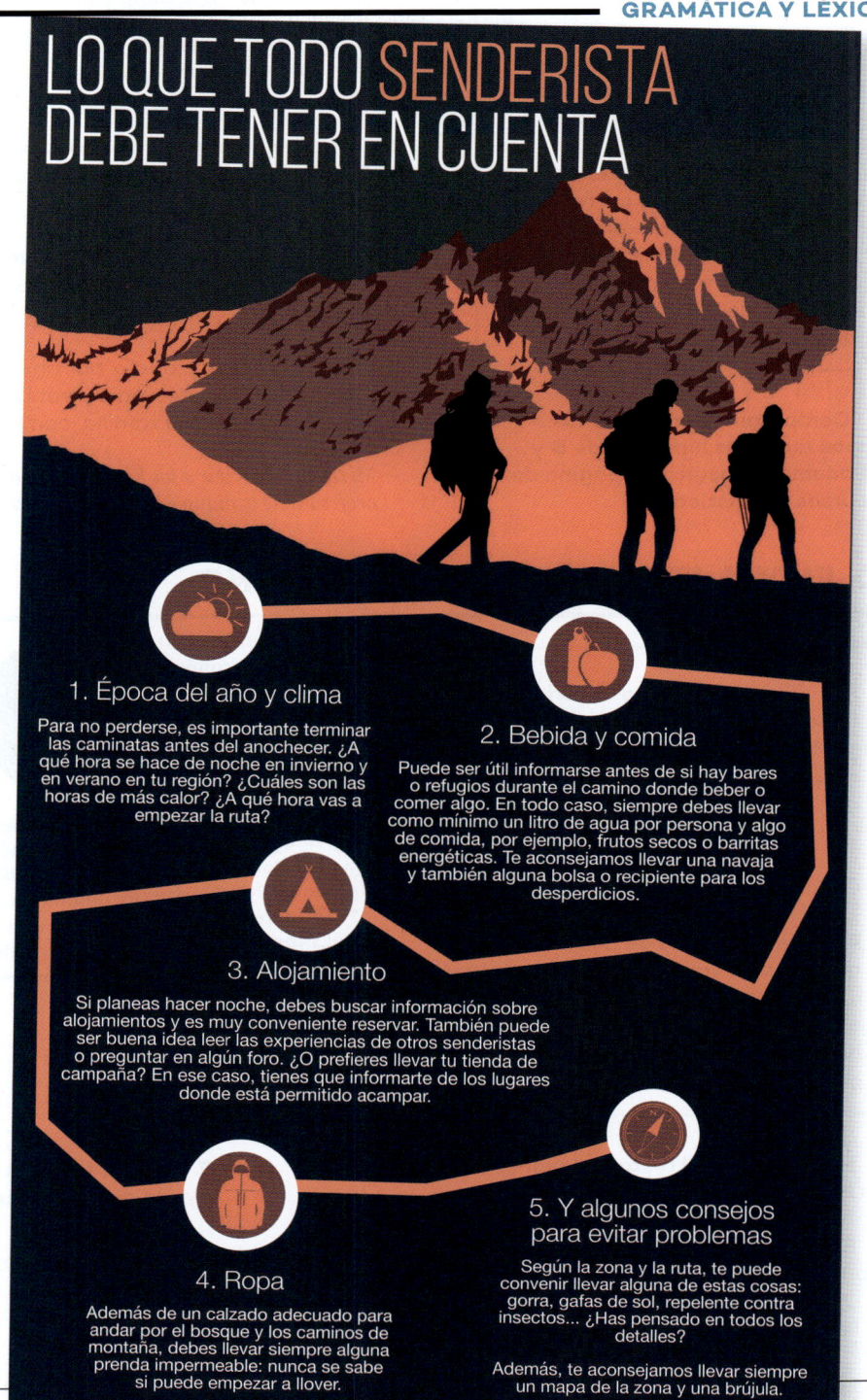

Fuente: lemi.com.mx

LO QUE TODO SENDERISTA DEBE TENER EN CUENTA

1. Época del año y clima

Para no perderse, es importante terminar las caminatas antes del anochecer. ¿A qué hora se hace de noche en invierno y en verano en tu región? ¿Cuáles son las horas de más calor? ¿A qué hora vas a empezar la ruta?

2. Bebida y comida

Puede ser útil informarse antes de si hay bares o refugios durante el camino donde beber o comer algo. En todo caso, siempre debes llevar como mínimo un litro de agua por persona y algo de comida, por ejemplo, frutos secos o barritas energéticas. Te aconsejamos llevar una navaja y también alguna bolsa o recipiente para los desperdicios.

3. Alojamiento

Si planeas hacer noche, debes buscar información sobre alojamientos y es muy conveniente reservar. También puede ser buena idea leer las experiencias de otros senderistas o preguntar en algún foro. ¿O prefieres llevar tu tienda de campaña? En ese caso, tienes que informarte de los lugares donde está permitido acampar.

4. Ropa

Además de un calzado adecuado para andar por el bosque y los caminos de montaña, debes llevar siempre alguna prenda impermeable: nunca se sabe si puede empezar a llover.

5. Y algunos consejos para evitar problemas

Según la zona y la ruta, te puede convenir llevar alguna de estas cosas: gorra, gafas de sol, repelente contra insectos… ¿Has pensado en todos los detalles?

Además, te aconsejamos llevar siempre un mapa de la zona y una brújula.

SISTEMA FORMAL

9. VIAJAR PARA EMPEZAR UNA NUEVA VIDA

GRAMÁTICA

PREPÁRATE

A. Anota los motivos por los que, en tu opinión, una persona puede cambiar su lugar de residencia a otro país.

> Se puede cambiar de lugar de residencia por razones familiares.

B. Lee este texto sobre José Andrés, un cocinero español muy conocido. ¿Por qué crees que cambió de residencia?

C. En el texto se utilizan formas de pretérito perfecto e indefinido. ¿Qué expresamos con uno u otro? Fíjate en los marcadores temporales subrayados. ¿A qué tiempo acompañan?

D. Comparamos en pequeños grupos nuestras hipótesis de B y C. Podemos consultar la página de Recursos lingüísticos.

El cocinero español José Andrés **nació** en Asturias <u>en 1969</u>. <u>A los cinco años</u> **se fue** a vivir con su familia a Barcelona, donde **estudió** Restauración y Hostelería. <u>Durante dos años</u> **trabajó** en El Bulli junto a Ferrán Adriá.
<u>En 1991</u> **se trasladó** a Estados Unidos, donde **comenzó** su carrera profesional. José **ha conseguido** fama mundial por su forma de combinar la cocina tradicional española con técnicas de vanguardia. Además, Andrés participa en labores humanitarias: <u>en 2012</u> **fundó** la World Central Kitchen, una ONG comprometida en la lucha contra el hambre y la pobreza. <u>Ese mismo año</u> la revista Time **lo nombró** una de las cien personas más influyentes del mundo. Por todo ello, **ha recibido** varios premios internacionales. <u>En 2013</u> **adoptó** la nacionalidad estadounidense.
Un dato interesante: <u>en 2016</u> viajó a Cuba como miembro de la delegación del entonces presidente Obama.

E. Ahora que hemos reflexionado sobre el tema, vamos a buscar en los textos de la actividad 4 más ejemplos de uso del indefinido y la razón por la que se usa.

F. ¿Conocemos a personas que ya no viven en su país de origen? Compartimos con el grupo las razones por las que cambiaron su lugar de residencia.

==Venir/ir a vivir por trabajo, por amor, por los estudios...==
==para estudiar, trabajar, vivir con su pareja...==
==con su familia, con su pareja...==

— Mi tía se fue a vivir a los Estados Unidos en los años 2000 para trabajar como profesora de italiano en la Universidad de Texas.

10. EL VIAJE QUE CAMBIÓ MI DESTINO

LÉXICO

PREPÁRATE

A. ¿Te interesa el voluntariado? Busca una organización que te guste o que conozcas e investiga los siguientes puntos:
- su fundador/a
- su actividad
- dónde actúa

B. Lee la historia de dos españoles que, tras un viaje, decidieron cambiar de vida para dedicarse a ayudar a otras personas. Compara sus historias: ¿qué puntos tienen en común?

C. Presentamos al resto de la clase las ONG que hemos investigado en A.

D. En parejas, compartimos nuestras respuestas a B.

Jaume Sanllorente, periodista económico de Barcelona, viajó a la India en 2003 para pasar las vacaciones. En Bombay visitó un orfanato, quedó impresionado por lo que vio y decidió cambiar de vida para ayudarlos. Así que volvió a Barcelona, vendió su piso y decidió crear la ONG Sonrisas de Bombay. Actualmente esta organización ayuda a unas 5000 personas con programas de salud, educación y desarrollo económico.

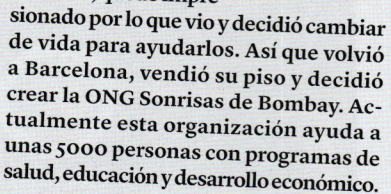

SONRISAS DE BOMBAY
CREANDO FUTUROS A TRAVÉS DEL AMOR

Lucía Lantero llegó a Haití en 2010 para realizar un voluntariado de tres meses en la comunidad de Anse-à-Pitres. Tras conocer las condiciones de vida de muchos niños sin techo, ella y su amigo Alexis Dérache decidieron fundar la organización Ayitimoun Yo (AYMY). Hoy AYMY da un hogar a más de 40 niños, ha creado la primera escuela gratuita de la zona y apoya microproyectos de desarrollo rural, todo ello con personal local y el apoyo de voluntarios médicos, enfermeros, psicólogos y especialistas en educación.

AYMY LOS NIÑOS DE HAITÍ

E. Ahora completamos una tabla como esta con ayuda de los textos y de las presentaciones de C.

ONG: DIFERENTES TAREAS Y LUGARES	
Lugares	**Actividades**
Orfanatos...	Acoger a niños sin casa...

ACTIVIDAD COMPLEMENTARIA en campus.difusion.com

11. UN LUGAR DONDE...

LÉXICO

PREPÁRATE

A. Lee este cartel publicitario de Extremadura. ¿Entiendes los dos significados del verbo saber?

B. En la parte inferior del anuncio, aparecen una serie de actividades que se pueden hacer en la región. Explícalas con tus propias palabras.

- Tapeando en Extremadura
- Enoturismo
- Escapadas urbanas
- Senderismo
- Oleoturismo
- Turismo cinegético

C. En el texto las actividades simplemente se nombran; conviértelas en frases. Para ello, puedes utilizar pronombres relativos.

Extremadura es una región **donde** puedes...
Extremadura es una región **en la que** se puede...

D. Pensamos en un lugar que conocemos bien y en cuatro actividades que se pueden hacer en él. Representamos en una ficha las cuatro actividades con cuatro iconos. Nuestro compañero tiene que adivinar el lugar y las actividades que representan.

— ¿Esto es un río? ¿Es una ciudad donde se puede pasear por el río?
— Sí. Y también se pueden hacer barbacoas en verano...

ACTIVIDAD COMPLEMENTARIA en campus.difusion.com

---

extremadura SABE

En otoño Extremadura sabe a paseos, a bosques, sabe a compartir momentos y a descubrir secretos, sabe a agua limpia, a aire puro, sabe a paisaje infinito,

¿lo sabes tú?

Tapeando en Extremadura · Enoturismo · Oleoturismo
Escapadas Urbanas · Turismo Cinegético · Senderismo
Tesoros Unesco · Otoño Mágico · Starlight · Birding
turismoextremadura.com

Extremadura
Consejería de Economía e Infraestructuras
JUNTA DE EXTREMADURA

---

12. RECURSOS PARA CONECTAR IDEAS: CAUSA Y CONSECUENCIA

CARACTERÍSTICAS DEL TEXTO

PREPÁRATE

A. Lee la experiencia de Niko en Cartagena de Indias. ¿Qué te parece? ¿Qué opinas de pasar obligatoriamente un semestre en el extranjero?

Mi semestre en Cartagena de Indias (Niko, Alemania)

Estuve 17 semanas en Colombia porque en nuestra universidad es obligatorio pasar un semestre en el extranjero. Cartagena de Indias está situada en el mar Caribe, por eso me pareció un lugar fantástico para estudiar y vivir. Cuando llegué, la ciudad me impresionó muchísimo por su arquitectura y por su situación. Bocagrande, el barrio en el que vivía, está junto al mar, así que uno de mis mejores recuerdos son las tardes que pasé con mis amigos en la playa después de las clases.
Como me interesan mucho las lenguas, decidí asistir a clases de Lingüística y Literatura. Además, tuve la oportunidad de dar clases de alemán a alumnos colombianos y aprendí muchas cosas sobre mi propia lengua.
Colombia es un país con muchos lugares que merece la pena conocer, de manera que aproveché para viajar un poco por todo el país.
Ha sido una experiencia increíble que espero repetir pronto.

B. Niko utiliza algunos conectores para expresar causa y consecuencia. Lee de nuevo el texto y subráyalos.

C. Comentamos con otras personas nuestra opinión sobre A y ponemos en común B. Podemos consultar los Recursos lingüísticos.

D. Por parejas, buscamos y marcamos en el texto otros conectores o recursos lingüísticos que ya conocemos para conectar ideas, evitar repeticiones, etc. Para ello, podemos consultar los Recursos lingüísticos de las unidades anteriores.

E. Leemos la historia de Christian y simplificamos el texto usando conectores. Después, lo comparamos con el de otra persona.

Anna, mi mejor amiga, me llamó para hablarme del proyecto BreakOut.
El proyecto BreakOut se trata de una carrera solidaria.
El objetivo de la carrera solidaria es conseguir llegar lo más lejos posible haciendo autostop.
Los participantes forman equipos de dos personas.
Anna me invitó a participar con ella.
Antes de viajar, los participantes tienen que conseguir patrocinadores dispuestos a donar dinero por cada kilómetro recorrido.
El dinero conseguido se destina a dar becas a estudiantes de Sudáfrica.
Me gusta ayudar y me gusta viajar.
La idea me entusiasmó.
Le dije a Anna que sí inmediatamente.
Salimos de Múnich y decidimos preguntar en las gasolineras y áreas de servicio.
Conocimos a gente muy interesante y llegamos hasta Valencia.
Fue una experiencia fantástica.
Los equipos participantes en el proyecto reunieron más de 100 000 euros.

TAREAS

PROYECTOS UNIDADES 5 Y 6
→ PÁG. 233

13. UN VIAJE DE ESTUDIOS

A. En pequeños grupos, vamos a realizar una propuesta de viaje de estudios a un lugar de habla hispana. Nuestro viaje debe incluir:

- una excursión a un entorno natural (una isla, un lago, un parque natural, etc.);
- la visita a un monumento importante;
- una actividad en una universidad: por ejemplo, ir a una clase relacionada con nuestros estudios o tener un encuentro con un grupo de estudiantes;
- una reunión en una empresa o institución relacionada con el mundo laboral.

B. Presentamos la propuesta al resto de la clase.

C. Después de las presentaciones, cada grupo analiza las propuestas y vota por la que le gusta más. ¿Cuál es la favorita de la clase?

— Nosotros pensamos que la propuesta más interesante es el viaje a Chile, porque...

14. MOVIMIENTOS MIGRATORIOS

PREPÁRATE

A. Mira este vídeo sobre los movimientos migratorios mundiales y responde a las siguientes preguntas.

Las migraciones en el mundo

VÍDEO DISPONIBLE en campus.difusion.com

- ¿Cuánto han crecido las migraciones mundiales en los últimos 25 años?
- ¿Cuántos emigrantes legales hay aproximadamente hoy en día en el mundo?
- ¿Cuál es el país que más inmigrantes recibe?
- ¿Cuáles son los destinos principales en Europa?
- ¿Cuál es la cifra aproximada de emigrantes en África?
- ¿Cuál se considera que es hoy en día el nuevo polo de atracción? ¿Para quién?
- ¿Cuáles son las cifras de la emigración clandestina mundial?

B. Comparamos nuestras respuestas.

C. En pequeños grupos, vamos a investigar los movimientos migratorios más importantes del siglo XX en nuestro país o en algún país de habla hispana.

— A finales de los años cincuenta y principios de los sesenta, a Portugal llegó mucha gente de Angola y Mozambique porque...

D. Preparamos una presentación y la acompañamos de imágenes, fotos, vídeos...

RECURSOS LINGÜÍSTICOS

GRAMÁTICA

PRETÉRITO INDEFINIDO
▶ Verbos regulares

	-ar HABLAR	-er APRENDER	-ir VIVIR
yo	hablé	aprendí	viví
tú, vos	hablaste	aprendiste	viviste
él, ella, usted	habló	aprendió	vivió
nosotros, nosotras	hablamos	aprendimos	vivimos
vosotros, vosotras	hablasteis	aprendisteis	vivisteis
ellos, ellas, ustedes	hablaron	aprendieron	vivieron

🔔 Las terminaciones de los verbos de la segunda y la tercera conjugación son iguales.

🔔 En la formas regulares, la sílaba tónica está siempre en la terminación.

🔔 En los verbos regulares terminados en **-ar** e **-ir** la forma del pretérito indefinido de **nosotros/-as** es igual a la del presente.
Ayer **empezamos** la clase a las dos, pero normalmente **empezamos** antes.

▶ Algunos verbos irregulares

	IR/SER	HACER
yo	fui	hice
tú, vos	fuiste	hiciste
él, ella, usted	fue	hizo
nosotros, nosotras	fuimos	hicimos
vosotros, vosotras	fuisteis	hicisteis
ellos, ellas, ustedes	fueron	hicieron

🔔 Los verbos **ir** y **ser** tienen la misma forma en indefinido. El significado se entiende por el contexto.
Luis y yo **fuimos** compañeros de clase. (verbo **ser**)
Fui a Cuba el año pasado. (verbo **ir**)

Usamos el pretérito indefinido para representar acciones pasadas terminadas y completas situándolas en un momento concreto del pasado, ya sea de manera explícita o implícita.

¿PRETÉRITO INDEFINIDO O PRETÉRITO PERFECTO?

Con el indefinido y el perfecto nos referimos a hechos pasados y terminados. Por eso, con ambos tiempos podemos hablar de la misma realidad, pero desde dos perspectivas diferentes.

▶ **Pretérito indefinido**
Con el indefinido nos referimos a un momento pasado que no está relacionado con el presente. Por eso, suele ir asociado a expresiones de tiempo como:

ayer	el lunes/martes
anteayer	en junio
el otro día	en 2012
el mes/año pasado	la última vez
la semana pasada	esa/aquella vez
ese/aquel día	hace dos años

El sábado **celebramos** nuestro décimo aniversario.
Nos mudamos a este barrio el año pasado.
Hace dos años **hicimos** una ruta en bici por Murcia.

UNIDAD 6

▶ Pretérito perfecto

Usamos el pretérito perfecto para referirnos a un momento del pasado que sí está relacionado con el momento presente. Por eso, suele ir asociado a expresiones de tiempo como:

> hoy
> estos días
> esta mañana/tarde/semana
> este mes/año/verano

*¡Por fin hoy **nos hemos comprado** los billetes!*
*Esta mañana no **he podido** llegar antes, perdona.*
*Este verano **habéis ido** muy poco a la playa, ¿no?*

Y también para hablar de experiencias vividas sin especificar cuándo tuvieron lugar. Para ello usamos expresiones de tiempo como:

últimamente siempre	nunca todavía no	hasta ahora x veces

*Esta mañana **hemos celebrado** nuestro aniversario.*
*Siempre **hemos vivido** en este barrio. Nos encanta.*
*¡Luis **se ha casado** tres veces! ¿Lo sabías?*

DAR CONSEJOS

Para (ir a) la montaña	es	importante fundamental necesario conveniente	llevar siempre un mapa y una brújula.
Si estás pensando en hacer noche,		puede ser útil te aconsejo te puede convenir tienes que	informarte sobre los horarios y los alojamientos.

LÉXICO

LOS VERBOS IR Y VENIR

Venir expresa movimiento hacia el lugar donde estamos nosotros.
*Salgo en media hora, ¿**vienes** a buscarme?*

Ir se usa para expresar todos los demás movimientos.
*Lourdes **ha ido** al supermercado a por fruta.*

EL VERBO SABER

Saber = tener sabor

sabe a	canela / chocolate / menta
sabe	bien / mal / ácido / amargo / dulce / fuerte

Saber = tener conocimientos

sabe	inglés / francés / italiano / chino
sabe de	pintura / arte / economía / política

Saber = tener capacidad de hacer algo

sabe	nadar / tocar el piano / conducir / cocinar

ACTIVIDADES EN VIAJES

ir de	pícnic / excursión / vacaciones
hacer	turismo rural / una excursión / una escapada
	senderimo / montañismo / rafting

TIPOS DE VIAJES Y MOTIVACIONES

viaje de	trabajo / negocios / estudios
viajar por	trabajo / motivos profesionales
viajar para	hacer negocios / hacer turismo

TIPOS DE ALOJAMIENTOS

alquilar	un apartamento / una casa
quedarse en	casa de amigos
hacer	camping
ir a	un camping / un hotel / una casa rural

COMIDA, BEBIDA Y RESTAURANTES

un lugar/restaurante	agradable / moderno / caro
un restaurante	italiano / de comida rápida
buen/-a, mal/-a	servicio / atención al cliente
	ambiente / música / comida

CARACTERÍSTICAS DEL TEXTO

CONECTORES CAUSALES

porque

Introduce una causa y se sitúa en la segunda parte de la oración.
*Conviene llevar una prenda impermeable, **porque** nunca se sabe si va a llover.*

como

Se coloca al principio de la frase y presenta una causa como algo conocido o presente en el contexto.
***Como** nunca se sabe si va a llover, conviene llevar una prenda impermeable.*

por eso

Hace referencia a una causa mencionada anteriormente.
*Se han producido varias inundaciones, **por eso** la población se ha desplazado a otras zonas cercanas.*

CONECTORES CONSECUTIVOS

así que, de manera que

Sirven para introducir la consecuencia o el efecto de una acción o una información dada. Normalmente, **así que** suele usarse en contextos más coloquiales que **de manera que**.
*El país es muy interesante, **así que** decidí quedarme.*
*Quedó impresionado por las condiciones de vida, **de manera que** decidió dar un giro a su vida y ayudarlos.*

7

GENERACIONES

CULTURA
- Diferencias generacionales
- Periodos históricos

COMUNICACIÓN
- Describir cosas y personas en el pasado
- Hablar de hábitos y costumbres en el pasado
- Hablar de cambios y parecidos

GRAMÁTICA
- El pretérito imperfecto de indicativo: verbos regulares e irregulares
- Usos del pretérito imperfecto y marcadores temporales
- **Ya no**, **todavía** + presente
- Posesivos átonos y tónicos
- El presente histórico

LÉXICO
- Las etapas de la vida
- La familia
- Diferencias entre **parecer** y **parecerse (a)**

CARACTERÍSTICAS DEL TEXTO
- Conectores adversativos: **aunque, a pesar de que, y eso que** y **sin embargo**

DOCUMENTOS PARA EMPEZAR

1. PALABRAS CLAVE

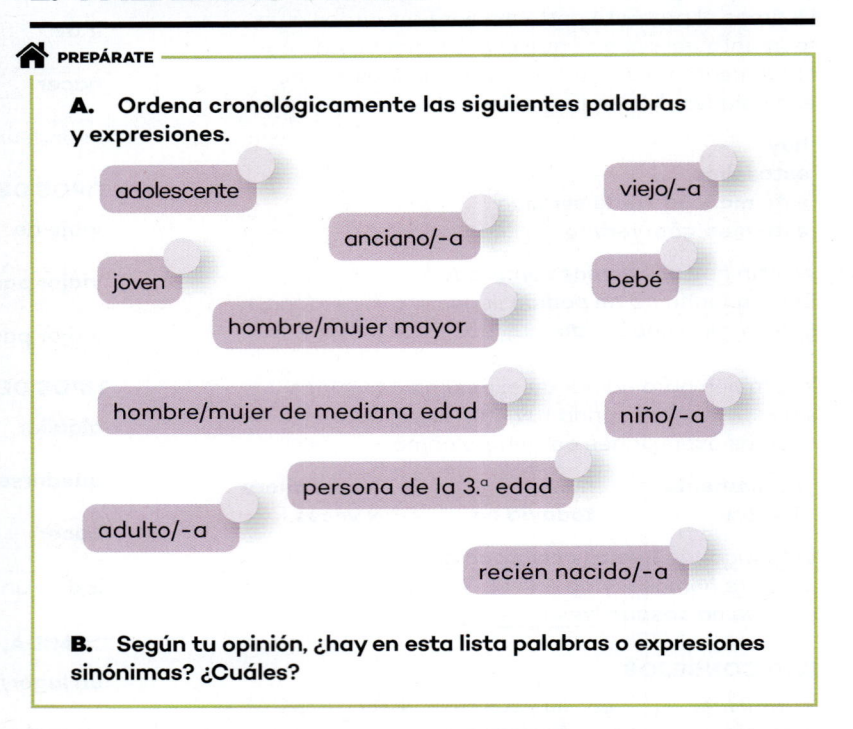

PREPÁRATE

A. Ordena cronológicamente las siguientes palabras y expresiones.

- adolescente
- anciano/-a
- viejo/-a
- joven
- bebé
- hombre/mujer mayor
- hombre/mujer de mediana edad
- niño/-a
- persona de la 3.ª edad
- adulto/-a
- recién nacido/-a

B. Según tu opinión, ¿hay en esta lista palabras o expresiones sinónimas? ¿Cuáles?

C. Discutimos en parejas cuáles de estas palabras y expresiones se aplican a un hombre a los 40 años. ¿Y a una mujer?

D. Comparamos nuestras respuestas con las de otras personas. ¿En qué palabras o expresiones no coincidimos?

— *Yo creo que un hombre de 40 años ya no es joven porque...*
— *Para mí sí que es joven porque...*

E. ¿Hemos oído alguna vez la frase: "La vida empieza a los cuarenta"? ¿La entendemos? Lo comentamos.

F. ¿Existe en nuestra lengua alguna expresión relacionada con la edad? ¿Cómo es? La compartimos y la comentamos.

G. Por parejas, escribimos cuáles son, desde nuestro punto de vista, las etapas de la vida.

H. ¿Qué edades están comprendidas en cada etapa? Lo comentamos en pequeños grupos.

— *Yo creo que la infancia va desde que naces hasta los ocho años.*
— *No, yo creo que la infancia es hasta los once o doce años porque...*

I. Comparamos nuestros resultados con el resto de la clase. ¿Estamos de acuerdo?

ESTRATEGIAS

Para las actividades de expresión e interacción oral, podemos preparar un esquema antes de la clase con las ideas que queremos expresar.

ACTIVIDAD COMPLEMENTARIA en campus.difusion.com

2. IMÁGENES

PREPÁRATE

A. Mira estas fotografías de Ricky Martin y de Shakira en 1996. Lee la siguiente información sobre sus vidas y relaciónala con ellos. ¿Puedes añadir algo más?

B. Comparamos en parejas la información.

Yo creo que esa frase hace referencia a… porque…
¿Sí? Pues no sé… Yo pensaba que…

ESTRATEGIAS

Preguntamos a nuestro compañero el vocabulario que no entendemos.
A veces, la traducción a una lengua común puede ahorrar tiempo.

ACTIVIDAD COMPLEMENTARIA
en campus.difusion.com

En 1996…

1 **2**

a. tenía diecinueve años.
b. trabajaba en Broadway y a veces como modelo.
c. ya tenía tres álbumes en el mercado.
d. vivía en Nueva York.
e. empezaba su primera gira mundial.
f. vivía en Bogotá.
g. solo tenía publicado un álbum.
h. tenía veinticinco años.

3. VÍDEO

PREPÁRATE

A. ¿Cuál crees que es la imagen que tiene la sociedad de los adolescentes?

B. Mira el vídeo hasta el minuto 1:05. ¿Qué adjetivos y expresiones usan los adultos para referirse a los adolescentes?

C. Continúa viendo el vídeo. ¿Cómo son los adolescentes que se presentan? ¿Qué cosas hacen?

D. Comparamos nuestras respuestas a A, B y C.

E. ¿Cómo creemos que son los adolescentes? Lo comentamos en pequeños grupos.

Yo creo que los adolescentes son…
Hay muchos adolescentes que…
Hay muchos prejuicios sobre…
No se puede generalizar, pero…

Adolescentes, 2015

¿Qué pienso de los adolescentes?

LA CAFETERÍA

¿Existen en nuestro país los mismos estereotipos sobre los adolescentes?
¿Pensamos que estos estereotipos son reales?

ACTIVIDAD COMPLEMENTARIA en campus.difusion.com

DOCUMENTOS PARA DESCUBRIR

4. DIFERENCIAS GENERACIONALES

PREPÁRATE

A. Lee el texto y la infografía y resume en tres o cuatro frases las características que más te interesan de la Generación del Milenio.

B. ¿Conoces a alguien que pertenezca a esta generación? ¿Estás de acuerdo con lo que dice el texto?

C. En el texto se mencionan tres movimientos revolucionarios. Busca en internet información sobre ellos y escribe una breve reseña.

> Las protestas de Hong Kong (o Revolución de los Paraguas), comenzaron el 14 de septiembre de 2014…

D. En pequeños grupos, comparamos nuestras respuestas a A, B y C.

E. ¿Qué dice el texto sobre los hábitos de consumo de los *millennials*? ¿Nuestros hábitos son semejantes?

F. Por parejas, creamos la infografía de nuestra propia generación. ¿Tiene nombre? La presentamos en clase y la comparamos con la del resto de nuestros compañeros.

ACTIVIDAD COMPLEMENTARIA en campus.difusion.com

LA GENERACIÓN DEL MILENIO

¿Quiénes son los *millennials*?

Llamamos *millennials* (o Generación Y) a los jóvenes que llegaron a la mayoría de edad cerca del año 2000. De manera general, se agrupan bajo este nombre a todos los nacidos entre 1981 y 1995. Crecieron en una época en la que las nuevas tecnologías se desarrollaban a gran velocidad y muchos no recuerdan cómo era la vida antes de internet.

Se les critica por ser individualistas e inmaduros, aunque la realidad es que muchos de ellos son idealistas, solidarios e inconformistas. Los hemos visto en movimientos revolucionarios como la Primavera Árabe, el 15M o la Rebelión de los Paraguas en Hong Kong. En cualquier caso, tienen dos características innegables: usan de manera totalmente natural la tecnología y viven en las redes sociales.

Diferencias con otras generaciones

Son hijos de la Generación X y se diferencian de sus padres en muchos aspectos: no viven para trabajar, sino que trabajan para poder vivir bien: valoran las experiencias de vida, los viajes, la buena comida, la moda… y no les interesa tanto poseer cosas, prefieren usar y disfrutar.

También existen diferencias en cuanto a las expectativas de trabajo: a diferencia de los jóvenes de antes, que querían ser médicos, abogados o arquitectos, muchos jóvenes de ahora sueñan con ser probadores de videojuegos, diseñadores gráficos o *youtubers*. Entre sus empresas ideales para trabajar están Google, Amazon o Netflix.

Grandes consumidores

A pesar de que ganan menos dinero que sus padres cuando tenían su edad, son grandes consumidores, sobre todo de tecnología y ocio. Las empresas lo saben y por eso dedican gran cantidad de recursos a estudiar sus hábitos de consumo. Algunas conclusiones de estos estudios son:

- Sus padres compraban su vivienda; ellos la alquilan.
- Sus padres compraban (y todavía compran) CD y DVD; ellos escuchan música en Spotify, ven películas en Netflix, Yomvi, HBO…
- Les interesa la experiencia de viajar, pero no tanto los hoteles, por lo que utilizan servicios y redes como Airbnb, Couchsurfing o Blablacar.
- Venden lo que no necesitan y compran de segunda mano lo que otros ya no quieren gracias a *apps* y páginas web.

Generación Y, los *millennials*
1981–1995

IDEOLOGÍA
- Son políticamente independientes y creen en la ecología, la igualdad de género y el derecho a decidir.
- Son tolerantes y aceptan la diversidad.
- Difunden su opinión a través de las redes sociales.

TRABAJO Y FORMACIÓN
- Están bien preparados académicamente.
- Su colectivo es uno de los más afectados por la crisis económica.
- Sufren precariedad laboral y pobreza energética.

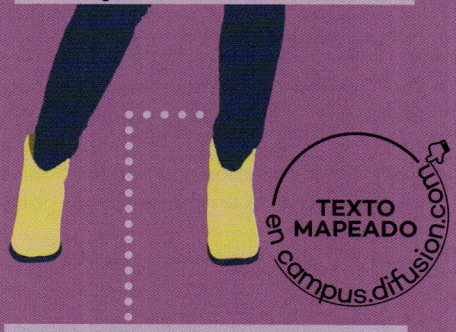

ESTILO DE VIDA
- Les gusta viajar, el ocio y el tiempo libre.
- Viven de alquiler.
- Se casan poco.
- No tienen hijos o los tienen muy tarde.

TEXTO MAPEADO en campus.difusion.com

UNIDAD 7

5. X, LA GENERACIÓN INSATISFECHA

PREPÁRATE

A. Trata de responder a las preguntas con la información que te dan las fotografías.

Virginia

Virginia

1

Eduardo

Almudena

2

- ¿Dónde viven Virginia, Eduardo y Almudena? ¿Con quién?
- ¿De qué trabajan?
- ¿Cómo crees que es su día a día?

B. Escucha el audio y comprueba tus hipótesis.

18-19

ESTRATEGIAS

Antes de escuchar una grabación, imagina de qué cosas se va a hablar, eso te ayudará a activar el vocabulario necesario para una mejor comprensión.

C. Escucha de nuevo el audio. ¿Cómo era antes la vida de Virginia, Eduardo y Almudena? Responde a estas preguntas para cada uno de ellos.

18-19

- ¿Dónde vivían? ¿Con quién?
- ¿De qué trabajaban?
- ¿Cómo era su día a día?

TRANSCRIPCIÓN MAPEADA en campus.difusion.com

D. En pequeños grupos, comparamos nuestras respuestas a A, B y C.

E. ¿Cuál de estas vidas nos parece más interesante? ¿Qué cosas que han hecho o hacen nos gustaría hacer? Lo comentamos con el resto de la clase.

—A mí me parece interesante la vida de Virginia porque me gustaría poder ayudar a la gente. Me parece una experiencia muy bonita.

LA CAFETERÍA

¿Conocemos a alguien que haya cambiado radicalmente de vida?

SISTEMA FORMAL

6. LA HISTORIA Y SUS CIRCUNSTANCIAS

GRAMÁTICA

PREPÁRATE

A. En estos textos se habla de cuatro periodos históricos en cuatro países diferentes. Relaciona cada texto con la imagen, el país y el periodo histórico al que se refiere.

- Argentina
- Italia
- México
- Egipto
- siglo XV
- años 20 (siglo XX)
- Antigüedad
- Renacimiento

— *Yo creo que el último texto corresponde a Italia en…*

A. El río era una parte muy importante de la vida del país, ya que era el centro de toda la actividad económica: gracias a él tenían una agricultura muy rica, pescaban y cazaban. Adoraban a muchos dioses y tenían un tipo de escritura llamada jeroglífica.

C. La ciudad de Tenochtitlán estaba situada en una isla en el centro de un lago, tenía alrededor de 150 000 habitantes y era la ciudad más poderosa de Mesoamérica y del Caribe. Había más de cincuenta grandes edificios y tres amplias avenidas. Miles de canoas iban y venían por los canales y transportaban personas y alimentos.

Durante esta época, el país pasaba por un buen momento económico. La música invadía la capital y las bibliotecas, los cines o los teatros eran cada vez más populares. Los barrios crecían rápidamente y, en consecuencia, la población aumentaba de manera muy significativa, también gracias a la llegada de inmigrantes italianos, alemanes, españoles, etc.

Durante este periodo la población crecía, la ciencia estaba en pleno desarrollo y la economía era fuerte. Grandes pintores, escultores, arquitectos y poetas creaban obras de gran belleza basadas en modelos clásicos.

B. Los verbos subrayados están en pretérito imperfecto. Clasifícalos en una tabla como esta según la terminación del infinitivo y fíjate en qué terminaciones tienen en imperfecto.

-ar	-er	-ir

C. Selecciona un verbo regular de cada una de las terminaciones, escribe el infinitivo y conjúgalo en pretérito imperfecto.

verbos regulares

	……….ar	……….er	……….ir
yo	…….-aba	…………	…………
tú, vos	…………	…….-ías	…………
él, ella, usted	…………	…………	…………
nosotros/-as	….-ábamos	…………	…………
vosotros/-as	…………	…………	…….-íais
ellos, ellas, ustedes	…………	…….-ían	…………

D. En los textos hay dos verbos irregulares, ¿cuáles son? Completa la tabla.

verbos irregulares

	…………	…………
yo	…………	iba
tú, vos	eras	…………
él, ella, usted	…………	…………
nosotros/-as	…………	íbamos
vosotros/-as	erais	…………
ellos, ellas, ustedes	…………	iban

E. Puedes comprobar las respuestas de C y D en Recursos lingüísticos.

F. ¿Entiendes qué expresamos cuando usamos el pretérito imperfecto? Lee la explicación de Recursos lingüísticos e imagina que estás en ese país y en esa época: convierte los textos de A a textos en presente.

> El río es una parte muy importante de la vida del país, ya que es el centro de toda la actividad económica: gracias a él tenemos…

G. Comparamos en parejas los textos de F y compartimos nuestras hipótesis de uso del pretérito imperfecto.

7. HOY EN DÍA

GRAMÁTICA

🏠 **PREPÁRATE**

A. Lee la viñeta y escribe en una frase qué crees que quiere transmitir el autor.

> ABUELO... ¿CÓMO ERA LA VIDA SIN INTERNET?
>
> PUES SÓLO OPINÁBAMOS SOBRE LO QUE ENTENDÍAMOS...
>
> ... Y CUANDO NOS PREGUNTABAN
>
> J.R.MORA

Yo creo que está haciendo una crítica de…

B. Lee estas frases y marca aquellas con las que estás de acuerdo.

Hoy en día la gente pasa demasiado tiempo actualizando su perfil en redes sociales (Facebook, Instagram, Twitter…).

En la actualidad todo el mundo puede leer y ver las noticias en tiempo real y opinar sobre ellas, eso es genial.

En los años 80 todo era más lento, pero más fiable. **Entonces**, cuando teníamos que buscar información, íbamos a las bibliotecas y consultábamos las enciclopedias.

Yo crecí en los años 70. **En aquella época** no podíamos comunicarnos fácilmente con nuestros familiares y amigos que vivían lejos.

Ahora es muy fácil y barato sacar un billete de avión o hacer una reserva de hotel. Todo el mundo puede viajar.

Yo fui a la universidad en los años 60. **En aquellos tiempos** era más fácil controlar a la gente que ahora, ya que el acceso a la información era muy limitado.

C. Observa las palabras y expresiones marcadas en negrita. ¿Existen equivalentes en tu lengua?

D. En pequeños grupos, compartimos nuestras respuestas a A y B.

E. Ahora, comparamos las respuestas a C y ampliamos la lista con otras palabras o expresiones similares.

F. Discutimos sobre las siguientes cuestiones.

- ¿Qué cosas eran diferentes antes de la llegada de internet? ¿Cuáles han cambiado de manera más significativa?
- ¿Qué cosas podemos hacer ahora que no podíamos hacer antes?
- ¿Qué cambios son positivos?, ¿cuáles negativos?

—Antes, cuando la gente quería hablar por teléfono, llamaba desde casa o desde una cabina.
—Sí, y ahora podemos hacer muchísimas cosas que no podíamos hacer antes. Por ejemplo…

G. Por parejas, observamos esta imagen y la comentamos utilizando las palabras o expresiones de los apartados B y E.

H. En pequeños grupos, creamos una nueva viñeta comparando algún aspecto de la vida antes y ahora.

ACTIVIDAD COMPLEMENTARIA en campus.difusion.com

SISTEMA FORMAL

8. CAMBIOS

GRAMÁTICA

🏠 **PREPÁRATE**

A. Lee los testimonios de tres jóvenes que han acabado recientemente su carrera y viven en Madrid. ¿Qué cosas hacían antes y ya no hacen?

> Ya no vivo en un piso compartido.
>
> Todavía salgo todos los jueves con mis compañeros de la universidad.
>
> **Elisa**
> **26 años**
> **(española)**

> Ya no me pierdo por Madrid.
>
> Todavía pienso en alemán, aunque estudio y trabajo en español.
>
> **Edgar**
> **24 años**
> **(alemán)**

> Ya no voy tanto a casa de mis padres.
>
> Todavía tengo el carné joven (¡aquí es válido hasta los 31!).
>
> **Caetano**
> **27 años**
> **(portugués)**

B. Fíjate en las expresiones *ya no* y *todavía*. ¿Entiendes qué significan y cómo se usan? Consulta la página de Recursos lingüísticos.

C. En grupos, comparamos las respuestas a A y B. ¿Existen equivalentes en nuestra lengua a estas expresiones?

D. Por parejas, observamos estas dos imágenes sobre la vida de Alberto, antes y ahora, y escribimos todas las frases que podamos usando *ya no* y *todavía*. Después, las comparamos con las de otras personas.

E. Individualmente, completamos una tabla como esta comparando nuestra vida antes de la universidad y ahora. Después, compartimos y comentamos los cambios en grupos.

Ya no	Todavía
voy a clase todos los días.	....

UNIDAD 7

9. MIS ABUELOS

GRAMÁTICA

🏠 **PREPÁRATE**

A. Juan y Lucía están trabajando en un proyecto intergeneracional y han llevado a clase fotografías de sus abuelos. Lee sus comentarios y escribe frases parecidas sobre tus abuelos.

> Mis abuelos vivían en un pueblo de Ciudad Real. Eran agricultores y los sábados vendían las frutas y las verduras en el mercado. ¿Y los tuyos?

> Pues los míos vivían en Asturias. Mi abuelo era carpintero, como su padre y sus hermanos, y mi abuela era modista, como su madre.

B. Observa las palabras subrayadas. Son posesivos, ¿sabes cuándo se utiliza mis y cuándo los míos?

C. Coloca en el siguiente cuadro los posesivos de las frases de A. Después, intenta completar las formas que faltan.

con sustantivo		sin sustantivo
mi abuelo	>	el mío
.... abuela	>	la mía
.... padre	>	el tuyo
tu madre	>	....
su hijo	>	....
.... hija	>	la suya
.... abuelos	>	los míos
mis abuelas	>	....
.... padres	>	los tuyos
tus hermanas	>	....
.... hijos	>	los suyos
sus hijas	>	....

D. Por parejas, compartimos nuestras respuestas a A y B y comparamos el cuadro de los posesivos de C.

E. Traemos a clase una foto familiar (antigua o actual) y explicamos quién es quién al resto de los compañeros. También podemos hacernos preguntas para descubrirlo.

ACTIVIDAD COMPLEMENTARIA en campus.difusion.com

10. GENERACIÓN DEL 27

GRAMÁTICA

🏠 **PREPÁRATE**

A. Lee la biografía de Maruja Mallo, una pintora de la Generación del 27, y observa estos cuadros. ¿Qué opinas de su obra? ¿Por qué crees que no es tan conocida como sus coetáneos varones (Dalí, García Lorca...)?

MARUJA MALLO

Nace en Lugo, en enero de 1902. En 1922 entra a estudiar en la Real Academia de Bellas Artes de San Fernando en Madrid, ciudad en la que vive hasta principios de los años 30.

Es una de las figuras más importantes de la Generación del 27. Pintora revolucionaria, forma parte de los movimientos de vanguardia en Madrid junto a Dalí, Alberti o García Lorca.

Al estallar la Guerra Civil, Mallo se exilia en Argentina, donde vive más de 25 años, y se dedica a pintar naturalezas vivas en las que muestra un mundo submarino lleno de caracolas y flores extrañas. Muere en Madrid en 1995.

1. Racimo de uvas (1944) / **2.** Escaparate (1927) / **3.** Cabeza de mujer (1946)

B. Observa los verbos del texto, ¿en qué tiempo están? ¿En tu lengua también se puede usar este tiempo para las biografías?

C. Elige un personaje poco conocido de tu país y escribe una breve biografía.

D. Presentamos a nuestro personaje en clase. Podemos acompañar la presentación de imágenes, vídeos, textos...

ACTIVIDAD COMPLEMENTARIA en campus.difusion.com

SISTEMA FORMAL

11. OTRAS VIDAS

GRAMÁTICA Y LÉXICO

🏠 **PREPÁRATE**

A. Susana, una *millennial* nacida en 1986, cuenta algunas cosas de su vida. ¿Qué cosas de las que dice te parecen normales? ¿Cuáles no?

> Cuando era pequeña, con uno y dos años, no iba a la guardería. Me quedaba en casa de mis abuelos mientras mis padres trabajaban.
>
> De niña me gustaba mucho patinar y jugar con mis vecinos. Pasábamos mucho tiempo en la calle.
>
> En la adolescencia iba al instituto, jugaba al balonmano y pensaba que mis padres no me entendían. Era bastante rebelde.
>
> Cuando tenía 20 años estudiaba en la universidad y ya no vivía con mis padres, aunque no era independiente económicamente porque todavía no trabajaba.
>
> Cuando estaba en el último curso de la carrera, tuve una crisis: quería dejarlo todo y no acabar los estudios. Por suerte, sí que los acabé.
>
> Cuando vivía en Roma (después de la universidad), trabajaba en una escuela de español y compartía piso con otros profesores de la escuela. Era muy divertido y, además, ya ganaba mi propio dinero.

B. Subraya los marcadores temporales. ¿Entiendes qué significan? Busca equivalentes en tu lengua y trata de añadir alguno más en español.

C. En parejas, comparamos nuestras respuestas a A y B.

D. En pequeños grupos, vamos a imaginar el pasado de un compañero (sus gustos, hábitos, aficiones...) a lo largo de varias etapas de su vida. Para ello, vamos a usar los marcadores temporales de A y B. El/la profesor/a nos va a dar un nombre y nosotros debemos escribir un texto sin decir quién es el protagonista.

Vivía...   (No) tenía...
Le gustaba...   Era...
Tocaba...   Iba a...
Estudiaba...

E. Leemos nuestros textos a los demás grupos, que deben adivinar de quién estamos hablando.

12. ¿A QUIÉN TE PARECES?

LÉXICO

🏠 **PREPÁRATE**

A. Mira la foto de esta familia y lee los comentarios que algunos amigos han hecho en una red social. ¿Qué te parecen? ¿Sueles comentar las fotos de otras personas? ¿Te gusta que comenten las tuyas?

B. Observa en el texto las diferencias de significado y de forma de los verbos *parecer* y *parecerse* y mira cómo lo hemos resumido en esta ficha. Haz lo mismo con *llevar* y *llevarse*.

Parecerse a alguien	To look like someone. Yo me parezco a mi madre, ¿y tú?
Parecer un lugar	To look like somewhere. Eso parece Lanzarote, ¿no?
Parecer que...	To seem something. Parece que hace frío...

👍 Me gusta   💬 Comentar   ↪ Compartir

Lidia Lorena, ¡¡te pareces mucho a tu madre!! 😊

    Lorena Sí, ¿¿verdad?? antes me parecía menos, cuando llevaba el pelo más largo, pero ahora... 😊

Ainara ¡¡Qué foto más chula, Lore!! Oye, ¿dónde estáis? Parece Lanzarote, ¿no?

    Lorena Sí, ya llevamos aquí una semana, ¡¡¡pero parece más tiempo!!! 😄 Lanzarote es increíble.

Alberto ¡¡Disfrutad mucho de las vacaciones, prima!! ¡¡Parece que lo estáis pasando muy bien y hace muy buen tiempo 😎!! Aquí hace frío... 😲

    Lorena Sí, lo estamos pasando genial, ¡¡ya sabes que nos llevamos muy bien y que nos encanta viajar juntos 😄 !!

C. Comentamos en parejas nuestras respuestas a A y compartimos nuestra ficha de construcciones verbales de B.

D. En pequeños grupos, intentamos hacer lo mismo con otros verbos que nos interesan y, después, lo compartimos con el resto de la clase.

UNIDAD 7

13. PROGRAMA INTERGENERACIONAL

CARACTERÍSTICAS DEL TEXTO

PREPÁRATE

A. Una universidad española ofrece esta propuesta de convivencia. Lee el texto y escribe qué te parece la idea. ¿Participarías en un programa de este tipo? ¿Te parecen razonables las obligaciones de los estudiantes?

- **A mí me parece** muy buena iniciativa, **porque**...
- **Es** buena idea para ahorrar dinero, **pero yo prefiero**...
- **Yo creo que** es una propuesta original, **pero**...

Programa Intergeneracional Convive

¿Qué es?

Es un programa que se basa en el beneficio mutuo: los mayores obtienen ayuda y compañía, y los jóvenes, un alojamiento en el que solamente tienen que pagar los gastos (luz, agua, internet, etc.).

Está destinado a:
- personas mayores que se valen por sí mismas y que pueden ofrecer una habitación;
- estudiantes universitarios capaces de comprometerse y que necesitan alojamiento.

Los compromisos del estudiante

- Compartir el día a día con la persona mayor (un mínimo de dos horas diarias) haciendo actividades cotidianas (pasear, hacer la comida, charlar, ir de compras, visitar al médico...).
- Estar en casa siempre antes de las 22:30 h, excepto el día semanal de libre disposición.

Días libres y vacaciones

- El estudiante cuenta con un día (24 h) cada semana para salir, incluida la noche.
- El estudiante puede pasar fuera de casa un fin de semana al mes (de viernes a domingo) y los festivos académicos (Semana Santa, julio y agosto y Navidad).

B. Hemos hablado con un estudiante y una persona mayor que participan en este programa. Lee los testimonios y responde.

Lucas, 21 años, España: Como no tengo mucho dinero, para mí está bien compartir piso con una persona mayor (¡**y eso que** nunca he vivido con mis abuelos!). Además, así puedo ahorrar dinero para pagar la matrícula. En general estoy muy contento, **aunque** no me gusta llegar a casa antes de las diez y media de la noche.

Adelaida, 72 años, España: **A pesar de que** al principio no estaba muy convencida, me animé a hacerlo porque me sentía un poco sola. Ahora estoy contenta de tener a un joven en casa porque me gusta su energía y me siento acompañada y, como no me gusta cocinar para mí sola, ahora disfruto otra vez en la cocina, **aunque** muchos jóvenes de hoy en día son vegetarianos...

1. ¿Por qué decidieron participar?
2. ¿Qué ventajas e inconvenientes tiene para ellos el programa "Convive"?

C. En parejas, comentamos las respuestas a A y B.

D. Volvemos a leer los testimonios de Lucas y Adelaida y marcamos la opción correcta.

Y eso que (lengua oral), **aunque** y **a pesar de que** son conectores de:
- causa
- consecuencia
- oposición

E. Escribimos en parejas el testimonio de la persona mayor que vive con Lucas y el del estudiante que vive con Adelaida explicando qué ventajas e inconvenientes tiene la convivencia. Debemos utilizar los conectores de oposición.

ACTIVIDAD COMPLEMENTARIA
en campus.difusion.com

101

TAREAS

14. SUCESOS IMPORTANTES

A. Estas imágenes ilustran dos acontecimientos históricos importantes. ¿Sabemos cuáles son y cuándo y dónde sucedieron? Investigamos en internet.

B. En grupos, elaboramos una lista con tres o cuatro acontecimientos clave para la historia de la humanidad o de nuestro país.

La revolución (de)...
El fin de...
El descubrimiento de...
La invención de...
La llegada de...

C. Elegimos uno de ellos y preparamos una presentación explicando cómo era la vida antes de ese acontecimiento. Podemos ilustrar la presentación con fotos o vídeos.

D. Hacemos nuestra presentación al resto de la clase.

15. UNA OBRA Y SU CONTEXTO

A. Elegimos una obra de arte de nuestro país o de un país hispanohablante (un libro, una pintura, una escultura, una obra arquitectónica...) e investigamos en internet.

- ¿De qué época es?
- ¿Cómo vivía la gente de nuestro país en ese momento?
- ¿Cómo era el lugar donde se realizó la obra?

B. Creamos una presentación escrita y la publicamos en el espacio virtual de la clase junto con una imagen de la obra.

*El Cristo Redentor de Río de Janeiro (Brasil) es del año 1931. La estatua tiene 30 metros de altura y está situada en la cima del Cerro del Corcovado.
En aquella época, la ciudad de Río crecía rápidamente y la economía carioca empezaba a desarrollarse en sectores muy diferenciados.
En la década de los 30 ya existía el famoso Copacabana Palace...*

RECURSOS LINGÜÍSTICOS

GRAMÁTICA

PRETÉRITO IMPERFECTO DE INDICATIVO
▶ Verbos regulares

	ESTAR	TENER	VIVIR
yo	estaba	tenía	vivía
tú, vos	estabas	tenías	vivías
él, ella, usted	estaba	tenía	vivía
nosotros/-as	estábamos	teníamos	vivíamos
vosotros/-as	estabais	teníais	vivíais
ellos, ellas, ustedes	estaban	tenían	vivían

▶ Verbos irregulares

	IR	SER	VER
yo	iba	era	veía
tú, vos	ibas	eras	veías
él, ella, usted	iba	era	veía
nosotros/-as	íbamos	éramos	veíamos
vosotros/-as	ibais	erais	veíais
ellos, ellas, ustedes	iban	eran	veían

Usamos el pretérito imperfecto para describir cosas, personas o circunstancias en un momento pasado.
En el Renacimiento la pintura era una actividad artística muy importante.
Antes de la operación, Mikel pesaba 20 kilos más.

También lo usamos para referirnos a hábitos o costumbres en un momento pasado.
En aquella época los jóvenes iban poco a las discotecas.
De niño, todos los veranos íbamos a Santander.

MARCADORES TEMPORALES
▶ Para hablar del pasado

de niño/-a/joven/adolescente/mayor
a los ... años

De niña me gustaba mucho disfrazarme.
A los 12 años nadaba en un equipo de natación.

en esa/aquella época
en aquellos tiempos
entonces
antes

En aquella época la gente se comunicaba por teléfono o por carta.
Nuestro viaje de novios fue en Ibiza. Entonces era más complicado viajar al extranjero.
Antes la gente no viajaba tanto.

cuando + tiempo del pasado
Cuando era pequeño/-a
Cuando estudiaba en la universidad...
Cuando vivía en Madrid...

▶ Para hablar del presente

hoy en día
en estos momentos
actualmente
ahora

Hoy en día, todos los jóvenes quieren ser youtubers.
En estos momentos, no tengo pareja.
Actualmente, muchos jóvenes están en paro.
Creo que *ahora* no es el momento de comprar una casa.

PRESENTE HISTÓRICO
En textos de historia y biográficos es frecuente el uso del presente de indicativo con valor de pasado.
*Federico García Lorca **nace** en Fuentevaqueros en 1898. En 1915 **comienza** a estudiar Filosofía…*

YA NO / TODAVÍA + PRESENTE
Usamos **ya no** para expresar la interrupción de una acción o de un estado.
***Ya no** hago deporte.* (en el pasado hacía deporte. Ahora, no)

Usamos **todavía** para expresar la continuidad de una acción o de un estado.
***Todavía** vivo con mis padres.* (en el pasado vivía con mis padres y ahora también)

🔔 Cuando hacemos preguntas con **todavía**, asumimos que el cambio o la interrupción por la que preguntamos es esperable.
¿Sigues saliendo con Paula? (neutro)
*¿**Todavía** sales con Paula?* (su ruptura nos parece lógica o probable)

POSESIVOS ÁTONOS Y TÓNICOS

átonos		tónicos	átonos		tónicos
mi abuelo	>	el **mío**	**mis** abuelos	>	los **míos**
mi abuela	>	la **mía**	**mis** abuelas	>	las **mías**
tu padre	>	el **tuyo**	**tus** hermanos	>	los **tuyos**
tu madre	>	la **tuya**	**tus** hermanas	>	las **tuyas**
su hijo	>	el **suyo**	**sus** recuerdos	>	los **suyos**
su hija	>	la **suya**	**sus** costumbres	>	las **suyas**

átonos		tónicos
nuestro padre	>	el **nuestro**
nuestra madre	>	la **nuestra**
vuestro hermano	>	el **vuestro**
vuestra hermana	>	la **vuestra**
su hijo	>	el **suyo**
su hija	>	la **suya**
nuestros padres	>	los **nuestros**
nuestras madres	>	las **nuestras**
vuestros hermanos	>	los **vuestros**
vuestras hermanas	>	las **vuestras**
sus hijos	>	los **suyos**
sus hijas	>	las **suyas**

Usamos los posesivos átonos antes de un sustantivo para determinarlo.
***Mi** amiga Elsa es veterinaria. Trabaja con caballos.*

Usamos los posesivos tónicos después del sustantivo.
*Una amiga **mía** es veterinaria. Trabaja con caballos.*

Cuando el sustantivo al que se refiere el posesivo ya ha sido mencionado, usamos el posesivo tónico precedido del artículo determinado correspondiente.
—***Mis** abuelos eran agricultores.*
—*Pues **los míos** tenían una tienda de alimentación.*

—***Nuestros** hijos al final no vienen a la fiesta.*
—***Los nuestros** sí, pero Jorge y Gladis dicen que **los suyos** tampoco pueden…*

LÉXICO

PARECER/PARECERSE
Parecer se usa para expresar la impresión que nos produce algo o alguien.
***Parece** joven/viejo, simpático, agradable…*

Cuando lo usamos con pronombre (con la misma estructura que el verbo **gustar**), ponemos énfasis en que se trata de una opinión personal.
*(A mí) me **parece** una persona muy atractiva.*

Parecerse (a) se usa para hablar de parecidos físicos. Se conjuga como un verbo reflexivo.
*Mi hermana y yo no **nos parecemos**: ella **se parece a** mi padre y yo **me parezco a** mi madre.*

LLEVAR/LLEVARSE
Llevar se usa para expresar la duración de una circunstancia o una actividad.
*Andrés **lleva** diez años trabajando en esta empresa.*
***Llevas** tres meses estudiando japonés, ¿verdad?*

También usamos **llevar** con el sentido de vestir, tener puesto algo o tener de cierta manera la barba, el bigote, el pelo, etc.
*Esther **llevaba** unos zapatos muy bonitos en la boda.*
*Me gusta **llevar** el pelo muy corto, es comodísimo.*

Llevarse bien/mal/regular… con se usa para hablar de las relaciones entre las personas.
*Claudio **se lleva muy mal con** su padre. Discuten mucho.*
***Me llevo muy bien con** mis compañeros de trabajo.*

CARACTERÍSTICAS DEL TEXTO

CONECTORES ADVERSATIVOS
Los conectores adversativos unen dos informaciones que son, en apariencia, contradictorias.

aunque, a pesar de que, y eso que
Sirven para introducir el argumento débil; es decir, una información a la que le damos menos importancia.

*Me gusta vivir con Juan, **aunque** es muy desordenado.*
*Mi abuelo es muy activo, **a pesar de que** tiene 75 años.*
*Juan está muy contento, **y eso que** la señora con la que vive es un poco rara.*

🔔 **Y eso que** es más informal que **aunque** y **a pesar de que**. Suele usarse en la lengua oral.

sin embargo
Sirve para introducir el argumento fuerte; es decir, una información a la que le damos más importancia.
*Juan es muy desordenado; **sin embargo**, me gusta vivir con él.*

8 RELACIONES

CULTURA
- El amor y las nuevas tecnologías
- Distintos tipos de familia y relaciones familiares

COMUNICACIÓN
- Expresar acuerdo, desacuerdo y contraargumentar
- Hablar de qué haríamos en determinadas situaciones
- Relatar hechos en el pasado
- Hablar de las emociones y estados de ánimo

GRAMÁTICA
- Pronombres de OD y OI
- Pretérito indefinido: verbos irregulares
- Contraste pretérito indefinido/ imperfecto
- **Estar** + gerundio
- Expresar acuerdo y desacuerdo
- **Ser** y **estar**

LÉXICO
- Los verbos **prestar**, **dejar**, **pedir** y **deber**
- Sentimientos y opiniones
- Relaciones sociales

CARACTERÍSTICAS DEL TEXTO
- Marcadores para relatar
- Reaccionar a lo que nos cuentan otros

DOCUMENTOS PARA EMPEZAR

1. EN LA RED

PREPÁRATE

A. Mira estos tuits y anota si estás de acuerdo o si te sientes identificado con alguno de ellos.

1. **Tobi Llito** @tobillito
Tener muchos amigos en Facebook es como tener mucho dinero en el Monopoly #quenoteengañen

2. **Marisa Rareces** @marisarareces
Cuando estás soltero, solo ves parejas felices y cuando estás en pareja, solo ves solteros felices #inconformismos

3. **Manuela Morenos** @manuelamorenos
Un #buenvecino es el que no le pone contraseña al wifi

4. **Luis Lorenzo** @luislorenzo
Un #hermano puede no ser un buen amigo, pero un buen amigo es siempre un hermano

5. **Me Río de Janeiro** @meriodejaneiro
El amor y la felicidad no se publican, se viven #redessociales #amordeverdad

6. **Lourdes Khan** @lourdeskhan
El amor es eterno mientras dura #tweetpoesia #amor

7. **Pere Cuarto** @perecuarto
En mi libro *Cuánto daño han hecho las redes sociales a la pareja*, hablo de la importancia de borrar el historial y formatear por si acaso

> Yo estoy totalmente de acuerdo con el tuit número uno porque...

B. En grupos, compartimos nuestras respuestas a A. ¿Qué tuit es el más popular en la clase? ¿Cuál menos? ¿Por qué?

C. Dividimos la clase en dos grupos: uno escribe ventajas del uso de las redes sociales en las relaciones personales (de pareja, de familia, laborales...), y el otro desventajas o problemas. A continuación, ponemos en común nuestras ideas.

D. Respondemos a estas preguntas y añadimos otras.

- ¿Qué redes sociales y aplicaciones sueles usar? ¿Para qué?
- ¿Qué tipo de usuario eres en las redes sociales? ¿Lo cuentas todo?
- ¿Cambias a menudo tu foto de perfil? ¿Subes muchas fotos?
- ...

E. Presentamos a la clase el perfil en redes sociales de uno de nuestros compañeros.

Julia usa Facebook, Twitter, WhatsApp...
Matthew está enganchado al Instagram. Lo utiliza, sobre todo, para seguir a gente que le interesa y para colgar sus fotos.
Luigi pierde mucho tiempo leyendo lo que sus amigos publican en Facebook...

ACTIVIDAD COMPLEMENTARIA en campus.difusion.com

104

UNIDAD 8

2. IMÁGENES

🏠 **PREPÁRATE**

A. Esta imagen ilustra los nuevos modelos de familia españoles. ¿Cuántas realidades refleja? ¿Qué puedes decir de cada modelo de familia? Piensa en el estado civil, la relación que existe entre las personas que viven en la misma casa, el tipo de vivienda, etc.

B. Compartimos lo que hemos observado en el apartado A.

—Los que viven en el segundo piso pueden ser...

C. En grupos, pensamos en otros modelos de familia que no están recogidos en la ilustración. ¿Qué podemos decir sobre ellos? Después, compartimos la información con el resto de la clase.

D. ¿Cómo es nuestra familia? Lo comentamos en pequeños grupos.

📌 **RECUERDA**

padre, papá
madre, mamá
hermano/-a
abuelo/-a
marido, esposo
mujer, esposa
hijo/-a
pareja, novio/-a

Eva Vázquez/20 minutos

3. VÍDEO

🏠 **PREPÁRATE**

A. Antes de ver el vídeo, responde.

- ¿Qué puede significar el título del cortometraje (YO TB TQ)?
- ¿En qué contextos crees que se usa este tipo de escritura?

B. Ve el vídeo y responde.
🎥 8
- ¿Qué mensaje crees que pretende transmitir? ¿Estás de acuerdo?
- ¿Cómo crees que se solucionarían estos malentendidos?

C. ¿Usamos emoticonos cuando mandamos mensajes? En parejas, compartimos los que utilizamos cuando:

estamos enfadados/-as
estamos nerviosos/-as
estamos muy contentos/-as
estamos bromeando
...

D. En grupos, comparamos nuestras respuestas a A y B.

Yo creo que el cortometraje muestra...
compara...
quiere transmitir que...

ACTIVIDAD COMPLEMENTARIA en campus.difusion.com

DOCUMENTOS PARA DESCUBRIR

4. APLICACIONES PARA LIGAR

PREPÁRATE

A. Según el texto:

- ¿Cuáles son las razones por las que triunfan las aplicaciones para encontrar pareja?
- ¿Qué ventajas encuentran las personas que las usan?
- ¿Cuáles son los inconvenientes?

Según lo que dice el texto, una de las razones del éxito de las redes sociales para encontrar pareja es que…

B. En pequeños grupos, comparamos nuestras respuestas a A.

C. ¿Estamos de acuerdo con lo que dice el texto? Discutimos en pequeños grupos.

— Yo estoy de acuerdo con lo que dice el texto sobre las ventajas de…
— Sí, yo también, pero…

D. ¿Sabemos cuál es la aplicación para ligar más usada en nuestro país? Si no lo sabemos, podemos buscar la información en internet y compartirlo con nuestros compañeros.

E. ¿Usaríamos o hemos usado alguna de ellas? ¿Cuál? ¿Por qué?

— Yo las uso bastante. Empecé porque…
— Bueno, yo… la verdad es que prefiero no hablar de estas cosas…

ESTRATEGIAS

Cuando no queremos hablar de algún tema, podemos usar frases estereotipadas.
Prefiero no contestar a esa pregunta.
De ese tema prefiero no hablar.
Prefiero no hablar de mi vida personal.

F. ¿Conocemos otras aplicaciones para conocer gente? ¿Hay alguna que solamente se use en nuestro país?

— Yo utilizo una para salir a correr con gente de mi barrio.

EL AMOR EN LOS TIEMPOS DE TINDER

TEXTO MAPEADO en campus.difusion.com

¿Por qué están de moda las apps para ligar?

Según un informe de la Fundación Telefónica, los españoles somos los líderes europeos en el uso de teléfonos inteligentes. Estos teléfonos móviles han facilitado la comunicación entre oferta y demanda sin necesidad de intermediarios: compramos por Wallapop, buscamos alojamiento en Airbnb y, por qué no, ligamos a través de Tinder, Badoo, Happn o Adoptauntio.

Las *apps* para ligar aceleran los tiempos

Quedar con alguien para tomar algo, ir a la biblioteca a estudiar porque sabes que allí está el amor de tu vida, quedar para ir al cine o a un concierto, son algunos de los preliminares a una relación que pueden quedar obsoletos por culpa de (o gracias a) aplicaciones como las mencionadas más arriba. Hacer esas cosas puede suponer un proceso demasiado lento para los tiempos que vivimos: ahora solo necesitamos hacer un par de clics, descargar una aplicación y empezar a buscar a alguien.

En general, buscamos parejas parecidas a nosotros en cuanto a nivel social, de estudios, intereses y aficiones, y eso es precisamente lo que hacen por nosotros estas aplicaciones. Además, cuando quedamos con una persona que hemos conocido a través de una *app*, ya sabemos mucho el uno del otro, por lo que los temas de conversación están asegurados. Esta es, según los usuarios, una de sus principales ventajas: "Ya nos conocemos virtualmente, por lo que me siento más seguro y me cuesta menos empezar una conversación", asegura Jorge, que conoció a su actual pareja a través de Tinder.

¿Desaparecerán las habilidades sociales para relacionarnos sin tecnología?

Pero lo cierto es que la interacción virtual no exige el compromiso y la responsabilidad que suponen las interacciones en la vida real. Con estas aplicaciones, las personas tímidas e inseguras se vuelven más abiertas y su autoestima no se ve dañada si alguien los rechaza. Sin embargo, muchos psicólogos dicen que un abuso de las redes sociales puede empobrecer seriamente la calidad de las relaciones cara a cara.

Pero... ¿ha cambiado realmente el amor?

Muchos usuarios de este tipo de aplicaciones han encontrado al amor de su vida y afirman que no es importante el lugar donde se han conocido y que el amor ha llegado, obviamente, tras los primeros encuentros.

Para Helen Fisher, una antropóloga de la Universidad Rutgers que lleva más de 30 años estudiando el amor desde un punto de vista científico, la respuesta es un no rotundo: "Las webs de citas no están cambiando el amor ni tampoco de quién eliges enamorarte; lo que sí ha cambiado es cómo elegimos a la persona con la que queremos compartir nuestra vida". Según Fisher, tanto en las redes sociales como en el cara a cara, hay unos patrones naturales que nos hacen elegir a una pareja o a otra (pura química). Eso, la tecnología no puede cambiarlo.

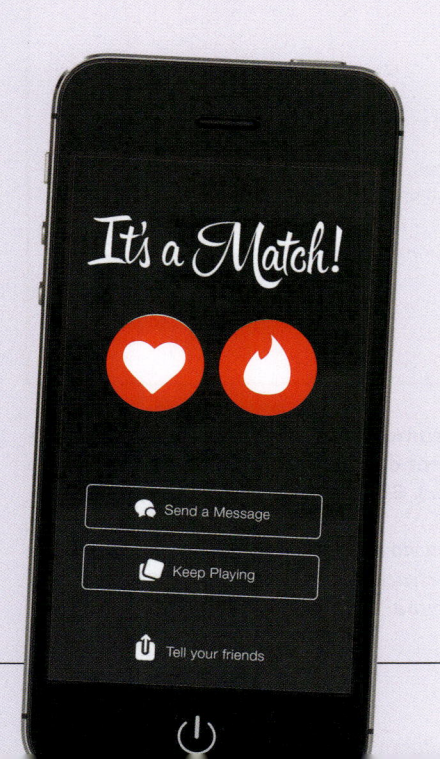

UNIDAD 8

5. USUARIOS DE APLICACIONES PARA LIGAR

PREPÁRATE

A. Estas tres personas hablan sobre algunas aplicaciones para ligar. Escucha y completa un cuadro como este.
🔊 20-22

Beatriz — 24 años
- Ventajas
- Inconvenientes
- Una anécdota

Jorge — 25 años
- Ventajas
- Inconvenientes
- Una anécdota

Miguel — 35 años
- Ventajas
- Inconvenientes
- Una anécdota

B. Escucha de nuevo el audio y marca qué afirmaciones corresponden a cada uno de los entrevistados: Beatriz (B), Jorge (J) y Miguel (M).
🔊 20-22

☐ No es fácil encontrar personas con gustos parecidos a los tuyos.
☐ Estas aplicaciones son superficiales.
☐ No es importante dónde conoces a una persona.
☐ Estas aplicaciones son útiles porque ya conoces cosas de la persona con la que quedas.
☐ Al principio sus relaciones no eran muy duraderas.

TRANSCRIPCIÓN MAPEADA en campus.difusion.com

C. En pequeños grupos, comparamos nuestras respuestas a A y B.

D. ¿Con cuáles estamos más de acuerdo? ¿Por qué? Lo comentamos en pequeños grupos.

— Yo estoy de acuerdo con Beatriz porque creo que con estas aplicaciones...

ACTIVIDAD COMPLEMENTARIA en campus.difusion.com

SISTEMA FORMAL

6. FAMILIAS DIFERENTES, DIFERENTES FAMILIAS

GRAMÁTICA

PREPÁRATE

A. Lee estos textos en los que algunas personas cuentan cómo tuvieron a sus hijos. ¿Conoces casos parecidos? ¿Te sorprende algo? Anótala.

> Empecé los trámites para adoptar a un niño en 2009. Me dijeron que sería difícil por ser un hombre soltero y me pidieron muchos papeles. Al principio me denegaron la adopción, pero seguí intentándolo. En 2013, finalmente, logré presentar todos los papeles y pude volar hasta Vietnam. Allí tuve que firmar muchos papeles más y unos días después conocí a Paula, mi hija.
>
> **Mario**
> padre de Paula

> Siempre quise ser madre. A lo largo de mi vida he tenido varias parejas, pero ninguna ha funcionado. Cuando cumplí 38 años supe que era el momento de tomar la decisión, así que busqué información sobre el proceso de fecundación *in vitro*. Un día pedí cita y sin pensarlo dos veces empecé el tratamiento. Los primeros intentos no funcionaron, pero los médicos siguieron intentándolo y hace tres años nació Hugo. Lo mejor es que hace una semana Hugo me pidió un hermanito.
>
> **Icíar**
> madre de Hugo

> Nos casamos en junio de 2010 en Ciudad de México. Nuestro entorno familiar es bastante tradicional y, cuando se lo dijimos a nuestras familias, no se pusieron muy contentos. Pero ahora todo ha cambiado, sobre todo desde que tuvimos a Violeta y a Julia. Isabel fue la madre donante de óvulos y yo, la madre gestante.
>
> **Isabel y Nuria**
> madres de Violeta y Julia

> Una amiga de mi madre que no tenía pareja, tuvo....

B. Fíjate en los verbos subrayados. ¿En qué tiempo están?

C. Clasifícalos en una tabla como esta y escribe el infinitivo correspondiente y la persona gramatical. El número te ayudará a saber cuántas formas verbales de cada tipo hay en el texto.

verbos regulares (10)	verbos de raíz irregular (7)	verbos con irregularidad vocálica (6)	verbos totalmente irregulares (1)
empecé > empezar (yo)	....	pidieron > pedir (ellos/-as, ustedes)	....

D. Fíjate en los verbos con irregularidad e > i. ¿Son irregulares en todas las personas? ¿En qué otro tiempo presentan esta irregularidad? Completa la tabla.

	PEDIR
yo	....
tú, vos	pediste
él, ella, usted	....
nosotros/-as	pedimos
vosotros/-as	pedisteis
ellos, ellas, ustedes	....

> **ATENCIÓN**
>
> Algunos verbos, aunque son regulares, tienen una modificación ortográfica en la primera persona del singular:
> pa**g**ar > pa**gu**é
> bus**c**ar > bus**qu**é
> empe**z**ar > empe**c**é

E. Comentamos en pequeños grupos nuestras respuestas a A.

F. Por parejas, comparamos las respuestas a B y C. En Recursos lingüísticos podemos revisar nuestras respuestas y ampliar la información. Después, comprobamos la tabla de la actividad D.

G. Ahora, pensamos en algo que nos costó mucho conseguir (ahorrar dinero para un viaje, aprobar una asignatura...). Se lo contamos a otra persona.

— A mí me costó mucho aprobar el carné de conducir. Me apunté a la autoescuela en septiembre de 2016 y la primera vez que me presenté al examen suspendí. Después...

UNIDAD 8

7. LOCURAS POR AMOR

GRAMÁTICA

🏠 PREPÁRATE

A. Lee la noticia de la derecha y escribe tres adjetivos de personalidad para Yassan. Y su novia, ¿cómo crees que reaccionó? ¿Crees que se casaron?

B. ¿Estás de acuerdo con el dicho popular "el amor mueve montañas"? ¿Por qué?

C. Subraya los verbos en pasado del texto. ¿En qué tiempo están?

D. Lee el inicio de la historia de Yassan contado de otra manera. ¿En qué tiempo están los verbos subrayados? ¿Puedes decir para qué se usan?

> Todo comenzó en 2008, cuando Yassan <u>tenía</u> 31 años y <u>estaba</u> muy enamorado. En ese momento, Yassan <u>trabajaba</u> como pintor, pero decidió dejar su trabajo y llevar a cabo su aventura porque <u>quería</u> demostrar su amor de una manera única. Su viaje <u>tenía</u> un doble objetivo: conocer todo Japón y dibujar un mensaje muy importante para su novia. <u>Llevaba</u> consigo muy poco equipaje, además de un GPS y un mapa.

| pretérito imperfecto | pretérito indefinido |

- Usamos el .... para hacer avanzar el relato.
- Usamos el .... para describir personas, circunstancias, lugares, etc.
- Usamos el .... para expresar acciones habituales en el pasado.

Un artista japonés recorrió durante seis meses más de siete mil kilómetros para crear un "dibujo de GPS" y pedirle matrimonio a su novia.

El amor mueve montañas. Yasushi Takahashi, más conocido como Yassan, realizó este larguísimo recorrido (a pie, en coche y en bicicleta) llevando un móvil y una aplicación especial que registra el camino. De esta manera hizo su peculiar petición de mano y creó el dibujo GPS más grande de la historia.

elcomercio.es

E. Comparamos nuestras respuestas a los apartados anteriores.

F. En parejas, completamos estas historias con los verbos del recuadro en imperfecto o en indefinido.

| ¿Qué has hecho por amor? |

| empezar | ser | tener | decidirse | encantar | ir |

1. Yo, por amor, ... a hacer paracaidismo. Mi novio .... paracaidista y todos los fines de semana .... juntos a diferentes lugares porque él .... competiciones, hasta que un día .... a probar y me ....

| discutir | saber | hacer | trabajar | aparecer | llevar | ir |

2. Un día .... con mi novia y no .... cómo pedirle perdón, así que .... un grafiti enorme cerca de la oficina donde ella .... con la frase: "Te quiero, Lidi, perdóname". Justo en ese momento .... por allí un coche de policía... Me .... a comisaría, pero mi novia .... a buscarme y me perdonó.

G. Completamos esta historia con información relativa a Nacho: la edad, el aspecto físico, el lugar de residencia, los amigos, la pareja, las actividades de ocio, etc. Después, comparamos nuestra historia con la del resto de los compañeros.

Nacho
- empezó a estudiar medicina en Oviedo en 2008
- entró en el grupo de teatro de la universidad en 2010
- consiguió un papel en una serie de televisión en 2013
- se convirtió en una estrella y fue muy popular entre los adolescentes entre 2014 y 2015

ACTIVIDAD COMPLEMENTARIA
en campus.difusion.com

SISTEMA FORMAL

8. ¿ESTUVISTE ALLÍ O ESTABAS ALLÍ?

GRAMÁTICA

PREPÁRATE

A. Observa estas frases. ¿Por qué crees que se usa el pretérito indefinido en las de la izquierda y el imperfecto en las de la derecha? Escribe otro ejemplo en tu cuaderno.

estuve viajando —— hoy	estaba viajando —— hoy
Estuvimos saliendo 12 años y luego nos casamos.	**Estábamos saliendo** juntos cuando a Marta le dieron la beca posdoctoral.
Estuve viviendo con Andrés desde 2012 hasta 2014.	**Estaba viviendo** con Andrés cuando conocí a Luis.
Estuvo viajando por Japón durante mucho tiempo.	No pudo venir a mi boda porque en ese momento **estaba viajando** por Japón.
Estuvieron trabajando en Bilbao el lunes y el martes.	Les llamé el martes, pero **estaban trabajando** en Bilbao.

B. Compartimos con otra persona nuestras hipótesis sobre A y el ejemplo que hemos añadido.

C. Alejandra y Manuel están mirando fotos de su graduación. Elegimos el tiempo correcto en cada frase. Después, comparamos con otra persona.

> Mira esta foto: **estuvimos/estábamos** celebrando nuestra graduación, ¿te acuerdas? **Estuvimos/estábamos** bailando y riéndonos toda la noche.

> Sí, es verdad. Mira, mira, y en esta otra foto Alberto y Laura **estuvieron/estaban** muy juntitos, ya sabía yo...

> Sí, en aquella fiesta ya **estuvieron/estaban** saliendo juntos, pero lo querían mantener en secreto.

9. TÚ NO ERES ASÍ

GRAMÁTICA Y LÉXICO

PREPÁRATE

A. Lee el diálogo entre estos dos amigos que están mirando fotos en el móvil y subraya en diferente color las frases con los verbos **ser** y **estar**. Después, decide cuáles son sus usos y tacha la opción incorrecta.

> —¡Ah! Mira, y esta es mi otra hermana.
> —¡Qué guapa! ¿Es Silvia o Inés?
> —Es Inés, la pequeña. Sí, es muy guapa y muy maja. Y además es muy inteligente...
> —¿A qué se dedica?
> —Es ingeniera agrónoma y le va muy bien. Está trabajando para una empresa muy importante.
> —¿Dónde estáis? Esto no es Madrid, ¿no?
> —No, estamos en Bogotá. Su novio es colombiano y ella vive allí. Es ese chico que está detrás.
> —¿El que está sentado?
> —Sí. Es que ese día estaba fatal porque tenía fiebre o algo así. Y ella estaba muy nerviosa. ¡Mira qué cara tiene en esta foto!

- Localización: ~~ser~~ | **estar**
- Nacionalidad: **ser** | estar
- Profesión: **ser** | estar
- **Ser** | estar + gerundio
- Estado de ánimo: ser | **estar**
- Identificación: **ser** | estar
- Carácter: **ser** | estar
- **Ser** | **estar** bien/mal...
- Posición: ser | **estar**
- Descripción: **ser** | estar

B. Comparamos nuestras respuestas a A.

C. Por parejas, leemos estos pares de frases y comentamos las diferencias de significado.

> 1. Juan es muy guapo. Le voy a dar al "me gusta"... ¡Me encanta el Tinder!
> 2. Mmm... Con ese corte de pelo, Juan está guapo, ¿no?

> 1. Mi hermano está insoportable. No sé qué le pasa.
> 2. Mi hermano es insoportable. No te recomiendo trabajar con él, la verdad...

D. Comparamos nuestras hipótesis con las del resto de la clase.

E. Intentamos escribir otros ejemplos con adjetivos como moreno/-a, verde, joven, viejo/-a, nuevo/-a... y comparamos los resultados con otras personas.

ACTIVIDAD COMPLEMENTARIA en campus.difusion.com

UNIDAD 8

10. LAS RAZONES DE MIS AMIGOS

GRAMÁTICA

PREPÁRATE

A. Lee la sinopsis de esta película. ¿Alguna vez has prestado dinero a tus amigos? ¿Te han prestado dinero a ti? ¿Te lo han devuelto pronto? ¿Se lo has devuelto?

ATENCIÓN

Prestar/dejar algo a alguien
Marta **le ha prestado**/ **dejado** dinero a su amigo Carlos.

Pedir (prestado) algo a alguien
Carlos me **ha pedido** dinero. (no sabemos si la persona que habla ya se lo ha prestado o si Carlos está esperando una respuesta)

Deber algo a alguien
Carlos me **debe** dinero.

He prestado varias veces dinero a mis amigos y siempre…

CRINETICA

TÍTULO	Las razones de mis amigos
AÑO	2000
DURACIÓN	93 min.
GÉNERO	Drama	Amistad
SINOPSIS	Santiago, Marta y Carlos se conocen desde la universidad, hace más de quince años. Un día, Carlos les pide dinero a sus amigos, lo necesita urgentemente. Ellos le preguntan para qué es y, finalmente, se lo prestan, aunque eso supone para ellos aplazar otros proyectos o directamente abandonarlos. Por ejemplo, Marta y su marido pensaban comprar una casa, pero ahora ya no se la pueden pagar. Pasan los meses y Carlos no les devuelve el dinero. Santiago y Marta no se lo dicen, pero el préstamo está afectando a sus respectivas relaciones de pareja. La película muestra cómo las preocupaciones materiales influyen en las relaciones de pareja y de amistad y cómo las pueden llegar a destruir.

Adaptado de fotogramas.es

★★★☆☆☆☆☆☆☆
5.7

España
Películas en cartelera
Cines España
Próximos estrenos
Estrenos DVD venta
Próximos DVD venta
Ya para alquilar
Próximamente en alquiler
Video *on Demand*
Netflix

Secciones
Taquilla
Tráilers
Últimos tráilers
Últimas críticas
Todas las películas

B. Lee estas frases del texto: ¿a qué se refieren los pronombres marcados en negrita? Después completa la tabla.

- **Lo** necesita urgentemente > *el dinero*
- No **la** pueden pagar > ……………………
- Eso supone abandonar**los** > ……………………
- Santiago y Marta no se **lo** dicen > ……………………
- Hasta el punto de que **las** puede destruir > ……………………

pronombres de objeto directo

masculino singular o parte del discurso	femenino singular
……………………	……………………

masculino plural	femenino plural
……………………	……………………

C. Lee estas otras frases: ¿a qué se refieren los pronombres subrayados? Después completa la tabla.

1.
- Carlos <u>les</u> pide dinero a sus amigos > ……………………
- Ellos <u>le</u> preguntan para qué es > ……………………

2.
- Ellos <u>se</u> lo prestan > ……………………
- Ahora ya no <u>se</u> la pueden pagar > ……………………

pronombres de objeto indirecto

masculino y femenino singular	masculino y femenino plural
…………… (………)	…………… (se)

ATENCIÓN

Los pronombres de OI **le** y **les** se transforman en **se** en contacto con los pronombres de OD **lo, la, los** y **las**.

Ya ~~le lo~~ expliqué. > Ya **se lo** expliqué. (el plan a Juan / a María)
Ya ~~les la~~ envié. > Ya **se la** envié. (la invitación a mis amigos/-as)

D. En pequeños grupos, comparamos nuestras respuestas a A, B y C. Podemos consultar la gramática de Recursos lingüísticos.

E. Imaginamos estas situaciones. ¿Cómo reaccionaríamos si…?

- … nuestro mejor amigo nos pide el coche.
- … un desconocido nos pide nuestro teléfono móvil para hacer una llamada.
- … un/a compañero/-a de clase nos pide nuestros apuntes.
- … nos hacen un regalo que no nos gusta.
- … recibimos un mensaje en el móvil y no sabemos de quién es.

—Si es muy buen amigo, yo normalmente se lo dejo.
—Pues… yo no le dejo mi coche a nadie, es nuevo y…

SISTEMA FORMAL

11. UNA REUNIÓN FAMILIAR

GRAMÁTICA Y LÉXICO

PREPÁRATE

A. Lee este pequeño texto sobre las reuniones familiares. ¿Estás de acuerdo con lo que dice? Además de la Navidad, ¿qué otras épocas o situaciones familiares pueden provocar estrés?

> La Navidad es la época de reuniones familiares por excelencia y, en algunos casos, puede convertirse en una fuente de estrés: el cansancio, los compromisos, el reencuentro con la familia, las compras, la presión de ser el anfitrión, las discusiones, la falta de ejercicio o los excesos en comida y bebida pueden llevarnos a disfrutar de esta época menos de lo que nos gustaría.

B. Lee los testimonios de siete personas que cuentan sus experiencias en las reuniones familiares. ¿Qué testimonios expresan sentimientos positivos (+) y cuáles negativos (-)? Subraya los verbos y las expresiones que expresan esos sentimientos.

- Odio cuando toda mi familia me pregunta si ya tengo novio. — **Ana**
- Me cuesta mantener una conversación con personas a las que no veo durante todo el año. — **Álex**
- A mí me gustan las celebraciones familiares, me encanta preparar comida para muchas personas y no me molesta pasarme todo el día cocinando. — **Pablo**
- No soporto a la familia de mi marido. — **Rosa**
- Me cae muy mal mi cuñado: no soporto sus bromas machistas. — **Celia**
- Yo me siento muy afortunada de tener una familia muy grande. Lo bueno es que me llevo muy bien con todos y en Navidad lo pasamos genial juntos. — **Silvia**
- Me siento muy bien rodeado de todos mis seres queridos. Me encantan las comidas familiares. — **Miguel**

C. Comparamos nuestras respuestas a A con otras personas. ¿Con qué testimonios nos sentimos más identificados?

— Yo me siento identificado con Álex, porque me cuesta mantener una conversación con algunas personas de mi familia a las que no veo casi nunca.

D. Por parejas, ponemos en común B y escribimos qué tipo de palabra acompaña a cada una de estas estructuras.

- Odio + ...
- Me siento + ...
- (No) me cuesta + ...
- Me gusta(n) + ...
- (No) me molesta + ...
- Me encanta(n) + ...
- No soporto + ...
- Me cae + ...
- Llevarse + ...
- Pasarlo + ...

E. Comprobamos nuestras respuestas a D en el apartado de Recursos lingüísticos.

F. Utilizamos las expresiones de D para hablar de nuestros sentimientos o relaciones en estas situaciones.

- En las fiestas familiares
- En el trabajo
- En mi piso o residencia
- Con mis hermanos
- Con mi pareja
- ...

12. RELACIONES SENTIMENTALES

LÉXICO

PREPÁRATE

A. Según tú, ¿cuál es el orden más normal de hacer estas cosas? Ordénalas.

- divorciarse (de)
- salir (con)
- irse a vivir (con)
- separarse (de)
- tener hijos (con)
- casarse (con)
- enamorarse (de)
- conocer (a)

B. En grupos, comparamos nuestras respuestas a A.

C. Analizamos los iconos. ¿Qué tipo de pareja representan? ¿Crees que son representativos de la sociedad de hoy en día?

D. ¿Conocemos a alguien que haya pasado por todas estas fases? ¿Por cuáles de ellas hemos pasado nosotros? Lo comentamos con otras personas.

E. ¿Qué nos parecen estos testimonios? Lo discutimos en grupos.

> Mi mujer y yo nos casamos sin vivir juntos primero y nunca hemos tenido ningún problema de convivencia importante.

> Nunca salgo con nadie mayor o menor que yo cinco años. No tenemos nada en común.

13. RECURSOS PARA ARGUMENTAR

CARACTERÍSTICAS DEL TEXTO

PREPÁRATE

A. Escucha a Inés contar cómo conoció a alguien importante en su vida y responde a estas preguntas.
🔊 23

- ¿De quién habla?
- ¿Dónde lo conoció?
- ¿Cuándo empezaron su relación?

TRANSCRIPCIÓN MAPEADA
en campus.difusion.com

B. Lee ahora la transcripción de la conversación y fíjate en las palabras que están en negrita. ¿Sabes para qué se usan? Clasifícalas en un cuadro como el de abajo.

—Oye, Inés, y tú, ¿cómo conociste a Alberto?
—Pues es una historia muy romántica...
—<u>Cuenta, cuenta...</u>
—Pues mira, **resulta que** de pequeños en el pueblo íbamos juntos a la escuela.
—<u>¡No me digas! ¡Qué fuerte!</u>
—Sí, sí, durante toda la primaria. **Luego**, en secundaria, nos perdimos la pista porque ya no vivíamos en el pueblo y cada uno fue a un instituto diferente.
—<u>Ya, claro.</u>
—Y yo tuve otros novios. Incluso estuve a punto de casarme con uno de ellos.
—<u>¿Ah, sí? ¡No lo sabía!</u>
—Sí, sí, con Paco. Era un chico muy majo, pero al final yo... anulé la boda.
—<u>¿En serio? ¿Qué pasó?</u>
—Es una larga historia... Bueno, **el caso es que** un día, iba de camino al pueblo y **de repente** el coche se paró en medio de la nada, y encima estaba sin batería en el móvil.
—<u>¡No! ¡Qué mala suerte!</u> ¿Y qué hiciste?
—Pues desesperarme, no sabía qué hacer. **Y entonces, de repente**, vi un coche. Yo me puse muy contenta, pero también un poco nerviosa, porque no sabía quién podía aparecer.
—<u>Ya, claro, normal.</u>
—Y entonces apareció Alberto...
—¡Nooo!
—Sí, sí, como lo oyes, no me lo podía creer. Hacía muchos años que no nos veíamos y fue un flechazo.
—¡Qué bonito! ¿Pues **a que no sabes** cómo conocí yo a Rosa?

Introducir un tema o comenzar una historia	Añadir una explicación o un desarrollo
Resulta que...	....

C. Fíjate ahora en las frases subrayadas y organízalas en una tabla como esta.

Valorar la situación o lo sucedido	Dar la razón o mostrar acuerdo	Pedir más información	Mostrar sorpresa
....	....	....	....

D. Comparamos nuestras respuestas a A, B y C con otra persona.

E. Trabajamos por parejas. Cada uno prepara tres o cuatro frases sueltas pensadas para que la otra persona reaccione usando estas expresiones. ¿Funciona?

¡No me digas!
Cuenta, cuenta...
¡Qué mala suerte!
Ya, claro
¿Ah, sí? No lo sabía
¡Qué fuerte!

—¿Sabes que el nuevo profesor de Lingüística Aplicada tiene seis hijos?
—¿Ah, sí? No lo sabía. Pero parece muy joven, ¿no?

UNIDAD 8

TAREAS

PROYECTOS UNIDADES 7 Y 8
→ PÁG. 234

14. CONTAR ANÉCDOTAS

A. En parejas, vamos a imaginar una situación y a escribir una anécdota utilizando el pretérito imperfecto y el pretérito indefinido. Podemos basarnos en una historia real y adaptarla y podemos hablar de nosotros o de otras personas.

SITUACIONES POSIBLES
- Conocer a alguien importante o famoso
- Enamorarse por primera vez
- Tener una cita a ciegas
- Ligar a través de una *app*
- Conseguir un trabajo inesperado
- Dejar un buen trabajo
- Otros...

B. Ahora, vamos a transformar la anécdota en un diálogo y a incluir los recursos que hemos aprendido para mostrar sorpresa, pedir más información...

C. Por turnos, representamos el diálogo en clase. Nuestros compañeros votarán de 1 (mínimo) a 5 (máximo) la naturalidad, el buen uso de los pasados y el manejo de los marcadores del discurso.

15. REDES SOCIALES

A. ¿Conoces la historia de las redes sociales? Por parejas o en pequeños grupos, vamos a investigar en internet cómo y dónde surgieron, cuáles fueron las primeras y cómo han evolucionado; cómo eran y a qué público estaban dirigidas, cómo son hoy en día, etc.

— Según parece, *classmates.com* es la primera red social de la historia. Aquí dice que surgió en 1995.
— ¿*classmates.com*? Sí, me suena de algo. ¿Cómo era?

B. Una vez recopilada la información, vamos a crear "La línea del tiempo de las redes sociales", desde su inicio hasta la actualidad. Podemos usar imágenes, textos, ejemplos gráficos...

C. Presentamos en clase nuestro trabajo y lo comentamos con el resto de los compañeros.

RECURSOS LINGÜÍSTICOS

GRAMÁTICA

PRONOMBRES DE OBJETO DIRECTO E INDIRECTO
Cuando un elemento ya ha sido mencionado o está claro por el contexto, para no repetirlo, usamos los pronombres de OD (objeto directo) y OI (objeto indirecto).

▶ **Objeto directo**

masculino singular o parte del discurso	femenino singular
lo	la
masculino plural	**femenino plural**
los	las

El objeto directo es la persona o cosa que recibe de manera directa la acción expresada por el verbo.
- ¿Has hecho ya **los deberes**?
- Sí, **los** hice ayer.

Los pronombres de OD aparecen también cuando el objeto directo aparece antes del verbo.
<u>Quiero</u> mucho **a mi madre**.
A mi madre la <u>quiero</u> mucho.

El pronombre de OD **lo** también puede sustituir toda una frase o una parte del discurso.
*Marta le ha prestado dinero a un amigo, pero su novio no **lo** sabe.* (que le ha prestado dinero a un amigo)

🔔 La forma **lo** también puede sustituir al atributo de verbos como **ser**, **estar**, o **parecer**.
*Ahora es muy amable con nosotros, pero antes no **lo** era.*

▶ **Objeto indirecto**

masculino y femenino singular	masculino y femenino plural
le (se)	les (se)

🔔 Los pronombres de OI **le** y **les** se transforman en **se** en contacto con los pronombres de OD **lo, la, los** y **las**.
*Cuando Carlos necesita dinero, Marta y Santiago **se lo** prestan.*

El objeto indirecto es la persona (y con menos frecuencia, la cosa) destinataria final de la acción del verbo.

En español casi siempre usamos los pronombres de OI incluso cuando no hemos mencionado antes el elemento al que se refieren.
*Carlos **les** pide dinero <u>a sus amigos</u>.*

PRETÉRITO INDEFINIDO: VERBOS IRREGULARES

▶ Verbos irregulares con cambio vocálico
Los verbos de la tercera conjugación (**-ir**) que en presente tienen cambios vocálicos (**e > i**, **o > ue**) presentan también un cambio vocálico en indefinido en la tercera persona del singular y en la tercera del plural.

	PEDIR	SENTIR	DORMIR
yo	pedí	sentí	dormí
tú, vos	pediste	sentiste	dormiste
él, ella, usted	pidió	sintió	durmió
nosotros, nosotras	pedimos	sentimos	dormimos
vosotros, vosotras	pedisteis	sentisteis	dormisteis
ellos, ellas, ustedes	pidieron	sintieron	durmieron

▶ Verbos con raíz irregular
Los verbos con raíz irregular tienen todos las mismas terminaciones.

	VENIR	HACER	TENER
yo	vine	hice	tuve
tú, vos	viniste	hiciste	tuviste
él, ella, usted	vino	hizo	tuvo
nosotros, nosotras	vinimos	hicimos	tuvimos
vosotros, vosotras	vinisteis	hicisteis	tuvisteis
ellos, ellas, ustedes	vinieron	hicieron	tuvieron

Otros verbos con raíz irregular:

saber	>	sup-	poner	>	pus-
decir	>	dij-	estar	>	estuv-
andar	>	anduv-	traer	>	traj-
poder	>	pud-	haber	>	hub-
caber	>	cup-	querer	>	quis-

🔔 En la 1.ª y en la 3.ª persona del singular de los verbos que tienen raíz irregular, la sílaba tónica es la penúltima.
*vi*ne   con*du*jo
*pu*se   *tu*vo

🔔 Los verbos que tienen una raíz irregular acabada en **-j** (**decir > dij-**, **traer > traj-**, **producir > produj-**, **conducir > conduj-**, etc.) hacen la tercera persona del plural con la terminación **-eron**, no **-ieron**.
decir > ~~dijieron~~ **dijeron**

Los verbos **ir** y **ser** son irregulares y tienen la misma forma.

	IR/SER
yo	fui
tú, vos	fuiste
él, ella, usted	fue
nosotros/-as	fuimos
vosotros/-as	fuisteis
ellos, ellas, ustedes	fueron

PRETÉRITO INDEFINIDO: VERBOS CON MODIFICACIÓN ORTOGRÁFICA
Algunos verbos regulares tienen pequeños cambios ortográficos en algunas personas.

▶ Verbos con raíz terminada en -a, -e y -o
En estos verbos, las formas correspondientes a **yo**, **tú**, **nosotros** y **vosotros** llevan tilde; en las terceras personas (singular y plural), la **i** se convierte en **y**.

	LEER	OÍR
yo	leí	oí
tú, vos	leíste	oíste
él, ella, usted	leyó	oyó
nosotros, nosotras	leímos	oímos
vosotros, vosotras	leísteis	oísteis
ellos, ellas, ustedes	leyeron	oyeron

Otros verbos con estas modificaciones: **creer**, **caer**, **roer**...

▶ Verbos con infinitivo terminado en -gar, -zar, -car
Estos verbos tienen una modificación en la primera persona del singular.

pagar	>	pagué
buscar	>	busqué
empezar	>	empecé

CONTRASTE PRETÉRITO INDEFINIDO / PRETÉRITO IMPERFECTO
Cuando relatamos hechos del pasado, podemos usar estos dos tiempos.

▶ El pretérito indefinido en la narración
Con el pretérito indefinido representamos una acción terminada, completa. Presentamos la información como un evento que hace avanzar la historia.

▶ El pretérito imperfecto en la narración
El pretérito imperfecto representa la acción no terminada, en proceso. La historia "se detiene" y hacemos una descripción de personas, cosas o circunstancias. Con el pretérito imperfecto también expresamos acciones habituales en el pasado.
*Juan y yo nos **conocimos** (evento) en la universidad. **Estudiábamos** (descripción de circunstancia) la misma carrera. Él **era** muy estudioso (descripción de persona) y todos los días **iba** (acción habitual) a la biblioteca. Un día, **fui** (evento) allí a buscarlo, **hablamos** (evento) durante horas y creo que en ese momento **nos enamoramos** (evento) el uno del otro.*

ESTAR + GERUNDIO
Usamos **estar** + gerundio para presentar las acciones en su desarrollo y, en algunos casos, expresar que la acción se ha repetido varias veces.

pretérito perfecto + gerundio
La acción se sitúa en un tiempo reciente.
***He estado hablando** con Luis.* (recientemente)
*Marga **ha estado yendo** a terapia.* (repetidamente)

pretérito indefinido + gerundio
La acción se sitúa en un tiempo concreto y acotado en el pasado.
*Ayer **estuve hablando** con mi padre sobre la posibilidad de irme de Erasmus el próximo curso.*

RECURSOS LINGÜÍSTICOS

pretérito imperfecto + gerundio
La acción se presenta como una circunstancia de otra acción principal.
Estaba hablando con mi padre sobre la posibilidad de irme de Erasmus a Alemania, cuando oímos la noticia sobre la reducción de becas.

EXPRESAR ACUERDO Y DESACUERDO
▶ **Expresar acuerdo**
—*Creo que las relaciones personales en las redes sociales son más superficiales que en persona.*
—*Sí, es verdad.*
  Tienes razón.
  Sí, estoy de acuerdo.
  Sí, para mí también son más superficiales.
  Sí, yo también creo que son más superficiales.
  Sí, a mí también me parecen más superficiales.

▶ **Expresar desacuerdo**
—*Creo que las relaciones personales en las redes sociales son mucho más superficiales que en persona.*
—*No, eso no es (del todo) verdad.*
  No, no estoy (muy) de acuerdo.
  Yo creo que no.
  No pienso lo mismo que tú.

▶ **Presentar un contraargumento**
—*Creo que las relaciones personales en las redes sociales son mucho más superficiales que en persona.*
—*Sí/ya, es verdad, pero (por otra parte) no se puede comparar, son diferentes modos de relacionarse.*
  Sí, estoy de acuerdo, pero (por otra parte) no se puede comparar, son diferentes modos de relacionarse.
  Sí, está claro que las relaciones no son las mismas, pero no tienen por qué ser más superficiales.
  Es evidente que las relaciones no son las mismas, pero no tienen por qué ser más superficiales.

SER Y ESTAR
Los verbos **ser** y **estar** se usan para presentar las características de algo o de alguien.

▶ **Usos de ser**
Con el verbo **ser** presentamos esas características como algo esencial.

- Identificar
—*¿Quién **es** la chica de la foto?*
—***Es** Leonor, mi hermana mayor.*

- Especificar el origen o la nacionalidad
***Es** una película rumana.*
*Pedro **es** portugués.*

- Hablar de la profesión
*Mi mujer **es** periodista deportiva.*

- Describir la personalidad y el carácter
*Mi hermano **es** muy extrovertido y sociable.*

- Describir el aspecto externo
*Me gusta mucho la casa de Néstor. **Es** muy luminosa.*
*Cristina **es** morena, tiene la piel muy clara y los ojos grandes y negros. **Es** muy guapa.*

▶ **Usos de** estar
Con el verbo **estar** presentamos características como algo temporal, circunstancial o como el producto de nuestra experiencia.
*Mi hermano hoy **está** insoportable, aunque suele ser muy tranquilo.*

estar + participio
Estos participios se usan como adjetivos (que expresan posición, estado o situación).
*Marta **está tumbada** en el sofá porque le duele mucho la cabeza.*
*Josefina **está embarazada** de gemelos.*
*La tienda ya **está cerrada**.*

estar + bien/mal
*Enhorabuena, Gerardo, tu examen **está** muy **bien**.*
*Esta pregunta **está mal** formulada.*

estar + gerundio
*Gerardo **está preparando** los exámenes finales; **está estudiando** mucho.*

🔔 El verbo **estar** también se utiliza para localizar algo o a alguien en el espacio.
*Bárbara **está** en Helsinki hasta el jueves.*
*¿Dónde **están** mis gafas?*

▶ **Ser y estar con los mismos adjetivos**
Algunos adjetivos cambian de significado si se usan con **ser** o con **estar**.
*Las manzanas **son verdes**, rojas y amarillas.*
(se refiere al color natural de las manzanas)
*Esas manzanas **están verdes**, espera unos días.*
(todavía no están maduras)

Con otros adjetivos, se mantiene el mismo significado.
*Pepe **es** muy **guapo**.* (es un rasgo físico)
*Pepe **está** muy **guapo** con esa camisa.* (Pepe no es guapo, pero la camisa le favorece mucho)

*Mi madre **es** muy **joven**, solo tiene 35 años.* (es una característica de esa persona)
*Mi madre **está** muy **joven**. Tiene 70 años, pero parece que tiene 50.* (esa persona no es joven, pero parece que tiene menos años)

*Mi jefe **es insoportable**, siempre está gritando.* (es una característica permanente de su carácter)
*Mi jefe **está insoportable**, creo que se está divorciando.* (es una característica temporal que se aprecia en su carácter estos días, últimamente...)

🔔 Hay algunos adjetivos que, por su significado, solamente pueden ir con el verbo **ser**:
*Carla **es** muy inteligente.*
Carla ~~está~~ muy inteligente.

Y otros solamente pueden ir con **estar**:
*Carla **está** contenta.*
Carla ~~es~~ contenta.

UNIDAD 8

LÉXICO

PRESTAR, DEJAR, PEDIR, DEBER

prestar/dejar algo a alguien
Marta le **ha prestado/dejado** dinero a su amigo Carlos.
¿Me **dejas/prestas** tu abrigo gris para ir a la fiesta?

pedir (prestado) algo a alguien
Carlos me **ha pedido** dinero.
¡Mi hermana siempre me **está pidiendo** mi ropa, es una pesada! (No sabemos si la persona que habla ya ha prestado lo que le piden o si la otra persona está esperando una respuesta)

deber algo a alguien
Carlos me **debe** dinero.

EXPRESIÓN DE SENTIMIENTOS Y OPINIONES

me cuesta + infinitivo
Me cuesta mucho **hacer** amigos cuando llego a un sitio nuevo.
Hablar contigo es muy fácil, **no me cuesta** nada **decir** lo que pienso.

me siento + adjetivo
Me siento feliz cuando estoy cerca de mi familia.
Después de discutir con mi padre, siempre **me siento triste**.

me enfado cuando + verbo en presente
Me enfado cuando mis amigos **salen** de fiesta y no me llaman.
¿Por qué **te enfadas cuando te hago** una crítica?

me cae(n) bien/mal/fenomenal/fatal...
El hermano de mi novia **me cae fenomenal**, pero sus padres **me caen fatal**, la verdad.
¿**Te cae bien** la novia de Marcos?

llevarse bien/mal/fenomenal/fatal...
Me llevo muy bien con los amigos de mi novio.
No sabía que Alberto y Lupe **se llevaban tan mal**...

RELACIONES SOCIALES

conocer ⟩ bien ⟩ poco ⟩ mejor ⟩ a Juan

conocerse ⟩ bien ⟩ poco ⟩ mejor

llevarse ⟩ bien ⟩ mal ⟩ fatal ⟩ con Luisa

salir con ⟩ Pedro

salir de ⟩ fiesta

salir a ⟩ bailar ⟩ tomar algo

enamorarse de ⟩ Carla ⟩ un compañero
casarse con
separarse de
divorciarse de

vivir ⟩ solo/-a ⟩ en pareja ⟩ con un/a amigo/-a

tener ⟩ una relación ⟩ una historia ⟩ con Clara ⟩ hijos

CARACTERÍSTICAS DEL TEXTO

MARCADORES PARA RELATAR

▶ **Anunciar un relato**
¿**A que no sabes** lo que me pasó el otro día?
Oye, ¿**sabes que** Andrés se ha casado?

▶ **Comenzar una historia**
(**Pues**) **resulta que** me robaron la cartera en el metro.

▶ **Añadir una explicación o un desarrollo**
El otro día iba a comprar unos regalos para mi madre porque el sábado es su cumpleaños. **El caso es que** estaba en el metro hablando por teléfono tranquilamente **y entonces, de repente,** noté un tirón en el bolso. Había mucha gente subiendo en esa parada y pensé que no había sido nada. **Luego/más tarde** me di cuenta de que me habían robado la cartera.

REACCIONAR A LO QUE NOS CUENTAN OTROS

▶ **Valorar la situación o lo sucedido**

¡Qué fuerte!
¡Qué bonito!
¡Qué mala suerte!
¡Qué horror!

▶ **Dar la razón o mostrar acuerdo**

Claro, normal...
Ya...
No me extraña.

▶ **Pedir más información**

Cuenta, cuenta...
Sigue, sigue...
¿Y qué hiciste?
¿Y qué pasó?
¿Cómo terminó?

▶ **Mostrar sorpresa**

¡Noooo!
¡No me digas!
¿Ah, sí? No lo sabía...
¿En serio?

9

MODA Y CUERPO

CULTURA
- La importancia de la ropa para la identidad personal y colectiva
- El impacto de la industria textil
- El lenguaje corporal

COMUNICACIÓN
- Valorar y opinar sobre el mundo de la moda
- Dar órdenes y expresar prohibiciones
- Aconsejar y sugerir
- Identificar y señalar
- Referirse a algo mencionado anteriormente

GRAMÁTICA
- El imperativo afirmativo (formas regulares e irregulares y combinación con pronombres)
- Los demostrativos
- Dar consejos: **lo mejor es / te recomiendo**…, **si** + presente de indicativo, imperativo/presente
- Dar órdenes: **tener que / hay que** + infinitivo
- Hacer sugerencias: **¿por qué no…?**
- Expresar preferencias: **prefiero** + infinitivo

LÉXICO
- La ropa y los colores
- Los verbos **ponerse, llevar, probarse, quedar bien/mal**

CARACTERÍSTICAS DEL TEXTO
- Mecanismos de cohesión textual

DOCUMENTOS PARA EMPEZAR

1. CITAS

PREPÁRATE

A. Lee las citas de estos diseñadores y escribe si estás de acuerdo con ellos y por qué. ¿Qué estilo o personalidad crees que tiene cada uno?

> 1. **La elegancia y el estilo no tienen nada que ver con el dinero.** — CAROLINA HERRERA (1939), diseñadora venezolana

> 2. **La moda es vestir de acuerdo a lo que está de moda. El estilo es ser tú mismo.** — ÓSCAR DE LA RENTA (1932), diseñador dominicano

> 3. **Lo que me deja atónita es que, en teoría, la moda cambia cada seis meses y, sin embargo, todo el mundo viste igual.** — ÁGATHA RUIZ DE LA PRADA (1960), diseñadora española

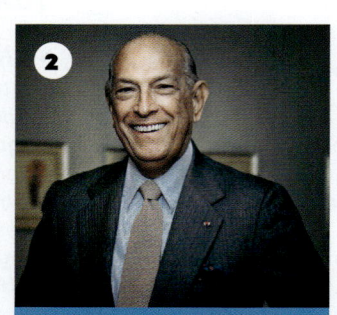

B. Compartimos nuestras respuestas en pequeños grupos.

— Yo estoy bastante de acuerdo con lo que dice Óscar de la Renta sobre el estilo, pero…
— Sí, y es muy interesante la reflexión que hace Ágatha Ruiz de la Prada. Al final, todos compramos en las mismas tiendas y…

C. Por parejas, escribimos una nueva frase sobre la moda.

La moda es…
El mundo de la moda es/tiene…
Para ir a la moda hace falta/necesitas…

D. Ponemos en común nuestras frases sobre la moda y hacemos una votación: ¿con cuál estamos más de acuerdo? ¿Cuál es la más original?

ACTIVIDAD COMPLEMENTARIA en campus.difusion.com

UNIDAD 9

2. IMÁGENES

PREPÁRATE

A. Antes de leer la viñeta, ¿qué situación ilustra la imagen?

B. ¿Has estado alguna vez en un desfile de moda? ¿Te gustaría? ¿Por qué?

C. Lee la viñeta y explica con tus propias palabras qué crees que quiere decir.

> Yo creo que hace una crítica a…

D. En pequeños grupos, compartimos nuestras respuestas a A, B y C.

E. En los mismos grupos, vamos a elaborar una lista de aspectos positivos y negativos del mundo de la moda.

(El mundo de) la moda crea / es / se basa en…
Las empresas de moda crean/producen/son…
Para la gente, la moda es…

F. Comparamos nuestra lista con las del resto de la clase. ¿Hay muchas diferencias? En general, ¿la valoración es más positiva o más negativa?

TODOS APLAUDÍAN A MODELOS, SASTRES Y MODISTAS, PERO NADIE SE FIJÓ EN QUIEN COSIÓ LA ROPA…

El Roto

3. VÍDEO

PREPÁRATE

A. ¿Qué crees que es la moda sostenible? Escribe palabras que relacionas con este concepto.

B. Ve el vídeo y completa estas frases.

- Voy a cerrar el desfile con un vestido de plástico ....
- Esta ropa es sostenible, es .... o reciclada, de comercio .... , tiene diversidad de .... , sabemos quién la ha fabricado, no utilizan tintes .... y, además, es bonita.
- Son marcas .... , que funcionan.
- Los tejidos que utilizan son, en su mayoría, comprados en Europa con certificación ....

C. En parejas, comparamos nuestras respuestas a A y B.

D. Respondemos a las siguientes preguntas.

- ¿Te interesa este tipo de iniciativas? ¿Por qué?
- ¿Qué opinas de la ropa que aparece en el vídeo?
- ¿Compras moda sostenible? ¿En qué tipo de establecimientos o webs?
- ¿Crees que la ropa sostenible es un mercado con futuro? ¿Por qué?

La moda también es yoga

E. "La moda también es yoga". Discutimos en parejas el significado del título del vídeo. Después, comparamos nuestras respuestas con las del resto de la clase.

— Me imagino que quiere decir que este tipo de iniciativa…

ESTRATEGIAS

Cuando trabajamos con documentos reales, es importante distinguir entre lo que es incidental o "raro" (lo que forma parte del estilo personal de quien habla o escribe) y aquello que es común y rentable. "La moda es yoga", en este caso, es un concepto muy particular de la protagonista del vídeo.

DOCUMENTOS PARA DESCUBRIR

4. LA ROPA Y EL CURRÍCULUM

PREPÁRATE

A. Lee este artículo adaptado del periódico argentino *La Nación* y ordena las recomendaciones del texto de 1 (muy importante) a 7 (poco importante).

B. Subraya en el texto las palabras relacionadas con la ropa.

C. Comparamos nuestras respuestas a A y B.

D. Completamos en parejas las recomendaciones del texto con otras ideas que nos parezcan importantes y lo comentamos después con el resto de la clase.

ESTRATEGIAS

En internet existen herramientas muy útiles para leer textos auténticos y mejorar nuestro vocabulario que funcionan como diccionarios *online*.

ACTIVIDAD COMPLEMENTARIA
en campus.difusion.com

CÓMO (NO) VESTIRSE PARA UNA ENTREVISTA DE TRABAJO

TEXTO MAPEADO en campus.difusion.com

La entrevista de trabajo provoca escalofríos incluso en el aspirante más confiado. Un aspecto que preocupa a muchos es la elección de la ropa: qué vestir y, lo más importante, qué no vestir. Elegir la vestimenta perfecta para una entrevista era, antiguamente, una tarea sencilla: un traje clásico de color oscuro podía servir en casi todas las ocasiones, tanto a los hombres como a las mujeres. Pero en el entorno empresarial de hoy, las normas han cambiado. Los pantalones vaqueros y las camisetas son la norma diaria de muchos empleadores y de algunos directores generales. Mark Zuckerberg, el fundador de Facebook, es famoso por llevar la misma camiseta gris (las compra al por mayor) todos los días para trabajar. Incluso dentro del sector del mercado financiero, llegar a una entrevista vestido de punta en blanco podría generar una impresión errónea.

Pero entonces, ¿qué tiene que hacer el candidato? Hemos consultado con algunos especialistas y estas son las recomendaciones que nos han dado:

› Si no estás seguro de la ropa que debes llevar a una entrevista, llama y pregunta al entrevistador o al director de Recursos Humanos. No serás penalizado por tratar de estar preparado.

› En general, es recomendable vestirse un poco más elegante de lo esperado. Por ejemplo, en un ambiente de pantalones vaqueros y camiseta, lo mejor es ponerse un pantalón informal y una camisa. Y si es un trabajo en el que la gente lleva pantalón informal y camisa, entonces usa traje. Recuerda: en las entrevistas de trabajo siempre es mejor arreglarse más de lo necesario y no al revés, independientemente del sector en el que trabajes.

› Ten clara la imagen que quieres transmitir y trata de verte como si ya trabajaras allí. Además, para evitar sentirte incómodo, asegúrate de no estrenar ropa o zapatos ese día.

› Cuando llegues, evita el desorden: deja tu abrigo y tu bolso en recepción y lleva contigo solo la carpeta que contenga los documentos necesarios. Así parecerás un empleado más que una visita.

› Si no optas a un puesto de ejecutivo, no lleves traje. En el caso de las mujeres, anima un poco tu apariencia con algunos accesorios, como un bonito collar.

› Por regla general, hay que pensar en un estilo *business-casual* (arreglado, pero informal). Una chaqueta o un jersey es siempre una buena opción, tanto para hombres como para mujeres.

› Otro gran error es llevar la ropa manchada. En caso de accidente, haz frente a la situación, di que derramaste el café y discúlpate.

UNIDAD 9

5. TU CUERPO HABLA

PREPÁRATE

A. Lee el texto de introducción y después relaciona los elementos de las dos columnas.

> En una entrevista de trabajo, nuestros gestos y cómo nos movemos influyen definitivamente en la impresión que damos. Aunque no seamos conscientes, nuestro cuerpo habla por nosotros y dice muchas cosas.

1. Los ojos
No mantener contacto visual significa que...

2. La cara
No sonreír significa que...

3. Los pies y las manos
Moverse demasiado, dar golpes con el pie en el suelo o con los dedos sobre la mesa significa que...

4. El cuerpo
Tener una mala postura significa que...

5. El aspecto físico
Estar despeinado y llevar la ropa arrugada significa que...

6. La comunicación gestual
No acompañar las palabras con gestos significa que...

7. La comunicación verbal
Hablar muy despacio, sin entusiasmo, significa que...

a. estás demasiado concentrado en lo que vas a decir y no prestas atención a los detalles. Denota nervios y poca empatía.

b. tienes exceso de confianza y poco respeto por el entrevistador.

c. tienes poco interés por el puesto de trabajo, poco cuidado personal.

d. eres demasiado tímido y tienes poca personalidad.

e. tienes poco autocontrol y poco sentido del saber estar.

f. tienes poco entusiasmo, poca motivación.

g. la otra persona te intimida, ocultas algo, estás disperso.

TEXTO MAPEADO en campus.difusion.com

B. Comparamos en parejas nuestras respuestas.

C. Comentamos si estamos de acuerdo con el texto y explicamos por qué. ¿Podemos añadir algo más? Lo compartimos con el resto de la clase.

D. ¿Hemos tenido alguna entrevista de trabajo recientemente? ¿Creemos que estos consejos son útiles? Explicamos nuestra experiencia al resto de la clase.

Normalmente, cuando voy a una entrevista de trabajo, procuro / trato de / intento...
Antes de una entrevista de trabajo siempre/nunca...
La última entrevista que hice fue (muy/bastante) bien/mal/fatal... porque...

E. ¿Qué consejos o recomendaciones daríamos a una persona que va a hacer una entrevista de trabajo en nuestro país? Trabajamos en pequeños grupos y después lo compartimos con el resto de la clase.

Lo mejor es...
Te recomiendo...
Intenta / trata de / no olvides...
Tienes que...
Hay que...
¿Por qué no...?

— Te recomiendo llegar pronto a la cita porque...

6. LOS GESTOS EN ESPAÑOL

PREPÁRATE

A. Ve este vídeo de una actriz infantil y anota qué significan los gestos que hace la protagonista. Si no conoces las palabras en español, escríbelas en tu lengua.

B. Comparamos nuestras respuestas.

C. Comentamos los tres gestos que más nos han sorprendido. Luego, pensamos otros que sean universales o típicos en nuestra cultura.

ACTIVIDAD COMPLEMENTARIA en campus.difusion.com

El lenguaje gestual
VÍDEO DISPONIBLE en campus.difusion.com

SISTEMA FORMAL

7. REFLEXIONA

GRAMÁTICA

🏠 **PREPÁRATE**

A. Haz un repaso por las formas verbales de los enunciados del libro, busca los verbos en imperativo afirmativo y clasifica al menos tres de cada conjugación en una tabla como esta. Añade la forma *vosotros/-as*.

	-ar	-er	-ir
tú	apunta	....	....
vosotros/-as	....	....	escribid

B. Comparamos en parejas nuestras respuestas. Podemos comprobar nuestras hipótesis en Recursos lingüísticos.

ACTIVIDAD COMPLEMENTARIA en campus.difusion.com

8. DIEZ REGLAS DE ORO PARA...

GRAMÁTICA

🏠 **PREPÁRATE**

A. Lee el siguiente texto y marca las frases con las que estás de acuerdo. Después, explica con qué no estás de acuerdo.

> Pues a mí me gusta probarme cosas que nunca llevo. Creo que es una buena oportunidad para explorar nuevos estilos. Además,...

B. Subraya en el texto los imperativos negativos. ¿Cómo crees que se forman? Puedes consultar la explicación de Recursos lingüísticos para comprobar tus hipótesis.

C. Busca en el texto todos los verbos que hay en imperativo afirmativo, conviértelos en negativos y al revés.

> revisa > no revises
> no gastes > gasta

DECÁLOGO PARA COMPRAR EN REBAJAS DE MANERA INTELIGENTE

1. Revisa tu armario y haz una lista con las cosas que necesitas.

2. Piensa si has visto algo que realmente te gusta y ve directamente a esa tienda.

3. No gastes dinero en prendas parecidas a las que ya tienes en el armario.

4. Aprovecha las rebajas para comprar una prenda de diseño que en otro momento no comprarías.

5. Busca las gangas en prendas de fuera de temporada.

6. Ten claro qué tipo de prendas te queda bien y no te pruebes cosas que nunca llevas. Es una pérdida de tiempo.

7. No te compres nada pensando en perder o ganar peso en los próximos meses. Nunca funciona y genera frustración.

8. Revisa tu agenda y aprovecha las rebajas si tienes en los próximos meses algún evento especial: un viaje, una boda...

9. Si vas a comprar zapatos, ve por la tarde o camina un rato antes. Así, tendrás el pie ligeramente hinchado y no comprarás zapatos que luego te harán daño.

10. Compra de manera responsable. Recuerda que un solo pantalón vaquero necesita más de 3000 litros de agua para su producción.

D. Compartimos en parejas nuestras respuestas a A, B y C.

E. En pequeños grupos, vamos a escribir un nuevo decálogo. Podemos elegir entre estos temas u otros que nos interesen.

- Decálogo para no sufrir durante los exámenes
- Decálogo para viajar sin gastar mucho dinero
- Decálogo para ahorrar en la compra diaria

ACTIVIDAD COMPLEMENTARIA en campus.difusion.com

⚙️ **ESTRATEGIAS**

Antes de empezar a escribir un texto, es útil preparar una lista de ideas que queremos expresar y de palabras clave que vamos a utilizar.

TEXTO MAPEADO en campus.difusion.com

UNIDAD 9

9. ANUNCIOS

GRAMÁTICA

🏠 PREPÁRATE

A. ¿En qué situaciones crees que es común encontrar estos mensajes? ¿Hay algo que te sorprende?

> Estamos mejorando las instalaciones. Disculpen las molestias.

> POR FAVOR RESPETEN EL DESCANSO DE LOS VECINOS. NO HAGAN RUIDO AL SALIR.

> PASE SIN LLAMAR

> Espere su turno detrás de la línea

B. Lee de nuevo los mensajes y subraya los verbos en imperativo. ¿En qué persona están?

C. Comparamos en parejas nuestras respuestas a A y B.

D. En pequeños grupos, vamos a pensar en otras situaciones cotidianas en las que también encontramos mensajes en imperativo. Podemos añadir también las **personas** tú (vos) y vosotros/-as.

10. ¿DÓNDE ME TATÚO?

LÉXICO

🏠 PREPÁRATE

A. Lee el texto y completa una tabla como la de abajo.

¿Qué dicen los tatuajes de las personas según la parte del cuerpo donde están?

EN TOBILLOS Y PANTORRILLAS: personas equilibradas
Los llevan personas que, dependiendo de la situación, pueden ser desinhibidas o reservadas. Al igual que su tatuaje, ellos deciden cuándo dejarse ver y cuándo no.

EN LAS COSTILLAS: personas reservadas
Es una zona bastante íntima. Normalmente, no es un tatuaje para lucir, sino para expresar algo importante para la persona.

EN LA PARTE BAJA DE LA ESPALDA: el gusto por la seducción
Los tatuajes en esta zona son discretos y puedes taparlos fácilmente, pero al mismo tiempo son sexis si quieres mostrarlos.

EN EL CUELLO Y LAS MANOS: mucha personalidad
Muestran rebeldía y personalidad, sobre todo porque son lugares que no se pueden esconder fácilmente.

EN LA ESPALDA: solo para valientes
Estos tatuajes suelen ser dolorosos, por lo que se asocian a personas fuertes y rudas.

EN EL ROSTRO: carácter inconformista
Un tatuaje en la cara es algo únicamente para rebeldes e inconformistas. No es algo muy común y suele ser típico de personas únicas a las que les gusta llamar la atención.

Partes del cuerpo	Qué dicen de la persona
Los tobillos y las pantorrillas	Personas equilibradas que pueden ser desinhibidas o reservadas dependiendo de la situación.

B. ¿Estás de acuerdo con el contenido del texto? Explica por qué.

C. Comparamos en parejas nuestras respuestas a A y B.

D. Ampliamos la lista de las partes del cuerpo donde son habituales los tatuajes.

E. En pequeños grupos, contestamos a estas preguntas.

- ¿Tienes algún tatuaje o tienes ganas de hacerte uno? ¿Dónde?
- ¿Por qué decidiste hacértelo? ¿Tiene algún significado especial?

> A mí los tatuajes en la parte baja de la espalda no me parecen especialmente sexis…

SISTEMA FORMAL

11. ¿CÓMO SE LLAMA ESTO?

LÉXICO

PREPÁRATE

A. ¿Sabes cómo se llaman estas prendas de ropa? Puedes utilizar el diccionario.

B. Clasifica las palabras en una tabla como esta.

un	una	unos	unas
jersey			

C. Comparamos por parejas nuestras respuestas a A y B y completamos la tabla con otras palabras que conocemos.

— Podemos incluir también zapatillas de deporte, ¿no?
— Sí, y también…

ESTRATEGIAS

A veces es mucho más fácil retener juntas dos o tres palabras relacionadas que por separado, por ejemplo: los calzoncillos (♂) y las bragas (♀)…

12. ROPA ORIGINAL

LÉXICO

PREPÁRATE

A. Mira las imágenes: ¿qué prendas te gustan?, ¿cuáles no?, ¿por qué?

- un sombrero panamá (sombrero de paja típico de Ecuador)
- un jersey de rayas de lana peruana
- unas abarcas beis (sandalias de piel típicas de Menorca)
- una camisa de cuadros
- una guayabera de lino (camisa típica de varios países tropicales)
- unas botas de piel argentinas
- un abrigo liso de paño
- una cazadora vaquera con borreguillo
- un vestido de flores mexicano
- un liquiliqui (traje tradicional de Venezuela y Colombia, compuesto por una chaqueta y unos pantalones de algodón o de lino)

B. Lee la información, completa la tabla y añade más materiales y estampados.

Prendas	Materiales	Estampados
unas botas		

C. ¿Qué prendas tradicionales, originales o típicas hay en tu país?

D. Comparamos en parejas nuestras respuestas a A, B y C.

E. Comentamos nuestros gustos a la hora de vestir: cuáles son nuestras prendas favoritas, cuáles no nos gustan nada o no usamos nunca, qué materiales preferimos…

— En invierno yo suelo llevar ropa oscura, pero en verano prefiero…

ACTIVIDAD COMPLEMENTARIA en campus.difusion.com

RECUERDA

- marrón
- naranja
- rojo
- amarillo
- blanco
- negro
- azul
- verde
- rosa
- morado

UNIDAD 9

13. ¿QUÉ ME PONGO?

GRAMÁTICA Y LÉXICO

PREPÁRATE

A. Lee el cómic y haz una lista de los verbos y expresiones necesarios cuando vas a comprar ropa o relacionados con la moda. Después, traduce la lista a tu lengua.

> PAPÁ, NECESITO DINERO PARA COMPRARME UN TRAJE PARA LA FIESTA DE GRADUACIÓN.
>
> TODO EL MUNDO VA A LLEVAR TRAJE, PAPÁ.
>
> ¿NO PUEDES PONERTE OTRA COSA?
>
> BUENO, PUES TE PONES UNO MÍO QUE SEGURO QUE TE QUEDA MUY BIEN.
>
> PRUÉBATE ESTE.
>
> UF, ESTÁ PASADO DE MODA, PAPÁ, Y ME QUEDA MUY MAL.
>
> A VER ESTE OTRO DE CUANDO ERA JOVEN. PRUÉBATELO.
>
> PUES A MÍ ME GUSTA, ES MUY MODERNO...
>
> ME QUEDA PEQUEÑO...
>
> VENGA, VALE. VAMOS DE COMPRAS, ANDA...

B. Comentamos con otra persona la lista de A.

C. En pequeños grupos, respondemos a las siguientes preguntas.

- ¿Esta situación te parece normal?
- ¿Pides dinero a tus padres para comprar ropa?
- En las fiestas de graduación de tu país, ¿hay que llevar traje o ir muy arreglado?
- ¿Cómo van vestidas normalmente las personas de tu edad en tu país para ir a una boda? ¿Y para ir a un examen?

D. En grupos, elegimos una situación relacionada con la ropa y creamos nuestro propio cómic. Escribimos la historia utilizando los verbos y las expresiones que hemos aprendido en A.

14. LO BUENO, SI BREVE...

CARACTERÍSTICAS DEL TEXTO

PREPÁRATE

A. Hay algo en estas frases que suena mal, ¿cómo lo solucionarías? Las palabras subrayadas te ayudarán a resolverlo. Consulta la explicación de Recursos lingüísticos y trata de especificar de qué caso se trata.

1. Teresa, ¿qué pantalones te llevas, <u>los pantalones negros</u> o <u>los pantalones azules</u>?	**5.** Me encanta esta camiseta. Me siento muy cómodo con <u>esta camiseta</u>.
2. ¿Conoces a Luis? Pues resulta que <u>el hermano de Luis</u> es diseñador de moda.	**6.** ¿Te gusta esta falda? Me compré <u>esta falda</u> ayer en las rebajas.
3. Mi coche está en el taller. ¿Podemos ir en <u>tu coche</u>?	**7.** Te voy a dejar un vestido. Me compré <u>este vestido</u> para la boda de Juan.
4. ¡Qué bonita es tu chaqueta! <u>Tu chaqueta</u> me encanta.	

B. Comparamos nuestras respuestas.

ACTIVIDAD COMPLEMENTARIA en campus.difusion.com

TAREAS

15. TRIBUS URBANAS

A. ¿Qué son las tribus urbanas? En parejas, hacemos una investigación sobre las más populares o típicas de nuestro país.

B. Leemos esta descripción sobre los góticos y analizamos qué tipo de información presenta.

> La cultura gótica surge en el Reino Unido a principios de los años 80.
>
> Esta tribu urbana se caracteriza por su estética siniestra. Visten de negro o con ropa oscura, llevan abrigos largos de cuero y les gustan los zapatos y las botas con plataforma. Llevan *piercings* y complementos como pulseras de cuero, cadenas y prendas de rejilla. También usan elementos religiosos como cruces y se tiñen el pelo de colores llamativos.
>
> Sienten especial atracción por la noche, el género de terror y la música conocida como *rock* gótico y el *heavy metal*.

C. Elegimos una tribu urbana y preparamos una pequeña presentación para hacer en clase. Podemos usar fotos, vídeos, testimonios, entrevistas...

- ¿Cuál es su origen?
- ¿Qué gustos y preferencias tienen? ¿En qué destacan?
- ¿Cómo visten?
- ¿Tienen alguna ideología en particular?
- ...

16. MERCADILLO SOSTENIBLE

A. Todos tenemos ropa o complementos que ya no usamos, pero que otros pueden aprovechar. Vamos a elegir tres prendas que estén en buenas condiciones y las vamos a traer a clase.

B. Por turnos, explicamos lo que hemos traído: qué es, dónde lo compramos, por qué no lo usamos más...

Yo he traído este jersey de lana azul. Lo compré en una tienda de mi barrio. Abriga mucho y es muy cómodo, pero me queda un poco grande y no lo he utilizado en todo el año.

C. Paseamos por la clase y elegimos las prendas que más nos gustan. Si varias personas estamos interesadas en la misma prenda, la echamos a suertes.

D. Finalmente, decimos al resto de la clase lo que hemos elegido y explicamos por qué nos gusta.

ACTIVIDAD COMPLEMENTARIA en campus.difusion.com

RECURSOS LINGÜÍSTICOS

GRAMÁTICA

EL IMPERATIVO AFIRMATIVO

El imperativo afirmativo tiene cuatro formas, las personas **tú**, **vosotros/-as**, **usted** y **ustedes**.

	COMPRAR	COSER	ESCRIBIR
tú, vos	compra, comprá	cose, cosé	escribe, escribí
vosotros, vosotras	comprad	cosed	escribid
usted	compre	cosa	escriba
ustedes	compren	cosan	escriban

La forma regular para la 2.ª persona (**tú** o **vos**) es igual a la forma del presente para **tú** o **vos**, pero sin la -**s** final.

	presente de indicativo		imperativo
tú	prueb**as**	>	prueb**a**
	empiez**as**	>	empiez**a**
vos	prob**ás**	>	prob**á**
	empez**ás**	>	empez**á**

El imperativo de las personas **usted** y **ustedes** se obtiene añadiendo a la raíz de la segunda persona del singular (tú **piens**-as) las siguientes terminaciones.

	PENSAR	COMER	PROBAR
usted	piens**e**	com**a**	prueb**e**
ustedes	piens**en**	com**an**	prueb**en**

Hay ocho verbos que son irregulares en imperativo y que no se ajustan a las reglas anteriores.

	DECIR	HACER	IR	PONER
tú, vos	di, decí	haz, hacé	ve	pon, poné
vosotros vosotras	decid	haced	id	poned
usted	diga	haga	vaya	ponga
ustedes	digan	hagan	vayan	pongan

	TENER	SALIR	SER	VENIR
tú, vos	ten, tené	sal, salí	sé	ven, vení
vosotros vosotras	tened	salid	sed	venid
usted	tenga	salga	sea	venga
ustedes	tengan	salgan	sean	vengan

La forma **vosotros/-as** se obtiene sustituyendo la -**r** final del infinitivo por una -**d**.

compra**r**	→	compra**d**
escoge**r**	→	escoge**d**
escribi**r**	→	escribi**d**

🔔 No existen formas irregulares de imperativo afirmativo para las formas de **vosotros/-as**.

UNIDAD 9

EL IMPERATIVO NEGATIVO
El imperativo negativo tiene formas diferentes de las del imperativo afirmativo para las personas **tú** y **vosotros/-as**.

	COMPRAR	COSER	ESCRIBIR
tú, vos	no compr**es**, no compr**és**	no cos**as**, no cos**ás**	no escrib**as**, no escrib**ás**
vosotros vosotras	no compr**éis**	no cos**áis**	no escrib**áis**
usted	no compr**e**	no cos**a**	no escrib**a**
ustedes	no compr**en**	no cos**an**	no escrib**an**

EL IMPERATIVO CON PRONOMBRES
Con las formas del imperativo afirmativo, los pronombres reflexivos y de OD y OI se colocan detrás del verbo formando una sola palabra.
*Necesito tus pantalones, présta**melos** por favor.*

🔔 El acento permanece en la posición original del verbo, por eso a veces es necesario colocar un acento gráfico.

di	>	dime
compra	>	c**ó**mpratelas

🔔 En la forma de segunda persona del plural de los verbos reflexivos, la **d** desaparece.

comprad	>	compr**aos**
vestid	>	vest**íos**

En la forma negativa, los pronombres ocupan su posición habitual delante del verbo.

Cómpra**melos**	>	No **me los** compres
Prueba**telos**	>	No **te los** pruebes

LOS DEMOSTRATIVOS
En español se utilizan los demostrativos para referise a algo o a alguien, indicando su cercanía o su lejanía respecto a las personas que hablan, tanto en el espacio como en el tiempo.

cerca de quien habla	
masculino singular	este
femenino singular	esta
masculino plural	estos
femenino plural	estas

cerca de quien escucha	
masculino singular	ese
femenino singular	esa
masculino plural	esos
femenino plural	esas

lejos de ambos	
masculino singular	ese/aquel
femenino singular	esa/aquella
masculino plural	esos/aquellos
femenino plural	esas/aquellas

CONSEJOS, ÓRDENES Y SUGERENCIAS
▶ **Dar consejos y recomendar**
Podemos dar consejos y recomendaciones de manera directa a una persona.

te recomiendo + infinitivo
Te recomiendo llevar traje a la entrevista del lunes.

O utilizar estructuras impersonales que tienden a generalizar.

lo mejor es + infinitivo
*En rebajas, **lo mejor es** pensárselo dos veces antes de comprar.*

si + presente de indicativo, imperativo/presente
Si necesitas un traje cómpralo en rebajas.
Si necesitas un traje, puedes comprarlo en rebajas.

▶ **Dar órdenes**
También podemos dar órdenes de manera directa usando el imperativo o **tener que** + infinitivo.
***Ten** clara la imagen que quieres transmitir en una entrevista de trabajo y **cuida** tu aspecto físico.*
***Tienes que** cortarte el pelo para la entrevista.*

O mediante estructuras impersonales.

hay que + infinitivo
*Antes de ir a una entrevista, **hay que** investigar un poco sobre la empresa.*

▶ **Hacer sugerencias**

¿por qué no... + presente de indicativo?
*¿**Por qué no** te pones una corbata más alegre?*

LÉXICO

VERBOS RELACIONADOS CON LA ROPA

comprar(se)

ponerse

llevar

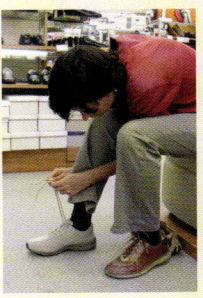

probarse

quedar grande/ pequeño/ bien/mal...

127

RECURSOS LINGÜÍSTICOS

LA ROPA Y EL CUERPO

- gorra
- ojos
- orejas
- nariz
- pelo
- boca
- hombros
- cuello
- codos
- camiseta de tirantes
- manos
- pantalón corto
- rodillas
- piernas
- zapatillas de deporte
- collar
- blusa
- bolso
- falda
- pañuelo
- medias
- zapatos de tacón
- traje
- chaqueta
- camisa
- corbata
- cinturón
- abrigo
- maletín
- pantalón
- zapatos
- gafas de sol
- jersey
- mochila
- vaqueros
- sandalias

MATERIALES Y ESTAMPADOS

es de › lana › piel › lino › paño › nailon › algodón › seda

un jersey / una camiseta de › cuadros › flores › rayas › lunares › colores

un jersey / una camiseta con › un dibujo › una frase › una marca

un jersey / una camiseta › liso/-a › estampado/-a

CARACTERÍSTICAS DEL TEXTO

MECANISMOS DE COHESIÓN

Existen varias maneras para referirse a algo ya mencionado en el texto y así obtener una mayor cohesión.

▶ **La omisión (especialmente del sujeto)**
Me gusta este tejido: <u>este tejido</u> es como la seda pero más cálido, ¿no?
› Me gusta este tejido: es como la seda pero más cálido, ¿no?

▶ **Los adjetivos posesivos**
Se usan en lugar de **de** + sintagma nominal.
Los materiales tradicionales, como la alpaca o la lana de vicuña, son muy caros, pero el uso <u>de los materiales tradicionales</u> es cada día más frecuente.
› Los materiales tradicionales, como la alpaca o la lana de vicuña, son muy caros, pero **su** uso es cada día más frecuente.

▶ **Los pronombres posesivos**
Como se ha roto el paraguas de Mari Carmen, utilizamos <u>mi paraguas</u>.
› Como se ha roto el paraguas de Mari Carmen, utilizamos **el mío**.

Me encantan las camisetas con dibujos de animales.

▶ **Los pronombres personales, de OD, de OI y los pronombres tónicos**
Los nuevos inquilinos son un chico y una chica muy majos. <u>El chico</u> es vendedor y <u>la chica</u> es informática.
› Los nuevos inquilinos son un chico y una chica muy majos. **Él** es vendedor y **ella** es informática.

No puedo llevar mi mochila porque me he dejado <u>mi mochila</u> en casa de Óscar.
› No puedo llevar mi mochila porque me **la** he dejado en casa de Óscar.

—¿Has hablado con Julián?
—No, pero he enviado un email <u>a Julián</u>.
› No, pero **le** he enviado un email.

Me gustan tus hermanos, siempre me lo paso genial con <u>tus hermanos</u>.
› Me gustan tus hermanos, siempre me lo paso genial con **ellos**.

▶ **Las formas de relativo**
El liliqui es un traje de fiesta. En Venezuela y en Colombia usan el liliqui en ocasiones especiales.
› El liliqui es un traje de fiesta **que** usan en Venezuela y en Colombia en ocasiones especiales.

La alpaca es una lana tradicional. Con esta lana tradicional se pueden confeccionar prendas de lujo.
› La alpaca es una lana tradicional **con la que** se pueden confeccionar prendas de lujo.

▶ **Los artículos (omisión del sustantivo)**
—¿Qué camisa te gusta más?
—La camisa verde.
› **La** verde.

▶ **Los sinónimos, hiperónimos, etc.**
Me gusta Buenos Aires por el ambiente que se respira en Buenos Aires.
› Me gusta Buenos Aires por el ambiente que se respira en **la ciudad**.

▶ **Los demostrativos**
Las rebajas en España antes tenían lugar en fechas muy concretas, pero actualmente <u>las fechas de las rebajas</u> se han flexibilizado.
› Las rebajas en España antes tenían lugar en fechas muy concretas, pero actualmente **estas** se han flexibilizado.

🔔 En general, usamos los demostrativos solo en textos escritos de cierto nivel formal. En otras ocasiones, lo más frecuente es omitir la información directamente.
Las rebajas en España antes tenían lugar en fechas muy concretas, pero actualmente se han flexibilizado.

⚙️ **ESTRATEGIAS**

Después de terminar la redacción de un texto, léelo en voz alta para detectar más fácilmente eventuales repeticiones innecesarias que se puedan sustituir por otro elemento.

10

COMIDA Y SALUD

CULTURA
- Culturas gastronómicas del mundo hispanohablante

COMUNICACIÓN
- Hablar de costumbres gastronómicas
- Pedir en un restaurante y acordar un menú
- Describir un plato
- Dar instrucciones, aconsejar y sugerir
- Hablar y preguntar sobre preferencias
- Valorar y opinar

GRAMÁTICA
- Dar instrucciones usando el infinitivo, el imperativo y el presente

LÉXICO
- Hablar de platos y recetas
- Medidas y cantidades
- Envoltorios, envases y porciones
- En el restaurante

CARACTERÍSTICAS DEL TEXTO
- Textos que analizan y comentan gráficos

DOCUMENTOS PARA EMPEZAR

1. IMÁGENES

PREPÁRATE

A. Lee el texto. ¿Hay algo que te sorprende?

> Yo no sabía que…
> Es muy curioso; hay…
> Me llama la atención el número de…

> En la lista de *Los 50 mejores restaurantes del mundo* de 2016 (*The World's 50 Best Restaurants*) hay catorce del mundo hispano. De hecho, solo entre los siete primeros hay tres a la cabeza: dos españoles y uno peruano.

B. Mira las imágenes y lee las descripciones de platos emblemáticos de estos tres restaurantes. ¿Cuál te gustaría probar? ¿Por qué?

N.º 2 — El Celler de Can Roca — Girona (España) 
ANARQUÍA 43 minúsculos elementos en un plato: 12 cremas, 7 gelatinas, 7 salsas, 3 granizados, 2 espumas, 2 helados, 3 pastas de frutas y 7 crujientes.

N.º 4 — Restaurante Central — Lima (Perú) 
SUELO DE MAR Este plato está compuesto por navajas, melón, pepino y lima.

N.º 7 — Mugaritz — San Sebastián (España) 
PIEDRAS COMESTIBLES Es un clásico del Mugaritz. Son patatas cocidas en arcilla gris con una crema de ajos confitados y yemas de huevo.

C. Consulta la lista completa de los 50 mejores restaurantes del mundo, anota los restaurantes hispanos que hay y el número que ocupan en la lista.

D. ¿Hay algún restaurante de tu país? ¿Lo conoces?

E. Comentamos nuestras respuestas a A, B, C y D.

F. Elegimos uno de estos tres restaurantes u otro de la lista de los 50 mejores del mundo e investigamos sobre él.

- ¿Dónde está?
- ¿Desde cuándo existe?
- ¿Quiénes son los dueños?
- ¿Qué tipo de comida ofrece?
- Otros

G. Presentamos los resultados de nuestra investigación en clase.

UNIDAD 10

2. EN LA RED

🏠 **PREPÁRATE**

A. Lee este texto sobre la salud de los jóvenes de Buenos Aires. ¿Qué dato te parece más preocupante?

B. Reformula los datos que te parecen más interesantes o sorprendentes usando tus propias palabras.

> La mayoría de…
> (Aproximadamente) la mitad de / un tercio de / una cuarta parte de los jóvenes…
> (Aproximadamente) el doble…
> (Un poco) más de…
> (Un poco) menos de…

C. En pequeños grupos, respondemos a las siguientes preguntas.

- ¿Quién creemos que es el responsable de esta situación?
- ¿Qué se debería hacer, según nuestra opinión?
- ¿Cómo es en nuestro propio país?

> Yo creo que los responsables son, sobre todo, los padres / los colegios / las instituciones…
> Deberían / se debería / habría que educar / obligar a / enseñar a / facilitar / informar / alimentar…

Encuesta sobre la salud de los jóvenes de Buenos Aires

Una encuesta realizada en Buenos Aires a 7187 alumnos de secundaria muestra que sus hábitos no son, en general, muy saludables.

CÓMO SE VEN

- Un **23 %** dice que tiene algún problema de salud relacionado con su alimentación.
- Un **48,1 %** está preocupado o disconforme con su cuerpo.
- Un **24 %** ha hecho dietas para adelgazar sin indicación médica.
- Un **26,8 %** admite que tiene exceso de peso.

CUÁNTA ACTIVIDAD FÍSICA HACEN

- Un **27,7 %** pasa tres o más horas diarias en internet y un **16,5 %** el mismo tiempo diario jugando a la consola.
- Un **47,9 %** no realiza deporte fuera de la escuela. Un **33,9 %** no ha hecho nunca ninguna actividad deportiva además de la escolar.
- Un **33,2 %** no hace deporte porque no le interesa o no le gusta.

CÓMO SE ALIMENTAN

- Un **18,3 %** no desayuna nunca y el **35,6 %** solo lo hace a veces.
- Un **23 %** siempre come entre comidas. Un **57,8 %** lo hace a veces.
- Un **65,1 %** toma bebidas gaseosas entre comidas cuatro o más veces por semana.
- Un **35,9 %** no consume frutas ni verduras regularmente y solo un **0,9 %** las consume en la cantidad recomendada.

Encuesta de alimentación y actividad física (CEREN)

3. VÍDEO

🏠 **PREPÁRATE**

A. Para preparar una horchata de arroz hacen falta siete ingredientes. ¿Cuáles crees que son?

- arroz
- agua
- leche condensada
- vino blanco
- mantequilla
- leche congelada
- azúcar
- sal
- ajo
- canela
- *whisky*
- aroma de vainilla
- pan blanco
- leche

B. Mira el vídeo hasta el minuto 0:50 y confirma tus hipótesis sobre los ingredientes. 🎥 11

C. Ve de nuevo el fragmento del vídeo y fíjate en las cantidades. Completa la lista. 🎥 11

Horchata de arroz para ………. personas
- 3 vasos de ……….
- 15 cubitos de ……….
- 1 taza de ……….
- 1 cucharadita de ……….
- 1 taza bien llena de ……….
- 6 cucharadas de ……….
- 3 cucharaditas de ……….

Horchata de arroz rica y sencilla

La horchata de arroz es una bebida tradicional de México y Centroamérica. Forma parte de las tradicionales aguas frescas mexicanas, que también se preparan de jamaica, tamarindo y otras frutas típicas.

D. Ve el vídeo completo y explica con tus palabras cómo se prepara la horchata de arroz. Estos verbos te van a ayudar. 🎥 11

- dejar en remojo
- desechar
- poner
- añadir
- limpiar
- incorporar
- echar
- batir
- preparar

E. Comparamos nuestras respuestas con las de otra persona.

ACTIVIDAD COMPLEMENTARIA en campus.difusion.com

DOCUMENTOS PARA DESCUBRIR

4. LA RESTAURACIÓN PERUANA Y LA ECONOMÍA GASTRONÓMICA

PREPÁRATE

A. Lee el texto y subraya las palabras "no transparentes", es decir, aquellas palabras nuevas que no consigues descifrar por el contexto o por su similitud con otras lenguas. Después, consúltalas en el diccionario.

B. Ahora busca un título representativo para cada párrafo.

1. ....
2. ....
3. ....

C. Compartimos B con otros compañeros. ¿Estamos de acuerdo en los títulos que han puesto los demás? ¿Por qué?

D. En grupos, elaboramos una infografía con texto e imágenes a partir de este título: "La restauración peruana y su impacto económico".

E. Presentamos nuestra infografía al resto de la clase.

F. Comentamos estas preguntas en grupo.

- ¿Conocemos la gastronomía peruana u otra cocina del mundo hispano? ¿Nos gusta?
- ¿Cuándo la hemos probado?
- ¿Qué platos conocemos?

ESTRATEGIAS

En general, el léxico que usan los hispanohablantes es común a todos, pero en algunos ámbitos hay más diferencias. Así, la fruta, las verduras y otros alimentos pueden tener nombres diferentes (como en el caso de ají, chile y pimiento). ¡No tienes que aprenderlos todos! Tus interlocutores te enseñarán cómo se dice en su variante y tratarán de entenderte si usas una forma diferente.

ACTIVIDAD COMPLEMENTARIA
en campus.difusion.com

LA COCINA PERUANA

TEXTO MAPEADO en campus.difusion.com

1 Perú tiene una de las más exquisitas, creativas y diversas gastronomías del mundo. Es el resultado de la fusión de la tradición culinaria del antiguo Perú (con sus propias técnicas y potajes) y la influencia de la gastronomía española y las cocinas china, japonesa y subsahariana de sus inmigrantes.
El arroz chaufa es el plato nacional y el estandarte de la cocina peruana es el ceviche (pescado o marisco crudo con zumo de naranja agria o limón, cebolla picada, ají y sal).

2 Los ingredientes más usados son la papa, el camote, el ají, el tomate, los frutos (hay 650 especies de frutos en Perú, entre las que se encuentran la chirimoya y la lúcuma), el achiote, el pescado (2000 especies), el tarwi y el maíz (con más de 30 ecotipos).

3 El país es ahora una referencia gastronómica en el mundo. Hay 80 escuelas o institutos y cinco universidades dedicadas a la gastronomía, donde cada año se gradúan 15 000 estudiantes. Según los datos del sector, la gastronomía beneficia directa o indirectamente a 5,5 millones de personas (desde la agricultura y la ganadería hasta los restaurantes, pasando por el transporte). El gasto global en alimentación supone anualmente algo más del 9 % del PIB peruano.

ecured.cu y larepublica.pe

5. GUÍA ALIMENTARIA ARGENTINA

UNIDAD 10

> Las Guías Alimentarias para la Población Argentina son una herramienta fundamental para generar, en los usuarios, comportamientos alimentarios y nutricionales más saludables a través de mensajes prácticos, redactados en un lenguaje sencillo y coloquial.

PREPÁRATE

A. Lee el texto de presentación de las Guías Alimentarias para la Población Argentina. Según tú, ¿la alimentación es una cuestión personal o los Gobiernos deben tener políticas al respecto?

B. Lee estos seis mensajes de las guías y añade un título a cada uno, como en el mensaje número 1.

MENSAJE 1
Incorporar a diario alimentos de todos los grupos y realizar al menos 30 minutos de actividad física.

1. Realizar 4 comidas al día (desayuno, almuerzo, merienda y cena). Incluir verduras, frutas, legumbres, cereales, leche, yogur o queso, huevos, carnes y aceites.
2. Realizar actividad física moderada continua o fraccionada todos los días para mantener una vida activa.
3. Comer tranquilo, en lo posible acompañado, y moderar el tamaño de las porciones.
4. Elegir alimentos preparados en casa en lugar de procesados.
5. Mantener una vida activa, un peso adecuado y una alimentación saludable previene enfermedades.

MENSAJE 2
....

1. A lo largo del día, beber al menos 2 litros de líquidos, sin azúcar, preferentemente agua.
2. No esperar a tener sed para hidratarse.
3. Para lavar los alimentos y cocinar, el agua debe ser segura.

MENSAJE 3
....

1. Consumir al menos medio plato de verduras en el almuerzo, medio plato en la cena y 2 o 3 piezas de fruta por día.
2. Lavar las frutas y verduras con agua segura.
3. Las frutas y verduras de estación son más accesibles y de mejor calidad.
4. El consumo diario de frutas y verduras disminuye el riesgo de padecer obesidad, diabetes, cáncer de colon y enfermedades cardiovasculares.

MENSAJE 4
....

1. Cocinar sin sal, limitar el agregado en las comidas y evitar el salero en la mesa.
2. Para reemplazar la sal, utilizar condimentos de todo tipo (pimienta, perejil, ají, pimentón, orégano, etc.).
3. Los fiambres, embutidos y otros alimentos procesados (como caldos, sopas y conservas) contienen cantidades elevadas de sodio. Al elegirlos en la compra, leer las etiquetas.
4. Disminuir el consumo de sal previene la hipertensión, enfermedades vasculares y renales, entre otras.

MENSAJE 5
....

1. Incluir 3 porciones al día de leche, yogur o queso.
2. Al comprar, mirar la fecha de vencimiento y elegirlos al final de la compra para mantener la cadena de frío.
3. Elegir quesos blandos antes que duros y aquellos que tengan menor contenido de grasas y sal.
4. Los alimentos de este grupo son fuente de calcio y necesarios a todas las edades.

MENSAJE 6
....

1. La porción diaria de carne debe ser del tamaño de la palma de la mano.
2. Incorporar carnes con las siguientes frecuencias: pescado 2 o más veces por semana; otras carnes blancas, 2 veces por semana y carnes rojas, hasta 3 veces por semana.
3. Incluir hasta un huevo por día, especialmente si no se consume la cantidad necesaria de carne.
4. Cocinar las carnes hasta que no queden partes rojas o rosadas en su interior previene las enfermedades transmitidas por alimentos.

TEXTO MAPEADO en campus.difusion.com

C. Completa las siguientes frases con la información del texto que te parece más interesante o novedosa.

- Es bueno...
- Es recomendable...
- Es importante...
- No es bueno...
- No se debe...
- Es mejor (no)...

> Es recomendable reemplazar la sal por condimentos como...

D. De todos estos consejos, escribe cinco cosas que haces y cinco que no haces.

E. ¿Qué tres costumbres crees que podrías cambiar fácilmente?

F. Comparamos nuestras respuestas a A, B y C con las de otra persona.

G. En parejas, leemos los títulos de los mensajes 7, 8, 9 y 10 y desarrollamos el contenido de uno de ellos. Después, comprobamos nuestras respuestas con el contenido original en campus.difusion.com.

MENSAJE 7
Limitar el consumo de bebidas azucaradas y de alimentos con elevado contenido de grasas, azúcar y sal.

MENSAJE 8
Consumir legumbres, cereales preferentemente integrales, papa, batata, choclo o mandioca.

MENSAJE 9
Consumir aceite crudo como condimento, frutas secas o semillas.

MENSAJE 10
El consumo de bebidas alcohólicas debe ser responsable. Los niños, adolescentes y mujeres embarazadas no deben consumirlas.

ACTIVIDAD COMPLEMENTARIA en campus.difusion.com

msal.gob.ar

SISTEMA FORMAL

6. CÓMO PREPARAR LA SOPA CASTELLANA

GRAMÁTICA

PREPÁRATE

A. Busca recetas en español en la red. ¿Qué tiempo verbal se usa? Márcalo.

- ☐ imperativo (**pela**, **limpia**...)
- ☐ presente de indicativo (**pelamos**, **limpiamos**...)
- ☐ infinitivo (**pelar**, **limpiar**...)

B. Lee los ingredientes de la sopa castellana para 4 personas y marca en un color los alimentos y en otro color las cantidades.

- 6 o 7 dientes de ajo
- 4 huevos
- 6 rebanadas de pan de hogaza
- 50 gramos de jamón serrano cortado en taquitos
- 1 litro de caldo de carne
- sal y pimienta
- media cucharadita de pimentón dulce
- 1 o 2 cucharadas soperas de aceite de oliva virgen

C. Lee la receta y observa los verbos. ¿En qué tiempo están? Ahora, transfórmala usando el imperativo (persona **tú**). Y no te olvides de colocar los pronombres en el lugar adecuado.

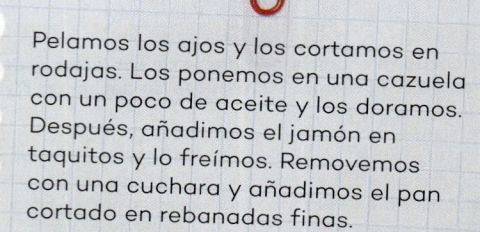

> Pelamos los ajos y los cortamos en rodajas. Los ponemos en una cazuela con un poco de aceite y los doramos. Después, añadimos el jamón en taquitos y lo freímos. Removemos con una cuchara y añadimos el pan cortado en rebanadas finas.
>
> Lo removemos todo y añadimos una cucharadita de pimentón dulce. Echamos el caldo de carne y lo dejamos hervir durante 10 minutos a fuego medio. Añadimos la sal y la pimienta al gusto y, por último, echamos los huevos y los dejamos hervir en la misma sopa.
>
> Servimos la sopa bien caliente.

D. Comparamos con otra persona nuestras respuestas a A y B.

7. ¿QUÉ LLEVA EL AJIACO?

LÉXICO

A. Observamos las imágenes de estos platos típicos de algunos países hispanoamericanos. Leemos sus nombres y su origen. ¿Los conocemos? ¿Los hemos probado alguna vez? ¿Nos apetece probarlos? Lo comentamos en parejas.

1. Ajiaco (Cuba)
2. Empanadas de pino (Chile)
3. Pabellón criollo (Venezuela)
4. Ropa vieja (Canarias, España)

B. Miramos de nuevo las imágenes y tratamos de responder a las siguientes preguntas sobre cada uno de los platos.

- ¿Qué lleva?
- ¿Es un primer plato / un entrante?
- ¿Es un segundo plato / un plato principal?
- ¿Se come frío o caliente?

> Es una sopa / un guiso / una ensalada...
> Es un plato de pescado / de carne / de arroz / de pasta...
> Lleva pescado/carne/huevos/ arroz/pasta...
> Está frito/asado/guisado/ cocido/ hecho al horno...

C. Investigamos en internet y escribimos una pequeña descripción de cada uno de estos platos.

ACTIVIDAD COMPLEMENTARIA
en campus.difusion.com

UNIDAD 10

8. EL ÓVALO DE LA ALIMENTACIÓN

LÉXICO

PREPÁRATE

A. Lee este texto y responde a las siguientes preguntas con tus propias palabras.

- ¿A qué equivale el óvalo de la alimentación en otras culturas?
- ¿Cuál es su objetivo?
- ¿A quién va dirigido?
- ¿Cuántos elementos forman el óvalo y cómo se organizan?
- ¿Cuál es el elemento común?
- ¿Cómo se lee el óvalo?

Una parte importante de la población no tiene los conocimientos básicos sobre qué es una alimentación sana y saludable. Por este motivo, existen recursos gráficos como la famosa pirámide de la alimentación o el óvalo, propio de la cultura argentina. Su objetivo es promover la salud de la población y prevenir enfermedades relacionadas con la alimentación.

El óvalo propone seis grupos de alimentos que no deben faltar en una alimentación equilibrada. El espacio que ocupa cada grupo refleja en qué proporción debe estar presente en la dieta diaria. La lectura del óvalo es en sentido inverso al de las agujas del reloj, comenzando por el grupo que ocupa mayor espacio y, por lo tanto, el que debe estar más representado en la dieta diaria.

El agua representa la base de la vida y, por eso, aparece de forma independiente englobando todos los alimentos.

B. Observa el óvalo de la alimentación, haz una lista con los alimentos representados en cada grupo y añade alguno más.

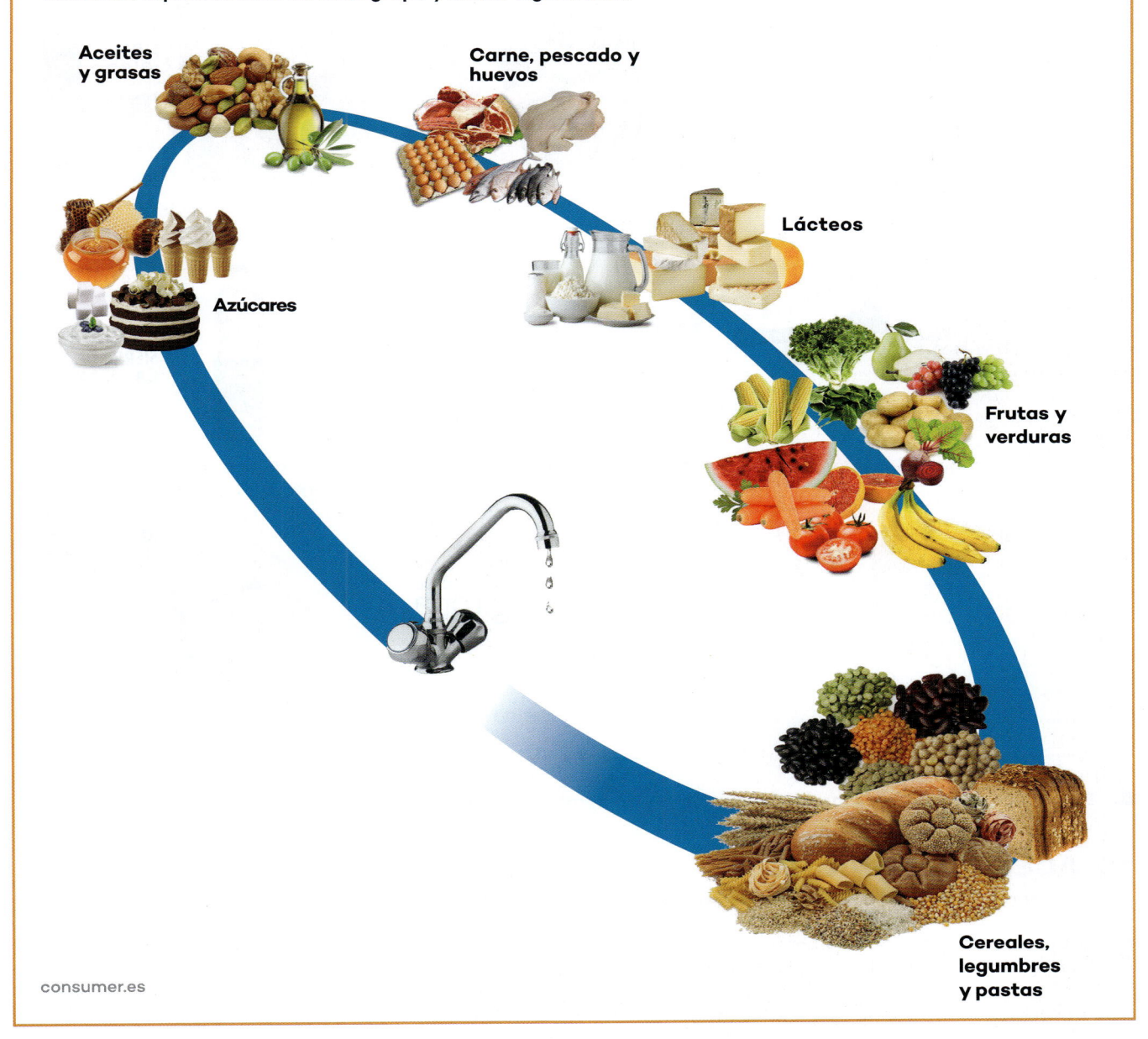

- Aceites y grasas
- Carne, pescado y huevos
- Lácteos
- Azúcares
- Frutas y verduras
- Cereales, legumbres y pastas

consumer.es

C. Comparamos nuestras respuestas a A y B.

D. En pequeños grupos, vamos a preparar una encuesta para descubrir si nuestros compañeros llevan una dieta equilibrada.

SISTEMA FORMAL

9. PESOS, MEDIDAS Y ENVASES

LÉXICO

PREPÁRATE

A. Lee el texto. ¿Qué requisitos debe cumplir un producto para ser considerado denominación de origen? ¿Existen productos de denominación de origen en tu región?

> La denominación de origen es una garantía de calidad y origen aplicada a productos alimenticios.
> La calidad y las características de estos productos están relacionadas con el lugar en el que se producen, transforman o elaboran. Las denominaciones de origen distinguen y protegen estos productos de otros similares, especialmente de aquellos que son más industrializados o que usan materias primas de calidad diferente.

B. Observa las imágenes. ¿Conoces estos alimentos? Fíjate en el origen. ¿Puedes localizarlos en un mapa?

C. Completa las descripciones con las siguientes palabras o expresiones.

| un kilo | un litro | una lata | una caja | una barra | una bolsa | una botella | un paquete | 500 gramos |

.... de vinagre de Jerez

.... de jamón ibérico de Guijuelo

.... de pan gallego

.... de sobaos pasiegos

.... de espárragos de Navarra

.... de aceite de oliva virgen de Sierra de Cazorla

.... de queso zamorano

.... de manzanas de Girona

.... de plátanos de Canarias

D. En parejas, compartimos las respuestas de A y comprobamos las de B y C.

10. ACENTOS TÓNICOS

PRONUNCIACIÓN

🔊 24 Escucha y marca en cada palabra dónde está el acento tónico. Después, compara tus respuestas con las de otros compañeros. ¿Hay algo que te sorprenda?

miligramo	gramo	centigramo	kilogramo
mililitro	litro	centilitro	kilolitro
milimetro	metro	centimetro	kilometro

UNIDAD 10

11. EN UN RESTAURANTE ESPAÑOL

LÉXICO

PREPÁRATE

A. Lee el menú y busca en internet imágenes de los platos que no conoces.

PRIMEROS
- espárragos con mayonesa
- ensalada de la casa
- canelones de carne
- verduras a la brasa

SEGUNDOS
- cordero al horno
- chuletón de buey con pimientos del piquillo
- merluza a la vasca
- dorada a la brasa con patatas panadera
- arroz con verduras o a la marinera

POSTRES
- fruta de temporada
- tarta casera de manzana
- pastel de chocolate

Pan, bebida y postre o café 12,50 €

B. Mira el menú y elige un primer plato, un segundo y un postre para una dieta equilibrada, para una vegetariana y para una baja en calorías.

C. Lee las siguientes frases y decide cuáles son del camarero y cuáles del cliente. Después, reconstruye el diálogo. Los colores te ayudarán a organizarlo por bloques: primero y segundo plato, postre y la cuenta.

- Lechuga, queso de cabra y frutos secos.
- La cuenta, por favor.
- Fruta de temporada, tarta casera de manzana y pastel de chocolate.
- ¿Qué hay de postre?
- Una copa de vino, por favor.
- La dorada a la brasa con patatas panadera.
- Hola, buenas tardes.
- ¿Qué lleva la ensalada?
- ¿Y para beber?
- A usted.
- Aquí tiene.
- Si es casera, sin duda la tarta de manzana.
- ¿Y de segundo?
- ¿Qué va a tomar de primero?
- Muy buenas.
- Muchas gracias.
- ¿Va a tomar postre o café?
- Pues la ensalada.

D. Comentamos en parejas las respuestas a A, B y C.

E. Escribimos un menú típico de nuestro país y creamos un diálogo parecido. Lo representamos frente al resto de la clase.

12. ANALIZAR Y COMENTAR DATOS

CARACTERÍSTICAS DEL TEXTO

PREPÁRATE

A. ¿Qué exporta tu país mayoritariamente? Lee el texto. ¿Cuáles son los productos de exportación que se mencionan?

El portal de noticias Global Post ha creado unos mapas que ilustran las principales exportaciones de cada país de acuerdo con su valor en el mercado internacional.
El petróleo, los minerales y los componentes electrónicos son fundamentales para la economía de numerosos países. Pero, ¿sabías que para otras naciones las fresas, el cemento y el caucho son los productos más exportados? Aquí puedes consultar el mapa de América Central y el Caribe. Encontrarás el resto de los mapas en campus.difusion.com.

B. Observa los mapas en campus.difusion.com y escribe los datos que te parezcan más relevantes. ¿Qué has descubierto?

- En el mapa se observa que...
- El mapa muestra que...
- Los productos de exportación más importantes de ... son...
- Panamá/Venezuela son países exportadores de...

Los productos de exportación más importantes de Puerto Rico son los productos químicos.

C. Compartimos nuestras respuestas con las de otra persona. ¿Nos sorprende algo?

ACTIVIDAD COMPLEMENTARIA en campus.difusion.com

América Central y el Caribe

Leyenda:
- Industria textil / ropa
- Petróleo
- Comida / bebida

- LANGOSTA
- PETRÓLEO
- ROPA Y CALZADO
- AZÚCAR
- ROPA
- AZÚCAR
- PRODUCTOS QUÍMICOS
- AZÚCAR Y RON
- PETRÓLEO
- CAFÉ
- ROPA
- CAFÉ
- PLÁTANOS
- CAFÉ
- NUEZ MOSCADA
- MELAZA
- PLÁTANOS
- AZÚCAR
- PETRÓLEO
- PETRÓLEO
- PETRÓLEO

TAREAS

PROYECTOS UNIDADES 9 Y 10
→ PÁG. 235

13. FIESTA HISPANA

A. En grupos, vamos a preparar un menú típicamente hispano para celebrar una fiesta de la clase. Aquí tenemos algunas ideas de platos. Investigamos su origen, su importancia en la cultura de su país, qué ingredientes llevan, etc.

sopa paraguaya	arepas	tamales
pollo al chilindrón	asado argentino	polvorosas
tamal de cazuela	mondonguito	alfajores
chairo paceño	sancocho	pulpo con cachelos
tres leches	torta de queso criollo	tortilla guisada
arroz con leche	locro	almogrote	cuñapé

B. Confeccionamos nuestro menú: elegimos varios entrantes, varios platos principales y postres. Podemos hacerlo en función de los hábitos alimentarios de la clase (un menú vegano o vegetariano, un menú apto para celíacos…).

C. Presentamos el menú al resto de la clase. Podemos acompañar nuestra presentación de fotos o vídeos.

14. ¡PERO ESTO QUÉ ES!

🏠 **PREPÁRATE**

A. Lee el texto sobre la paella de Jamie Oliver y explica lo ocurrido con tus propias palabras. ¿Cuál es el conflicto?

Lo hacía con su mejor intención, pero en España hay una norma no escrita: la paella no se toca. Después de esta aventura culinaria, seguro que el famoso cocinero británico Jamie Oliver se lo pensará dos veces antes de reinterpretar la gastronomía española. "Hay pocas cosas en la comida española mejores que la paella. Mi versión combina muslos de pollo y chorizo", proponía Oliver.
La respuesta no se hizo esperar. Horrorizados, los tuiteros se lanzaron a por el chef con uñas y dientes. "Eso no es paella, eso es arroz con cosas", le reprochan.

B. En parejas, vamos a interpretar un plato de la cocina hispana, por ejemplo, fusionándolo con la cocina de nuestro país: a partir de un plato original podemos proponer una nueva forma de prepararlo con los ingredientes más típicos de nuestra cocina, etc.

C. Presentamos nuestra reinterpretación del plato hispano al resto de la clase.

RECURSOS LINGÜÍSTICOS

GRAMÁTICA

DAR INSTRUCCIONES
En textos que sirven para dar instrucciones, como por ejemplo las recetas, podemos usar diversos recursos.

▶ **Infinitivo**
Típico de documentos impersonales como los manuales de intrucciones y las recetas.
Apagar y **desconectar** el aparato antes de cambiar los accesorios.
Pelar, cortar y **freír** los ajos en aceite muy caliente.

▶ **Imperativo**
Da las órdenes de manera directa. Es típico de señalizaciones, carteles y también de manuales de instrucciones y recetas. Es muy frecuente el uso de la persona **usted**.
Espere su turno.
Respete el descanso de los vecinos.
No toque la cuchilla de picar después de enchufar la batidora.
Pele, corte y **fría** los ajos en aceite muy caliente.

▶ **Presente**
Es la forma que muestra más proximidad y es típico de registros orales y documentos informales. Se puede usar en 2.ª persona del singular o en 1.ª del plural.
Preparamos el material antes de empezar la clase y **distribuimos** a los estudiantes en grupos de tres.
Pelamos, cortamos y **freímos** los ajos en aceite muy caliente.
Lavas las frutas, **las pelas** y **las cortas** en trocitos.

LÉXICO

HABLAR DE PLATOS Y RECETAS

▶ **¿Qué es el ajiaco?**

Es	una sopa / una ensalada / un guiso…
Es un plato de	carne/pescado/arroz/pasta…
Es	un entrante / un primer plato / un plato principal / un segundo plato / un postre / una bebida…

▶ **¿Qué lleva el gazpacho?**

Lleva	ajo/pimiento/tomate/aceite/sal…

▶ **¿Con qué se come el guacamole?**

Con	nachos/pan…
Se sirve con / va con	patatas/arroz/pasta/verduras/ensalada/nachos/tortillas…

▶ **¿Cómo está hecho el pescado?**

Está	frito / al horno / a la plancha / a la brasa / cocido / al vapor / guisado…

UNIDAD 10

MEDIDAS Y CANTIDADES
1 l (litro) de leche
1/2 l (litro) de agua
500 ml (quinientos mililitros) de agua
2 kg (kilos) de harina
300 g (trescientos gramos) de azúcar
una cucharada (grande) de aceite
una cucharadita de sal
una taza de arroz
una docena de huevos
una pizca de pimienta

ENVOLTORIOS, ENVASES Y PORCIONES

una barra de pan
una rebanada de pan 
una bolsa de manzanas 
un paquete de arroz 
una caja de galletas 
una lata de atún/cerveza... 
una botella de agua/vino/aceite... 
un cartón de leche 
un bote de pimientos 
un trozo de queso 
lonchas de jamón 
una raja de melón/sandía... 
un gajo de naranja 
rodajas de chorizo/patata... 

EN EL RESTAURANTE

la llegada	
camarero/-a	Buenos días/tardes/noches. Adelante. Acompáñenme. Pasen por aquí. Pueden sentarse en la mesa del fondo.
cliente/-a	Buenos días/tardes/noches. ¿Tiene mesa para dos? Tenemos una reserva a nombre de...

la comida	
camarero/-a	¿Van a tomar el menú del día? ¿Qué les apetece / van a tomar de primero? ¿Y de segundo? La ensalada de la casa lleva... Hoy les recomiendo... La carne / el pescado va con una guarnición de verduras. ¿Cómo les gusta la carne?
cliente/-a	¿Me puede traer la carta, por favor? ¿Qué lleva la ensalada de la casa? ¿Qué es el salmorejo? ¿Con qué va acompañado el pescado al horno? El pescado, muy/poco hecho, por favor. La carne, al punto, por favor.

la bebida	
camarero/-a	¿Y de/para beber, qué les traigo/apetece? ¿Agua con gas o sin gas? ¿Vino de la casa o les traigo la carta?
cliente/-a	Para mí, vino de la casa, por favor. Para mí, agua natural / del tiempo / fría... Una copa/botella de vino tinto/blanco/rosado, por favor.

los postres	
camarero/-a	¿Va a tomar postre o café? ¿De postre, qué les traigo/apetece? De postre, tenemos...
cliente/-a	Yo, nada, gracias. Un cortado / café solo / café con leche... ¿Qué hay/tienen de postre? ¿La tarta de chocolate es casera? ¿De qué es el helado?

pagar	
camarero/-a	¿(Va a pagar) en efectivo o con tarjeta? Ahora mismo (se la traigo). Muchas gracias.
cliente/-a	La cuenta, por favor. ¿Nos trae la cuenta, por favor? Muchas gracias.

CARACTERÍSTICAS DEL TEXTO

TEXTOS QUE ANALIZAN Y COMENTAN GRÁFICOS
Del gráfico se desprende que...
El gráfico muestra/destaca...
En el gráfico se observa que...
Según el gráfico/mapa, las importaciones han disminuido / han aumentado / se han estancado / se han disparado...

11
EDUCACIÓN Y FUTURO

CULTURA
- Universidades de países de habla hispana
- Tendencias futuras de la educación

COMUNICACIÓN
- Hacer predicciones
- Hablar sobre lo que sucederá en un futuro
- Situar una acción en el futuro
- Expresar acuerdo o desacuerdo
- Indicar el aumento o la disminución: **cada vez más**, **cada vez menos**

GRAMÁTICA
- Futuro imperfecto
- Perífrasis verbales: **seguir** + gerundio, **dejar de** + infinitivo
- Comparar (**igual de/que, más/mejor... que, menos/peor... que, el mismo / la misma / los mismos / las mismas**)
- Marcadores temporales de futuro: **esta tarde, en diciembre/2030, dentro de dos días/años**
- Oraciones condicionales (**si** + presente, futuro)

LÉXICO
- Educación y tecnología
- **Ya, aún no / todavía no**

CARACTERÍSTICAS DEL TEXTO
- Estructurar la información: conectores de inicio y de continuación

DOCUMENTOS PARA EMPEZAR

1. CITAS

PREPÁRATE

A. Lee estas citas sobre el paso por la universidad. ¿Coincide alguna con la visión que tenías antes de ser universitario? ¿Y ahora, te identificas con alguna?

1. El paso por la universidad debería ser obligado si se aspira a una formación integral.
— CARLOS LAMELA (1957), arquitecto

2. Aprendí a vivir sin manual de instrucciones y a trazarme mis propias metas.
— ISABEL ONTOSO, consultora de marca

3. Me dio capacidad de esfuerzo y sacrificio.
— PEDRO LUIS URIARTE (1943), economista

4. En la universidad aprendí poco, pero aprendí lo fundamental: el autodidactismo.
— LUIS LANDERO (1948), escritor

5. La universidad me dio un marco de lectura muy fuerte.
— TERESA ANDRUETTO (1954), escritora

Antes de entrar en la universidad pensaba que aquí te enseñaban a...

B. Contrastamos nuestras respuestas.

Yo pensaba que en la universidad se aprendía a...
Hasta el momento, a mí la universidad me ha dado...
Yo lo que valoro de la universidad es...

ACTIVIDAD COMPLEMENTARIA en campus.difusion.com

UNIDAD 11

2. IMÁGENES

🏠 **PREPÁRATE**

A. Observa esta imagen de un aula de la Universidad Mariano Gálvez (Guatemala). ¿Se parece a las aulas donde estudias tú? Escribe las similitudes y las diferencias.

B. Lee el texto y reflexiona sobre estas cuestiones. Anota tus conclusiones.

- ¿Qué caracteriza a un "espacio inteligente de aprendizaje"?
- ¿En qué medida favorecen el aprendizaje los elementos que se citan?

C. Compartimos nuestras respuestas a A y B.

D. ¿Qué tres espacios nos parecen los más importantes en un campus universitario? Justificamos nuestras respuestas.

—A mí la cafetería me parece muy importante porque es un espacio para socializar.

ACTIVIDAD COMPLEMENTARIA
en campus.difusion.com

La Universidad Mariano Gálvez de Guatemala, en función de sus ideales progresistas, está convirtiendo sus aulas en espacios inteligentes de aprendizaje, los cuales incluyen, entre otros: una placa de automatización, un proyector de ultra corta distancia que convierte el pizarrón tradicional en uno interactivo, una cámara de documentos, una computadora, una placa de conectividad para computadoras personales, sonido, capacidad para realizar videoconferencias y para grabar las sesiones de clases.

3. VÍDEO

🏠 **PREPÁRATE**

A. Antes de ver el vídeo, reflexiona sobre estas cuestiones.

- ¿Cuál es para ti la esencia de la universidad?
- ¿Qué tiene que ver la interacción social con la innovación?
- ¿Cuál crees que es el secreto de una gran universidad como la de Harvard?
- ¿Cuál es el papel de la tecnología en la educación?

B. Ve el vídeo y anota las respuestas del conferenciante a las preguntas anteriores.
🎥 12

Dr. Carlos Iván Moreno. Universidad de Guadalajara, México

C. En grupos, comentamos las respuestas del conferenciante y ampliamos sus ideas.

— Yo creo que el espíritu de búsqueda también es la esencia de la universidad.

ACTIVIDAD COMPLEMENTARIA en campus.difusion.com

141

DOCUMENTOS PARA DESCUBRIR

4. EL FUTURO DE LA EDUCACIÓN

PREPÁRATE

A. Lee el texto y haz una lista de los temas que trata.

> El uso de la tecnología en el aprendizaje.

B. Sintetiza las ideas de cada párrafo referentes al mundo de la educación y del trabajo.

ATENCIÓN

Puedes referirte al futuro con las siguientes formas:
hay > **habrá**
tenemos > **tendremos**

En el futuro **habrá** nuevos trabajos.
tendremos nuevos trabajos.

C. Ponemos en común nuestras respuestas con el resto de la clase.

D. En parejas, preparamos ideas para debatir sobre la siguiente cuestión.

- ¿Cómo nos podemos preparar para realizar trabajos que no existen hoy en día?

— *Yo creo que para estar preparado hay que tener una formación muy completa.*

E. Debatimos entre todos. ¿En qué aspectos estamos de acuerdo? ¿En cuáles no? Lo anotamos.

LA CAFETERÍA

¿Qué cosas habrá en 2050? ¿Qué cosas del presente no habrá? Jugamos a hacer predicciones sobre diferentes temas.

ACTIVIDAD COMPLEMENTARIA
en campus.difusion.com

¿LA EDUCACIÓN DEL FUTURO...

Eduardo Backhoff Escudero
Consejero del Instituto Nacional para la Evaluación de la Educación (México)
eluniversal.com.mx

[...] Es importante imaginarnos y responder a las preguntas: ¿cuál es la educación del futuro? o ¿cuál es el futuro de la educación? Para responderlas, el Centro Nacional de Planeamiento Estratégico del Perú, realizó un foro internacional que analizó las tendencias futuras de la educación de los países industrializados.

Las encuestas mundiales sobre el mercado laboral señalan que los trabajos se podrán clasificar en tres tipos:

1 No rutinarios y altamente calificados. Estos profesionistas deberán tener pensamiento creativo, razonamiento lógico, habilidades de análisis abstracto, imaginación, juicio, creatividad y competencias básicas en matemáticas.

2 Rutinarios y medianamente calificados. Personal que realiza trabajos estandarizados, algunos altamente calificados pero que pueden manejarse como rutina (por ejemplo, el cálculo de impuestos o la lectura de radiografías).

3 No rutinarios y de baja calificación. Trabajos que se realizan en oficinas, hospitales, centros comerciales, restaurantes o fábricas.

Se prevé que el segundo grupo de trabajadores [...] será reemplazado por dispositivos electrónicos y máquinas automatizadas e "inteligentes" en un mediano plazo.

Los analistas calculan que, en una o dos décadas, más de la mitad de la oferta laboral se conformará con trabajos que aún no han sido creados, por lo que los futuros profesionistas se deben preparar para contar con las capacidades, habilidades y destrezas para trabajar en un mundo que es incierto y que les exigirá enfrentarse a nuevas situaciones, desarrollar nuevos roles y adquirir nuevas competencias "blandas" (o no cognitivas), entre las que se encuentran: responsabilidad,

¿O EL FUTURO DE LA EDUCACIÓN?

capacidad de colaboración, comunicación, iniciativa, persistencia, habilidad, solución de problemas, autodisciplina y trabajo en equipo.

Ante este panorama laboral, se plantea que la educación del futuro deberá hacer énfasis en el modelo de las tres C (por sus siglas en inglés): pensamiento crítico, comunicación y colaboración. [...]

El uso de las nuevas tecnologías en el proceso de aprendizaje es una tendencia cada vez más fuerte en los países desarrollados, por lo que en un futuro próximo veremos aplicaciones derivadas de la inteligencia artificial. Junto con las nuevas tecnologías, los avances de las ciencias cognitivas (incluyendo las neurociencias) alimentarán los nuevos modelos pedagógicos a utilizar.

En síntesis, los países desarrollados buscan nuevos modelos educativos, que no son los tradicionales, para dar respuesta a las necesidades laborales futuras. El énfasis en habilidades blandas, el uso de nuevas tecnologías de comunicación y el avance de las ciencias cognitivas cambiarán el panorama educativo internacional. México enfrenta un doble reto en materia de educación: resolver sus problemas actuales de calidad y equidad, y prepararse para atender las necesidades de los futuros profesionistas. En esta tarea, los docentes altamente calificados son indispensables.

UNIDAD 11

5. RIESGOS EDUCATIVOS

PREPÁRATE

A. Escucha a dos jóvenes que hablan sobre los riesgos a los que se enfrenta la educación. Marca si expresan las siguientes ideas.

1. Ana — sí / no
- Las "habilidades blandas" no tienen lugar en la educación actual.
- La educación tiene que consistir en transmitir conocimientos.
- No todas las personas que estudian tienen que leer a los clásicos.

2. Diego — sí / no
- Con los cursos *online* no aprendes nada.
- En los cursos presenciales tienes más contacto con otras personas.
- Es más fácil abandonar los cursos *online*.

TRANSCRIPCIÓN MAPEADA en campus.difusion.com

B. Escribe una respuesta para cada una de estas personas. Comenta si estás de acuerdo o no con ellas y por qué.

C. Contrastamos nuestras respuestas a A con las de otra persona.

D. En grupos, compartimos las respuestas que hemos escrito para Ana y Diego y comentamos nuestros puntos de vista.

Yo creo que la educación presencial y la *online* tienen **el mismo** valor.
la misma validez.

Para mí, muchos de los problemas son **los mismos**.
las condiciones de aprendizaje no son **las mismas**.

Yo creo que con la educación *online* aprendes **lo mismo**.
Aprender en tu casa no es **lo mismo que** aprender en...

Para mí, **es mejor/peor** tener libertad de horarios.

ACTIVIDAD COMPLEMENTARIA en campus.difusion.com

SISTEMA FORMAL

6. TECNOLOGÍA Y EDUCACIÓN

GRAMÁTICA

PREPÁRATE

A. Lee este artículo y asocia estos cuatro objetivos con una o varias de las 13 tendencias.

1. Hacer más seguros los entornos de aprendizaje.
2. Hacer el aprendizaje más divertido.
3. Fortalecer la relación entre profesores y estudiantes.
4. Hacer más fácil el aprendizaje.

B. Consulta en Recursos lingüísticos cómo se forma el futuro imperfecto y escribe tres frases más relacionadas con la tecnología y la educación en el futuro.

> Yo creo que habrá apliciones para…
> Los robots serán…

C. Contrastamos con otras personas las asociaciones que hemos hecho en A.

D. En grupos, ponemos en común nuestras frases de B.

ACTIVIDAD COMPLEMENTARIA
en campus.difusion.com

¿El futuro de la tecnología es el futuro de la educación?

Los avances en tecnología contribuyen ya a mejorar las experiencias de aprendizaje de muchas personas, pero lo que tenemos hoy en día no es nada en comparación con lo que vendrá. Estas son 13 de las tendencias tecnológicas con mayor potencial para la educación del futuro.

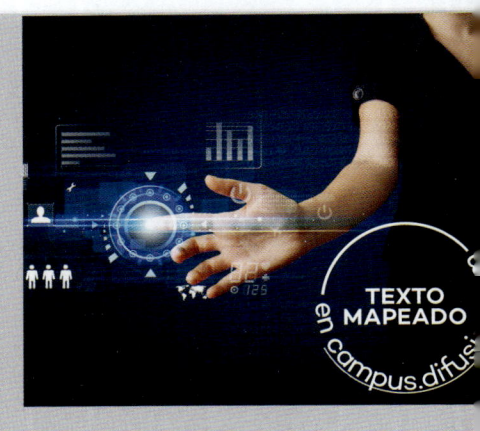

TEXTO MAPEADO en campus.difusion

LA REALIDAD VIRTUAL

1. **Permitirá** aprender en entornos de inmersión gracias a simulaciones interactivas.
2. Los estudiantes **podrán** interactuar y contar con la monitorización de un profesor.

LOS VIDEOJUEGOS

3. Las versiones educativas de los videojuegos **combinarán** aprendizaje y entretenimiento.
4. **Tendrán** herramientas para poder evaluar los progresos de los estudiantes.

APLICACIONES

5. En nuestros teléfonos o tabletas **tendremos** infinidad de recursos que nos **ayudarán** a aprender idiomas, programación…
6. Nuevas aplicaciones **mejorarán** la comunicación entre los centros, los estudiantes y los docentes.
7. **Habrá** *sofware* específico para monitorizar la progresión del aprendizaje, de manera que los docentes **podrán** ajustarse mejor al ritmo de cada estudiante o reforzar determinados contenidos.
8. **Habrá** aplicaciones para ayudar a detectar casos de acoso.

PLATAFORMAS EDUCATIVAS

9. ¿Cuánto **durarán** los libros físicos? Aunque todavía es un dato incierto, las editoriales y empresas tecnológicas **crearán** plataformas educativas cada vez más fáciles de usar.
10. **Integrarán** multitud de recursos para tener experiencias de aprendizaje completas: materiales descargables y *online*, tutorías con profesores, juegos educativos…

LA CONECTIVIDAD

11. Estudiantes y profesores **dispondrán** de una mejor conexión para hacer más eficaces las sesiones de trabajo colectivo *online*, las videoconferencias…

LA SEGURIDAD

12. Los estudiantes **podrán** usar entornos supervisados por los profesores y los padres.

LAS IMPRESORAS 3D

13. Los estudiantes **tendrán** la posibilidad de convertir ideas en objetos.

UNIDAD 11

7. ¿CUÁNDO PASARÁ?

GRAMÁTICA

🏠 **PREPÁRATE**

A. Lee estos titulares de prensa. ¿Cuál te interesa más? Busca información relacionada en internet y prepara frases en futuro para compartir con otras personas de la clase.

> Los aviones eléctricos serán capaces de transportar a unas 50 personas.

B. Fíjate en los marcadores temporales subrayados. ¿Tu lengua tiene recursos parecidos para situar acciones en el futuro o usa otros diferentes?

C. Buscamos a personas a las que les interese la misma noticia que a nosotros y compartimos la información que hemos encontrado.

D. Comentamos en parejas nuestras reflexiones de B. Después, buscamos en internet noticias interesantes sobre el futuro y las compartimos con el resto de la clase (intentando usar todos los recursos subrayados).

ACTIVIDAD COMPLEMENTARIA
en campus.difusion.com

1 En 2030 **podremos** conectar el cerebro a otro exterior que lo hará más potente.
elmundo.es

2 Los creadores del 'Solar Impulse' dicen que en diez años **habrá** aviones eléctricos comerciales.
elpais.com

3 Antonio Martínez Ron: "Dentro de pocos años los seres humanos **serán capaces** de ver la luz infrarroja o ultravioleta".
ondacero.es

4 La igualdad entre hombres y mujeres **no será posible** hasta dentro de 170 años.
elmundo.es

5 Ellen Stofan, jefa científica de la NASA: "El hombre **llegará** a Marte en 20 años".
one.elpais.com

8. CADA VEZ MÁS

GRAMÁTICA

🏠 **PREPÁRATE**

A. Marca si estás de acuerdo con las siguientes predicciones.

	estoy de acuerdo	no estoy de acuerdo
• **Cada vez menos** personas comprarán ordenadores. Los móviles y las tabletas cubrirán la mayoría de las necesidades.	☐	☐
• El dinero en efectivo se usará **cada vez menos**.	☐	☐
• Las televisiones estarán **cada vez menos** presentes en los hogares de la gente.	☐	☐

B. Completa estas frases.

1. **Cada vez más** gente usará…
2. **Cada vez menos** personas comprarán…
3. … se usará **cada vez menos**.
4. … será **cada vez menos** utilizado/-a.
5. … estarán **cada vez menos** presentes en los hogares.

C. En grupos, contrastamos nuestras opiniones sobre las predicciones de A.

D. Compartimos nuestros ejemplos de B con el resto de la clase argumentando nuestras propuestas.

— *Yo creo que cada vez más gente usará el transporte público, porque…*

145

SISTEMA FORMAL

9. ¿SEGUIRÁN EXISTIENDO?

GRAMÁTICA

PREPÁRATE

A. Lee las predicciones del texto. Si se cumplen, ¿cómo crees que van a afectar a la vida en tu universidad?

Los estudiantes no tendrán que memorizar contraseñas.

B. ¿Ves problemas en alguna de las predicciones?

Si dejamos de llevar dinero, dependeremos totalmente de las máquinas, pero a veces fallan.

C. Fíjate en las estructuras subrayadas. ¿Puedes expresar lo mismo de otra manera?

D. En grupos, contrastamos nuestras respuestas a A, B y C.

E. En parejas, usamos las estructuras subrayadas para predecir qué pasará con estas cosas (u otras).

- los taxis
- las cámaras analógicas
- la escritura manual
- las llaves metálicas

ACTIVIDAD COMPLEMENTARIA en campus.difusion.com

Adiós... ¿para siempre adiós?

Estas son algunas de las cosas que, gracias a los avances tecnológicos, tienen los días contados. ¿Llegará realmente el fin de todas ellas?

Las contraseñas
Gracias al reconocimiento facial o de voz y a las huellas digitales, <u>dejaremos de usar</u> contraseñas.

Las memorias USB y otros dispositivos de almacenamiento
Gracias a las nubes y a la mayor capacidad de almacenamiento de nuestros teléfonos, <u>dejaremos de llevar</u> memorias o discos duros.

Las oficinas físicas y otros espacios
Muchas empresas e instituciones educativas <u>empezarán a abandonar</u> sus grandes sedes e instalaciones: las aplicaciones que permiten hacer videollamadas grupales las harán innecesarias.

Las llaves
¿Para qué <u>seguir cargando</u> con las llaves de casa, del portal, del coche, del trabajo... si con nuestros teléfonos o nuestro reloj podemos abrir todas nuestras puertas?

10. ¿QUÉ ES MEJOR?

GRAMÁTICA

PREPÁRATE

A. Relaciona la opinión de estas seis personas con uno de los tres temas siguientes.

1. ¿Aprendizaje *online* o aprendizaje presencial?
2. ¿Habilidades o contenidos?
3. ¿Tecnología o tradición?

B. Escribe cuáles crees que pueden ser los argumentos de estas personas para defender su postura.

Rubén: Es más difícil ser disciplinado en casa; al profesor en clase le puedes preguntar...

C. Compartimos con otra persona nuestras respuestas a A y B.

D. Escuchamos y anotamos los argumentos de cada persona. Luego, en parejas, contrastamos nuestras notas.
27-32

TRANSCRIPCIÓN MAPEADA en campus.difusion.com

E. Entre todos, comentamos nuestra opinión sobre los diferentes temas. Intentamos usar las estructuras destacadas.

Para mí, es **mejor** ir a clase con un profesor **que** estudiar contenidos por tu cuenta y tener tutorías *online*.
Rubén

Se aprende **peor** con una tableta **que** con un libro. Para mí, está claro.
Luisa

Si el curso está bien diseñado, se aprende **igual de bien** con una computadora en casa **que** con un profesor en un aula.
Clara

Las pizarras digitales no son **mejores que** las de tiza y borrador de toda la vida.
Iván

Ser creativo, tener iniciativa o saber comunicar es **igual de** importante **que** saber mucho sobre un tema concreto.
Rosa

Para mí, los cursos a distancia tienen **más** ventajas **que** inconvenientes.
Laura

UNIDAD 11

11. ¿FUTURO O PRESENTE?

LÉXICO

PREPÁRATE

A. Lee estas predicciones sobre algunos aspectos de la educación en el futuro. ¿Son ya una realidad en tu universidad?

- Todas las aulas tendrán una buena conexión a internet.
- Los docentes serán orientadores y no darán los contenidos: guiarán a los estudiantes para descubrirlos.
- Internet será la única fuente de información.
- Los docentes tendrán que enseñar a ser críticos con la información.
- Los estudiantes prepararán las clases con antelación.
- La universidad deberá preparar para las necesidades del mundo laboral.
- No habrá exámenes: los profesores pondrán notas solo a trabajos o a proyectos.
- Los estudiantes podrán elegir todas sus asignaturas.
- Las clases tendrán horarios más flexibles: por las noches, los fines de semana, en verano...
- La memorización de contenidos dejará de ser importante y se potenciarán las habilidades personales.
- Todos los estudiantes compatibilizarán los estudios con el trabajo.
- Las universidades adaptarán sus espacios: la comodidad y los medios técnicos más modernos serán lo principal.
- Se potenciará la movilidad de los estudiantes entre diferentes países.
- La universidad fomentará la interacción social (entre profesores y estudiantes, entre los propios estudiantes...).

ATENCIÓN

Usamos **ya** para confirmar la realización de algo que esperamos o presentamos como posible.

En mi universidad **ya** tenemos internet de calidad en todas las aulas.

Usamos **aún/todavía no** para decir que no se ha producido algo que esperamos o creemos posible.

En mi universidad **aún no** tenemos internet de calidad en todas las aulas.

> Yo creo que aquí aún no todas las aulas tienen una buena conexión a internet.

B. Ponemos en común nuestras respuestas.

C. Debatimos si nos parecen positivas todas las predicciones.

12. POR UN LADO...

CARACTERÍSTICAS DEL TEXTO

PREPÁRATE

A. ¿Cuál es el principal reto de las universidades locales según el texto?

B. ¿Qué función tienen los recursos subrayados?

- presentar una consecuencia
- distribuir la información

C. Escribe un pequeño texto usando los recursos subrayados. Habla, por ejemplo, de ventajas y desventajas de estudiar en la universidad, de los avances tecnológicos...

> Si estudias en la universidad, por un lado, tu formación será mejor y, por otro, conocerás a gente muy interesante.

D. Compartimos nuestras respuestas a A y B y nuestros textos de C.

¿Podrán competir las universidades locales contra otras ofertas educativas?

Este es uno de los escenarios posibles: por un lado, universidades locales de las que saldrán personas que irán directas al paro y, por otro, universidades internacionales que garantizan la empleabilidad de sus estudiantes. Las universidades deben encontrar su lugar en un panorama dominado por una oferta doble: por una parte, cursos como los del OpenCourseWare del MIT (abiertos y de calidad) y, por otra, cursos cerrados como los de Udacity. ¿Renovarse o morir?

TAREAS

13. IDEAS PARA NUESTRA UNI

A. En pequeños grupos, vamos a participar en un "concurso de retos" de nuestra universidad. Se trata de imaginar mejoras o soluciones a problemas actuales (en las aulas, en el campus…). Pensamos en aplicaciones para móviles, en aparatos, en nuevas instalaciones…

B. Escogemos las ideas que más nos gusten y preparamos nuestros argumentos para defenderlas ante la clase.

Nuestra primera idea es poner auriculares en las aulas más grandes. Así las personas con problemas de audición podrán seguir mejor las clases.

C. Escuchamos todas las propuestas y seleccionamos las cinco mejores.

14. UNA UNIVERSIDAD NUEVA

A. En grupos, vamos a definir las características de la universidad que nos gustaría tener dentro de 10 años. Vamos a pensar en estos puntos:

- nombre
- ubicación
- estudios que ofrecerá
- la misión de la universidad
- la relación entre docentes y estudiantes
- clases presenciales / clases *online*
- las aulas y los espacios comunes
- uso de la tecnología
- otros

B. Preparamos una presentación digital (diapositivas, infografía…) y exponemos nuestras ideas.

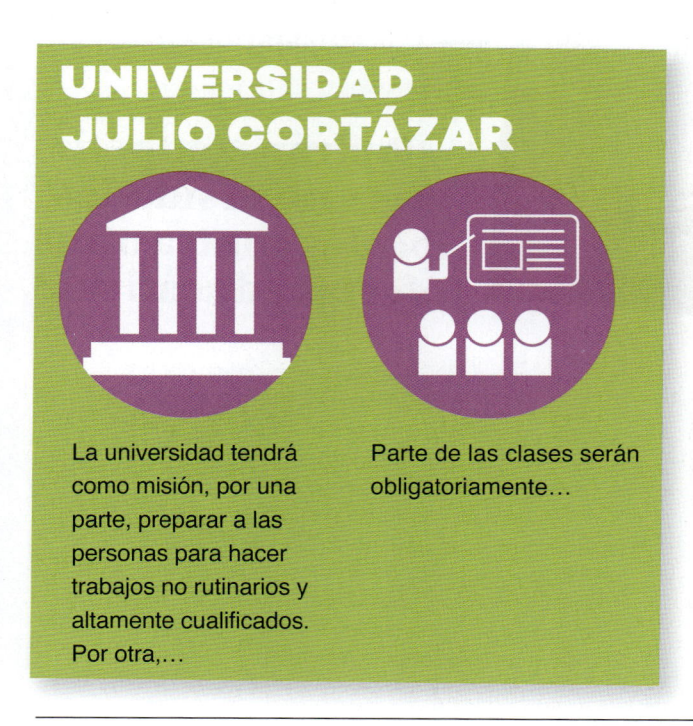

UNIVERSIDAD JULIO CORTÁZAR

La universidad tendrá como misión, por una parte, preparar a las personas para hacer trabajos no rutinarios y altamente cualificados. Por otra,…

Parte de las clases serán obligatoriamente…

RECURSOS LINGÜÍSTICOS

GRAMÁTICA

FUTURO IMPERFECTO
▶ **Verbos regulares**

ESTAR	DEBER	VIVIR
estaré	deberé	viviré
estarás	deberás	vivirás
estará	deberá	vivirá
estaremos	deberemos	viviremos
estaréis	deberéis	viviréis
estarán	deberán	vivirán

▶ **Verbos irregulares**

TENER		
tendré	decir	dir-
tendrás	haber	habr-
tendrá	hacer	har-
tendremos	poder	podr-
tendréis	poner	pondr-
tendrán	querer	querr-
	saber	sabr-
	salir	saldr-
	valer	valdr-

Usamos el futuro imperfecto para hacer predicciones sobre el futuro.
*Algún día **podremos** vivir en Marte.*

🔔 Podemos referirnos al futuro usando otros recursos. Con el presente de indicativo presentamos algo como una decisión firme o como un hecho seguro.
*En dos años **acabo** la carrera y **me voy** a otro país.*
***Te llamo** mañana, ¿ok?*

Con **ir a** + infinitivo hablamos de decisiones o planes y presentamos acciones futuras que consideramos lógicas o evidentes.
*El año que viene **voy a ir** a Italia. ¿Te apuntas?*
*En un entorno tan tecnológico como el que tenemos, yo creo que pronto **vamos a dejar** de usar bolígrafos para escribir.*

SITUAR UNA ACCIÓN EN EL FUTURO

esta mañana/tarde/noche
mañana
pasado mañana
el domingo/jueves…
este domingo/jueves…
el fin de semana / este fin de semana
este fin de semana/mes/año…

Esta semana *no voy a tener mucho tiempo libre.*
*Supongo que **este año** harán mejoras en el campus.*

en + mes/estación/año
En diciembre *tendremos lista la aplicación.*
En primavera *ya habrá wifi en todas las aulas.*
En 2050 *habrá robots en todas las casas.*

en / **dentro de** + cantidad de tiempo
En pocos años *desaparecerán muchas profesiones.*
Dentro de veinte años *nadie usará llaves.*

UNIDAD 11

hasta + momento concreto
La exposición estará abierta **hasta el lunes**.
Tendremos clase en este edificio **hasta el verano**.
Hasta 2050 no dispondremos de la tecnología necesaria para vivir en otros planetas.

hasta dentro de + cantidad de tiempo
La exposición estará abierta **hasta dentro de una semana**.
Hasta dentro de muchos años no dispondremos de la tecnología necesaria para colonizar otros planetas.

INDICAR EL AUMENTO O LA DISMINUCIÓN

cada vez más
Cada vez usamos *más* el móvil para aprender.
Cada vez más gente usará el transporte público.
Los robots serán *cada vez más* inteligentes y autónomos.

cada vez menos
Con los móviles *cada vez* usamos *menos* la memoria.
Cada vez menos gente irá a trabajar en coche.
Los coches de gasolina serán *cada vez menos* comunes.

PERÍFRASIS VERBALES

empezar a + infinitivo
Se usa para marcar el comienzo de una acción.
El mes que viene **empezamos a construir** la maqueta del nuevo proyecto.

seguir + gerundio
Se usa para marcar la continuidad de una acción.
Yo creo que dentro de cien años **seguiremos usando** bolígrafos.

🔔 Podemos usar también el verbo **continuar**.
Yo creo que dentro de cien años **continuaremos usando** bolígrafos.

dejar de + infinitivo
Se usa para marcar la interrupción de una acción.
Yo creo que dentro de poco tiempo **dejaremos de escribir** a mano.

COMPARAR

▶ **Indicar igualdad**
Se aprende **igual de** bien con un profesor **que** con un ordenador.
Saber comunicar es **igual de** importante **que** saber mucho sobre un tema.

▶ **Indicar superioridad**
Los cursos a distancia tienen **más** ventajas **que** inconvenientes.
Se aprende **mejor** con un profesor **que** con un ordenador.
Las nubes de almacenamiento de datos tienen hoy una capacidad **mayor que** hace uno o dos años.

▶ **Indicar inferioridad**
En unos años usaremos **menos** libros **que** tabletas.
Se aprende **peor** con un ordenador **que** con un profesor.

LÉXICO

EDUCACIÓN Y TECNOLOGÍA

haber > proyector > pizarrón > pizarra
tener > medios técnicos > recursos
disponer de > plataformas educativas > aplicaciones
avances > en tecnología > en educación
recursos > digitales > en internet > en papel
hacer > una videoconferencia > una videollamada > un trabajo > un examen
preparar > las clases > un examen
desarrollar > las competencias
fomentar > las habilidades blandas > el pensamiento crítico
buscar > información > recursos
saber > colaborar > interactuar con otras personas
condiciones > de aprendizaje
ritmo
aprendizaje > en inmersión > presencial > a distancia
memorizar > contenidos
buscar
aprender

CARACTERÍSTICAS DEL TEXTO

ESTRUCTURAR LA INFORMACIÓN: CONECTORES DE INICIO Y DE CONTINUACIÓN

por un lado,... por otro (lado)
*Son muchas las ventajas de los cursos a distancia: **por un lado**, está la flexibilidad de los horarios; **por otro**, resultan más baratos que otro tipo de ofertas.*

por una parte,... por otra (parte)
*Son muchas las ventajas de los cursos a distancia: **por una parte**, está la flexibilidad de los horarios; **por otra**, resultan más baratos que muchas de las ofertas presenciales.*

🔔 No es absolutamente necesario usar **por un lado / por una parte** para poder usar **por otro lado / por otra parte**.
*Tenemos que potenciar más el uso en clase de los móviles y las tabletas. La gran mayoría de las personas ya va a clase con uno o varios de estos dispositivos y están acostumbrados a manejarlos con soltura. **Por otra parte**, son muchos los estudios que demuestran...*

12

ORGANIZACIÓN Y TIEMPO

CULTURA
- La percepción del tiempo en las distintas culturas
- Comparación de horarios y vacaciones entre distintos países
- Expresiones de cultura popular para hablar de tiempo

COMUNICACIÓN
- Comparar estadísticas, datos, horarios
- Ofrecer, pedir y preguntar por un servicio
- Dar consejos

GRAMÁTICA
- El presente de subjuntivo
- El artículo determinado neutro **lo**
- Aconsejar y valorar con infinitivo/subjuntivo
- Oraciones de relativo con indicativo/subjuntivo
- Relacionar acciones con **cuando** (+ indicativo/subjuntivo)

LÉXICO
- Ofrecer y pedir servicios
- Expresiones con la palabra **tiempo**
- Gestión del tiempo

CARACTERÍSTICAS DEL TEXTO
- Uso de la coma

DOCUMENTOS PARA EMPEZAR

1. INFOGRAFÍA

PREPÁRATE

A. Mira esta infografía. ¿Aparece tu país? Si no, ¿a qué país del gráfico se parecen más los horarios del tuyo? Siguiendo el modelo, escribe los horarios de tu país en tu cuaderno.

B. ¿Qué diferencias entre países observas en el gráfico? ¿Tiene España diferencias significativas con respecto a los otros países europeos? ¿Y con respecto al tuyo?

En Suecia y en Alemania se cena a la misma hora.
En Suecia y en Alemania se trabaja el mismo número de horas.
En Italia se duerme menos que en Alemania.
En mi país la gente duerme menos horas que en Suecia.

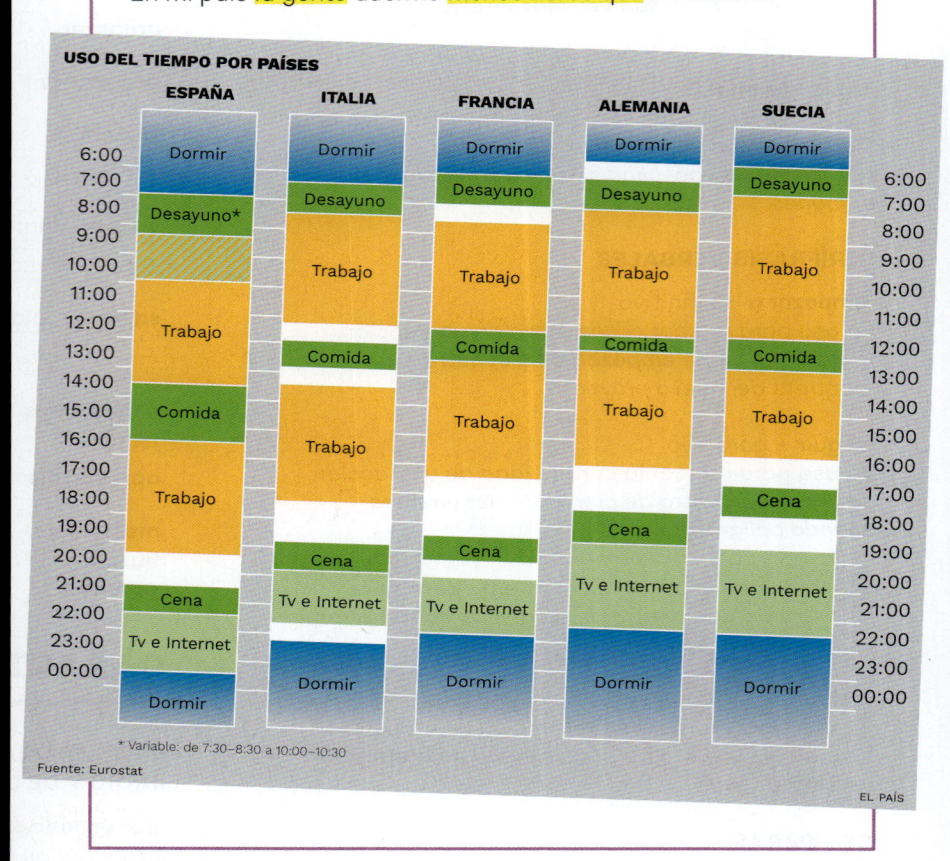

USO DEL TIEMPO POR PAÍSES

Hora	ESPAÑA	ITALIA	FRANCIA	ALEMANIA	SUECIA	Hora
6:00	Dormir	Dormir	Dormir	Dormir	Dormir	6:00
7:00					Desayuno	7:00
8:00	Desayuno*	Desayuno	Desayuno	Desayuno		8:00
9:00					Trabajo	9:00
10:00		Trabajo	Trabajo	Trabajo		10:00
11:00	Trabajo					11:00
12:00					Comida	12:00
13:00		Comida	Comida	Comida		13:00
14:00					Trabajo	14:00
15:00	Comida		Trabajo	Trabajo		15:00
16:00		Trabajo				16:00
17:00					Cena	17:00
18:00	Trabajo			Cena		18:00
19:00			Cena			19:00
20:00		Cena			Tv e Internet	20:00
21:00	Cena	Tv e Internet	Tv e Internet	Tv e Internet		21:00
22:00	Tv e Internet					22:00
23:00						23:00
00:00	Dormir	Dormir	Dormir	Dormir	Dormir	00:00

* Variable: de 7:30–8:30 a 10:00–10:30
Fuente: Eurostat

EL PAÍS

C. Comparamos nuestras respuestas con las de otras personas. ¿Qué países tienen más afinidades? ¿Y más diferencias?

D. ¿Qué horario nos parece mejor? ¿Y peor? ¿Por qué?

— Yo creo que en Suecia se empieza a trabajar demasiado temprano.
— Pues yo no. A mí me gusta levantarme muy temprano.

ACTIVIDAD COMPLEMENTARIA en campus.difusion.com

UNIDAD 12

2. CITAS, REFRANES Y FRASES HECHAS

PREPÁRATE

A. Lee esta cita y escribe el mensaje que transmite con otras palabras.

> Cuando tengas una tarea difícil que hacer, algo que parece imposible, solamente trabaja cada día un poco, todos los días un poco, y de repente verás que el trabajo estará terminado.
> — KAREN BLIXEN (1885-1962), escritora danesa

B. ¿En tu lengua existen proverbios o aforismos equivalentes (o parecidos) a los siguientes? Escríbelos.

- Más vale tarde que nunca.
- No por mucho madrugar amanece más temprano.
- Vísteme despacio que tengo prisa.
- El tiempo todo lo cura.
- El tiempo es oro.
- Agua pasada no mueve molino.
- El tiempo que pasa uno riendo es tiempo que pasa con los dioses. — PROVERBIO JAPONÉS
- El tiempo vuela.

C. Ponemos en común nuestra reformulación de la cita de A. ¿La hemos entendido del mismo modo?

D. Comentamos con qué frases de B estamos de acuerdo y con cuáles no (o necesitamos matizar).

— Yo estoy de acuerdo con que el tiempo vuela, porque...
— Yo creo que el tiempo no siempre lo cura todo; por ejemplo, si vives una experiencia traumática...
— Me parece que el tiempo es más valioso que el oro porque....

E. Ponemos en común los refranes y aforismos sobre el tiempo que conocemos en otras lenguas. En grupos, los traducimos al español y luego los compartimos con la clase.

ACTIVIDAD COMPLEMENTARIA en campus.difusion.com

3. VÍDEO

PREPÁRATE

A. Antes de ver el vídeo, ¿sabes qué es un banco del tiempo? ¿Cómo funciona? ¿Eres usuario de alguno o conoces alguna experiencia?

B. Ahora ve el vídeo. ¿Qué servicios se ofrecen? ¿Qué es lo que más te ha interesado de este proyecto?

C. Compartimos nuestras respuestas a A y B.

D. En parejas, enumeramos tres aspectos positivos de un banco del tiempo.

ACTIVIDAD COMPLEMENTARIA en campus.difusion.com

LA CAFETERÍA

¿Los bancos del tiempo son una idea utópica?

DOCUMENTOS PARA DESCUBRIR

4. ¿TÚ TIENES AGENDA?

PREPÁRATE

A. ¿Usas algún tipo de agenda: en papel, en el móvil...?

B. Lee los testimonios de cuatro estudiantes. ¿Tienen cosas en común contigo o con personas que conoces?

Julia
a. Yo sé que es importante organizarse, pero hay tantos imprevistos en mi vida que al final no me sirve para nada tener agenda. Las fechas importantes (fechas de exámenes, cumpleaños de amigas, etc.) las apunto en un calendario que tengo en la cocina.

Yannick
b. Mis amigos siempre me recomiendan que me compre una agenda, pero a mí me gusta improvisar. Una vez me compré una y no la usé nunca. Es verdad que, cuando llegan los exámenes o las entregas de los trabajos, lo hago todo corriendo y con muy poco tiempo, pero hasta ahora no me ha ido mal. Cuando trabaje, supongo que tendré que empezar a usar una.

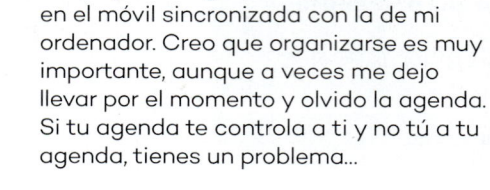

Aina
c. Yo tengo una agenda en papel y otra en el móvil sincronizada con la de mi ordenador. Creo que organizarse es muy importante, aunque a veces me dejo llevar por el momento y olvido la agenda. Si tu agenda te controla a ti y no tú a tu agenda, tienes un problema...

Pol
d. Yo tengo la agenda del móvil y estoy muy contento, porque me avisa de lo que tengo que hacer y me ayuda a no dejarlo todo para el final. Si te acostumbras a usarla, tu vida es mucho más fácil y puedes hacer las cosas con más tranquilidad.

C. Ponemos en común nuestras respuestas a A y B.

— Yo también escribo siempre las cosas importantes en papel.
— A mí tampoco me gusta improvisar, por eso...

ACTIVIDAD COMPLEMENTARIA en campus.difusion.com

5. ¿NOS ORGANIZAMOS?

PREPÁRATE

A. Responde al cuestionario de la página siguiente, anota tus resultados y lee tu perfil.

Suma los puntos de cada pregunta y comprueba cuál es tu perfil.

Menos de 26 puntos
Tienes un grave problema con la gestión de tu tiempo. Necesitas con urgencia consejos y técnicas para mejorar este aspecto. Cuando los pongas en práctica, haz de nuevo el test para saber si tu puntuación ha mejorado.

Entre 26 y 114 puntos
Intentas administrar tu tiempo, haces esfuerzos, pero no alcanzas buenos resultados porque te falta constancia. Déjate aconsejar, aplica las técnicas con regularidad y vuelve a hacer el test para comprobar si has sacado una mayor puntuación.

Entre 115 y 183 puntos
Estás en el buen camino. En general sabes establecer tus prioridades y tus objetivos, pero todavía puedes mejorar aplicando algunas técnicas.

Más de 183 puntos
Enhorabuena. Tienes una gran competencia para gestionar tu tiempo.

B. En grupos, comentamos si estamos de acuerdo con lo que dicen nuestros perfiles y hacemos una lista con nuestros problemas para gestionar el tiempo.

C. Ponemos en común nuestras listas. ¿Hay problemas comunes?

ACTIVIDAD COMPLEMENTARIA
en campus.difusion.com

LA CAFETERÍA

¿Hacemos demasiadas cosas?   ¿Sabemos priorizar?

UNIDAD 12

¿NOS ORGANIZAMOS?

		siempre	generalmente	lo intento	algunas veces	rara vez	nunca
1.	¿Escribes listas bien definidas de tus objetivos?	○	○	○	○	○	○
2.	¿Planeas y registras tu tiempo diario y semanal?	○	○	○	○	○	○
3.	¿Puedes pasar largos ratos sin interrupciones cuando lo necesitas?	○	○	○	○	○	○
4.	¿Te niegas a contestar llamadas telefónicas cuando estás ocupado en actividades o conversaciones importantes?	○	○	○	○	○	○
5.	¿Usas de forma productiva el tiempo de viaje (tren, metro, coche) o las esperas?	○	○	○	○	○	○
6.	¿Delegas todo lo que es posible?	○	○	○	○	○	○
7.	¿Evitas que tus compañeros te pasen sus "metidas de pata"?	○	○	○	○	○	○
8.	¿Te das un tiempo todos los días para pensar si estás haciendo lo correcto para alcanzar tus objetivos?	○	○	○	○	○	○
9.	¿Eliminas las causas por las que has desperdiciado tiempo alguna vez?	○	○	○	○	○	○
10.	¿Tienes pleno control sobre tu tiempo?	○	○	○	○	○	○
11.	¿Tu escritorio está bien organizado?	○	○	○	○	○	○
12.	¿Organizas tu trabajo de acuerdo con tus prioridades?	○	○	○	○	○	○
13.	¿Cumples con tus fechas límite?	○	○	○	○	○	○
14.	¿Sabes distinguir lo importante de lo urgente?	○	○	○	○	○	○
15.	¿Sabes decir "no" cuando tienes que hacerlo?	○	○	○	○	○	○
16.	¿Estás al día con las lecturas que más te interesan?	○	○	○	○	○	○
17.	¿Cuentas con suficiente tiempo para ti, tu ocio, el estudio y tu familia?	○	○	○	○	○	○
18.	¿Estás al día de lo que pasa en tu familia y compartes momentos con ellos?	○	○	○	○	○	○
19.	¿Te tomas un descanso visual de cinco minutos cada hora o cada dos horas si usas el ordenador mucho tiempo?	○	○	○	○	○	○
20.	¿Dedicas tiempo suficiente a descansar, desconectar, relajarte y reponer fuerzas?	○	○	○	○	○	○
21.	¿Planificas para evitar imprevistos?	○	○	○	○	○	○

Puntos por respuesta
SIEMPRE = 10 puntos; **GENERALMENTE** = 8 puntos; **LO INTENTO** = 6 puntos;
ALGUNAS VECES = 4 puntos; **RARA VEZ** = 2 puntos; **NUNCA** = 0 puntos.

SISTEMA FORMAL

6. ES IMPORTANTE DORMIR BIEN

GRAMÁTICA

🏠 PREPÁRATE

A. Relaciona los problemas de estos estudiantes con las respuestas de un especialista.

Elisa — Asunto: No me acuerdo de las cosas 
No consigo acordarme de las fechas de la entrega de trabajos o de los exámenes. Muchas veces me acuerdo cuando ya faltan muy pocos días.

Hugo — Asunto: Me falta tiempo 
Siempre me falta tiempo y al final del día me quedan todavía muchas cosas por hacer.

Rita — Asunto: Demasiados compromisos 
Me estresa mucho cumplir con todos mis compromisos. Tengo demasiadas cosas en la agenda y no llego a todo. Ahora, además, es época de exámenes y estoy cansadísima.

Emilio — Asunto: Aprovechar el tiempo 
Me distraigo con facilidad y no aprovecho bien el tiempo de estudio.

Dr. Sala 
Los psicólogos estamos de acuerdo en que es muy importante programar periodos de descanso para evitar la sobrecarga. Es fundamental que los estudiantes duerman y coman bien y que beban muchos líquidos.

Dr. Sala 
Es necesario que bloquees las posibles distracciones mientras estudias. Sobre todo, te recomiendo evitar las redes sociales.

Dr. Sala 
Te aconsejo que apuntes todas tus obligaciones en una agenda y que escribas en pósits las cosas más urgentes (¡tenlos a la vista!).

Dr. Sala 
Es necesario que planifiques tus tareas al final de cada día y que marques las que son más importantes o urgentes del día siguiente.

B. Los siguientes verbos, que aparecen en las respuestas del especialista, están en presente de subjuntivo. Piensa cuál es la forma correspondiente del presente de indicativo y escríbela al lado. ¿Qué observas? Por último, consulta Recursos lingüísticos para saber más sobre el presente de subjuntivo.

duerman	*duermen*	apuntes	....
coman	....	escribas	....
beban	....	planifiques	....
bloquees	....	marques	....

C. Comparamos nuestras respuestas a A y nuestras reflexiones de B.

D. Analizamos estos ejemplos para deducir cuándo se usa el infinitivo y cuándo el presente de subjuntivo con las estructuras subrayadas. Luego, ponemos en común nuestras hipótesis.

Lola, yo <u>te recomiendo</u> dormir más.
Lola, yo <u>te recomiendo que duermas</u> más.
Lola, <u>es importante</u> dormir bien.
Lola, <u>es importante que duermas</u> bien.

E. En parejas, escribimos dos problemas de planificación del tiempo y se los pasamos a otra pareja.

F. Escribimos consejos para los problemas que hemos recibido.

Es importante
Es necesario   programar/apuntar/planificar/marcar/hacer…
Te aconsejo   que programes/apuntes/planifiques/marques/hagas…
Te recomiendo

UNIDAD 12

7. APLICACIONES QUE FACILITAN LA VIDA AL ESTUDIANTE

GRAMÁTICA

🏠 **PREPÁRATE**

A. ¿Conoces aplicaciones para mejorar tu tiempo de estudio? ¿Cuáles?

B. Lee los problemas o necesidades de estos estudiantes. ¿Qué aplicación de la derecha le conviene a cada uno?

> Mi problema es la falta de concentración. ¿Existe una aplicación que me <u>permita</u> bloquear el Facebook, el WhatsApp y el Messenger mientras estudio?
> **Patricia**

> A mí me gustaría tener una aplicación que <u>estimule</u> el cerebro, que <u>tenga</u> juegos de inteligencia o algo así.
> **Joel**

> Necesito una aplicación para poder consultar inmediatamente las palabras en español que no entiendo.
> **Serena**

> Sería fantástico tener una aplicación que me <u>ayude</u> a programar los trabajos y los exámenes.
> **Mila**

Cuatro APLICACIONES GRATUITAS que ayudan a estudiar mejor

#1 STUDIOUS
¿Eres un poco desorganizado? Studious es tu aplicación. Organiza tu horario y programa tus exámenes y tus entregas de trabajos.

#2 SELFCONTROL
Podrás bloquear determinadas webs durante un tiempo establecido previamente por ti, concentrarte en los estudios y evitar distracciones.

#3 LUMOSITY
Lumosity es una aplicación que combina más de 25 juegos cognitivos para entrenar nuestro cerebro diariamente, mantenerlo activo y aumentar nuestra agilidad mental.

#4 IRAE
La Real Academia de la Lengua Española ha creado iRae, una aplicación que puede resolver muchas de tus dudas. Imprescindible para cualquier estudiante de español.

C. Comparamos nuestras respuestas a A y B.

D. Analizamos los siguientes fragmentos y comentamos en parejas cuál es la regla para usar indicativo o subjuntivo en este tipo de oraciones relativas.

que + indicativo
- iRae es una aplicación que <u>puede</u> sacarte de muchos apuros lingüísticos.
- ¿Conoces esa aplicación que <u>organiza</u> los horarios y <u>programa</u> exámenes y entregas de trabajos? Se llama Studious.
- Tengo una aplicación que <u>bloquea</u> mis redes sociales.

que + subjuntivo
- Busco una aplicación que <u>me permita</u> concentrarme.
- Necesito una aplicación que <u>me ayude</u> con las Matemáticas.
- ¿Existe alguna aplicación que <u>sea</u> capaz de detectar mis fallos cuando hablo?

E. En parejas, marcamos la forma verbal más adecuada en cada frase.

1. He encontrado una aplicación fantástica que **diseña/diseñe** circuitos eléctricos.
2. Queremos desarrollar aplicaciones que nos **ayudan/ayuden** a mejorar el rendimiento de los estudiantes.
3. ¿Cuándo existirá una aplicación que **puede/pueda** medir nuestra inteligencia?
4. Me he bajado una aplicación que me **propone/proponga** ejercicios para hacer mientras estudio.

F. Comparamos nuestras respuestas con las de otras parejas y comentamos por qué hemos elegido indicativo o subjuntivo.

G. Comentamos si usamos aplicaciones para ser más eficientes en nuestros estudios.

— Yo uso una aplicación que controla...
— Yo uso una aplicación para controlar...

H. En parejas, escribimos qué aplicaciones que no están en el mercado nos gustaría tener para mejorar como estudiantes (o en otros ámbitos).

Necesitamos una aplicación que controle...

SISTEMA FORMAL

8. INTERCAMBIO DE SERVICIOS

GRAMÁTICA

PREPÁRATE

A. Lee los siguientes anuncios de ofertas y demandas. ¿Cuáles puedes relacionar?

OFERTAS

1. La INFORMÁTICA no tiene secretos para mí. Sé arreglar ordenadores, organizar redes domésticas, diseñar páginas web... Dispongo de todo el material necesario para hacer las reparaciones a domicilio.

2. Soy titulada en Fisioterapia y experta en masajes ayurvédicos. Tengo ocho años de experiencia. Me ofrezco para visitas a domicilio.

3. Con mi bicicleta puedo ir a comprar rapidísimo a cualquier parte de la ciudad. Tendrás tus compras en un santiamén.

4. Doy clases de pilates a domicilio.

5. Soy profesora de guitarra para principiantes en mi casa o a domicilio. En mi casa, dispongo de varios instrumentos acústicos y eléctricos.

6. SOY UN ESTUDIANTE ESTADOUNIDENSE. ME OFREZCO PARA HACER UN INTERCAMBIO DE IDIOMAS.

7. Cocino en tu casa. Yo pongo todo el material necesario.

DEMANDAS

a. ¿Alguien puede sacar a pasear a mi perro cuando no estoy?

b. Mi portátil no funciona y tengo que enviar unos trabajos. Necesito urgentemente a alguien que pueda ayudarme.

c. Tengo que dar una conferencia en inglés. Busco profesor o profesora que me ayude a prepararla.

d. Vivo lejos del supermercado y me gustaría encontrar a alguien que me haga la compra una o dos veces al mes.

e. Busco a alguien que me dé clases de francés.

B. Compartimos nuestras respuestas.

C. En parejas, redactamos los anuncios de ofertas o de demandas para los que no hemos encontrado correspondencia en A.

D. Individualmente, preparamos preguntas para saber si alguien de la clase puede ofrecernos algún servicio que necesitamos actualmente.

¿Hay alguien que sepa dar masajes?
¿Alguien puede enseñarme a cantar?

Necesito / estoy buscando a alguien que me ayude con...
¿Conocéis a alguien que sepa traducir del griego?

ACTIVIDAD COMPLEMENTARIA en campus.difusion.com

UNIDAD 12

9. BUENOS PROPÓSITOS

GRAMÁTICA

PREPÁRATE

A. Raquel estudia Química y acaba de conseguir un trabajo. Lee los buenos propósitos que escribió antes de empezar a trabajar. ¿Te parecen fáciles o difíciles de cumplir?

1. <u>Cuando trabaje</u> y <u>tenga</u> clase el mismo día, no **quedaré** con amigos por la noche. Así podré descansar.
2. <u>Cuando tenga</u> momentos libres en la facultad, **iré** a la biblioteca a estudiar.
3. <u>Los días que no trabaje</u>, **avanzaré** con los trabajos de clase.
4. <u>Cuando se acerquen</u> los exámenes de junio, **dejaré** el trabajo para poder dedicarme solo a estudiar.

B. Ahora escucha a Raquel contar cómo ha compaginado los estudios y el trabajo. ¿Qué propósitos no ha cumplido?

🔊 33

TRANSCRIPCIÓN MAPEADA en campus.difusion.com

C. En parejas, comentamos nuestras respuestas a A y B.

D. Nos fijamos en las estructuras subrayadas y marcamos la opción correcta.

> Para situar una acción en el futuro poniéndola en relación con otra acción futura, usamos:
> ☐ **cuando** + futuro
> ☐ **cuando** + presente de subjuntivo

E. Individualmente, pensamos en cosas que queremos hacer en diferentes momentos del futuro. Luego, las compartimos con la clase. ¿Hay coincidencias?

Cuando llegue a casa hoy, voy a / quiero...
Cuando termine el curso, intentaré...
Cuando acabe la carrera, me gustaría...
Cuando consiga un trabajo, lo primero que haré será...

ACTIVIDAD COMPLEMENTARIA en campus.difusion.com

10. ¿TRABAJAS Y ESTUDIAS?

GRAMÁTICA

PREPÁRATE

A. ¿Trabajas y estudias o solo estudias? Haz una lista de ventajas e inconvenientes de trabajar y estudiar al mismo tiempo.

B. Escucha a tres personas hablando del tema y marca en tu lista si coinciden contigo. Anota las ideas distintas a las tuyas.

🔊 34-36

TRANSCRIPCIÓN MAPEADA en campus.difusion.com

C. Debatimos en torno a estas preguntas.

- ¿Es normal compaginar los estudios y el trabajo?
- ¿Qué razones llevan a los estudiantes a trabajar mientras estudian?
- ¿Se pueden compaginar fácilmente las dos actividades? ¿Depende de algún factor?
- ¿Cuáles son los principales problemas? ¿Y las principales ventajas?

La mayoría de los estudiantes suele trabajar y estudiar.
Trabajar y estudiar es lo normal/habitual.
Generalmente la gente estudia y trabaja.
Es normal/habitual compaginar las dos actividades, pero es difícil. Depende del número de asignaturas, del tiempo de trabajo...
Lo bueno de trabajar y estudiar es...
Para mí, lo más difícil es...
        lo que cuesta más es...
        lo que resulta más complicado es...

ACTIVIDAD COMPLEMENTARIA en campus.difusion.com

SISTEMA FORMAL

11. CÓMO COMPAGINAR ESTUDIOS Y TRABAJO

GRAMÁTICA

PREPÁRATE

A. ¿Qué crees que es más importante para poder compaginar estudios y trabajo?

- organizar bien el tiempo
- mentalizarse
- elegir bien el tipo de trabajo
- matricularse en menos asignaturas

B. Lee el texto y ordena las recomendaciones de más a menos importante.

C. Localiza en el texto cinco consejos en forma negativa. ¿Qué modo verbal aparece en ellos? ¿Con qué otro tiempo coinciden esas formas?

D. En grupos, compartimos nuestras respuestas a A, B y C.

E. En parejas, completamos estos ejemplos con frases que incluyan imperativo negativo.

1. No ....
....
y conseguirás alcanzar tus objetivos en la vida.

2. No ....
....
y podrás ser más independiente económicamente.

3. No ....
....
y aprobarás todas las asignaturas sin problema.

4. No ....
....
y todo será más fácil cuando acabes los estudios.

ESTRATEGIAS

Ser consciente de qué formas verbales coinciden, nos facilita recordarlas.

LOS 10 MANDAMIENTOS PARA PODER COMPAGINAR ESTUDIOS Y TRABAJO

1. Gestiona tu tiempo
Planificar y priorizar son dos acciones imprescindibles si quieres cumplir con tus obligaciones académicas.

2. Conoce tus límites
No quieras estudiar y trabajar por encima de tus posibilidades. El exceso de trabajo provoca nervios y tensión, y descansar poco afecta a tu rendimiento. Tienes que saber dónde están tus límites y dejar espacio para ti y tu ocio.

3. No elijas trabajos con horarios imposibles
Por lo general, los horarios de media jornada o de fines de semana permiten tener más horas para asistir a clase, estudiar y hacer los trabajos. Eligiendo este tipo de empleos se puede conseguir compatibilizar estudios y trabajo con menos dificultades.

4. Encuentra un trabajo que te motive
Aunque es difícil encontrar actividades que encajen con nuestros gustos, si trabajamos en algo que nos motive, no notaremos tanto el esfuerzo que tenemos de hacer.

5. No te bloquees
Piensa que, si otras personas lo hacen, tú también serás capaz de compaginar tus estudios con un trabajo. Confía en ti mismo y lo conseguirás.

6. No te lamentes
En lugar de quejarse, la mejor actitud es buscar soluciones. Cuando tengas la impresión de que algo falla, examina cuáles son los puntos débiles de la situación y corrígelos.

7. Respeta tus horas de descanso
Solo si descansas y duermes las horas suficientes podrás tener energías para afrontar todas tus actividades.

8. Busca apoyos
Cuando lo necesites, pídele ayuda a tu familia o a tus amigos. Ellos saben el esfuerzo que estás haciendo y estarán encantados de echarte una mano.

9. Infórmate de todas las becas y ayudas que puedes pedir
En algunos países hay importantes becas para los estudiantes. Es bueno estar informado de lo que podemos solicitar y aprovecharlo.

10. No olvides las razones por las que estás haciendo este esfuerzo
Ser consciente de tu situación y de tus decisiones es fundamental para seguir haciendo ese esfuerzo hasta conseguir tus objetivos.

UNIDAD 12

12. LO BUENO
GRAMÁTICA

A. Leemos estas frases y decimos si coinciden con nuestra opinión o nuestra experiencia.

1. **Lo bueno** de trabajar y estudiar al mismo tiempo es que eres más independiente.
2. A veces es muy difícil distinguir **lo importante** de **lo urgente** y, sobre todo, es muy difícil dedicar todos los días algo de tiempo a **lo importante**.
3. Algunos profesores tienen miedo de **lo tecnológico** porque les hace sentir menos seguros.
4. **Lo que más me gusta** hacer en mi tiempo libre es descansar.
5. Soy bastante organizado, pero **lo que me cuesta** un poco es entregar los trabajos sin estresarme en el último momento.

B. Sustituimos las estructuras marcadas en negrita por otras expresiones. ¿Qué significado tienen lo y lo que? Luego, consultamos la explicación de Recursos lingüísticos.

13. EXPRESIONES CON LA PALABRA TIEMPO
LÉXICO

🏠 PREPÁRATE

A. ¿Conoces estas expresiones? Si no sabes cuándo se usan, busca ejemplos en internet. ¿Hay expresiones equivalentes o parecidas en tu lengua? Escríbelas.

1. A tiempo ....
2. A su debido tiempo ....
3. Ahorrar tiempo ....
4. Aprovechar el tiempo ....
5. Con tiempo ....
6. ¡Cuánto tiempo…! ....
7. Matar el tiempo ....
8. Hace tiempo (que) ....
9. Ganar tiempo ....
10. Perder el tiempo ....

B. En parejas, comentamos nuestras propuestas y completamos estas frases con las expresiones anteriores.

a. .... no veo a Juan.
b. Este invento servirá para .... en las tareas del hogar.
c. Siempre .... que tengo entre clases para ver series.
d. He salido tarde de casa, pero he corrido mucho y he podido llegar .... a la reunión.
e. El transporte público es más rápido. Si lo usas, ...
f. Cuando vengas, avísame .... para poder organizarme.
g. No me gusta .... haciendo cosas inútiles.
h. Yo hago crucigramas para .... mientras espero.
i. ¡Marta! ¿Qué tal? ¡.. sin verte!
j. La información sobre el examen os la daré ...., ni antes ni después.

14. ALGUNOS USOS DE LA COMA
CARACTERÍSTICAS DEL TEXTO

🏠 PREPÁRATE

A. Lee esta descripción general del uso de la coma que da la Real Academia Española de la Lengua. ¿En tu lengua (o en otras que escribas) se usa la coma u otro recurso para lo mismo?

COMA[2]. Signo de puntuación (,) que indica normalmente la existencia de una pausa breve dentro de un enunciado. Se escribe pegada a la palabra o el signo que la precede y separada por un espacio de la palabra o el signo que la sigue. No siempre su presencia responde a la necesidad de realizar una pausa en la lectura y, viceversa, existen en la lectura pausas breves que no deben marcarse gráficamente mediante comas. Aunque en algunos casos el usar la coma en un determinado lugar del enunciado puede depender del gusto o de la intención de quien escribe, existen comas de presencia obligatoria en un escrito para que este pueda ser correctamente leído e interpretado.

B. Asociamos estos ejemplos con la regla correspondiente.

1. Luisa, come despacio.
2. La aplicación, que es más cara que otras, ha tenido un gran éxito.
3. Carlos, María, ¡a comer!
4. Tengo una agenda en el móvil, otra en el ordenador, una de papel en mi mesa de trabajo y otra que siempre llevo en la mochila.
5. Cuando trabaje, me compraré una agenda.
6. Si te acostumbras a usar una agenda, tu vida es más fácil.

La coma se usa obligatoriamente para:
a. marcar vocativos (palabras que sirven para llamar o nombrar al interlocutor)
b. marcar incisos o explicaciones
c. cuando una oración subordinada (de tiempo, de modo, de lugar, etc.) precede a la oración principal
d. separar los elementos de una enumeración

C. Ponemos en común nuestras respuestas y comentamos qué cambia si eliminamos la coma en las frases 1 y 2. ¿Y si eliminamos la primera de la frase 3?

TAREAS

PROYECTOS UNIDADES 11 Y 12 → PÁG. 236

15. NUESTRO BANCO DEL TIEMPO

A. Vamos a hacer un banco del tiempo en clase. Seguimos estos pasos.

1. Diseñamos un cheque equivalente a una fracción de tiempo (media hora, por ejemplo) y lo fotocopiamos. Uno de los alumnos será el director del banco y tendrá los cheques.
2. Cada uno escribe los servicios que puede ofrecer (en un papel de color verde) y los que necesita (en un papel de color amarillo). Ponemos nuestro nombre en los papeles que escribamos.
3. Colocamos nuestras demandas y nuestras ofertas en dos cartulinas grandes.

B. Iniciamos el intercambio con dos cheques por persona. Por cada servicio que realmente demos, recibiremos un cheque o dos (dependiendo del tiempo empleado) y lo podremos cambiar por servicios que necesitemos nosotros.

C. Podemos mantener el banco del tiempo el resto del curso.

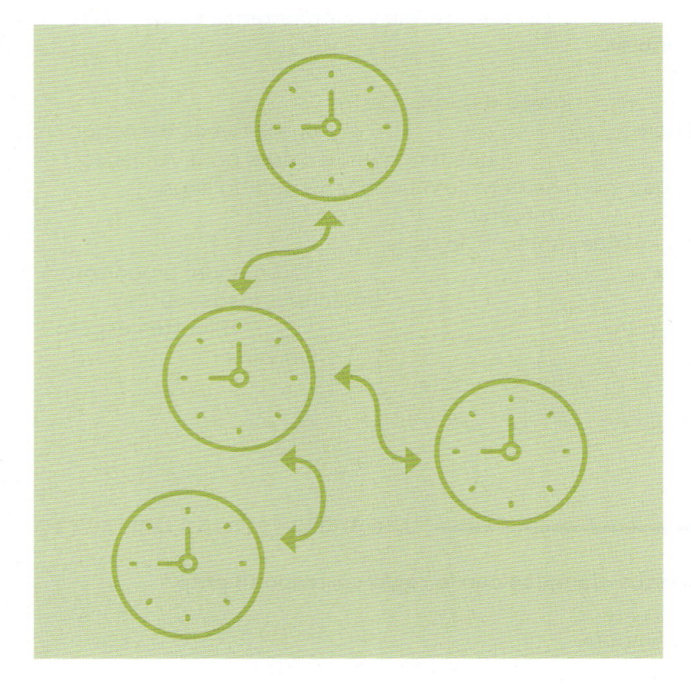

16. UN PROBLEMA, UNA APLICACIÓN

A. Individualmente, hacemos una lista de problemas que tenemos para gestionar nuestro tiempo, nuestros estudios o nuestro ocio, y escribimos cada problema en una ficha.

B. Juntamos todas las fichas de la clase y las mezclamos.

C. Por parejas, elegimos dos fichas al azar y proponemos una aplicación para solucionar uno de los dos problemas.

RECURSOS LINGÜÍSTICOS

GRAMÁTICA

ORACIONES DE RELATIVO CON INDICATIVO/SUBJUNTIVO

Usamos el indicativo cuando conocemos la identidad o la existencia de aquello a lo que nos referimos.
Tengo una aplicación que organiza los horarios.
En mi clase hay una chica que da clases de chino.

Usamos el subjuntivo cuando no conocemos la identidad o la existencia de aquello a lo que nos referimos.
¿Existe alguna aplicación que organice los horarios?
¿Conoces a alguien que dé clases de Estadística?
Necesito una aplicación que me ayude a estudiar y a priorizar actividades.

ACONSEJAR Y VALORAR CON INFINITIVO/SUBJUNTIVO

es + adjetivo + infinitivo

Usamos el infinitivo cuando el verbo de la oración subordinada no tiene un sujeto específico.
Es importante organizarse.
Es necesario descansar bien.

es + adjetivo + **que** + subjuntivo

Usamos **que** + subjuntivo cuando el verbo de la oración subordinada tiene un sujeto específico.
Es importante que te organices, Luis.
Es necesario que los estudiantes descansen bien en época de exámenes.

▶ Recomendar/aconsejar/sugerir...
Con verbos como **recomendar**, **aconsejar**, **sugerir**, etc., se pueden usar frases subordinadas en subjuntivo o en infinitivo.
Yo te aconsejo que uses una agenda. A mí me funciona.
Yo te aconsejo usar una agenda. A mí me funciona.

RELACIONAR ACCIONES CON CUANDO

Usamos **cuando** + indicativo para relacionar temporalmente dos acciones en el presente o en el pasado.

Cuando llego a casa de trabajar, ceno y me acuesto.
Cuando llegué a casa de trabajar, cené y me acosté.
Cuando llegaba a casa de trabajar, cenaba y me acostaba.

Usamos **cuando** + subjuntivo para relacionar temporalmente dos acciones en el futuro.
Cuando llegue a casa de trabajar, cenaré y me acostaré.
Cuando tengas tiempo, ven a verme, por favor.

PRESENTE DE SUBJUNTIVO
Los verbos terminados en **-ar** forman el presente de subjuntivo en **e** y los terminados en **-er/-ir**, en **a** (se invierten las vocales temáticas del presente de indicativo).

UNIDAD 12

	APUNTAR	COMER
yo	apunte	coma
tú, vos	apuntes	comas
él, ella, usted	apunte	coma
nosotros/-as	apuntemos	comamos
vosotros/-as	apuntéis	comáis
ellos, ellas, ustedes	apunten	coman

	ESCRIBIR
yo	escriba
tú, vos	escribas
él, ella, usted	escriba
nosotros/-as	escribamos
vosotros/-as	escribáis
ellos, ellas, ustedes	escriban

🔔 A veces es necesario hacer adaptaciones ortográficas.

planificar > planifique
sincronizar > sincronice
pagar > pague
recoger > recoja

Por lo general, las irregularidades son las mismas que las del presente de indicativo, aunque hay algunas diferencias.

▶ Verbos con cambio e > ie y o > ue

	ENTENDER
yo	entienda
tú, vos	entiendas
él, ella, usted	entienda
nosotros/-as	entendamos
vosotros/-as	entendáis
ellos, ellas, ustedes	entiendan

	SOÑAR	PODER
yo	sueñe	pueda
tú, vos	sueñes	puedas
él, ella, usted	sueñe	pueda
nosotros/-as	soñemos	podamos
vosotros/-as	soñéis	podáis
ellos, ellas, ustedes	sueñen	puedan

Verbos con cambio e > i
Los verbos con este tipo de cambio llevan **i** en todas las personas.

	PEDIR
yo	pida
tú, vos	pidas
él, ella, usted	pida
nosotros/-as	pidamos
vosotros/-as	pidáis
ellos, ellas, ustedes	pidan

▶ Verbos que combinan irregularidades
Los verbos de la tercera conjugación como **sentir** (con cambio vocálico **e > ie** en presente de indicativo) y como **dormir** o **morir** (con cambio vocálico **o > ue** en presente de indicativo) presentan dos irregularidades.

	SENTIR	DORMIR
yo	sienta	duerma
tú, vos	sientas	duermas
él, ella, usted	sienta	duerma
nosotros/-as	sintamos	durmamos
vosotros/-as	sintáis	durmáis
ellos, ellas, ustedes	sientan	duerman

Las irregularidades **g** y **zc** de la primera persona del singular del presente de indicativo se repiten en todas las personas del presente de subjuntivo.

	PONER	CONOCER
yo	ponga	conozca
tú, vos	pongas	conozcas
él, ella, usted	ponga	conozca
nosotros/-as	pongamos	conozcamos
vosotros/-as	pongáis	conozcáis
ellos, ellas, ustedes	pongan	conozcan

▶ Verbos completamente irregulares

	SER	HABER
yo	sea	haya
tú, vos	seas	hayas
él, ella, usted	sea	haya
nosotros/-as	seamos	hayamos
vosotros/-as	seáis	hayáis
ellos, ellas, ustedes	sean	hayan

	IR	DAR
yo	vaya	dé
tú, vos	vayas	des
él, ella, usted	vaya	dé
nosotros/-as	vayamos	demos
vosotros/-as	vayáis	deis
ellos, ellas, ustedes	vayan	den

En la gran mayoría de los casos, el subjuntivo se usa en oraciones subordinadas (que dependen de una oración principal).

RECURSOS LINGÜÍSTICOS

EL ARTÍCULO DETERMINADO NEUTRO LO

lo + adjetivo

Es **lo** mejor que me ha pasado en la vida. (= la mejor cosa)
Hay que recoger **lo** viejo y dejar **lo** nuevo. (= las cosas viejas; las cosas nuevas)
Lo extraño es que nadie ha venido. (= el aspecto extraño)

lo que + verbo

¿Sabes **lo que** me ha dicho Ana? (= la cosa / las cosas)

LÉXICO

OFRECER Y PEDIR SERVICIOS

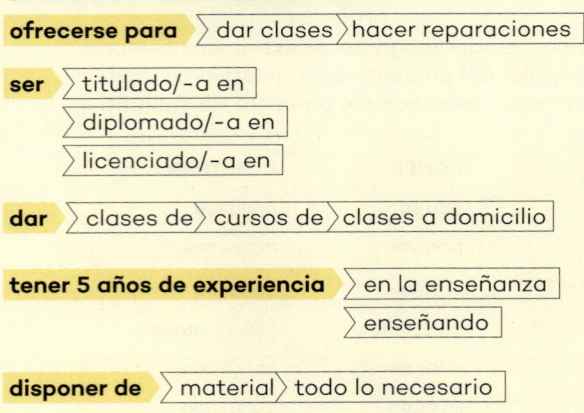

ofrecerse para > dar clases > hacer reparaciones

ser > titulado/-a en
> diplomado/-a en
> licenciado/-a en

dar > clases de > cursos de > clases a domicilio

tener 5 años de experiencia > en la enseñanza
> enseñando

disponer de > material > todo lo necesario

EXPRESIONES CON LA PALABRA TIEMPO

A tiempo
—¿Otra vez has llegado tarde?
—Sí, soy un desastre. Lo intento, pero nunca consigo llegar **a tiempo**...

Con tiempo
Me gusta llegar puntual, por eso siempre salgo de casa **con tiempo**, por si hay algún imprevisto y tardo más de lo normal.

A su debido tiempo
No tengas prisa: todo llegará **a su debido tiempo**.

Ahorrar tiempo
Esta aplicación me **ahorra mucho tiempo**, porque traduce los textos directamente y no tengo que buscar tantas palabras en el diccionario.

Ganar tiempo
Si vas en metro a la facultad, **ganas tiempo**: tardas menos que en autobús.

Aprovechar el tiempo
Tardo una hora en llegar de mi casa a la facultad y en el tren **aprovecho el tiempo** para leer o para estudiar.

Perder el tiempo
Estos días tengo exámenes y no puedo **perder el tiempo** con tonterías.

Matar el tiempo
Si tengo que hacer cola o esperar en algún sitio, suelo **matar el tiempo** jugando al Tetris.

¡Cuánto tiempo...!
¡Hombre, Carlos! **¡Cuánto tiempo** sin verte! ¿Dónde has estado?

Hace tiempo (que)
Hace tiempo que no veo a Luis. ¿Sabes algo de él?

UNIDAD 12

GESTIÓN DEL TIEMPO

- **fecha** › límite › de entrega
  - › de cumpleaños › del examen
- **llegar** › tarde › con retraso
  - › puntual › a la hora
  - › pronto › antes de la hora
- **ir** › tarde › con retraso
- **cumplir** › con las fechas › con los compromisos
- **estar al día con** › los trabajos › las tareas
- **estar** › ocupado/-a
- **dedicar** › tiempo a
- **tener** › tiempo para
- **tomarse** › un tiempo › un descanso › unas vacaciones
- **organizar** › el tiempo › el trabajo
- **organizarse** › bien/mal
- **programar / planificar / priorizar** › tareas
- **faltar** › mucho/poco tiempo para
- **sincronizar** › agendas › dispositivos
- **hacer algo** › deprisa › corriendo
  - › tranquilamente › con calma

CARACTERÍSTICAS DEL TEXTO

USO DE LA COMA
La coma (,) se usa para marcar pausas breves en el discurso.
Duermo ocho horas, pero no descanso bien.

🔔 No todas las pausas breves se marcan con comas. Entre el sujeto y el predicado, por ejemplo, nunca debemos escribir una coma (incluso si al hablar hacemos una pausa).
Eso que has dicho no es verdad.
Eso que has dicho, no es verdad.

▶ **Usos obligatorios de la coma**

Usamos una coma para marcar los vocativos (palabras que sirven para llamar o nombrar al interlocutor).
Marta, ¿puedes venir un momento, por favor?
Chicos, ¿conocéis a alguien que sepa latín?

Para marcar un inciso o una explicación.
Los martes y los jueves, que son los días en que trabajo, nunca tengo tiempo para nada.

Para separar los elementos de una enumeración.
Hoy en día existen aplicaciones, programas o aparatos que nos pueden ayudar a organizarnos.

Cuando una subordinada precede a la oración principal.
Cuando llegues, avísame. (oración subordinada temporal)
Cuando salgas de clase, pasa por el supermercado, por favor. (oración subordinada temporal)

Estudiando un poco todos los días, no es tan difícil aprobar. (oración subordinada modal)

Aunque intento organizarme, no consigo hacerlo todo: estudiar, ir a clase, trabajar, ver a mis amigos... (oración subordinada concesiva)

Si llegas antes que yo, avísame. (oración condicional)

"Cuando decimos que todo tiempo pasado fue mejor, estamos condenando el futuro sin conocerlo."

Francisco de Quevedo (1580-1645)

13

CONSUMO Y MEDIOAMBIENTE

CULTURA
- Iniciativas de consumo responsable
- Problemas y retos medioambientales de países hispanos

COMUNICACIÓN
- Evocar situaciones imaginarias
- Hacer sugerencias y dar consejos
- Exponer problemas y hablar de las causas
- Expresar deseos, necesidad, peticiones y reivindicaciones

GRAMÁTICA
- Expresar deseos y reivindicaciones: **querer/esperar/pedir**... + infinitivo y **querer/esperar/pedir**... **que** + subjuntivo
- Expresar necesidad: **es necesario/imprescindible**... + infinitivo y **es necesario/imprescindible**... **que** + subjuntivo
- Formas y usos del condicional

LÉXICO
- Consumo y medioambiente

CARACTERÍSTICAS DEL TEXTO
- Conectores de causa y consecuencia
- Mecanismos de cohesión textual

DOCUMENTOS PARA EMPEZAR

1. CITAS

PREPÁRATE

A. Lee estas citas y escribe con qué temas relacionas cada una de ellas.

1. Mucha gente pequeña, en lugares pequeños, haciendo cosas pequeñas puede cambiar el mundo.
— EDUARDO GALEANO (1940-2015), escritor uruguayo

2. ¿Se llama medioambiente porque la otra mitad está destruida?
— MARIO (6 años)

3. Inventamos una montaña de consumo superfluo, y hay que tirar y vivir comprando y tirando. Y lo que estamos gastando es tiempo de vida, porque cuando yo compro algo, o tú, no lo compras con plata, lo compras con el tiempo de vida que tuviste que gastar para tener esa plata.
— JOSÉ MÚJICA (1935), expresidente de Uruguay

4. Los objetos eran de usar y guardar; luego de usar y tirar; ahora, de no usar y tirar.
— MIGUEL SOBRINO (1967), dibujante y escultor

> Cita de Galeano: solidaridad, cooperación, acciones cotidianas...

B. En grupos, comparamos lo que hemos escrito.

C. Comentamos qué cita nos gusta más y por qué.

—*A mí, la de Galeano, porque me gusta pensar que todas nuestras acciones diarias tienen una consecuencia, que...*

D. En esta unidad vamos a hablar sobre consumo y medioambiente. Anotamos todo el vocabulario que podemos relacionar con estos temas.

ACTIVIDAD COMPLEMENTARIA en campus.difusion.com

UNIDAD 13

2. IMÁGENES

PREPÁRATE

A. Mira las imágenes. ¿Cuáles relacionas con cada uno de estos conceptos? ¿Por qué?

1. Consumismo
2. Consumo responsable

B. Escribe una definición de estos dos conceptos.

C. Por parejas, comparamos nuestras respuestas a A y B.

D. ¿Consumimos de manera responsable? Compartimos nuestras experiencias como consumidores.

— Yo no sé si soy un consumidor responsable... creo que compro bastantes cosas que no necesito.
— Pues yo creo que sí soy bastante responsable: intento comprar productos ecológicos y, además, soy vegetariana.

LA CAFETERÍA

¿Cómo influye nuestra manera de consumir en el medioambiente? ¿Qué hábitos cotidianos ayudan a protegerlo?

3. VÍDEO

PREPÁRATE

A. ¿Conoces la expresión "tener un marrón"? ¿Sabes en qué país se usa? Si lo necesitas, busca información.

B. Ve el vídeo y contesta a estas preguntas:
🎥 14

- ¿Qué ofrece la página konsumoresponsable.coop?
- ¿Qué han encontrado allí las personas que aparecen en el vídeo?

C. En grupos, comparamos nuestras respuestas a A y B.

D. ¿Tenemos experiencia con alguna iniciativa similar? Si no la tenemos, ¿nos interesa alguna de estas iniciativas?

ACTIVIDAD COMPLEMENTARIA en campus.difusion.com

ATENCIÓN

En español los signos de apertura en preguntas y exclamaciones (¿/¡) son obligatorios, pero, a veces, al escribir de manera informal (sobre todo en internet), mucha gente no los usa.

DOCUMENTOS PARA DESCUBRIR

4. CONSUMO RESPONSABLE

PREPÁRATE

A. Antes de leer el texto, escribe acciones relacionadas con el consumo responsable. Luego, lee el primer párrafo del texto y amplía tu lista.

B. ¿Antes de comprar algo te haces las preguntas mencionadas en ese primer párrafo? ¿Cuáles sí y cuáles no?

C. Lee los textos sobre las iniciativas de consumo responsable y piensa las respuestas a estas preguntas.

- ¿Es fácil vivir como Laura, Patri y Fer?
- ¿Podrías vivir así?
- ¿Qué cosas de la vida diaria serían más complicadas?
- ¿Reparas tus objetos o los tiras y compras otros nuevos?
- ¿Te gustaría aprender a reparar objetos? ¿Qué objetos querrías poder reparar?

D. Compartimos nuestras respuestas a A y B.

E. En grupos, discutimos sobre las cuestiones planteadas en C.

—Para mí, sería complicado encontrar productos de aseo, cosméticos o productos de limpieza en envases distintos de los envases de plástico...
—Pues para mí lo complicado es reparar objetos...

F. Respondemos a estas preguntas.

- ¿Qué cosas pides prestadas a veces?
- ¿De qué materia prima es tu objeto favorito?
- ¿En qué momentos generas más residuos?
- ¿Conoces tiendas de comida a granel en el lugar donde vives? ¿Cuáles?
- ¿Qué productos se suelen comprar a granel?
- ¿Qué productos son de usar y tirar?
- ¿Qué pequeños gestos haces para ahorrar dinero?

G. En pequeños grupos, buscamos iniciativas similares que se lleven a cabo en nuestro país y las exponemos a los demás.

El *cohousing* es/son...
consiste/n en...
es/son una forma de...

—Yo he buscado información sobre los bancos cooperativos...

ACTIVIDAD COMPLEMENTARIA
en campus.difusion.com

TEXTO MAPEADO en campus.difusion.com

¿QUÉ ES EL CONSUMO RESPONSABLE?

El consumo responsable es el consumo crítico, consciente y sostenible que permite tener una mejor calidad de vida y es respetuoso con el medioambiente y con los derechos de los trabajadores.

Comprar productos locales, ecológicos, de comercio justo y elaborados con materias primas renovables es un hábito que reduce considerablemente el impacto medioambiental. Para consumir de forma responsable, antes de comprar un producto deberíamos hacernos las siguientes preguntas: ¿Lo necesitamos realmente? ¿Cuánto va a durar? ¿Podría pedirlo prestado a un vecino o a un amigo? ¿De qué material es el envase? ¿De qué materia prima está hecho? ¿Es fácil de reparar? ¿Dónde se ha fabricado? ¿Lleva algún tipo de certificado de producción ecológica o social?

ALGUNAS INICIATIVAS DE CONSUMO RESPONSABLE

BASURA CERO

¿Podrías reducir el volumen de tus residuos anuales y meterlos en un bote de 200 ml?

Laura Singer, impulsora del movimiento *ZeroWaste*, lo ha conseguido. En su blog, *Trash is for Tossers (La basura es para tontos)*, relata que un día, cuando estaba estudiando Ciencias Ambientales, se dio cuenta de que realmente su modo de vida no coincidía con sus ideales, de manera que decidió vivir sin generar residuos. Ahora compra la comida a granel y en mercados de producción local, va siempre andando o en transporte público, hace sus propios cosméticos y productos de limpieza, y es más feliz que antes.

Inspirados en este movimiento, Patri y Fer, una pareja de madrileños, decidieron eliminar el plástico de sus vidas. Lo cuentan en su blog *Vivir sin plástico* (vivirsinplastico.com). Pequeños gestos diarios como no comprar alimentos con envoltorios de plástico, llevar nuestras propias bolsas de tela al supermercado o reparar nuestros aparatos electrónicos, pueden reducir significativamente la cantidad de basura que generamos. Afirman que su vida ha mejorado: ahorran dinero y comen mejor.

CLUB DE REPARADORES

¿Repararías tu ordenador antes que comprarte uno nuevo?

El *Club de reparadores* es una iniciativa argentina inspirada en los Repair Cafés nacidos en Holanda.

Es un evento itinerante que pusieron en marcha Marina y Melina, enemigas de la cultura de usar y tirar. Preocupadas por el problema de los residuos en la ciudad de Buenos Aires y conscientes de que muchas veces es más caro reparar un objeto que comprar uno nuevo, idearon este club itinerante, al que la gente puede acercarse para reparar sus objetos viejos o estropeados. Allí pueden contar con la ayuda de algún especialista o aficionado que, además de arreglar los objetos, nos puede enseñar a hacerlo en futuras ocasiones. Es un espacio para aprender y enseñar a reparar y una ocasión perfecta para fortalecer la comunidad. Sus creadoras entienden la reparación de objetos como un acto de lucha contra el consumismo y defienden que reparar es más eficiente que reciclar. Además, es una manera de ahorrar dinero, pues suele costar menos arreglar algo roto que comprarlo nuevo, especialmente si lo hacemos en su club de reparadores.

Cualquier persona que se proponga reducir al mínimo sus residuos, tendría que tener en cuenta las cinco erres:

— **R**EDUCIR
el consumo de cosas innecesarias

— **R**ECHAZAR
tiques, publicidad, bolsas de plástico, etc.

— **R**ECICLAR
todo lo que es fácil de reciclar (papel, vidrio, basura orgánica…)

— **R**EUTILIZAR
los productos

— **R**EPARAR
antes que comprar

UNIDAD 13

5. CONSUMO ALTERNATIVO

🏠 **PREPÁRATE**

A. Escucha estas entrevistas a dos personas preocupadas por el consumo y responde a las preguntas.
🔊 37-38

ENTREVISTA CON FERNANDO, REPRESENTANTE DE UNA ASOCIACIÓN DE CONSUMIDORES

1. ¿Qué es la obsolescencia programada? ¿Qué técnicas de obsolescencia programada se mencionan?
2. ¿Cómo influye la publicidad en la caducidad de los productos?

ENTREVISTA CON GLORIA, ACTIVISTA DE UNA CAMPAÑA DE ROPA RESPONSABLE

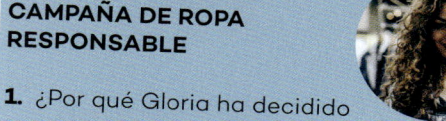

1. ¿Por qué Gloria ha decidido comprar ropa de manera responsable?
2. ¿Qué críticas hace a la ropa de las grandes cadenas de moda?

B. Vuelve a escuchar y toma nota de las alternativas y las soluciones que propone cada uno para luchar contra estas formas de consumo.
🔊 37-38

TRANSCRIPCIÓN MAPEADA
en campus.difusion.com

C. En pequeños grupos, comparamos las respuestas a los apartados A y B.

D. En grupos, respondemos a estas preguntas:

- ¿Conocemos marcas de productos sostenibles? ¿Cuáles?
- ¿Compramos ropa de manera responsable? ¿Pensamos, por ejemplo, dónde se ha fabricado?
- ¿Conocemos a personas que estén en alguna asociación de consumo, de medioambiente o similares?

— *Yo intento no comprar ropa de algunas marcas.*

☕ **LA CAFETERÍA**

¿Compramos cosas de segunda mano? ¿Cuáles? ¿En qué tiendas o páginas web?

ACTIVIDAD COMPLEMENTARIA
en campus.difusion.com

SISTEMA FORMAL

6. EJEMPLOS DE CONSUMIDORES RESPONSABLES

GRAMÁTICA

PREPÁRATE

A. Blanca y Luis son dos ejemplos de consumidores responsables. Leemos sus testimonios. ¿Compartes alguno de sus deseos? Escríbelo.

> Yo también quiero comer de una manera más sana.

¿Por qué estás en un grupo de consumo?

Blanca, 49 años

Pertenezco a un grupo de consumo porque <u>quiero</u> comer de una manera más saludable y respetuosa con los animales y las plantas y porque <u>deseo que</u> mis hijos se conciencien de la importancia de la alimentación y del cuidado del medioambiente. Por eso, no solo compramos a agricultores cercanos, sino que también vamos frecuentemente a ayudar en las tareas de la huerta. Aún somos pocos, pero <u>espero que</u> en un futuro seamos cada vez más las personas preocupadas por nuestra salud y por la salud de nuestro planeta. Y <u>ojalá</u> podamos acabar con las grandes industrias alimentarias que están destruyendo el planeta.

¿Por qué tienes tu dinero en la banca ética?

Luis, 58 años

Porque no <u>quiero que</u> mi dinero se invierta en la industria armamentística, que es lo que hace la mayoría de los bancos; porque con mi dinero <u>deseo</u> apoyar proyectos sociales y medioambientales. Como cliente de un banco ético, <u>espero que</u> acciones cotidianas como domiciliar recibos o sacar dinero del cajero puedan contribuir a una sociedad más justa y a un planeta más sostenible. <u>Ojalá</u> sea así.

TEXTO MAPEADO en campus.difusion.com

B. Fíjate en las estructuras subrayadas. ¿En qué casos se construyen con infinitivo y en cuáles con presente de subjuntivo?

C. En parejas, comparamos nuestras respuestas a A y B. Luego leemos la explicación gramatical de Recursos lingüísticos.

D. Pensamos en cosas que queremos hacer o que queremos que otros (personas u organismos) hagan para que el consumo sea más responsable y respetuoso con el medioambiente. Luego lo comentamos en grupos.

==Quiero que==...
==Espero==...
==Ojalá==...

E. ¿Estamos o hemos estado alguna vez en un grupo de consumo? ¿Conocemos a alguien que esté? ¿Conocíamos la banca ética?

— No conozco a nadie que esté en un grupo de consumo, pero me gustaría encontrar uno cerca de mi barrio.
— Nunca había oído hablar de la banca ética, pero me interesa bastante el tema.

🔔 **ATENCIÓN**

Cuando usamos un adverbio de negación después de un verbo, es obligatorio decir **no** antes del verbo.

No había oído hablar **nunca** de la banca ética.
~~Había oído hablar **nunca** de la banca ética.~~

UNIDAD 13

7. MEDIOAMBIENTE Y CONSUMO RESPONSABLE

GRAMÁTICA

PREPÁRATE

A. Mira las siguientes imágenes. ¿A qué problemas medioambientales hacen referencia? ¿Qué sabes de ellos? Si lo necesitas, busca información en internet.

1 CADA 2 MINUTOS EN NUESTRO PAÍS DESAPARECE 1 HECTÁREA DE BOSQUE ¡Superficie equivalente a la manzana de tu casa! GREENPEACE

2 CNSV EL AGUA NO SE VENDE NO fractura hidráulica

B. Gabriela y Silvano hablan de los problemas medioambientales de A. Escúchalos, comprueba tus hipótesis y contesta estas preguntas.
39-40

- ¿De qué países hablan?
- ¿Hay algún dato que te sorprenda?

C. Vuelve a escuchar y completa una tabla como esta.
39-40

Causas de la deforestación	Consecuencias de la fractura hidráulica
....	....

TRANSCRIPCIÓN MAPEADA en campus.difusion.com

D. Por parejas, comparamos las respuestas a A, B y C.

—*Un dato que me ha sorprendido es que para fracturar un pozo se necesite tanta agua...*
—*Pues a mí me sorprende que...*

E. Estas frases se refieren a lo que han dicho Gabriela y Silvano. ¿Qué tienen en común las expresiones en negrita? ¿Qué tipos de palabras les siguen?

1. Creen que **es necesario** concienciar a la sociedad a través de campañas informativas.
2. **Exigen** leyes más estrictas para castigar a los que maltratan el medioambiente.
3. **Piden que** los gobiernos informen de los peligros.
4. **Exigen que** paguen aquellos que no cuiden el medioambiente.
5. **Reivindican que** la gente pueda vivir en un entorno saludable.

F. En grupos, pensamos en problemas que existen en nuestra universidad, nuestra ciudad o nuestro barrio y escribimos algunas frases reivindicando una solución.

El precio de la matrícula en las universidades se ha duplicado en los últimos años. Exigimos al Gobierno que reduzca ese precio y que haya más becas.

8. UNA ALIMENTACIÓN SANA Y BARATA

GRAMÁTICA

A. Estas son ideas de algunos estudiantes para comer sano y barato. ¿Estamos de acuerdo con las propuestas? Discutimos y aportamos otras nuevas.

- **Se deberían** plantar árboles frutales en el campus.
- **Habría que** crear una web con consejos sobre lugares baratos para comprar y menús a bajo precio.
- **Deberíamos** tener huertos comunitarios en el campus.
- **Tendríamos que** crear una cooperativa de consumidores: cada estudiante podría trabajar unas horas a cambio de alimentos a bajo precio.
- **Se podría** crear un grupo de consumo en la universidad para compartir alimentos de los lugares de origen de los estudiantes.

—*A mí me gusta lo del huerto urbano. Además, yo creo que en el restaurante de la universidad tendría que haber solo platos ecológicos.*
—*Ya, pero eso es caro...*

B. Observamos las estructuras marcadas en negrita en las frases de A. Escribimos el infinitivo de cada uno de los verbos.

Se debería: deber

ACTIVIDAD COMPLEMENTARIA en campus.difusion.com

SISTEMA FORMAL

9. HÁBITAT VERDE

GRAMÁTICA

🏠 **PREPÁRATE**

A. Lee esta publicidad sobre Hábitat verde. ¿Cómo crees que sería la forma de vida en el lugar que se describe? Anota tus ideas.

B. Responde a las preguntas formuladas en el anuncio. ¿Qué cosas te gustarían y cuáles no? ¿Por qué?

> Me gustaría vivir en una casa diseñada por mí, pero…

C. Compartimos las respuestas a A y B con otra persona. ¿En qué cosas estamos de acuerdo? ¿En cuáles no? Lo contamos a las personas de la clase.

— A mí me gustaría compartir espacios como el comedor o una sala de juegos, pero a Francesca, no.

D. Algunas personas que han solicitado los servicios de Hábitat verde piensan cómo sería su hogar ideal. Elegimos las dos ideas que más nos gustan.

- Las casas **tendrían** mucha luz, **estarían** orientadas al sur y el consumo de energía **sería** eficiente.
- **Viviría** con personas con las que comparto inquietudes y **haría** un grupo de consumo para comprar productos ecológicos.
- **Habría** paneles solares para abastecernos de energía.
- **Crearía** un sistema para usar los coches de manera eficiente.
- **Prohibiría** el uso de pesticidas en los jardines y zonas comunes.
- **Pondría** en marcha un banco de tiempo interno (pero **podrían** apuntarse otras personas interesadas).
- **Habría** una guardería; así mis hijos y yo **estaríamos** juntos más tiempo.

Hábitat verde

¿Te gustaría vivir en una casa diseñada por ti? ¿Te gustaría compartir los gastos de suministro como gas, luz o agua con otras personas? ¿Querrías disponer de zonas comunes como un comedor o una zona de juegos? ¿Te apetecería tener un huerto en la azotea o una piscina natural? Hábitat verde te ayuda a hacer eso posible. Te ponemos en contacto con gente interesada en vivir de forma sostenible como tú y te ayudamos a construir tu hogar. ¡Infórmate en Hábitat verde!

E. En parejas, comparamos las propuestas que hemos elegido y añadimos alguna.

F. Los verbos en negrita están en condicional. ¿Entendemos qué expresamos con este tiempo verbal?

G. Las formas del condicional son muy parecidas a las del futuro. Completamos la tabla con las formas del condicional de estar que aparecen en D.

	futuro	condicional
yo	estaré	....
tú, vos	estarás	....
él, ella, usted	estará	....
nosotros/-as	estaremos	....
vosotros/-as	estaréis	....
ellos, ellas, ustedes	estarán	....

H. Deducimos cómo son las otras formas y luego comprobamos nuestras respuestas en la página de Recursos lingüísticos.

> 🔔 **ATENCIÓN**
>
> Todos los verbos irregulares en futuro tienen la misma irregularidad en condicional.
>
> ten**dré** > ten**dría**   ha**bré** > ha**bría**   pon**dré** > pon**dría**

I. ¿Cómo sería nuestra casa ideal?

UNIDAD 13

10. LAS CINCO ERRES

GRAMÁTICA

🏠 **PREPÁRATE**

A. ¿Recuerdas las cinco erres? Completa esta tabla con los sustantivos correspondientes.

verbos	sustantivos
reducir	....
rechazar	....
reciclar	....
reutilizar	....
reparar	....

B. En estos titulares de prensa se usan algunos de los sustantivos de A. ¿Qué preposición aparece después?

- Abre en Navarra un novedoso centro de reparación de objetos.
- La reutilización de *smartphones* en España evita la emisión de 60 000 toneladas de CO_2, según Back Market.
- Colombia apuesta por el reciclaje de vidrio.
- Europa cumple la reducción de emisiones del protocolo de Kioto.

C. En grupos, investigamos en un diccionario combinatorio con qué palabras se pueden combinar los verbos y los sustantivos de A.

⚙️ **ESTRATEGIAS**

Los diccionarios combinatorios muestran las combinaciones de unas palabras con otras en función de su significado.

Vuelan las aves, los aviones, las ilusiones, el dinero...
Se derrumban los edificios, las esperanzas, los sueños...

11. MEDIOAMBIENTE

LÉXICO

¿Cómo son los productos buenos para el medioambiente? Buscamos en la unidad adjetivos y añadimos otros que conocemos.

- reciclables
- ecológicos
- ...

12. SOCIEDAD DE CONSUMO

LÉXICO

Completamos las series con palabras de la unidad. Podemos añadir otras.

- sociedad de 〉 〉 〉 **consumo**
- **consumo** 〉 responsable 〉 〉
- fomentar 〉 〉 〉 **el consumo**
- **consumo de** 〉 carne 〉 〉
- cuidar el 〉 〉 〉 **medioambiente**
- **productos** 〉 envasados 〉 〉

13. SOMOS LO QUE DESECHAMOS

LÉXICO

Completamos este asociograma o dibujamos uno propio.

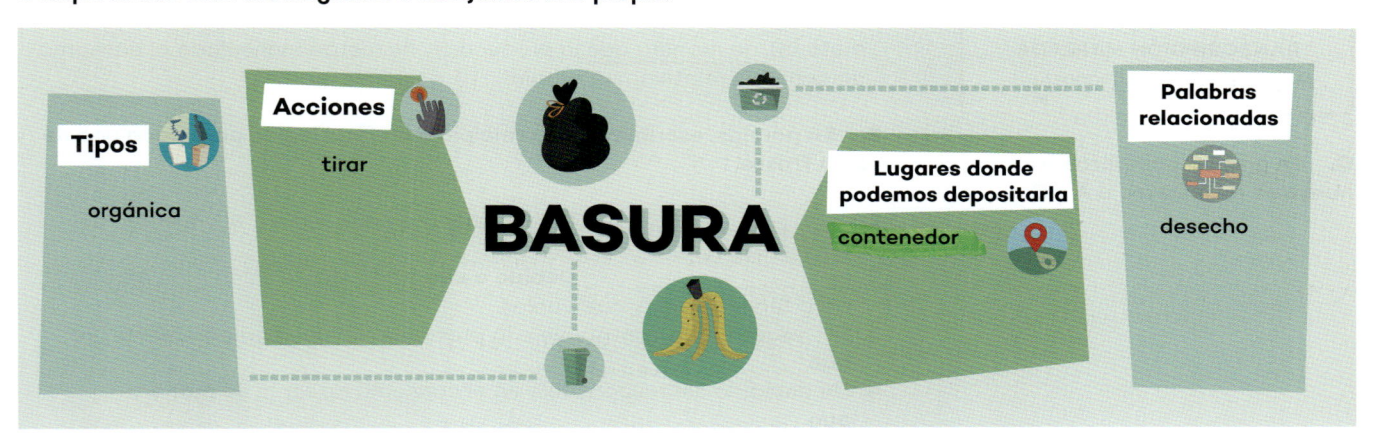

BASURA

- **Tipos**: orgánica
- **Acciones**: tirar
- **Lugares donde podemos depositarla**: contenedor
- **Palabras relacionadas**: desecho

ACTIVIDAD COMPLEMENTARIA en campus.difusion.com

SISTEMA FORMAL

14. NUESTRA HUELLA ECOLÓGICA

LÉXICO

A. Leemos el texto y hablamos con otra persona: ¿cómo es nuestra huella ecológica?

— Yo creo que mi huella ecológica es bastante grande, porque casi todos mis hábitos son malos: uso mucho el coche, me gusta cambiar de teléfono cada poco tiempo…

B. Buscamos en el texto los siguientes significados del verbo dejar:

- Permitir: *no dejes que la publicidad te influya.*
- Interrumpir una acción:
- Aplazar:
- Prestar:
- No llevar:

C. Hacemos una ficha de las combinaciones verbales del verbo dejar, como la que hicimos en la actividad 12B de la unidad 7.

De la misma forma que al caminar se deja una huella, el modo de vida de cada uno deja una huella ecológica, es decir, provoca un impacto ambiental. ¿Quieres reducir tu huella ecológica? Sigue estos pasos:

- Deja de comprar productos envasados en plástico.
- Ve andando, deja el coche en casa.
- No dejes que la publicidad te influya para cambiar de teléfono o de coche cada poco tiempo.
- Deja tu ropa a tus amigos cuando la necesiten, compra ropa de segunda mano… Evita la ropa de marcas "sucias".
- Y, sobre todo: empieza a consumir de manera responsable. No dejes para mañana lo que puedas ahorrar hoy.

TEXTO MAPEADO en campus.difusion.com

---

15. CAMBIO CLIMÁTICO Y CONSUMO DE CARNE

CARACTERÍSTICAS DEL TEXTO

PREPÁRATE

A. ¿Sabes cómo influye el consumo de carne en el cambio climático? Anota algunas ideas.

B. Escucha un fragmento de una conferencia 🔊 41 sobre el cambio climático y el consumo de carne. ¿Menciona ideas distintas a las de A? Anótalas.

TRANSCRIPCIÓN MAPEADA en campus.difusion.com

C. En grupos, comparamos nuestras respuestas a A y B.

D. Observamos ahora la transcripción y nos fijamos en los recursos subrayados. ¿Cuáles introducen causas? ¿Cuáles consecuencias?

- Entre las principales causas del cambio climático se encuentra el consumo de carne, ya que aproximadamente un 18 % de las emisiones de gases de efecto invernadero procede de la ganadería. Esta actividad emite más gas metano que las explotaciones mineras, el petróleo y el gas natural, por lo que tiene un impacto enorme en el medioambiente.
- Debido a ese impacto, consumir carne equivale a calentar el planeta y, por lo tanto, promover dietas vegetarianas es una manera de luchar contra el cambio climático. En España es especialmente urgente reducir ese consumo puesto que los españoles comemos 50 kilos de carne por habitante y año. El dato positivo es que de esos 50 kilos de carne, 14 son de pollo y 10 de cerdo (animales que producen un 80 % menos de metano), de manera que la producción de metano vinculado al consumo de carne es relativamente baja.

E. En parejas, escribimos un principio o un final lógico para cada una de estas frases.

1. ……………………………. **Por lo tanto**, hay que reducir el consumo de envases plásticos.
2. ……………………………. **Debido a ello**, cada vez se talan más árboles para tener terrenos cultivables.
3. Ser vegetariano contribuye a la preservación del medioambiente, **ya que** …………………………….
4. He decidido ser responsable en el consumo de ropa, **de manera que** …………………………….

ACTIVIDAD COMPLEMENTARIA en campus.difusion.com

UNIDAD 13

16. "BAJO EL CANAL"

CARACTERÍSTICAS DEL TEXTO

PREPÁRATE

A. Lee la historia de Ariel y anota las respuestas a estas preguntas.

- ¿Quién crees que es el padre de Ariel?
- ¿Dónde crees que está Ariel ahora?
- ¿Qué crees que es BeCiclos?

ARIEL
'BAJO EL CANAL'

Ariel es una bici soñadora y curiosa. Es por eso que no había rincón alguno de Ámsterdam por el que no hubiera rodado, excepto uno, claro, los canales. Día tras día fantaseaba con descubrir las maravillas que se escondían bajo el agua. Así que un día, Ariel, desoyendo los consejos de su padre, se lanzó a un canal. Qué desagradable sorpresa fue descubrir que este no era el lugar mágico que ella pensaba… Solo había lodo y caca de patos holandeses. Por suerte, BeCiclos la sacó de allí y ahora tiene la posibilidad de saciar su curiosidad en otro país.

yorokobu.es/beciclos

B. Leemos la historia de BeCiclos para comprobar qué es.

Cada año se arrojan miles de bicicletas a los canales o se abandonan en los depósitos municipales. Este hecho no pasó desapercibido para Gonzalo, que junto a otros tres jóvenes empezó a rescatar estos vehículos y llevarlos al jardín de su casa. Allí los reparaban usando piezas que reciclaban de otras bicicletas. Así nació BeCiclos.

Ahora la empresa cuenta con un local en Ámsterdam, donde mecánicos procedentes de programas de reinserción social arreglan las bicicletas utilizando, en su mayoría, material procedente del reciclaje. "La mayoría de estos vehículos no están en muy mal estado, pero la sociedad consumista en la que vivimos hace que se tiren cosas que todavía se pueden arreglar", afirma Ana, una de las integrantes de BeCiclos.

"Después de repararlas, les damos un nombre, inventamos una historia sobre su vida y las ponemos en adopción. En BeCiclos, no se compran bicis, se adoptan".

C. Volvemos a leer el texto y buscamos:

- Un sinónimo de **arrojar**
- Un sinónimo de **reparar**
- Una palabra de la misma familia que **reciclar**
- Otra palabra para referirse a **bicicleta**

D. ¿A qué palabras o partes del texto hacen referencia las palabras subrayadas? ¿Para qué se usan?

- este hecho: ....
- estos vehículos: ....
- los: ....
- allí: ....
- donde: ....
- las: ....
- les: ....

E. Inventamos una historia de un objeto abandonado.

TAREAS

17. CONCIENCIARNOS

A. ¿Qué prácticas o industrias son perjudiciales para el medioambiente? En grupos, comentamos y anotamos nuestras ideas.

- la piscicultura
- la ganadería
- la extracción de minerales
- la producción de aceite de palma
- la industria de los cruceros
- …

B. Elegimos el tema que más nos interese, buscamos información y escribimos un manifiesto para publicar en la red.

- Descripción del problema
- Causas y consecuencias
- Reivindicaciones
- Posibles soluciones

18. ¿QUÉ HÁBITOS CAMBIARÍAS?

A. Dividimos la clase en grupos de cuatro personas y elaboramos cinco preguntas para comprobar el grado de compromiso de nuestros compañeros con el medioambiente. Intentamos hablar de los diferentes temas que hemos visto en la unidad (alimentación, transportes, ropa, energía, etc.).

¿Comprarías productos a granel?
a. Sí, por supuesto. Algunas veces lo hago.
b. Sí, si el precio es el mismo.
c. No, es más rápido ir al supermercado.

B. Comparamos nuestro test con el de otros grupos de la clase y llegamos a un acuerdo para seleccionar diez preguntas y mejorarlas.

C. Introducimos nuestros cuestionarios en una aplicación para hacer encuestas (SurveyMonkey, Poll Everywhere, Socrative, Kahoot…). Dependiendo de la aplicación usada, la hacemos en clase o la publicamos en nuestro espacio virtual. ¿Qué estudiantes están más dispuestos a cambiar sus hábitos de consumo para proteger el medioambiente?

RECURSOS LINGÜÍSTICOS

GRAMÁTICA

EXPRESAR DESEOS Y REIVINDICACIONES

querer/esperar/desear + infinitivo (mismo sujeto)
Quiero (yo) *comer* (yo) de una manera más saludable y respetuosa con el medioambiente.

querer/esperar/desear + **que** +
presente de subjuntivo (sujetos diferentes)
Espero (yo) *que* mis acciones cotidianas *contribuyan* a una sociedad más justa.

querer/esperar/desear + sustantivo
Queremos leyes más duras contra la tala indiscriminada de árboles.

ojalá + **(que)** + presente de subjuntivo
Ojalá nuestros hijos y nietos *tengan* un medioambiente limpio y saludable.

pedir/exigir/reivindicar + infinitivo (mismo sujeto)
Los consumidores (nosotros) *exigimos* (nosotros) *tener* información sobre la duración de los electrodomésticos.

pedir/exigir/reivindicar + **que** +
presente de subjuntivo (sujetos diferentes)
Pedimos (nosotros) *que* las industrias *sustituyan* el aceite de palma por otra opción más sostenible.

pedir/exigir/reivindicar + sustantivo
Reivindicamos leyes más duras contra la tala indiscriminada de árboles.

EXPRESAR NECESIDAD

es necesario/imprescindible + infinitivo
necesitar + infinitivo
Usamos infinitivo cuando generalizamos o no queremos especificar el sujeto de la acción.
Es necesario informar a la población de los peligros de la fractura hidráulica.

es necesario/imprescindible que + subjuntivo
necesitar que + subjuntivo
Usamos subjuntivo cuando queremos especificar el sujeto de la acción.
Necesitamos que las grandes empresas *cumplan* las leyes medioambientales.

es necesario/imprescindible + sustantivo
necesitar + sustantivo
Es imprescindible una legislación más dura que castigue los daños al medioambiente.

EL CONDICIONAL
▶ **Verbos regulares**

	ESTAR	COMER	VIVIR
yo	estar**ía**	comer**ía**	vivir**ía**
tú, vos	estar**ías**	comer**ías**	vivir**ías**
él, ella, usted	estar**ía**	comer**ía**	vivir**ía**
nosotros/-as	estar**íamos**	comer**íamos**	vivir**íamos**
vosotros/-as	estar**íais**	comer**íais**	vivir**íais**
ellos, ellas, ustedes	estar**ían**	comer**ían**	vivir**ían**

UNIDAD 13

▶ Verbos irregulares
Los verbos irregulares en futuro también lo son en condicional.

tener	**tendría**	saber	**sabría**	poner	**pondría**
haber	**habría**	decir	**diría**	venir	**vendría**
poder	**podría**	querer	**querría**		
salir	**saldría**	hacer	**haría**		

▶ Usos
- Expresar deseos (especialmente con verbos como **gustar** y **encantar**)

Me gustaría tener un huerto para cultivar verduras.
Me encantaría diseñar mi propia casa.

- Opinar sobre acciones y conductas

Por el momento, yo no me compraría un coche eléctrico.

- Evocar situaciones imaginarias o hipotéticas

Crearía un grupo de consumo para comer de forma más saludable y ecológica.

- Aconsejar, sugerir, proponer soluciones (con verbos como **poder**, **deber** y **tener que**)

—*El gobierno debería promover el uso de energías renovables.*
—*Sí, tendrían que dar ayudas a la gente para instalar paneles solares en sus casas.*

LÉXICO

CONSUMO Y MEDIOAMBIENTE

- grupo / asociación / sociedad **de consumo**
- fomentar / frenar / aumentar / favorecer **el consumo**
- **consumo** responsable / alternativo
- **consumo de** carne / energía
- cuidar / destruir / preservar **el medioambiente**
- **comercio** justo / solidario / tradicional
- **comercio de** proximidad / barrio
- tirar / producir / reciclar / generar **basura**
- bolsa / cubo / contenedor / vertedero **de basura**
- **basura** biodegradable / orgánica
- **residuos** orgánicos / tóxicos / contaminantes
- consumir / ahorrar / producir / gastar **energía**
- **energía** limpia / renovable / eólica / solar / hidráulica
- **productos** ecológicos / envasados / de temporada
- **emisiones** de metano / de CO_2 / de gases de efecto invernadero

CARACTERÍSTICAS DEL TEXTO

EXPRESAR CAUSA

ya que, **puesto que** + frase
debido a + sustantivo/pronombre

*El consumo de carne es perjudicial para el medioambiente, **ya que / puesto que** la ganadería consume gran cantidad de agua.*
***Debido al** efecto invernadero, cada vez hay sequías más frecuentes.*

EXPRESAR CONSECUENCIA

de manera que, **por lo tanto**, **así**...

*He decidido vivir de una manera más responsable. **Por lo tanto**, voy a dejar de consumir carne y no voy a usar el coche.*

MECANISMOS DE COHESIÓN TEXTUAL

▶ **Uso de sinónimos** (tirar/arrojar) **e hiperónimos** (bicicleta/vehículo)

Algunos sinónimos son intercambiables en todos los contextos, pero lo normal es que dos términos sinónimos tengan algunas acepciones comunes y otras diferentes, por lo que no se pueden intercambiar siempre.
*Ariel era una **bicicleta** muy curiosa. Cuando la **tiraron** a un canal de Ámsterdam, pensó que allí podría hacer amistad con otros **vehículos arrojados** por sus dueños.*

▶ **Uso de palabras de la misma familia**

*Muchos de los objetos que usamos en casa (como el papel de alumnio o las servilletas de papel) están hechos de materiales que **contaminan**. Pero existen alternativas a esos materiales **contaminantes**.*

***Ahorrar** energía supone también **un ahorro** de dinero.*

▶ **Uso de palabras que se refieren a un elemento ya mencionado (deícticos)**

- Pronombres (objeto directo, objeto indirecto, relativos, personales...)

*Reparamos las bicicletas, **les** ponemos un nombre y **las** enviamos al propietario.*

- Adverbios

*Al principio llevábamos las bicis al jardín de mi casa. **Allí** las reparábamos.*

- Demostrativos

*Gonzalo y Ana son los fundadores de la empresa. **Estos dos chicos** estudiaban en Holanda y descubrieron que cada año se tiraban miles de bicis a los canales.*

14

MARKETING Y PUBLICIDAD

CULTURA
- Conocer técnicas de *marketing* y distintos tipos de publicidad
- Conocer algunos anuncios y campañas de países hispanos

COMUNICACIÓN
- Expresar la opinión y valorar
- Expresar finalidad
- Organizar la argumentación

GRAMÁTICA
- Afirmar, negar y expresar certeza con indicativo/subjuntivo: **creo que / es verdad / es evidente / está claro / está demostrado que** + indicativo, **no es verdad / no es cierto / no creo que** + subjuntivo
- Valorar con subjuntivo/infinitivo: **me parece bien/mal/injusto/ilógico... que** + presente de subjuntivo, **me parece bien/mal/injusto/ilógico...** + infinitivo
- Expresar finalidad: **para** + infinitivo, **para que** + subjuntivo

LÉXICO
- *Marketing* y publicidad
- Objetivos de la publicidad

CARACTERÍSTICAS DEL TEXTO
- Conectores para argumentar: aditivos

DOCUMENTOS PARA EMPEZAR

1. CITAS

PREPÁRATE

A. Lee estas citas sobre la publicidad e intenta explicar con tus propias palabras qué significan. ¿Estás de acuerdo con lo que dicen o no? Anota por qué.

1. La publicidad es el arte de convencer a gente para que gaste el dinero que no tiene en cosas que no necesita.
— WILL ROGERS (1879-1935), humorista y actor estadounidense

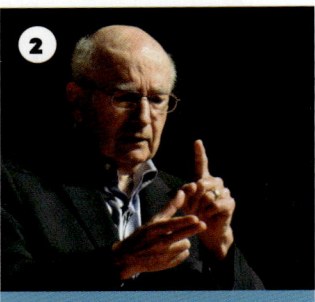

2. La mejor publicidad es la que hacen los clientes satisfechos.
— PHILIP KOTLER (1931), economista estadounidense

3. La gente odia la publicidad en general, pero adora la publicidad en particular.
— CINDY GALLOP (1960), consultora y publicista inglesa

> 1. En realidad, no necesitamos muchas cosas, pero las compramos porque…

B. En grupos, compartimos nuestras respuestas. ¿Con qué cita está más de acuerdo la mayoría de la clase? ¿Y con cuál menos? ¿Por qué?

C. Formamos grupos. Unos proponemos "definiciones positivas" de la publicidad y otros, "negativas". Luego, se las leemos a las otras personas y elegimos las dos más originales.

Es una forma de   seducir/mostrar/presentar…
Es el arte de
Es lo/algo que
Es una cosa que

ACTIVIDAD COMPLEMENTARIA en campus.difusion.com

UNIDAD 14

2. IMÁGENES

PREPÁRATE

A. Mira estas imágenes de anuncios y descríbelas en unas líneas.

B. ¿Qué mensaje transmiten?

C. El primer anuncio fue elegido peor anuncio en los Premios Facua 2015. El segundo estaba también entre los seleccionados. ¿Creemos que son sexistas? Lo discutimos en grupos.

LA CAFETERÍA

¿Conocemos anuncios parecidos?

¿Creemos que hay mucha publicidad sexista?

1 Plan perfecto

2

3. VÍDEO

PREPÁRATE

A. Vas a ver un anuncio en el que se habla de héroes. Mira la captura de pantalla del vídeo e intenta responder a estas preguntas.

- ¿De qué país es la bandera que vemos?
- ¿Qué personas famosas conoces de ese país?
- ¿De qué crees que puede ser el anuncio?

B. Ve el vídeo y anota.
📹 15

- ¿A qué "héroes" menciona y qué dice de ellos?
- ¿Cuál es el eslogan del anuncio (la última frase)?

C. Según el vídeo, ¿por qué nos gustan los héroes?

D. En grupos, comentamos nuestras respuestas a A, B y C.

Héroes que nos inspiran

VÍDEO DISPONIBLE en campus.difusion.com

E. Basándonos en este anuncio, ¿qué creemos que es la publicidad emocional? ¿Nos gusta este tipo de anuncios?

ACTIVIDAD COMPLEMENTARIA en campus.difusion.com

DOCUMENTOS PARA DESCUBRIR

4. EL *NEUROMARKETING*

PREPÁRATE

A. Lee el artículo y escribe un pequeño resumen sobre qué es el *neuromarketing*. Imagina que se lo tienes que transmitir a alguien que no ha oído hablar nunca de ese tema.

B. Anota tres preguntas que te suscita el texto (pueden ser dudas, cosas que no entiendes o cosas que te gustaría saber).

C. En pequeños grupos...

- hacemos una versión mejorada del resumen que hemos hecho en A.
- compartimos las preguntas que hemos escrito en B. Si es necesario, podemos buscar información en internet.

ESTRATEGIAS

A veces, puede ser útil compartir nuestras producciones para ver cómo podemos mejorarlas.

D. Pensamos en compras que hemos realizado. ¿Con qué perfil de comprador nos identificamos cada uno? ¿Por qué?

E. ¿Estamos de acuerdo con las siguientes afirmaciones? Lo discutimos en grupos.

- No es verdad que todos compremos por impulso.
- Es evidente que para llamar la atención del consumidor hay que apelar a sus emociones.
- No está tan claro que las emociones vendan por sí solas.
- No es ético usar los avances de la neurociencia para manipular al consumidor.
- Todo está hecho para que el consumidor esté cómodo y encuentre fácilmente lo que busca.

— *Yo no estoy de acuerdo con la primera afirmación. Creo que en realidad todos compramos por impulso, pero luego nos inventamos otros motivos...*
— *Pues yo no estoy de acuerdo contigo...*

ACTIVIDAD COMPLEMENTARIA
en campus.difusion.com

EL VERDADERO MOTIVO DE SUS COMPRAS... SEGÚN EL *NEUROMARKETING*

Lea estas dos descripciones de perfiles de comprador y piense con cuál se identifica más.

1. Comprador racional: compra productos que necesita. Antes de decidirse, compara precios, consulta foros y redes sociales y sigue las recomendaciones de los expertos. No se fía de la publicidad; confía más en la opinión de otros consumidores.

2. Comprador impulsivo: compra algo sin saber por qué y luego busca explicaciones racionales para justificar su compra. En realidad, compra productos que asocia con determinadas emociones. La publicidad le influye mucho, pero la mayor parte de las veces no es consciente de ello.

Si usted se ha decidido por el primer perfil, miente o se autoengaña. Según el *neuromarketing*, el comprador racional no existe. Esta nueva técnica de *marketing* usa técnicas de la neurociencia para estudiar el cerebro del consumidor, entender cómo compra y así poder venderle más y mejor. Según los estudios de *neuromarketing*, un 90 % de las decisiones de compra se toman de forma inconsciente y emocional. Así que ya lo sabe, déjese de listas de la compra y no se moleste en comparar precios, porque al final será su cerebro reptiliano (el más instintivo) el que decidirá qué y cuándo comprar.

Los estudios de *neuromarketing* están de moda. ¿Sabían que el olfato es el sentido que se fija más en nuestra memoria (un 35 %), seguido de la vista, el oído y el tacto? ¿Que las emociones de tristeza y pena activan casi las mismas regiones del cerebro que la felicidad y que nos emocionamos más con los impactos negativos?
Toda esa información es muy valiosa para los productores y los establecimientos ya que les permite crear productos acordes a las necesidades de los clientes y diseñar campañas publicitarias y espacios pensados para comprar. Así, en las grandes superficies, todo está hecho para que el consumidor se sienta cómodo y encuentre fácilmente lo que busca. De este modo, comprará más y querrá volver.

UNIDAD 14

Por otro lado, cada vez más empresas se basan en estudios de *neuromarketing* para diseñar campañas de publicidad emocional. Es evidente que vivimos en un mundo inundado de publicidad, en el que resulta difícil llamar la atención del consumidor. Y eso se consigue apelando a sus emociones, haciéndole reír y llorar.

Pero el *neuromarketing* genera polémica. Algunos científicos piensan que no es ético usar los avances de la ciencia para tener controlado al consumidor y manipularlo cada vez más. Otros afirman que no es una ciencia exacta: el *neuromarketing* puede estudiar nuestras reacciones ante determinados estímulos, pero no explica nuestro comportamiento. Es decir, nos puede gustar un anuncio, pero no por eso vamos a comprar el producto anunciado. Así que no está tan claro que las emociones vendan por sí solas. Y no parece verdad que todos compremos por impulso... o únicamente por impulso. ¿Qué opina usted? ¿Sigue pensando que es un comprador racional?

TÉCNICAS DEL NEUROMARKETING

— Eye tracking
Permite registrar el recorrido de la mirada del consumidor en una tienda para ver en qué productos se fija.

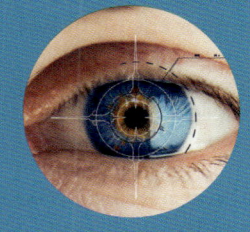

— Electroencefalograma
Mide la actividad cerebral del cliente ante diferentes estímulos.

— Biorretroalimentación
Mide los cambios físicos como el ritmo cardíaco, la temperatura de la piel o la dilatación de las pupilas ante los estímulos.

5. EL *REMARKETING*

PREPÁRATE

A. Lee esta definición de *remarketing*. Luego, busca en internet un ejemplo de esta técnica y haz una captura de pantalla.

REMARKETING

El *remarketing* es una técnica de *marketing online* que consiste en estudiar las visitas que ha realizado una persona en una página web para volver a atraerla a esa página (o similares) a través de publicidad en otras webs o plataformas.

Se basa en la idea de que cuantas más veces ve el cliente una marca, más posibilidades tiene de comprar.

B. Vas a escuchar a tres personas. ¿Qué ejemplos de *remarketing* mencionan? Anótalos.
🔊 42-44

TRANSCRIPCIÓN MAPEADA en campus.difusion.com

C. En pequeños grupos, compartimos los ejemplos que hemos encontrado en A y comparamos nuestras respuestas a B.

D. Escuchamos de nuevo el audio y marcamos qué opiniones corresponden a cada uno de los entrevistados.
🔊 42-44

☐ Carlos ☐ Daniela ☐ Violeta

a. Le parece útil que le anuncien cosas que le interesan.
b. Cree que está mal que en internet se puedan conseguir tantos datos personales.
c. No le parece necesario que le vuelvan a anunciar productos o servicios que ha buscado antes.

E. ¿Con cuál de ellos estamos más de acuerdo nosotros? ¿Por qué?

—Yo estoy de acuerdo con Daniela. A mí me parece que el *remarketing* es...

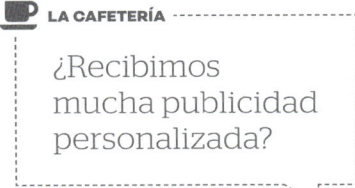

LA CAFETERÍA
¿Recibimos mucha publicidad personalizada?

ACTIVIDAD COMPLEMENTARIA en campus.difusion.com

179

SISTEMA FORMAL

6. NO SE PUEDE VENDER SIN PUBLICIDAD
GRAMÁTICA

PREPÁRATE

A. Lee estas afirmaciones. ¿Con cuál estás más de acuerdo en cada caso? Márcalo.

1.
– Es verdad que **compramos** sobre todo las marcas que hemos visto anunciadas.
– No es verdad que **compremos** sobre todo las marcas que hemos visto anunciadas.

2.
– Es cierto que la gente inteligente **compara** precios antes de comprar.
– Es falso que la gente inteligente **compare** precios antes de comprar.

3.
– Está claro que para vender un producto **es** casi imprescindible hacer publicidad.
– No está claro que para vender un producto **sea** casi imprescindible hacer publicidad.

4.
– Creo que la mayoría de las personas **compran** por impulso.
– No creo que la mayoría de las personas **compren** por impulso.

B. Fíjate de nuevo en las frases anteriores. ¿Entiendes en qué casos el verbo aparece en indicativo y en qué casos en subjuntivo?

ESTRATEGIAS

Para entender el funcionamiento de la lengua, no te debes fijar únicamente en las estructuras de las frases que estás analizando: debes tener en cuenta también el significado.

C. En grupos, comentamos las hipótesis que hemos hecho en A y comprobamos si hemos entendido la regla. Para ello, leemos la explicación gramatical de Recursos lingüísticos.

7. PUBLICIDAD EN LA CALLE
GRAMÁTICA

PREPÁRATE

A. Anota en una hoja qué formas de publicidad ves en la calle y en qué lugares están. Puedes hacer fotos o buscarlas en internet.

Carteles en el metro, vallas en…

B. Lee estas dos frases y fíjate en las diferencias. ¿A qué se deben? Lee la explicación gramatical de Recursos lingüísticos para comprobar tus hipótesis.

Es lógico que la gente no quiera ver tanta publicidad por la calle.
Es lógico no querer ver tanta publicidad por la calle.

C. Ahora, escribe frases usando esas estructuras para comentar algunas cuestiones sobre la publicidad en la calle.

- la contaminación visual
- la publicidad en la calle como forma de arte
- las vallas de gran tamaño en autopistas y carreteras
- los anuncios luminosos en las ciudades
- la prohibición de la publicidad en algunas ciudades

Es normal (que)…   Es una vergüenza (que)…
Es lógico (que)…   Está bien (que)…
Es peligroso (que)…
Es exagerado (que)…

D. Compartimos lo que hamos escrito en A y las frases que hemos creado en C.

ACTIVIDAD COMPLEMENTARIA en campus.difusion.com

UNIDAD 14

8. NO ME PARECE BIEN
GRAMÁTICA

Leemos los siguientes titulares y entradillas de artículos reales y los comentamos con otras personas.

- Una clienta demanda a Starbucks por no servir la cantidad de café anunciada. La clienta afirma que el café helado está cargado de hielo y pide una compensación económica de más de cuatro millones de dólares.

- Algunos países se plantean bloquear la publicidad de tabaco en las redes sociales.

- Cada vez más usuarios utilizan bloqueadores para no ver los anuncios que les molestan, lo que se está convirtiendo en un problema para las webs que viven de la publicidad.

- Reino Unido planea prohibir la publicidad de comida basura en internet para disminuir la obesidad infantil.

- Solo cuatro casos de publicidad sexista han llegado a los tribunales en toda la historia de España.

- El 85 % de las mujeres que protagonizan anuncios son jóvenes, mientras que los hombres maduros con una imagen profesional son más habituales.

(No) me parece bien que   quieran/haya...
    Es injusto que

(No) es exagerado que   quieran/haya...
    (No) es normal que
    (No) es lógico que
    (No) es verdad que

(No) está claro que   quieran/haya...
    (No) está bien que

Es una vergüenza que   quieran/haya...
    Es una tontería que

—A mí no me parece bien que bloqueen la publicidad de tabaco en las redes sociales porque...

9. TÉCNICAS PARA VENDER MÁS
GRAMÁTICA

A. Leemos estas estrategias usadas en muchos supermercados. ¿Las conocíamos? Lo comentamos con el resto de la clase.

Pequeños trucos para que compres más

¿Conoces los trucos que emplean las grandes superficie s para aumentar sus ventas? Estos son algunos de ellos.

- Los carros de la compra tienen un pequeño freno en las ruedas para que nos cueste avanzar y nos fijemos en productos que no necesitamos.

- Los carros siempre se desvían hacia la izquierda para que tengamos que agarrarlos con esa mano y la derecha esté libre para ir cogiendo cosas.

- Siempre ponen dulces y caramelos en las cajas para que en el último momento caigamos en la tentación y los pongamos en nuestro carro.

- Los productos imprescindibles están al final para obligarnos a recorrer todo el supermercado antes de encontrarlos.

B. En parejas, describimos otras técnicas de ventas que conozcamos (podemos buscar en internet). Usamos las estructuras subrayadas en el apartado anterior.

En muchas tiendas de ropa ponen música alta y animada para que te sientas eufórico y compres más.

SISTEMA FORMAL

10. UNA CAMPAÑA AGRESIVA
LÉXICO

En grupos, formamos combinaciones con estas palabras. ¿Se nos ocurren otras para completar las series?

- publicidad ▸
- una campaña ▸
- ▸ una campaña

engañosa	denunciar	de publicidad
de concienciación	retirar	publicitaria
de marketing	de sensibilización
subliminal	sexista	agresiva

11. COMPRAR POR IMPULSO
LÉXICO

¿Con cuáles de estas afirmaciones nos identificamos? Lo comentamos en parejas.

- **Compro** muchas veces **por impulso**.
- **Compro** mucho **por internet**.
- Siempre **comparo precios** antes de comprar.
- Me gusta mucho **ver** los **anuncios** de la tele.
- **Recibo** mucha **publicidad**: en el buzón, en mi *mail*…
- Yo no **me dejo influenciar por** la publicidad.
- **Me fío de** las recomendaciones que leo en foros.

12. PUBLICIDAD, PUBLICITARIO
LÉXICO

En parejas, buscamos palabras de la misma familia y completamos la tabla.

sustantivo	verbo	adjetivo
anuncio	....	....
manipulación	....	....
engaño	....	....
compra	....	....
consumo	....	....
....	publicitar	....
emoción	....	....
convicción	....	convincente
persuasión	persuadir	....

ESTRATEGIAS

Fijarnos en los sufijos de algunos adjetivos que se forman a partir de verbos y de sustantivos puede ayudarnos a reconocer otros adjetivos y entender mejor su significado.

13. UN ANUNCIO POLÉMICO
LÉXICO

PREPÁRATE

A. Aquí tienes algunos adjetivos que podemos usar para describir un anuncio. Haz búsquedas en internet que te ayuden a entender su significado y guarda algunos ejemplos de anuncios que encuentres.

`"anuncio polémico"` 🔍

| original | racista | bonito | aburrido | sexista |
| impactante | emotivo | provocador | polémico |

B. En grupos, compartimos los anuncios que hemos encontrado y los comentamos.

— *Yo he encontrado este anuncio. Dicen que es racista, pero yo no estoy de acuerdo porque…*

ACTIVIDAD COMPLEMENTARIA
en campus.difusion.com

UNIDAD 14

14. ¿CONCIENCIA O MANIPULA?

LÉXICO

🏠 **PREPÁRATE**

A. De estos verbos, ¿cuáles crees que son positivos ⊕, cuáles negativos ⊖ y cuáles neutros ⊖? Márcalo.

- engañar (a alguien)
- convencer (a alguien de algo)
- divertir (a alguien)
- sugerir (algo a alguien)
- proponer (algo a alguien)
- manipular (a alguien)
- explicar (algo a alguien)
- concienciar (a alguien de algo)
- emocionar (a alguien)
- hacer reír (a alguien)
- hacer llorar (a alguien)
- hacer reflexionar (a alguien sobre algo)

B. En grupos, comparamos nuestras respuestas a A. ¿Estamos de acuerdo?

C. Pensamos en un anuncio que nos gusta y en otro que no. ¿Qué hacen: convencen, sugieren, manipulan, conciencian de algo...? Lo comentamos en grupos.

—*No me gustan los anuncios de cremas porque engañan a la gente: ¡nadie consigue una piel así!*

15. RECURSOS PARA ARGUMENTAR

CARACTERÍSTICAS DEL TEXTO

🏠 **PREPÁRATE**

A. Mira estas imágenes. ¿Qué es la publicidad corporal?

B. Lee estas opiniones de lectores sobre la publicidad corporal. ¿Con cuáles estás más de acuerdo? ¿Por qué?

Carlota, Zaragoza: "Bueno, no es que no me guste, pero me cansa tanta publicidad. En la calle hay publicidad en todas partes: en el metro, en los autobuses, en carteles, en las tiendas... ¡Y ahora <u>incluso</u> hay personas-anuncio!"

Tomás, Ciudad Real: "A mí me parece ingenioso: es estético, llama la atención y <u>sobre todo</u> ¡no molesta a nadie! Lo que no me gusta es que los famosos usen su imagen para anunciar productos. ¡Engañan a la gente, que confunde el producto con la imagen de una persona que les gusta, y <u>encima</u> ellos ganan dinero!"

Héctor, Cádiz: "Yo creo que usar el cuerpo para hacer publicidad no está bien. <u>Es más</u>, creo que debería estar prohibido. Es denigrante. <u>Además</u>, solo la gente físicamente atractiva hace este tipo de publicidad. A los demás los discriminan."

Ada, Barcelona: "Me parece genial. Es llamativo, diferente y <u>además</u>, ecológico, porque el soporte es el cuerpo humano."

C. En parejas, comparamos nuestras respuestas a B.

D. Los conectores subrayados sirven para añadir una información. Pensamos en cómo los traduciríamos a nuestro idioma.

E. ¿Qué conector es el más adecuado en cada caso?

1. A mí me gusta ver anuncios en internet, **sobre todo** / **es más** porque normalmente son cosas que me interesan. ¡A veces **encima**/**incluso** descubro marcas muy interesantes!
2. Yo creo que hay mucha publicidad sexista. **Es más** / **además**, para mí casi toda la publicidad es sexista. ¡Y **sobre todo** / **encima**, cuando lo dices, la gente cree que eres una exagerada!
3. Cada vez hay publicidad más creativa. Para mí, la mejor es la llamada "publicidad útil": son carteles publicitarios pero que **encima**/**además** sirven de algo, por ejemplo para sentarse (como algunos bancos que son también carteles).
4. Me encanta la publicidad de todo tipo, **sobre todo** / **además** la de perfumes. ¡Son siempre anuncios tan delicados y sensuales!
5. Los relojes de los anuncios siempre marcan las 10:10 h porque las agujas dibujan una sonrisa y producen una sensación de felicidad. **Además** / **Sobre todo**, el cliente puede ver bien la marca, que suele estar en la parte inferior del reloj.

183

TAREAS

PROYECTOS UNIDADES 13 Y 14 → PÁG. 237

16. PUBLICIDAD EMOCIONAL

A. Vamos a hacer un concurso de publicidad emocional. Primero, en grupos, buscamos ejemplos de publicidad emocional en español y elegimos el que nos parezca mejor. Debemos tener en cuenta estos criterios:

- qué productos y valores vende
- qué imágenes aparecen
- qué emociones provoca

B. Mostramos el anuncio a los demás y explicamos por qué lo hemos elegido.

> Es un anuncio emotivo/impactante...
> Hace llorar / reír / reflexionar sobre...
> Transmite un mensaje / una imagen...

C. Después de las presentaciones, cada grupo analiza los anuncios y decide cuál le parece mejor.

D. Anunciamos nuestra decisión y la argumentamos. ¿Qué anuncio ha ganado el concurso?

17. BUENAS PRÁCTICAS

PREPÁRATE

A. Vas a publicar en un blog o red social un texto a favor o en contra de una práctica publicitaria o de una técnica de *marketing*. Primero, piensa sobre qué quieres hablar.

- las tarjetas de fidelización, la publicidad en los buzones
- marcas que crean perfiles falsos para dar la opinión en foros
- las ventas puerta a puerta
- ...

B. Haz un guion con tus argumentos principales. Luego, escribe el texto.

C. Intercambiamos nuestro texto con el de otra persona. Cada uno revisa el texto del otro.

D. Publicamos nuestro texto en el entorno virtual de la clase. Luego, leemos los textos de otras personas y reaccionamos escribiendo comentarios.

¡PUBLICIDAD ÚTIL!

Me parece genial la idea que han tenido los de la campaña de IBM "Ideas inteligentes para ciudades inteligentes." Hacen anuncios con formas que tienen una utilidad además de hacer publicidad.

ACTIVIDAD COMPLEMENTARIA en campus.difusion.com

RECURSOS LINGÜÍSTICOS

GRAMÁTICA

AFIRMAR, NEGAR Y EXPRESAR CERTEZA CON INDICATIVO/SUBJUNTIVO

▶ **Afirmar**

creo que... / me parece que... + presente de indicativo
Yo creo que la publicidad siempre engaña un poco, ¿no?

▶ **Negar**

no creo que... / no me parece que... + presente de subjuntivo
A mí no me parece que el neuromarketing sea muy distinto del marketing tradicional.

▶ **Expresar certeza**

En las expresiones de certeza como **es verdad**, **es cierto**, **es evidente**, **está demostrado** o **está claro**, se usa el presente de indicativo, ya que se presenta la información como un hecho.

es verdad/cierto/evidente que... + indicativo
Es evidente que los anuncios que te hacen emocionarte son los mejores.

Sin embargo, cuando están negadas, se utiliza el subjuntivo, ya que no se presenta la información como un hecho.

no es verdad/cierto/evidente que... + subjuntivo
No es cierto que esta campaña pretenda manipular al consumidor.

VALORAR CON SUBJUNTIVO/INFINITIVO

es me parece	lógico normal increíble una tontería	**que** + presente de subjuntivo
		+ infinitivo

me parece bien/mal	**que** + presente de subjuntivo
	+ infinitivo

está bien/mal	**que** + presente de subjuntivo
	+ infinitivo

Cuando una oración principal valora o comenta un cierto hecho, que es su frase subordinada, en esta segunda frase usamos el subjuntivo cuando el sujeto de la frase principal (entendido como la persona que valora, aunque no sea siempre el sujeto gramatical) y el de la frase subordinada son diferentes.
***Es lógico que** los publicistas quieran saber qué pasa en la mente del consumidor.*

Usamos el infinitivo cuando el sujeto de ambas frases es el mismo: el hablante habla de sí mismo o queremos generalizar.
***Es normal** tener miedo de algunos avances.*
***Está muy bien** recibir información de productos y folletos en las redes sociales.*

🔔 ~~Es bien/mal que~~

UNIDAD 14

EXPRESAR FINALIDAD: PARA + INFINITIVO / PARA QUE + SUBJUNTIVO

Usamos el infinitivo cuando el sujeto de ambas frases es el mismo.
Las empresas usan el remarketing **para** <u>convencer</u> (las empresas) a los clientes que están dudando.

Usamos el subjuntivo cuando el sujeto de la frase principal y el de la frase subordinada son diferentes.
Las empresas usan el remarketing **para que** los clientes que dudan <u>se convenzan</u>.

LÉXICO

MARKETING Y PUBLICIDAD

- **publicidad** > emocional > engañosa > sexista > online > personalizada
- fijarse en > dejarse influenciar por > **la publicidad**
- **una campaña** > de publicidad > de marketing > de concienciación > de sensibilización > agresiva > efectiva
- denunciar > retirar > **una campaña**
- recomendar > vender > comprar > anunciar > **un producto**
- **comprar** > por internet > por impulso > impulsivamente
- recibir > crear > diseñar > hacer > ver > **un anuncio**
- **un anuncio** > de perfumes > de coches > de la marca… > realizado por > diseñado por > dirigido a
- **transmitir** > valores > una imagen > un mensaje
- **comparar** > opiniones > productos > precios
- **generar** > polémica > críticas

OBJETIVOS DE LA PUBLICIDAD

divertir (a alguien)
manipular (a alguien)
emocionar (a alguien)
provocar (a alguien)
engañar (a alguien)
hacer llorar (a alguien)
hacer reír (a alguien)
Este anuncio pretende **hacer llorar** <u>a la gente</u>, pero no lo consigue. <u>Nos</u> quieren **manipular** cada vez más.

convencer (a alguien) (de algo)
concienciar (a alguien) (de algo)
Es una campaña para **concienciar**<u>nos</u> de que tenemos que leer más.

sugerir (algo) (a alguien)
proponer (algo) (a alguien)
explicar (algo) (a alguien)
Es un anuncio que (<u>nos</u>) **explica** las ventajas de usar la bici para desplazarse.

hacer reflexionar (a alguien) (sobre algo)
La campaña quiere hacer<u>nos</u> **reflexionar** <u>sobre</u> la discriminación.

CARACTERÍSTICAS DEL TEXTO

CONECTORES PARA ARGUMENTAR: ADITIVOS

además
Se usa para añadir una información.
Es llamativo, diferente, y **además** es ecológico.

encima
Añade una información que se presenta como desproporcionada e inesperada.
Los que hacen anuncios engañan a la gente y **encima** ganan dinero.

incluso
Añade una información que se presenta como la más fuerte y tiene un carácter sorprendente.
Hay publicidad de todo tipo en todas partes y ahora **incluso** hay personas-anuncio.

ni siquiera
Marca que una acción o un elemento que sería el mínimo esperable no se ha producido.
Los famosos ganan un montón, se pasan la vida yendo a eventos y fiestas, y **ni siquiera** compran los vestidos que llevan: ¡se los regalan las marcas!

es más
Añade una información presentada como el argumento de más peso. Siempre introduce una frase completa.
Yo creo que usar el cuerpo para hacer publicidad no está bien. **Es más**, creo que debería estar prohibido.

sobre todo
Destaca una información por encima de las otras.
Es estético, llama la atención y, **sobre todo**, no molesta a nadie.

15

HISTORIAS Y DESAFÍOS

CULTURA
- Historia de las relaciones de los países hispanohablantes
- Desafíos importantes de la actualidad

COMUNICACIÓN
- Describir eventos históricos
- Expresar opinión
- Expresar acuerdo y desacuerdo

GRAMÁTICA
- El pretérito pluscuamperfecto de indicativo
- Narrar acontecimientos pasados
- El presente histórico
- Oraciones de relativo con **que**, **quien** y **donde**
- **Como/cómo**, **cuando/cuándo**, **donde/dónde**

LÉXICO
- Historia y política

CARACTERÍSTICAS DEL TEXTO
- Tipos de argumento
- Uso del presente histórico
- Riqueza léxica: nominalización

DOCUMENTOS PARA EMPEZAR

1. IMÁGENES

PREPÁRATE

A. Mira la tira cómica. ¿Cómo se siente Mafalda frente a la situación del mundo? Escribe tres adjetivos.

[Tira cómica de Mafalda by Quino: —¿Sabés por qué es lindo este mundo? ¿Ehéé? —Porque es una maqueta. ¡El original es un desastre!]

B. ¿Qué tres problemas te preocupan más a ti? Márcalos.

1. La explotación laboral
2. La contaminación y los problemas medioambientales
3. La intolerancia y la xenofobia
4. La desigualdad de derechos
5. La escasez de recursos naturales
6. La dificultad para acceder a la sanidad
7. La brecha entre ricos y pobres
8. Otros: ....

C. Comparamos nuestras respuestas para A y B.

— *Para mí, Mafalda es un poco pesimista porque...*

D. Estos son algunos conflictos armados que marcaron el siglo xx. Relacionamos los elementos de las columnas y comentamos qué sabemos sobre ellos.

• II Guerra Mundial • Guerras de Yugoslavia • Guerra del Golfo Pérsico • Guerra de Vietnam • I Guerra Mundial	• 1914-1918 • 1939-1945 • 1964-1975 • 1990-1991 • 1991-1999	• Conflictos religiosos • Disputas territoriales • Intereses económicos • Posturas políticas e ideológicas opuestas • Conflictos étnicos

Bueno, **yo sé que** la causa principal fue...
No estoy seguro/-a, pero creo que una de las razones fue...
No, la verdad es que **no lo recuerdo / no lo sé**, pero podemos buscar en...

ACTIVIDAD COMPLEMENTARIA en campus.difusion.com

2. INFOGRAFÍA

🏠 **PREPÁRATE**

A. ¿Sabes qué es la Agenda 2030 de las Naciones Unidas? Explícalo por escrito (puedes usar internet).

B. Observa la infografía de presentación de la agenda. ¿A qué ámbito corresponde cada objetivo? Escribe el número en el apartado correspondiente.

Medioambiente	Educación y trabajo
....	....
Economía	**Política**
....	....
Sanidad	
....	

OBJETIVOS DE DESARROLLO SOSTENIBLE

1. FIN DE LA POBREZA
2. HAMBRE CERO
3. SALUD Y BIENESTAR
4. EDUCACIÓN DE CALIDAD
5. IGUALDAD DE GÉNERO
6. AGUA LIMPIA Y SANEAMIENTO
7. ENERGÍA ASEQUIBLE Y NO CONTAMINANTE
8. TRABAJO DECENTE Y CRECIMIENTO ECONÓMICO
9. INDUSTRIA, INNOVACIÓN E INFRAESTRUCTURA
10. REDUCCIÓN DE LAS DESIGUALDADES
11. CIUDADES Y COMUNIDADES SOSTENIBLES
12. PRODUCCIÓN Y CONSUMO RESPONSABLES
13. ACCIÓN POR EL CLIMA
14. VIDA SUBMARINA
15. VIDA DE ECOSISTEMAS TERRESTRES
16. PAZ, JUSTICIA E INSTITUCIONES SÓLIDAS
17. ALIANZAS PARA LOGRAR LOS OBJETIVOS

C. Contrastamos nuestras respuestas a A y B.

D. En grupos, comparamos qué objetivos nos parecen prioritarios.

— *Yo diría que el tema de la educación es fundamental...*

Estoy de acuerdo contigo...
Yo también creo que...
Yo pienso lo mismo que tú.

Sí, puede ser. Sin embargo, ...
Bueno, en parte sí, pero...
Te entiendo, aunque...

E. ¿Cuál podría ser el objetivo número 18? Lo discutimos en grupos y luego lo ponemos en común.

ACTIVIDAD COMPLEMENTARIA en campus.difusion.com

3. VÍDEO

🏠 **PREPÁRATE**

A. ¿Hay muchas noticias sobre África en los medios de tu país? ¿Suelen ser de algún tipo en particular? Escríbelo.

B. Cuatro periodistas hablan sobre África. Mira el vídeo y responde a estas preguntas.
🎥 16

1. ¿Qué espacio e imagen tiene África en las noticias y en el periodismo español?
2. ¿Cómo se ha desarrollado el trabajo de los periodistas y corresponsales españoles?
3. ¿Cómo ha marcado la experiencia histórica española la relación actual con África?
4. ¿Cómo se define el futuro de África en los medios de comunicación e información?
5. ¿Qué otros comentarios de los periodistas te parecen interesantes?

C. Busca en un periódico español una noticia o artículo reciente sobre África, analízalo teniendo en cuenta lo comentado en el vídeo y llévalo a clase para discutirlo con otras personas.

D. Comparamos nuestras respuestas a A, B y C.

☕ **LA CAFETERÍA**

¿Existen vínculos históricos entre nuestro país y algún país africano?

ACTIVIDAD COMPLEMENTARIA en campus.difusion.com

DOCUMENTOS PARA DESCUBRIR

4. LA LENGUA COMO VÍNCULO

PREPÁRATE

A. ¿A qué hacen referencia estas palabras? Busca la información en el texto.

- *Cubaraui*
- *Hasanía*
- *Metrópoli*
- *Reivindicación*

B. Comparamos nuestras respuestas a A.

C. Leemos estos fragmentos de poemas y comentamos qué creemos que expresan.

> Un beso,
> solamente un beso,
> separa
> la boca de África
> de los labios de Europa.
> — LIMAM BOICHA

> No hay palabras
> que me alivien
> y solo soy fuerte
> si te lloro
> y solo existo
> si te pienso.
> — MOHAMED ALI ALI SALEM

> Se esconden los crímenes,
> se negocian los principios
> y se intenta sigilosamente matar
> una esperanza.
>
> Entonces,
> ¿qué es la carta magna del mundo?
> — BAHIA MAHMUD AWAH

— Yo diría que en el primer poema el autor quiere expresar...

ACTIVIDAD COMPLEMENTARIA
en campus.difusion.com

LA CAFETERÍA

¿Conocemos otros escritores que usen la literatura como forma de expresión política?

LETRAS SAHARAUIS
RESISTIR CON LA PALABRA

TEXTO MAPEADO en campus.difusion.com

En 2005 se fundó en Madrid la Generación de la Amistad Saharaui, un grupo de escritores y poetas con biografías comunes: nacieron en el Sahara Occidental cuando era colonia española, vivieron la experiencia del exilio a causa de la ocupación marroquí y, en la mayoría de los casos, estudiaron en Cuba gracias a las becas que les había otorgado el gobierno cubano (forman parte de los llamados *cubarauis*). Después de algunos años en la isla, volvieron a los campamentos de refugiados en Argelia para trabajar a favor de la independencia saharaui.

El regreso fue bastante difícil para la mayoría debido a las diferencias generacionales y culturales que se habían desarrollado con el tiempo y la distancia. Además, al principio tenían dificultades para comunicarse en hasanía, su lengua materna. Pero todo lo anterior no les impidió el reencuentro con su identidad saharaui ni trabajar intensamente a favor de la independencia con organismos internacionales de cooperación y a través de la Radio Nacional Saharaui.

En busca de nuevas perspectivas personales y profesionales, los miembros de este grupo llegaron a España, donde han mantenido la lucha a favor del Sahara Occidental y su gente. Estos autores han encontrado en la producción literaria, que realizan en español y hasanía, la mejor arma de resistencia política y reivindicación identitaria. Textos con los que también dan testimonio de una vida en el exilio.

> "La lengua española es el único legado que nos dejó la metrópoli, es una herramienta de identidad y resistencia, elegida de manera consciente por los saharauis", dice el poeta Bahia Awah.

Generación de la Amistad Saharaui

5. MEMORIA

PREPÁRATE

A. Investiga en internet sobre Guinea Ecuatorial.

- capital
- lenguas oficiales
- lenguas autóctonas
- principal recurso natural
- gobierno actual
- periodo colonial español
- año de independencia

B. Lee el texto y marca qué frases resumen el punto de vista del autor.

1. Los países africanos no pueden desarrollarse sin la ayuda de las potencias occidentales.
2. El desarrollo de la democracia ha fracasado por los intereses de las élites locales y las industrias occidentales.
3. Los países africanos son incapaces de gobernarse por sí mismos a causa del tribalismo intrínseco.
4. Los países africanos están avanzando en materia de democracia y desarrollo.

C. En parejas, comparamos nuestras respuestas a A y B.

— *Guinea Ecuatorial fue colonia española...*

D. Respondemos a estas preguntas.

- ¿Qué sucedió en 1885?
- ¿Y en 1960?
- ¿Cómo actuaron las élites locales tras la independencia?
- ¿Y las potencias occidentales?
- ¿Qué tienen en común colonialismo y neocolonialismo?
- ¿Cómo ha evolucionado el continente en los últimos 15 años?

E. Compartimos nuestras experiencias y conocimientos sobre el continente africano.

— *Bueno, yo estuve hace dos años en...*

ÁFRICA
MEDIO SIGLO DE FRUSTRACIÓN

[...] 1960 es considerado *el año de África*. Ese año culminaron las ilusiones de libertad de los pueblos africanos, sometidos a la dominación extranjera desde hacía 75 años, tras la Conferencia de Berlín de 1885, en la que las principales potencias europeas se repartieron caprichosamente el continente. [...] Como en todos los grandes males padecidos por África en los últimos 500 años —la esclavitud y el colonialismo—, a esta situación concurren causas internas y externas. Entre las primeras, la excesiva ambición y el egoísmo exacerbado de unas élites locales a las que no les preocupa el bienestar de sus compatriotas [...]. Para ellos, la principal herencia del colonialismo fue únicamente la brutalidad de aquel sistema: los gobernantes africanos, sucesores de los gobernadores europeos, copian únicamente sus defectos en lugar de combinar los aspectos positivos de los usos ancestrales con los rasgos positivos del encuentro con otras civilizaciones [...].

[...] Pero las ingentes riquezas africanas —mineras, forestales, agrícolas, piscícolas...— eran imprescindibles para las industrias europeas y estadounidenses. Baste recordar que el uranio de la República Democrática del Congo, Gabón y Níger fue y es indispensable para las potencias nucleares. De manera que, en plena Guerra Fría, Europa Occidental y Estados Unidos no podían permitir que África se independizara de verdad [...]. El neocolonialismo necesita de regímenes *fuertes* —es decir, autocráticos— y colocó en el poder a déspotas como Mobutu Sese Seko en la República Democrática del Congo —rebautizada Zaire bajo su mandato—, paradigma de una época en la que fueron más importantes las riquezas extraídas que los habitantes asesinados, los que morían a causa de la miseria o los que languidecían por la ausencia de toda libertad. [...] Al igual que el colonialismo, el neocolonialismo se basa en el determinismo racial, según el cual los africanos son eternos *menores de edad*, incapaces de gobernarse por sí mismos, de convivir en armonía, de organizarse en sociedad. Lo han expresado algunos políticos europeos sin temor a caer en lo políticamente incorrecto. De ahí la tendencia a interpretar los fenómenos africanos como consecuencias del "tribalismo", o desde el paternalismo que suscita la compasión ante los niños famélicos o los inmigrantes ahogados en las costas europeas [...].

Aun así, África evoluciona a un ritmo quizá demasiado lento para muchos. Pero si miramos hacia atrás, hace 15 años apenas se contaban con los dedos de una mano los países que respetaban los derechos de sus ciudadanos y estaban comprometidos a lograr mayores niveles de bienestar; entonces, las guerras asolaban las cuatro esquinas del continente y la inestabilidad era crónica. Hoy aumentan los países democráticos en los que la alternancia es real, y han cesado buena parte de los conflictos. Queda mucho por hacer, y no será fácil hacerlo, pero existe una conciencia generalizada de que la dictadura no es el estado *normal*, que la democracia y el desarrollo son posibles. Eso es importante de cara al futuro.

Donato Ndongo Bidyogo
El País – Tribuna: LA CUARTA PÁGINA (2010)

Donato Ndongo nació en Alén, Guinea Ecuatorial, en 1950. Estudió Historia y Periodismo en Barcelona. De 1985 a 1992 fue director del Centro Cultural Hispano-Guineano en Malabo. En 1994 volvió a España, exiliado por causas políticas. Su *Antología de la literatura guineana* (1984) y su novela *Las tinieblas de tu memoria negra* (1987) son obras clave de la literatura ecuatoguineana en español.

SISTEMA FORMAL

6. APRENDER A CONTAR

GRAMÁTICA

🏠 PREPÁRATE

A. Observa el texto que un estudiante americano ha utilizado para entender el uso del indefinido y del imperfecto en un relato. ¿Te ayuda a entenderlo mejor? ¿Sería interesante para ti hacerlo en tu lengua o en otra que conozcas bien?

⚙ ESTRATEGIAS

Algunos mecanismos lingüísticos del español pueden no existir en tu lengua. Intenta encontrarles alguna explicación o equivalencia que te ayude a entenderlos, por ejemplo comparándolos con mecanismos que conozcas en otras lenguas...

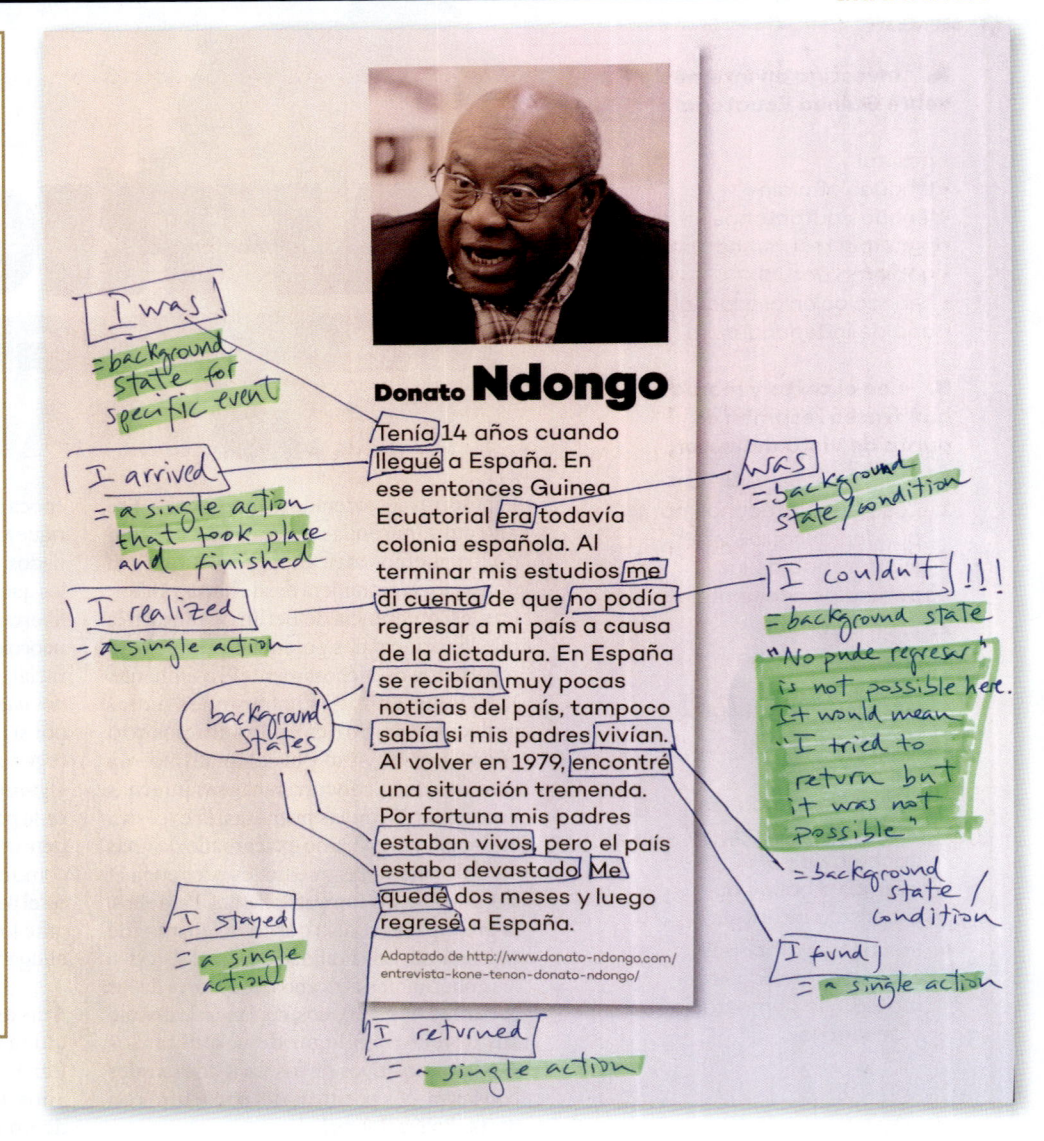

Donato Ndongo

Tenía 14 años cuando llegué a España. En ese entonces Guinea Ecuatorial era todavía colonia española. Al terminar mis estudios me di cuenta de que no podía regresar a mi país a causa de la dictadura. En España se recibían muy pocas noticias del país, tampoco sabía si mis padres vivían. Al volver en 1979, encontré una situación tremenda. Por fortuna mis padres estaban vivos, pero el país estaba devastado. Me quedé dos meses y luego regresé a España.

Adaptado de http://www.donato-ndongo.com/entrevista-kone-tenon-donato-ndongo/

Annotations:
- **I was** = background state for specific event
- **I arrived** = a single action that took place and finished
- **I realized** = a single action
- **was** = background state/condition
- **I couldn't !!!** = background state. "No pude regresar" is not possible here. It would mean "I tried to return but it was not possible."
- background states
- = background state/condition
- **I found** = a single action
- **I stayed** = a single action
- **I returned** = a single action

B. En parejas, relacionamos los ejemplos con las explicaciones correspondientes.

1. **Salió** de su país porque **había** una guerra.
2. **Salió** de su país porque **hubo** una guerra.
3. Cuando **llegué** a España, **conocí** a otros refugiados.
4. Cuando **estaba llegando** a España, **conocí** a otros refugiados.
5. En aquella época, **fui** varias veces al año a mi país, pero nunca **me quedé**.
6. En aquella época, **iba** varias veces al año a mi país, pero nunca **me quedé**.

a. La salida del país se produjo durante la guerra.
b. La salida del país y la guerra son dos hechos que empiezan y acaban. No sabemos si esa persona salió durante la guerra o después.
c. Esa persona primero llegó a España y después conoció a otros refugiados.
d. Esa persona conoció a otros refugiados antes de "completar" su llegada a España.
e. Esa persona cuenta varias cosas que hizo en una época.
f. Esa persona describe acciones que se repetían regularmente.

C. ¿En nuestra lengua existen recursos para expresar lo que en español se expresa en pretérito imperfecto?

D. Individualmente, escribimos dos continuaciones para cada una de estas frases: una usando el imperfecto y otra, el indefinido. Luego comentamos los cambios de significado.

- Cuando tenía 15 años...
- Cuando era niño/-a...
- Cuando nací...

ACTIVIDAD COMPLEMENTARIA en campus.difusion.com

UNIDAD 15

7. ¿ANTES O DESPUÉS?

GRAMÁTICA

PREPÁRATE

A. Lee las frases y marca si los verbos en negrita se refieren a una acción anterior o posterior a la del verbo subrayado.

	acción anterior	acción posterior
Nos fuimos a estudiar a Cuba gracias a los acuerdos de cooperación que la isla **había firmado** con la República Árabe Saharaui Democrática.	☐	☐
Cuando volvimos a los campamentos de refugiados, **empezamos** a trabajar con organizaciones no gubernamentales.	☐	☐
A causa del choque cultural que tuvimos, nos dimos cuenta de que en Cuba **habíamos adoptado** muchos rasgos de la cultura caribeña.	☐	☐
Al llegar a España, **encontramos** mucha gente interesada en la situación e **hicimos** muchos buenos amigos.	☐	☐
Muchos de los jóvenes intelectuales que fundaron el movimiento independentista **habían estudiado** en España.	☐	☐

> **ATENCIÓN**
> Al llegar a España = Cuando llegamos a España

B. Consulta el apartado del pretérito pluscuamperfecto en Recursos lingüísticos.

C. Comparamos nuestras respuestas.

D. En parejas, completamos esta reseña de la fundación Médicos sin Fronteras con los verbos en pretérito imperfecto, pluscuamperfecto o indefinido.

- contar
- creer
- fundar
- decidir
- reunirse
- sentirse
- ser
- deber
- ver
- vivir

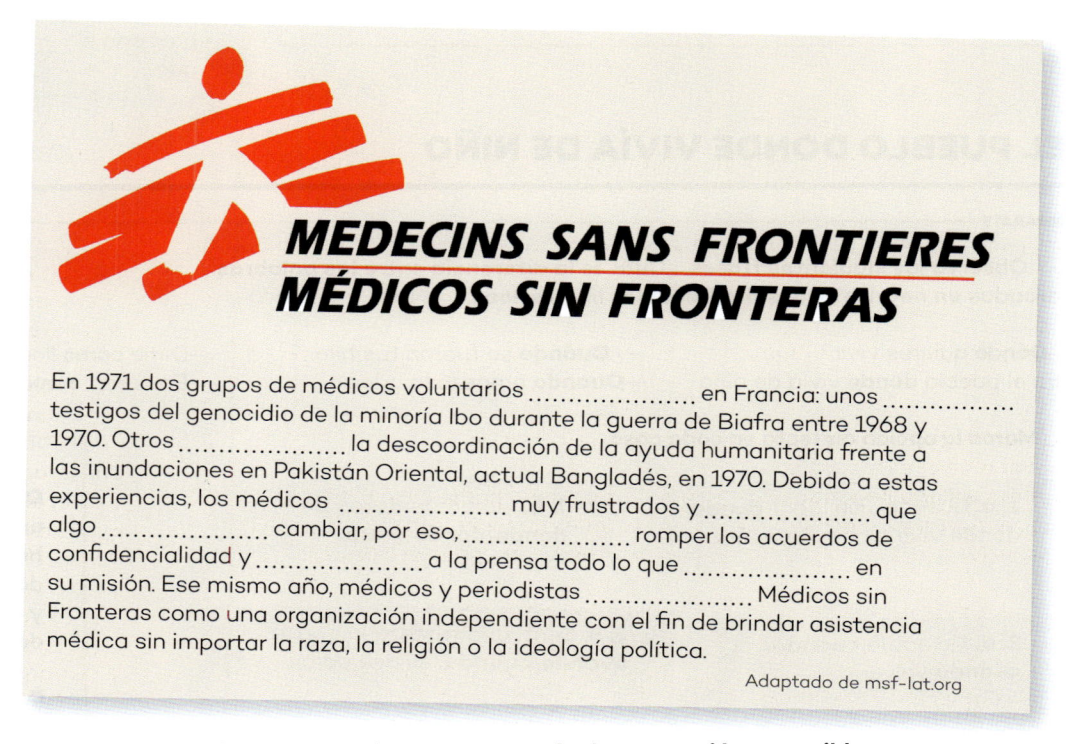

MEDECINS SANS FRONTIERES
MÉDICOS SIN FRONTERAS

En 1971 dos grupos de médicos voluntarios .... en Francia: unos .... testigos del genocidio de la minoría Ibo durante la guerra de Biafra entre 1968 y 1970. Otros .... la descoordinación de la ayuda humanitaria frente a las inundaciones en Pakistán Oriental, actual Bangladés, en 1970. Debido a estas experiencias, los médicos .... muy frustrados y .... que algo .... cambiar, por eso, ... romper los acuerdos de confidencialidad y .... a la prensa todo lo que .... en su misión. Ese mismo año, médicos y periodistas .... Médicos sin Fronteras como una organización independiente con el fin de brindar asistencia médica sin importar la raza, la religión o la ideología política.

Adaptado de msf-lat.org

E. Contrastamos nuestras versiones del texto. En algunos casos más de una opción es posible. Discutimos los cambios de significado que se producen.

ACTIVIDAD COMPLEMENTARIA en campus.difusion.com

SISTEMA FORMAL

8. ES ALGO RELATIVO

GRAMÁTICA

PREPÁRATE

A. Fíjate en los dos ejemplos de la tabla y conecta las frases que aparecen debajo.

Hoy aumentan los países democráticos. En esos países la alternancia es real.	> Hoy aumentan **los países democráticos en los que** la alternancia es real.
Estos creadores escriben poesías en español. Con estas poesías dan testimonio de una vida en el exilio.	> Estos creadores escriben **poesías en español con las que** dan testimonio de una vida en el exilio.

1.
a. Después de la independencia surgieron élites locales.
b. A esas élites no les interesaba implementar una democracia real.
> ....
....

2.
a. El colonialismo es un sistema de dominación política.
b. Para ese sistema la extracción de riquezas es más importante que el desarrollo de la población local.
> ....
....

3.
a. Algunos países firmaron diferentes acuerdos.
b. Con esos acuerdos pusieron fin a los conflictos bélicos.
> ....
....

B. Comparamos nuestras respuestas.

C. Completamos estas preguntas de un concurso con la partícula relativa correspondiente.

| al que | a la que |
| en el que | con el que (x 2) |

1. Término .... se conoce a los judíos que vivieron en España hasta 1492 y a sus descendientes.
2. País norteamericano .... se exiliaron muchos españoles después de la Guerra Civil.
3. Bloque político .... Cuba se alineó después de la Revolución cubana.
4. Año .... España entró en la actual Unión Europea.
5. Alianza regional .... pertenecen Argentina, Brasil, Paraguay y Uruguay.

D. En parejas, buscamos las respuestas correctas a las preguntas anteriores y las ponemos en común con la clase.

E. Creamos otras preguntas.

- país del que...
- país al que...
- país con el que...
- año en el que...
- escritor/a al / a la que...

9. EL PUEBLO DONDE VIVÍA DE NIÑO

GRAMÁTICA

PREPÁRATE

A. Observa las siguientes frases. ¿Cuál es la diferencia entre las palabras marcadas en negrita? Consulta Recursos lingüísticos.

—¿**Dónde** quieres vivir?
—En el pueblo **donde** vivía de niño.

—¿**Cuándo** se fueron tus hijos?
—**Cuando** empezó la guerra.

—Dime **cómo** llegaste hasta aquí.
—En barco, **como** todo el mundo.

B. Marca la opción correcta en cada caso.

1. a. Buscaba un lugar **donde/dónde** vivir tranquilamente.

1. b. Me preguntaron de **donde/dónde** venía.

2. a. No sabía **cuando/cuándo** volvería.

2. b. Sentí una tristeza inmensa **cuando/cuándo** les dije adiós.

3. a. Nadie me preguntó **como/cómo** me llamaba.

3. b. Como/cómo me llamo John, mucha gente piensa que no soy español.

C. En parejas, creamos un relato breve usando algunas de las frases de B y agregando más detalles.

D. Ponemos en común nuestros relatos.

UNIDAD 15

10. AGRUPA Y DEFINE
LÉXICO

🏠 PREPÁRATE

A. Forma grupos de tres palabras relacionándolas. Justifica tus agrupaciones.

- (una) guerra
- (un) tratado
- (un) conflicto
- (un) muro
- (una) caída
- (una) frontera
- (un) refugiado
- (un) exilio
- (un) campamento
- (una) deportación
- (un) desplazamiento
- (un) derecho
- (una) reivindicación
- (una) protesta
- (la) intolerancia
- (la) discriminación
- (el) racismo
- (la) desigualdad
- (la) pobreza
- (la) explotación

> guerra, tratado, conflicto…
>
> Un conflicto entre países puede provocar una guerra. Para poner fin a una guerra se firman tratados.

B. En parejas, por turnos, definimos una de las palabras anteriores. La otra persona tiene que decir de cuál se trata.

—Es un documento que firman dos o más países.
—Un tratado.

11. HISTORIA ENTRE PAÍSES
LÉXICO

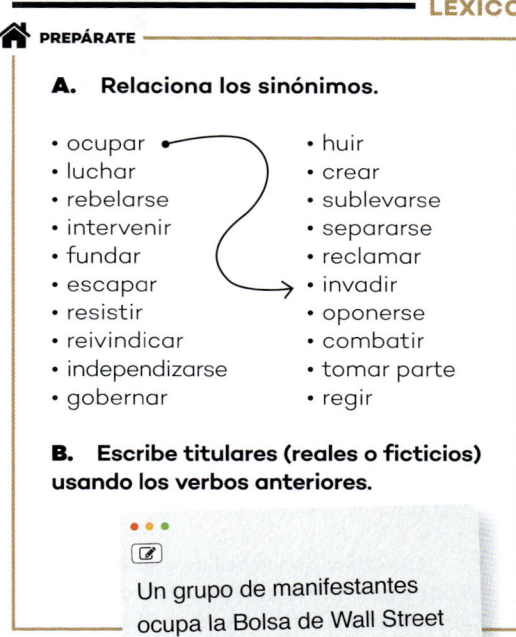

🏠 PREPÁRATE

A. Relaciona los sinónimos.

- ocupar
- luchar
- rebelarse
- intervenir
- fundar
- escapar
- resistir
- reivindicar
- independizarse
- gobernar
- huir
- crear
- sublevarse
- separarse
- reclamar
- invadir
- oponerse
- combatir
- tomar parte
- regir

B. Escribe titulares (reales o ficticios) usando los verbos anteriores.

> Un grupo de manifestantes ocupa la Bolsa de Wall Street

C. Compartimos nuestras respuestas a A y B.

12. PERIODISMO Y NOTICIAS
CARACTERÍSTICAS DEL TEXTO

🏠 PREPÁRATE

A. Lee la definición de estos seis tipos de argumento. Después, lee los textos de la derecha y decide a qué tipo de argumento corresponde cada uno.

TIPOS DE ARGUMENTO

1. **Racional**
   Se basa en la lógica y en la experiencia.
2. **De causa-efecto**
   El argumento se presenta como una causa.
3. **Ejemplificación**
   Ilustra con ejemplos específicos.
4. **De autoridad**
   Se basa en una persona, institución o fuente fiable.
5. **Ad hominem**
   Consiste en afirmar que algo es falso usando como argumento quién lo dice.
6. **Analogía**
   Compara dos realidades.

☐ No podemos dar ningún crédito a las palabras del ministro sobre la lucha contra la corrupción cuando él mismo y su entorno están siendo investigados.

☐ Si muchas escuelas están aplicando exitosos programas de concienciación contra el acoso y se han reducido los casos violencia, del mismo modo, en las universidades, se podrían pilotar programas similares.

☐ Es evidente que la educación ofrece más oportunidades a las personas en un mercado laboral competitivo. Un trabajador con buena formación y destrezas variadas es preferido por las empresas.

☐ La xenofobia y el racismo aparecen a lo largo de la historia en momentos de grandes crisis económicas y conflictos. En esas situaciones, algunas sociedades culpan a los extranjeros o a los grupos minoritarios de sus males, como sucedió tras la guerra de Secesión en Estados Unidos con el Ku Klux Klan.

☐ La censura durante el franquismo impedía tratar temas críticos. Por eso, el cine de la época tenía que buscar necesariamente estrategias subterráneas para hablar de temas tabú.

☐ Como dijo el delegado especial de la ONU sobre Racismo, Discriminación Racial y Xenofobia, es "terrible" la situación de los pueblos originarios en algunas regiones, que requieren de "atención inmediata".

B. En parejas, contrastamos nuestras respuestas.

C. Aportamos distintos tipos de argumentos que apoyen esta tesis: **África es un continente olvidado.**

SISTEMA FORMAL

13. CRONOLOGÍA DE UN DESHIELO

CARACTERÍSTICAS DEL TEXTO

PREPÁRATE

A. Relaciona las columnas para formar frases.

1. **17 de diciembre del 2014** – Raúl Castro y Barack Obama anuncian el inicio
2. **16 de enero del 2015** – EE. UU. flexibiliza las restricciones
3. **20-24 de enero del 2015** – La secretaria de Estado adjunta para América Latina, Roberta Jacobson, viaja a La Habana
4. **11 de abril del 2015** – Barack Obama y Raúl Castro se reúnen en la Cumbre de las Américas en Panamá
5. **29 de mayo del 2015** – El Departamento de Estado retira a Cuba
6. **1 de julio del 2015** – EE. UU. y Cuba anuncian la apertura

a. de embajadas el 20 de julio.
b. de la normalización de relaciones entre EE.UU. y Cuba.
c. de su lista de Estados patrocinadores de terrorismo.
d. es el primer encuentro oficial entre un presidente estadounidense y uno cubano en más de medio siglo.
e. para el comercio y los viajes a Cuba, aunque sigue prohibido el turismo.
f. para iniciar la primera ronda de conversaciones entre EE. UU. y Cuba.

B. ¿Qué tiempo verbal se usa en las frases anteriores? ¿Sabes por qué están escritas de esta manera? Comprueba tus hipótesis en Recursos lingüísticos.

C. Investiga en internet cómo ha evolucionado la relación entre Cuba y Estados Unidos después de 2015 y completa la cronología con otros momentos clave.

> 20 de julio de 2015.
> Las secciones de intereses en Washington y La Habana empiezan a funcionar como embajadas.

Cronología del restablecimiento de relaciones diplomáticas EEUU-Cuba

La reapertura de embajadas es fruto de más de seis meses de negociaciones y acuerdos

D. Comparamos nuestras respuestas a A, B y C.

E. En parejas, pensamos en eventos de la política internacional reciente y escribimos una cronología con los hechos más relevantes.

F. Hacemos una presentación ante la clase.

ACTIVIDAD COMPLEMENTARIA en campus.difusion.com

UNIDAD 15

14. RECURSOS PARA UN REGISTRO FORMAL

CARACTERÍSTICAS DEL TEXTO

PREPÁRATE

A. Observa estos ejemplos y las diferencias entre ambas versiones. ¿En tu lengua también son comunes este tipo de transformaciones?

- El monumento recuerda que los nativos <u>se rebelaron</u> y <u>se levantaron</u> en armas en contra de <u>los extranjeros que habían ocupado</u> su territorio.
- El monumento recuerda **la rebelión** y **el levantamiento armado** de los nativos en contra de la **ocupación extranjera**.
- Es una organización que lucha para que la prensa sea <u>independiente</u> y <u>objetiva</u>.
- Es una organización que lucha por **la independencia** y **la objetividad** de la prensa.

El Ángel o Monumento a la Independencia (Ciudad de México, México) →

B. Completa la tabla con los verbos, sustantivos y adjetivos correspondientes.

verbo	sustantivo	adjetivo	sustantivo
	el ataque	libre	....
acordar	....	....	la igualdad
	la dominación	independiente	....
proteger	....	....	la objetividad
	la rebelión	indiferente	....
levantarse	....	escaso	....
ocupar	....	....	la rapidez
	la cooperación	....	la indignación
luchar	....	separatista	....
	la intervención	....	el combate
fundar	....	oponente	....
	la resistencia		
huir	....		
	el gobierno		
sublevarse	....		
	la invasión		

C. Transforma las siguientes frases aplicando mecanismos como los de A.

1. Una democracia real se caracteriza por tener medios de comunicación independientes y objetivos.
2. Los voluntarios denunciaron que se había atacado a la población civil y expresaron que estaban muy indignados porque la comunidad internacional se ha mostrado indiferente.
3. La ONU confirmó hoy que todos los países miembros habían acordado cooperar para proteger a los refugiados.
4. El comisionado para la paz subrayó que es muy importante defender la idea de que todos los seres humanos son iguales y tienen derecho a ser libres.

D. Contrastamos nuestras respuestas a A, B y C.

E. Escribimos tres frases con los sustantivos de la tabla de B (u otros). Las intercambiamos y reformulamos las que nos han tocado sin usar los sustantivos.

La dominación extranjera del país y la posterior intervención de las tropas de la ONU no encontraron resistencia.
> Los extranjeros dominaron el país y luego las tropas de la ONU intervinieron, pero eso no encontró resistencia.

ATENCIÓN

Cuando usamos la nominalización, tenemos que adaptar preposiciones, conectores, etc.

TAREAS

15. *QUIZ* DE HISTORIA

A. Nos organizamos por grupos. Cada grupo elige un periodo histórico o un siglo y hace una lluvia de ideas de los acontecimientos más destacados en ese momento en nuestro país.

B. Vamos a investigar para corroborar nuestras ideas y seleccionar datos relacionados con personas, lugares y momentos relevantes. Después vamos a formular diez preguntas (lugar en el que, nombre con el que, ciudad a la que, etc.) con tres opciones de respuesta cada una.

C. Hacemos el cuestionario a diferentes personas de la clase y analizamos los resultados en nuestro grupo para seleccionar las preguntas con más y con menos aciertos.

D. Escogemos preguntas de cada grupo para diseñar dos cuestionarios que publicaremos en internet o que distribuiremos en nuestro centro de lenguas: el cuestionario "fácil" y el cuestionario "imposible".

16. HACIA LOS OBJETIVOS

A. Hacemos una lluvia de ideas sobre la manera en que cada objetivo del milenio de la ONU se ha desarrollado desde inicios del siglo XX hasta ahora.

B. Por grupos, vamos a investigar para comprobar las ideas que hayan surgido y recolectar otros datos interesantes e imágenes.

C. Hacemos una línea de tiempo con los datos que hemos seleccionado (usando el presente histórico) y las imágenes.

D. Presentamos nuestra línea de tiempo al resto de la clase y la preparamos para publicar en alguna red social o en nuestro centro de lenguas.

1 ERRADICACIÓN DE LA POBREZA

Primera mital del siglo XX. Las constituciones de algunos países recogen ya derechos sociales y económicos.

RECURSOS LINGÜÍSTICOS

GRAMÁTICA

PRETÉRITO PLUSCUAMPERFECTO

	pretérito imperfecto del verbo HABER	+ participio
yo	había	
tú, vos	habías	
él, ella, usted	había	viaj**ado**
nosotros/-as	habíamos	comet**ido**
vosotros/-as	habíais	sal**ido**
ellos, ellas, ustedes	habían	

Usamos el pretérito pluscuamperfecto para situar una acción terminada en un momento anterior a otra acción en el pasado.
Cuando llegó a casa, su hermano ya se había ido.
     (17 h)   (16:30 h)

NARRAR ACONTECIMIENTOS PASADOS
En un relato complejo solemos combinar diferentes tiempos del pasado que cumplen funciones diferentes.

indefinido	imperfecto	pluscuamperfecto
Presentar y enumerar acciones terminadas	Describir situaciones como no terminadas o acciones en desarrollo	Presentar acciones anteriores terminadas
Hacer avanzar la historia con acciones	Presentar circunstancias que enmarcan las acciones	

*Cuando **llegué**, mi hermano **estaba** en su habitación, pero mi madre ya **se había ido**.*

***Decidió** emigrar ese día porque no **veía** más esperanzas, en su país **había** guerra y él **había perdido** su trabajo. **Volvió** a casa, **empezó** a empacar sus cosas...*

PRESENTE HISTÓRICO
Se trata del uso del presente de indicativo para presentar hechos pasados. Es común en el ámbito académico y de la información: cronologías, textos enciclopédicos, crónicas periodísticas, etc.
*El escritor cubano Leonardo Padura **nace** en La Habana en 1955.*
*3 de enero de 1961: EE. UU. y Cuba **rompen** relaciones.*

ORACIONES DE RELATIVO
▶ **Oraciones de relativo con** que
Que puede referirse a cosas o a personas y desempeñar diversas funciones en la frase relativa.
*Buscamos una persona **que** hable chino.*
*Estos son los libros **que** hemos pedido.*
*Este es el ordenador **con el que** trabajamos aquí.*
*Esa es la empresa **para la que** trabajé en verano.*

🔔 Cuando las frases relativas llevan preposición, el artículo (**el/la/lo/los/las**), que va situado entre la preposición y **que**, concuerda en género y en número con el antecedente.

UNIDAD 15

▶ **Oraciones de relativo con** quien
Quien solamente puede referirse a personas.
Equivale a **el/la/los/las que**.
Este es el profesor a quien debes preguntar.

Quien y **el que** pueden aparecer sin antecedente, como sujeto de frases de sentido generalizador.
Quien tenga alguna duda, que pregunte.
El que no llegue a tiempo, no podrá entrar.

▶ **Oraciones de relativo con** donde
Se refiere a lugares.
Este es el colegio donde estudié. (= es el colegio en el que estudié)
Este es el agujero por donde entraron los gatos. (= el lugar por el que entraron los gatos)

COMO/CÓMO, CUANDO/CUÁNDO Y DONDE/DÓNDE
Cómo, **cuándo** y **dónde** se escriben con tilde cuando tienen valor interrogativo tanto en frases interrogativas directas como indirectas.
¿Cómo salieron del país los refugiados?
Nadie sabe cómo salieron del país los refugiados.

¿Cuándo fue la guerra de las Malvinas?
Tengo que buscar cuándo fue la guerra de las Malvinas.

¿Dónde se produjo el encuentro entre los presidentes?
Los medios no consiguieron averiguar dónde se iba a producir el encuentro entre los presidentes.

En el resto de los casos **como**, **cuando** y **donde** no llevan tilde.
Los refugiados salieron del país como pudieron.
En la Primera Guerra Mundial no hubo tantas víctimas como en la segunda.

Cuando cayó el muro de Berlín yo estaba en Praga.
Muchas personas huyeron cuando el ejército salió a la calle.

Ebebiyín es la ciudad donde nació María Nsue Angüe.
Esa es la puerta por donde entraron los militares.

LÉXICO

HISTORIA Y POLÍTICA

acabar > con el hambre > con la pobreza > con las guerras

firmar > un acuerdo > un tratado > un convenio

garantizar > la libertad > la democracia

la falta > de libertad > de recursos > de democracia

la igualdad > de derechos > de género > de condiciones

una institución > democrática > sólida > corrupta

la discriminación > racial > étnica > social

un conflicto > ideológico > religioso > étnico

ocupar > un territorio

CARACTERÍSTICAS DEL TEXTO

RIQUEZA LÉXICA: NOMINALIZACIÓN

La riqueza léxica, la ausencia de repeticiones innecesarias y la condensación de información suelen ser características de los textos académicos, burocráticos y periodísticos. Uno de los recursos que permite dotar a un texto de esas características es el uso de sustantivos (en algunos casos verbos o adjetivos nominalizados).

verbo	sufijo	sustantivo
explotar, proteger, revisar	-ción, -cción, -sión*	la explota**ción**, la prote**cción**, la revi**sión**
legar, llegar, estallar, salir	-ado/-ada/-ido/-ida	el leg**ado**, la lleg**ada**, el estall**ido**, la sal**ida**
levantarse, descubrir	-miento	el levanta**miento**, el descubri**miento**
resistir, existir, alternar	-encia/-ancia*	la resist**encia**, la exist**encia**, la altern**ancia**
aumentar, desarrollar, exiliarse	-o	el aument**o**, el desarroll**o**, el exili**o**
matar, esperar,	-anza*	la mat**anza**, la esper**anza**
luchar, firmar, reformar	-a*	la luch**a**, la firm**a**, la reform**a**
romper, leer, abrir	-ura*	la rupt**ura**, la lect**ura**, la apert**ura**

Este mecanismo permite "ocultar" a los agentes implicados en las acciones.
*La policía **buscó** al asesino sin descanso.*
> ***Búsqueda** sin descanso del asesino* (titular)

adjetivo	sufijo	sustantivo
rico, escaso	-ez/-eza	la escas**ez**, la riqu**eza**
loco, culto	-ura*	la loc**ura**, la cult**ura**
popular, objetivo	-idad*	la popular**idad**, la objetiv**idad**

🔔 Los sustantivos con las terminaciones marcadas con un asterisco (*) son siempre femeninos.

16

REDES

CULTURA
- Presencia positiva o negativa de internet en la vida de las personas
- Nuevas figuras de la era de internet
- Conocer los riesgos de publicar contenidos en internet

COMUNICACIÓN
- Transmitir palabras de otros
- Entender textos de disculpa

GRAMÁTICA
- Cambios de tiempos verbales en el discurso referido
- Oraciones adverbiales con indicativo/subjuntivo
- Combinación de infinitivo y pronombres

LÉXICO
- Internet
- Nuevas formas de trabajo
- Anglicismos

CARACTERÍSTICAS DEL TEXTO
- Precisión y riqueza léxicas: alternativas al verbo **decir**

DOCUMENTOS PARA EMPEZAR

1. ¿ERES ADICTO A LA RED?

PREPÁRATE

A. ¿Cuánto tiempo pasas al día en la red? ¿Dirías que eres un adicto a la comunicación *online*?

B. Observa las viñetas y responde por escrito a las siguientes preguntas.

- ¿Qué tienen en común?
- ¿Te parecen exageradas o realistas?
- ¿Cuál es la que más te gusta y por qué?

Viñeta 1: "Hijo, me gustaría pasar más tiempo contigo. ¿Me aceptas como amigo en Facebook y te sigo en Twitter?"

Viñeta 2: "¿Que qué hice hoy en el colegio? ¡Pffff! ¡Sígueme en Twitter!"

Viñeta 3: RESULTA QUE LAS REDES SOCIALES NO ERAN LA REALIDAD. ¿Qué decepción?

C. Busca en internet (en español o en otra lengua) una viñeta sobre la comunicación en la era digital o el uso de internet, imprímela y llévala a clase.

D. En pequeños grupos, compartimos nuestras respuestas a A y B, y anotamos las ideas que nos parezcan más interesantes.

E. Creamos un póster con las viñetas que hemos traído (las traducimos al español si es necesario) y las ideas que hemos anotado. ¿Qué título le ponemos?

F. Presentamos el cartel al resto de la clase.

UNIDAD 16

2. CITAS

PREPÁRATE

A. ¿Qué ventajas e inconvenientes tiene la comunicación digital y en qué ámbitos (profesional, educativo o privado) nos afectan? Toma notas y llévalas a clase.

Ventajas
Puedes informarte de oportunidades profesionales de cualquier lugar del mundo, tienes la posibilidad de…

Inconvenientes
Hay mucha gente que no descansa, que está todo el día conectada a las redes sociales, jugando con aplicaciones, navegando en internet…

B. Lee estas citas del sociólogo y filósofo polaco Zygmunt Bauman (1925-2017). ¿Estás de acuerdo? ¿Crees que sus razones para estar en contra de las redes sociales tienen relación con tus respuestas a A?

"Estamos solos porque estamos constantemente comunicados"
Entrevista en lasexta.com

"Las redes sociales son una trampa".

"Todo es más fácil en la vida virtual, pero hemos perdido el arte de las relaciones sociales y la amistad".

"Las pandillas de amigos o las comunidades de vecinos no te aceptan porque sí, pero ser miembro de un grupo en Facebook es facilísimo. Puedes tener más de 500 contactos sin moverte de casa, le das a un botón y ya".
elpais.com

C. Comparamos nuestras respuestas a A. Ponemos ejemplos concretos.

— La gente que está siempre conectada puede tener problemas de salud como, por ejemplo, no dormir bien o hacer poco ejercicio. Eso es un problema de la vida privada, ¿no?
— Bueno, también puede ser un problema en el trabajo si no te concentras.
— Sí, pero también una ventaja porque estás muy bien informado.

D. ¿Apoyan nuestras respuestas la opinión de Bauman?

E. Después de nuestro análisis, ¿mantenemos nuestra respuesta a B?

LA CAFETERÍA

¿Conocemos algún caso de experiencias negativas en las redes sociales?

ACTIVIDAD COMPLEMENTARIA en campus.difusion.com

3. VÍDEO

PREPÁRATE

A. Busca tu nombre en internet: ¿qué información o imágenes encuentras? ¿Hay algo que te sorprenda?

B. ¿Sabes qué es la huella digital? Infórmate con el vídeo.
17

C. Propón ejemplos concretos para lo que dice el vídeo sobre los diferentes tipos de huella y su importancia. Hazlo para una persona y para una empresa.

La huella digital activa de una persona son, por ejemplo, las fotos que sube a…

D. Si queremos, compartimos los resultados de A.

E. Ponemos en común nuestros ejemplos de C.

DOCUMENTOS PARA DESCUBRIR

4. ¿NUEVAS FIGURAS?

PREPÁRATE

A. Responde a las siguientes preguntas y házselas también a personas de tu entorno.

- ¿A qué personas consideras influyentes en la sociedad actual?
- ¿Por qué crees que algunas personas consiguen influir tanto en otras: por la posición social, por el carácter, por el dinero, por el físico...?
- ¿Sabes qué es un *influencer*?

> También se habla mucho de los *youtubers* y de...

B. Fíjate en las figuras que menciona el texto. ¿Conoces otras relacionadas con el mundo de internet?

C. Busca ejemplos de personas para cada categoría. Analiza si reúnen las características que menciona el texto.

D. Ponemos en común nuestras respuestas a A y las de las personas que hemos entrevistado.

E. Contrastamos nuestras respuestas a B y C.

ACTIVIDAD COMPLEMENTARIA
en campus.difusion.com

LA CAFETERÍA

> Estas "nuevas figuras", ¿son realmente nuevas? ¿Nunca habían existido los *influencers*?

INFLUENCERS Y OTRAS ESPECIES DIGITALES

TEXTO MAPEADO en campus.difusion.com

Internet ha puesto en marcha una revolución en la manera de consumir contenidos. Sobre todo entre los más jóvenes, que disfrutan de sus contenidos favoritos cuando y donde quieren y con el dispositivo que tengan a mano (principalmente, el móvil o la tableta).

En esta revolución, han aparecido nuevas figuras y, entre ellas, la que parece ser la profesión más deseada: *influencer*. El éxito de estos "influidores" tiene que ver con su importancia en el mundo de la publicidad: lo que dicen (y lo que no dicen) genera más confianza en los consumidores que otros medios de promoción tradicionales.

Pero el *influencer* no está solo. En la era digital surgen nuevas figuras y las empresas saben aprovecharlo. Estas son las claves para entender qué es cada una.

1. Influencers
Tener muchos seguidores en las redes sociales no significa que uno sea *influencer*, pero un verdadero *influencer* tiene siempre unas cifras de seguidores considerables. Estas estrellas mediáticas consiguen, además, que sus seguidores participen y comenten (generando así mayor "ruido" sobre un tema o un producto).

Los *influencers* trabajan en diferentes plataformas y, para que realicen una acción, es necesario negociar con ellos o con sus representantes. Un *influencer* con millones de seguidores puede cobrar más de 100 000 € por una acción en YouTube y más de 70 000 € por un *post* en Facebook o una publicación en Instagram o Snapchat.

El *influencer* escribe o publica sobre marcas, pero también protege su marca personal y sabe que las redes sociales son la base de su negocio.

2. Brand ambassadors o embajadores de una marca
A diferencia de los *influencers*, los embajadores de marca tienen un contrato con una empresa. Mientras que los primeros participan en campañas a corto plazo, los embajadores son portavoces de la marca durante más tiempo y suelen convertirse en orgullosos expertos de una marca o producto. Y, por supuesto, lo demuestran a través de todos los canales posibles.

3. Bloggers
En muchas ocasiones, los *bloggers* son considerados *influencers*, pero esto depende de su nivel de compromiso con la marca. La mayoría empieza escribiendo sobre sus pasiones y eso les da influencia en determinados ámbitos.

4. Brand advocates
Los *brand advocates* son fieles defensores de una marca (muchas veces auténticos fanáticos) y la defienden y promocionan en las redes sociales.

5. Fans
Normalmente, un fan es un cliente fiel que recomienda una marca en las redes sociales. Estos aficionados no reciben ningún tipo de compensación y tienen cierta influencia entre sus contactos, pero no a gran escala.

UNIDAD 16

5. ADOLESCENTES, INTERNET Y DEPORTE

🏠 **PREPÁRATE**

A. ¿Cuánto tiempo a la semana dedicas a hacer deporte? ¿Cuánto a actividades de ocio sedentarias? ¿Cuánto tiempo pasas *online*?

B. Lee el texto y resume las principales conclusiones del estudio del que habla.

C. Contrastamos nuestras respuestas a A y hacemos una estadística de la clase. ¿Somos una clase deportista? ¿Dedicamos demasiado tiempo al ocio sedentario?

D. Proponemos tres medidas para fomentar el deporte en nuestra universidad.

E. ¿Utilizamos alguna *app* para hacer ejercicio? ¿Queremos compartirlo con la clase?

ACTIVIDAD COMPLEMENTARIA
en campus.difusion.com

USO PROBLEMÁTICO DE INTERNET Y ADOLESCENTES: EL DEPORTE SÍ IMPORTA

Este es el título de un estudio realizado por profesores de las Universidades de Santiago de Compostela y Vigo que analiza la relación entre la actividad deportiva de los adolescentes y sus hábitos como usuarios de internet, más concretamente, el llamado "uso problemático de internet", asociado a problemas como adicciones, depresiones, estilo de vida sedentario, etc.

En el estudio participaron 509 estudiantes de entre 10 y 17 años, que respondieron a preguntas sobre sus hábitos de internet, sus prácticas deportivas y otras cuestiones para determinar si tenían riesgo de hacer un uso de internet problemático. Los estudiantes tenían que decir si tenían teléfono móvil, si usaban WhatsApp y redes sociales, si en sus casas o en el colegio había discusiones por el uso de internet o el móvil, si estaban en contacto con personas desconocidas a través de internet, etc. Además, el cuestionario incluía preguntas sobre otros datos como edad, género, etc.

Los investigadores llegaron a la conclusión de que las tasas de uso problemático de internet son más elevadas entre los estudiantes que hacen menos deporte. En concreto, en la publicación se explica que "la tasa de uso intensivo (más de cinco horas al día) es más del doble entre los que no hacen deporte regularmente, que entre los que sí lo hacen". Los autores citan además otros estudios según los cuales los adolescentes españoles hacen cada vez menos deporte y eligen actividades más sedentarias como ver la tele, escuchar música o utilizar internet. Por todo ello, los autores proponen adoptar medidas para proteger a los jóvenes integrando las actividades deportivas en el tiempo libre.

TEXTO MAPEADO en campus.difusion.com

SISTEMA FORMAL

6. ¡ESO NO ES LO QUE ME DIJERON!
GRAMÁTICA

PREPÁRATE

A. Lee la queja que ha publicado Rafa en un foro de consumidores. ¿Crees que en tu país sería posible una situación similar?

Rafa
Asunto: Mesa rota

Espero que alguien me pueda ayudar porque no sé qué hacer. Hace una semana compré una mesa en Muebles García-Fun. Cuando me llegó, vi que tenía dos patas rotas. El dependiente que me atendió me dijo que tenía 14 días para devolverla si había algún problema, pero llamé a la tienda al ver que la mesa estaba rota y me dijeron que no la podía devolver porque había estado en exposición y era una oferta especial. Ayer les escribí para protestar, pero, otra vez, me dijeron que no podían hacer nada y que las condiciones de venta están claras en el recibo de compra (¡¡¿¿quién se lee un recibo??!!). ¿Es legal lo que están haciendo?

B. Fíjate en cómo transmite Rafa las palabras que otras personas le han dicho y escribe las palabras originales.

> Tienes 14 días para devolver la mesa...

C. Consulta el apartado de Recursos lingüísticos.

D. Por parejas, compartimos nuestras respuestas a A y B.

E. ¿Recordamos algún problema con la compra de algún producto? Comentamos la información más relevante: qué compramos, cuál era el problema, si reclamamos, qué nos dijeron, etc.

7. NUESTRAS MÁS SINCERAS DISCULPAS
GRAMÁTICA

PREPÁRATE

A. Muebles García-Fun ha hecho un seguimiento del caso de Rafa. Le han contestado en el foro y le han enviado una carta por correo postal. ¿Cuál crees que es la respuesta en el foro y cuál la carta? Escribe lo que caracteriza cada texto.

Hola, Rafa. Sentimos mucho que tengas problemas con la mesa. Para solucionar el problema lo antes posible, te proponemos arreglártela. Por favor, ponte en contacto con nosotros para ver cuándo puede pasar por tu casa uno de nuestros técnicos.

Estimado cliente:

Lamentamos que haya tenido problemas con uno de nuestros productos y queremos presentarle nuestras disculpas. Para evitar que se produzcan situaciones similares en el futuro, nos gustaría saber cómo se ha producido el problema. Para ello le pedimos que nos envíe a mueblesgarciafun@garcia-fun.com el número de referencia de la mesa y la dirección de la tienda en la que fue atendido.

Nos pondremos en contacto con usted lo antes posible. Le rogamos acepte nuestras más sinceras disculpas por las molestias ocasionadas.

Reciba un cordial saludo.
Raúl Garrido
Atención al cliente

B. ¿Cuál crees que es la respuesta más satisfactoria para Rafa?

C. Marca en los textos los recursos que se usan para pedir disculpas. ¿En tu lengua hay fórmulas equivalentes?

D. Comparamos nuestras respuestas.

ACTIVIDAD COMPLEMENTARIA en campus.difusion.com

UNIDAD 16

8. TRABAJAR A MI AIRE

GRAMÁTICA

🏠 **PREPÁRATE**

A. Antes de leer el texto, elige en esta lista los cuatro factores que consideras prioritarios para estar satisfecho con un empleo.

- tener un trabajo seguro
- elegir libremente el horario
- ser mi propio jefe
- trabajar con personas simpáticas e interesantes
- llevar a la práctica mis ideas
- poder trabajar desde casa
- poder elegir el lugar de trabajo
- tener un buen sueldo
- poder separar el trabajo y el tiempo libre
- poder elegir o rechazar proyectos
- viajar mucho
- conocer a muchas personas diferentes
- poder compatibilizar el trabajo con mi vida privada (familia, amigos, aficiones…)
- tener la oportunidad de hablar lenguas diferentes
- no hacer siempre lo mismo

B. Lee este texto sobre los nómadas digitales. ¿Qué factores de la lista de A encuentras en él?

Nómadas digitales: ¿te imaginas trabajar en la playa o el desierto?

La comunicación digital ha flexibilizado las formas de trabajo: ha hecho posible, por ejemplo, el teletrabajo o los equipos virtuales, formados por personas que cooperan desde distintos lugares. Gracias a estas nuevas alternativas, las empresas pueden encontrar candidatos idóneos en cualquier lugar del mundo y los empleados, por su parte, tienen la ventaja de organizar como quieran sus tareas laborales y personales.

Más reciente aún es la figura del nómada digital, una persona que, gracias a las tecnologías y sin tener un lugar de residencia fijo, combina su profesión con los viajes. Esto es posible porque dispone de una nube y puede acceder a sus trabajos desde donde los necesite, pero también porque puede permanecer en contacto con sus clientes desde donde esté. Algunas profesiones frecuentes entre los nómadas digitales son las de fotógrafo, *blogger*, traductor, diseñador,… Pero en el futuro seguramente habrá más en ámbitos como la asesoría jurídica, la medicina o la enseñanza de lenguas.

Normalmente, pueden elegir trabajar con quien les parezca más interesante o mejor pague sus trabajos, ya que no pertenecen a la plantilla de ninguna empresa. Además, pueden utilizar las experiencias de sus viajes como contenido de su trabajo, por ejemplo, para hacer fotografías u obtener inspiración para sus blogs. Por todo ello, desconocen la rutina.

Pero no todo son ventajas. La flexibilidad horaria implica estar disponible cuando lo pida el cliente y adaptarse a diferentes zonas horarias. Además, los constantes desplazamientos obligan a trasladar el equipo necesario allá donde uno vaya. Por eso, el nómada digital depende de la conexión a internet del lugar donde se encuentre. En lo personal, viajar reduce las relaciones a la comunicación virtual, por lo que este tipo de trabajador puede sufrir momentos de soledad.

TEXTO MAPEADO en campus.difusion.com

C. Fíjate en estas oraciones y en cómo el inglés, el francés y el italiano interpretan el uso de indicativo o subjuntivo en español. ¿En tu lengua existe algún recurso para hacer lo mismo? Traduce los ejemplos que faltan.

Tienes la ventaja de organizarte **como quieras**. Tienes la ventaja de organizarte **como quieres**.	You have the advantage of being able to organise your personal or work tasks <u>however you wish</u>. You have the advantage of being able to organise your personal or work tasks <u>in the way you want</u>.
Puede seguir en contacto con sus clientes **desde el lugar donde viva**. Puede seguir en contacto con sus clientes **desde el lugar donde vive**.	Vous pouvez rester en contact avec vos clients <u>où que vous soyez</u>. Vous pouvez rester en contact avec vos clients <u>depuis l'endroit où vous habitez</u>.
Estar disponible **cuando lo pida** el cliente. Estar disponible **cuando lo pide** el cliente.	Essere disponibile <u>quando lo richieda</u> il cliente. Essere disponibile <u>quando lo richiede</u> il cliente.
Puede permanecer en contacto con sus clientes **desde donde esté**. Puede permanecer en contacto con sus clientes **desde donde está**.	....
Pueden elegir trabajar **con quien les parezca más interesante**. Pueden elegir trabajar **con quien les parece más interesante**.	....

D. Contrastamos nuestras respuestas a A y B.

E. Por grupos, comentamos para quiénes de nosotros podría ser una buena opción convertirse en nómada digital y por qué.

SISTEMA FORMAL

9. ¡CUIDADO CON LO QUE DICES EN LA RED!

GRAMÁTICA

PREPÁRATE

A. ¿Has escrito en alguna red social algo que luego has lamentado o recuerdas alguna experiencia de este tipo vivida por otra persona? Escribe qué pasó.

B. Lee el texto. ¿Qué te parecen los consejos que da? ¿Están relacionados con lo que has escrito en A?

C. Los pronombres destacados en negrita no pueden ir en otra posición; los de las estructuras subrayadas, sí. ¿Por qué crees que puede ser?

PUBLICAR EN INTERNET: ¿MEJOR PENSÁRSELO DOS VECES?

Nuestras publicaciones en internet pueden perjudicarnos. Lee los consejos que te damos: seguir**los** te puede evitar muchos problemas.

- Diferencia tu vida privada de tu vida pública. Los sentimientos y estados de ánimo hay que compartir**los** solo con las personas que más nos conocen. No tener**lo** en cuenta nos puede traer alguna sorpresa desagradable. Son típicos los casos de empleados que comparten en internet comentarios sobre el mal ambiente en su empresa y las ganas que tienen de encontrar otro empleo… olvidando que su jefe puede leerlos.

- Sé respetuoso con todos los participantes en la conversación global. La identidad digital de cada uno la formamos entre todos mediante lo que unas personas dicen o comparten sobre las otras. Por eso es importante ayudar a los demás a crear**se** una buena reputación en la red y agradecer**les** su apoyo en la creación de la nuestra. ¡Esto mejorará sin duda tu red de contactos!

- Las redes ofrecen muchas posibilidades, pero no es buena idea usar**las** en momentos de frustración o sentimientos negativos ni para evitar la comunicación directa. Por ejemplo, cuando tenemos problemas con alguna institución, puede ser preferible plantear**selos** directamente a las personas de quienes depende la solución. Además de que así nos aseguramos de que nuestra queja llega a los responsables, evitaremos otras consecuencias negativas. Puede ser el caso de los estudiantes que publican críticas a su universidad… sin darse cuenta de que la mala reputación de su centro los puede perjudicar, ya que es una parte muy importante de su currículum. El mal humor de un momento pasa en poco tiempo, pero es muy difícil borrar**lo** de internet.

- Por último, no siempre más es mejor: todo el mundo puede compartir lo que quiera en internet, pero eso no significa que lo que se publica sea de interés para todos. Antes de escribir un mensaje o colgar contenidos, pregúnta**te**, ¿de verdad es interesante compartir**los**?

D. Compartimos nuestras respuestas a A y B.

E. Escribimos los pronombre necesarios en la posición adecuada. Si hay dos posibilidades, márcalo (2).

1. En internet, muchas veces los sentimientos ……hay que guardar……
2. A Laura y a mí ……puedes contar…… lo que quieras.
3. Marta, ……preocupar…… tanto por lo que piensen los demás no es sano.
4. Yo creo que los problemas es mejor ……discutir…… cara a cara.

10. ANGLICISMOS EN LA RED

LÉXICO

🏠 **PREPÁRATE**

A. Estos anglicismos son comunes en el español de la red. Escribe una breve definición de cada uno.

`post` `blogger` `start up`
`webinar` `newsletter`
`community manager`
`crowdfunding`

> Un *blogger* es una persona que tiene un blog en internet. Y un blog es una página de internet donde un autor escribe textos sobre temas que le interesan y…

B. Busca textos en español donde se use alguna de las palabras anteriores.

C. Vuelve al texto "*Influencers* y otras especies digitales" y busca las palabras inglesas que aparecen. ¿Están todas escritas de la misma manera? ¿Por qué crees que es así?

D. Compartimos nuestras definiciones de A y los ejemplos de B.

E. Comentamos nuestras respuestas a C.

F. En parejas, hacemos búsquedas en internet para saber más del tratamiento de los extranjerismos en español. Podemos usar estas palabras clave.

tratamiento + extranjerismos + RAE
palabra + adaptada + español

G. Ponemos en común lo que nos haya resultado interesante o curioso.

H. ¿Qué sucede en nuestra lengua con los extranjerismos?

⚙️ **ESTRATEGIAS**

Muchas palabras extranjeras se han adaptado al español y las encontramos en el Diccionario de la Lengua Española (dle.rae.es): fan, bluyín, cruasán... Pero muchas palabras de otras lenguas de uso más reciente no aparecen en el diccionario y muchos hablantes las escriben siguiendo su pronunciación en español (guasapear, bloguer...).

Para escribir textos cuidados, debemos consultar si una palabra está o no en el diccionario, si cuenta con una alternativa aceptada en español y ser cuidadosos: las palabras extranjeras se escriben en cursiva.

—Tú eres un *croissant*, ¿verdad? Yo soy un *muffin*.

—No, yo soy un cruasán y tú, una madalena.

11. TRANSMITIR LAS PALABRAS DE OTROS EN TEXTOS ESCRITOS

CARACTERÍSTICAS DEL TEXTO

A. Observamos los verbos destacados en negrita y buscamos su significado. ¿Es necesario usar preposición con algunos de ellos?

1. El ministro de Ciencia y Tecnología **aclaró** en la rueda de prensa algunas dudas sobre el Programa de Ayudas a la Digitalización.
2. La compañía **ha explicado** los servicios que ofrece su nueva *app* para la comunidad de amantes de los perros.
3. Joven empresario **habla** sobre el funcionamiento de su programa para espiar ordenadores y **asegura** que solo se utilizará en colaboración con las autoridades.
4. Facebook **anunció** medidas para detener la propagación de noticias falsas.
5. La portavoz de la policía **ha informado** sobre los avances en la lucha contra los ciberataques, pero **ha afirmado** que "todavía queda mucho por hacer".
6. El ganador del premio a la innovación **expresó** su satisfacción por el reconocimiento del jurado.

B. En un ejemplo se usan comillas. ¿Por qué?

⚙️ **ESTRATEGIAS**

Usamos el verbo decir para transmitir las palabras de otra persona. En textos cuidados, sin embargo, tenemos que ser más precisos en el significado y evitar repeticiones innecesarias.

TAREAS

PROYECTOS UNIDADES 15 Y 16
→ PÁG. 238

12. HA ASEGURADO QUE...

A. Vamos a crear titulares impactantes. Buscamos noticias lo más actuales posible y seleccionamos declaraciones impactantes de personas relevantes (en política, música, cine...).

B. En grupos, creamos un mínimo de cinco titulares y los exponemos.

C. Hacemos pequeños debates comentando qué nos parecen las diferentes declaraciones.

> Cate Blanchett asegura que los adultos que se toman *selfies* "son patéticos"

13. UN O UNA *INFLUENCER*

A. Por grupos, vamos a investigar a alguna persona de habla hispana influyente en internet. Reunimos la siguiente información:

- ¿De qué país es?
- ¿Sobre qué temas comunica?
- ¿Qué canales de internet utiliza?
- ¿Cuántos seguidores tiene?
- ¿Por qué creemos que tiene tanto éxito?
- ¿Podemos aprender algo de esa persona para la creación de nuestra identidad digital?

B. Realizamos una infografía con los datos que encontremos y la presentamos en la clase o la compartimos en un entorno virtual compartido.

RECURSOS LINGÜÍSTICOS

GRAMÁTICA

DISCURSO REFERIDO
Para introducir las palabras de otro, usamos el verbo **decir** + **que**.
*El dependiente me **dijo que** tenía 14 días para devolver la mesa.*

Si las palabras de otro son todavía válidas temporalmente cuando las transmitimos, podemos mantener el tiempo verbal original.
<u>Tiene</u> *14 días para devolver la mesa.*
> *Me ha dicho que **tengo** 14 días para devolver la mesa.* (10 minutos después)
> *Me dijo que **tengo** 14 días para devolver la mesa.* (un día después)

Si las palabras de otro ya no son válidas temporalmente cuando las transmitimos, tenemos que cambiar el tiempo verbal original.
> *Me dijo que **tenía** 14 días para devolver la mesa.* (15 días después)

▶ **Cambios en los tiempos verbales**

presente	>	imperfecto
pretérito perfecto	>	pretérito pluscuamperfecto
pretérito indefinido	>	pretérito pluscuamperfecto
imperfecto	>	imperfecto
futuro	>	condicional

ORACIONES ADVERBIALES CON INDICATIVO Y SUBJUNTIVO
Con el indicativo hacemos referencia a una manera, un lugar o un momento conocidos o cuya existencia concreta presuponemos.
*Puedo hacer los diseños **como quieres** tú.* (sé cuál es esa manera o sé que la otra persona tiene pensada una manera concreta)
*Puedo ir a **donde vives** tú.* (sé dónde vives o sé que vives en un lugar concreto)
*Puedo ir **cuando quieres** tú.* (sé cuál es ese momento o sé que tienes un momento concreto pensado)

Con el subjuntivo nos referimos a una manera, un lugar o un momento desconocidos o cuya existencia concreta puede variar.
*Puedo hacer los diseños **como quieras** tú.* (no sé cuál es o puede haber varias opciones)
*Puedo ir a **donde vivas** tú.* (no sé dónde vives o sé que puedes vivir en diferentes lugares)
*Puedo ir **cuando quieras** tú.* (no sé el momento exacto o pueden ser varios momentos)

COMBINACIÓN DEL INFINITIVO CON PRONOMBRES
Cuando necesitamos combinar un infinitivo aislado con los pronombres reflexivos, de complemento directo o indirecto, estos solamente se pueden colocar detrás del infinitivo y pegados a él.
*Es fácil tener problemas en internet. <u>Planteár**selos**</u> directamente a la persona responsable es lo mejor.
Las redes sociales ofrecen muchas posibilidades, pero no es bueno <u>usar**las**</u> en momentos de frustración.*

UNIDAD 16

Las redes sociales ofrecen muchas posibilidades, pero no es bueno ~~las~~ usar en momentos de frustración.

Cuando el infinitivo se combina con un verbo conjugado, como en algunas perífrasis, los pronombres pueden ir delante del verbo conjugado o detrás del infinitivo o del gerundio y pegados a él.
Nuestras publicaciones en internet **nos** pueden perjudicar.
Nuestras publicaciones en internet pueden perjudicar**nos**.

🔔 No es posible colocar los pronombres antes del verbo conjugado si este es impersonal.
Los sentimientos hay que dejar**los** a un lado.
Los sentimientos ~~los hay~~ que dejar a un lado.

Es más frecuente posponer los pronombres cuando el infinitivo se combina con verbos como **negar, afirmar, asegurar**, etc.
Todo el mundo creía que Ana era amiga de las organizadoras, pero ella negó conocer**las**.
Todo el mundo creía que Ana era amiga de las organizadoras, pero ella ~~las negó~~ conocer.

LÉXICO

INTERNET Y REDES SOCIALES

usar ⟩ redes sociales ⟩ internet ⟩ WhatsApp ⟩ Facebook ⟩ el teléfono móvil ⟩ un dispositivo

tener ⟩ seguidores ⟩ fans ⟩ *likes*

compartir ⟩ consumir ⟩ acceder a ⟩ **contenidos**

actualizar ⟩ el estado ⟩ el perfil

publicar ⟩ un *post* ⟩ un comentario ⟩ una foto ⟩ una noticia

huella ⟩ reputación ⟩ comunicación ⟩ **digital**

CARACTERÍSTICAS DEL TEXTO

TRANSMITIR LAS PALABRAS DE OTROS: PRECISIÓN Y RIQUEZA LÉXICAS

La precisión y la riqueza léxicas favorecen la calidad de un texto. Así, en un texto cuidado no se debe repetir constantemente el verbo **decir** para transmitir las palabras de otros. En su lugar, podemos recurrir a verbos con un significado más específico.

Aclarar
El presidente **aclaró que** no van a subir los impuestos.
El ministro de Ciencia y Tecnología **aclaró** algunas dudas sobre el Programa de Ayudas a la Digitalización.

Afirmar
Muchos expertos **afirman que** no es bueno pasar tanto tiempo sentado sin moverse.
El acusado **afirmó estar** arrepentido de sus declaraciones en las redes sociales.

Anunciar
Facebook **anunció** medidas para detener la propagación de noticias falsas.
La marca **anunció que** contratará los servicios de una conocida *influencer*.

Asegurar
El creador del software **asegura que** solo se utiliza en colaboración con las autoridades.
El pirata informático **asegura tener** pruebas de su inocencia.

Explicar
Una compañía de Bilbao **ha explicado** los servicios que ofrece su nueva app.
Nadie **ha explicado** todavía **cómo** funciona el nuevo sistema de becas.

Expresar
La presidenta de la compañía **expresó que** no han pagado a ningún *influencer* para promocionar sus productos.
El ganador del premio a la innovación **expresó** su satisfacción por el reconocimiento del jurado.

Hablar
Joven empresario **habla sobre** el funcionamiento de su programa para espiar ordenadores.
Muchos *influencers* no **hablan de** ningún producto: la promoción es indirecta.

🔔 El verbo **hablar** no se combina con **que**.
El presidente ~~habló~~ que no van a subir los impuestos.

Informar
La policía **ha informado sobre** los avances contra los ciberataques.
Las autoridades **han informado de** los daños ocasionados por el huracán.
Las autoridades **han informado de que** el huracán ha causado importantes daños.

Negar
Algunos expertos **niegan que** los problemas de sedentarismo sean causados por las nuevas tecnologías.
El acusado **negó estar** implicado en el robo.

Para marcar que reproducimos las palabras textuales de una persona, usamos comillas.
El presidente afirmó que "todavía queda mucho por hacer".

17 TRADICIONES

CULTURA
- Tradiciones, celebraciones y ritos del mundo hispano

COMUNICACIÓN
- Exponer y explicar eventos
- Valorar acontecimientos

GRAMÁTICA
- El orden de la frase
- Construcciones reflexivas y no reflexivas
- Recursos para expresar impersonalidad
- Construcciones pasivas
- Intensificar con **lo** + adjetivo/adverbio

LÉXICO
- Tradiciones, celebraciones y ritos

CARACTERÍSTICAS DEL TEXTO
- El texto expositivo

DOCUMENTOS PARA EMPEZAR

1. PALABRAS CLAVE

PREPÁRATE

A. Identifica a cuál de estos tres términos: celebración, rito y tradición, corresponde cada definición.

1. Transmisión de noticias, composiciones literarias, doctrinas, costumbres, etc., hecha de generación en generación.

2. Acción de recordar o conmemorar algún evento específico o bien a alguna persona. Aplauso, aclamación.

3. Práctica o ceremonia que se repite de forma invariable de acuerdo a un conjunto de normas ya establecidas.

B. Recuerda alguna tradición, celebración o rito de tu cultura, toma nota y escribe palabras relacionadas.

Río de Janeiro, Nochevieja:
- ropa blanca
- fuegos artificiales
- flores
- Yemayá (o Iemanjá)

C. En grupos, compartimos y ampliamos nuestras respuestas a A y B.

— Yo soy de Río de Janeiro. Allí en Nochevieja (nosotros decimos reveillon) la mayoría de la gente se viste de blanco y va a la playa. Hay fuegos artificiales, música, fiesta y se ofrecen flores a la diosa del mar, Yemayá. También es típico...

2. CITAS

PREPÁRATE

A. Lee estas citas e intenta explicar con tus propias palabras qué intención tienen, qué significan. ¿Compartes sus puntos de vista?

> 1. **La tradición de todas las generaciones muertas oprime como una pesadilla el cerebro de los vivos.**
> — KARL MARX (1818-1883), filósofo y economista prusiano

> 2. **Aquí estoy, amigo, para celebrar una fiesta, la mejor posible mientras viva en la tierra. Creo que ese es también tu deber.**
> — JANIS JOPLIN (1943-1970), cantante estadounidense

> 3. **Para crear debes estar consciente de las tradiciones, pero para mantener las tradiciones debes crear algo nuevo.**
> — CARLOS FUENTES (1929-2012), escritor mexicano

> 4. **Un pueblo sin tradición es un pueblo sin porvenir.**
> — ALBERTO LLERAS CAMARGO (1906-1990), periodista colombiano

B. Elige entre estas cuatro personas la que más te interesa e investiga un poco sobre su vida y su contexto.

C. En grupos, compartimos nuestras respuestas a A. ¿Con qué cita está más de acuerdo la mayoría de la clase?

D. Compartimos la información de B con el resto de la clase.

UNIDAD 17

3. IMÁGENES

PREPÁRATE

A. Lee y relaciona estas imágenes con los textos sobre cuatro manifestaciones culturales inscritas en la lista del Patrimonio Cultural Inmaterial de la Humanidad de la UNESCO.

1 Es una festividad religiosa que se celebra en San Francisco de Yare (Venezuela) el día de Corpus Christi. **Los diablos danzantes** bailan para rendir culto al Santísimo Sacramento y para celebrar el triunfo del bien sobre el mal. Visten trajes rojos, capas y máscaras, además de adornos como cruces, rosarios y otros amuletos.

2 La danza de las tijeras es un baile indígena de la región de Ayacucho (Perú). Es una danza de carácter mágico religioso que se baila especialmente en las fiestas navideñas. Durante el baile, los participantes llevan en la mano derecha unas tijeras que chocan unos con otros mientras bailan.

3 El misterio de Elche es una representación teatral cantada que describe la muerte y la coronación de la Virgen María a través de una serie de escenas y de cuadros. Se ha representado sin interrupción desde mediados del siglo XV en la Basílica de Santa María y en las calles de la ciudad de Elche (España).

4 La ceremonia ritual de los voladores es una danza mexicana asociada a la fertilidad. Cinco jóvenes trepan por un poste de 18 a 40 metros de alto y cuatro se lanzan al vacío desde la plataforma a la que están atados. Giran mientras la cuerda se desenrolla y van bajando poco a poco hasta el suelo.

B. Dividimos la clase en cuatro grupos. Cada uno busca uno o varios vídeos representativos de una de estas tradiciones, amplía la información y comparte sus descubrimientos con el resto de la clase.

ACTIVIDAD COMPLEMENTARIA en campus.difusion.com

DOCUMENTOS PARA DESCUBRIR

4. EXPLORANDO TRADICIONES

PREPÁRATE

A. ¿Cómo se celebra en tu cultura el solsticio de verano? ¿Qué se hace y qué elementos están presentes? Si en tu cultura no se celebra, investiga cómo se hace en otras.

B. Antes de leer el texto, observa la fotografía que acompaña al artículo y haz una lista de elementos que ves o que te llaman la atención.

C. Ahora lee el texto y toma conciencia de tus conocimientos del léxico. Busca...

- palabras relevantes que ya conoces
- palabras que no conoces pero que entiendes por el contexto
- palabras que son iguales o similares en tu lengua
- palabras que no entiendes en absoluto

D. Contrastamos en parejas nuestras respuestas a A y B.

— En Portugal, en junio se celebran las fiestas de los "Santos Populares": San Antonio, San Juan y...
— Nosotros encendemos hogueras en la playa, pero no caminamos sobre las brasas como en ese pueblo.

E. Compartimos las cuatro categorías de palabras que hemos anotado en C. ¿Cuáles son las palabras clave para entender el texto?

F. Volvemos a leer el texto. En las mismas parejas, preparamos cinco o seis preguntas de comprensión lectora para otra pareja. Aquí tenemos algunos ejemplos.

- ¿Cuál es la motivación para cruzar el fuego andando?
- ¿Por qué pusieron pulsímetros a familiares y también a extraños?
- ...

G. Intercambiamos las preguntas con otra pareja y las respondemos.

EL RITUAL DEL FUEGO QUE UNE AL PUEBLO EN LA NOCHE DE SAN JUAN

El fuego es el protagonista de las fiestas de numerosos pueblos y ciudades de España.

En San Pedro Manrique, un pequeño pueblo de la provincia de Soria, se celebra uno de los rituales colectivos españoles más llamativos para los antropólogos. Cada 23 de junio, sus habitantes celebran la noche de San Juan caminando descalzos y sin protección sobre una alfombra de brasas de madera. El recorrido es de tres metros y se cruza en unos cinco segundos.

Aunque esta tradición concentra a una gran cantidad de turistas y curiosos, los habitantes del pueblo son los únicos que se atreven a pasarlo. "Los de fuera se queman", suelen afirmar los lugareños. Muchos incluso caminan sobre las brasas llevando a hombros a algún familiar. Algunos lo hacen por tradición y otros para cumplir una promesa religiosa pero, sea cual sea la razón, la fiesta se ha convertido en una de las principales señas de identidad del pueblo.

Durante muchos años, varios antropólogos han argumentado que los rituales colectivos de alta emoción tienen una función social y contribuyen a la cohesión del grupo. Por ejemplo, el sociólogo Émile Durkheim habló de la "efervescencia colectiva", un sentimiento de estar más cerca de la gente.

Sin embargo, esta noción de efervescencia es algo difícil de definir e imposible de medir, como explica Dimitris Xygalatas, un antropólogo que ha investigado el Paso del Fuego de San Pedro Manrique. El investigador griego asegura que su estudio "muestra por primera vez que los efectos de la acción social tienen una base fisiológica, que se puede medir con precisión, y que este efecto es independiente de la coordinación motora" pues los espectadores permanecían inmóviles y los pasadores recorren la alfombra de brasas de uno en uno.

Para este estudio se usaron pulsímetros que se colocaban debajo de la ropa. Los espectadores no tenían ni idea de lo que estaba pasando. Los científicos colocaron estos pulsímetros a 12 pasadores del fuego, a 9 espectadores relacionados con ellos y a 17 visitantes

UNIDAD 17

5. LA NOCHE DE SAN JUAN

PREPÁRATE

A. Vas a escuchar un *podcast* sobre otra tradicional noche de San Juan. Antes, relaciona cada término con su definición.

| queimada | hechizo | bruja | superstición | romero | espantar |

1. Creencia que consiste en atribuir carácter mágico a ciertos sucesos o en pensar que determinados hechos traen buena o mala suerte.
2. Hacer huir.
3. Planta aromática de origen mediterráneo con propiedades medicinales. Se utiliza como antiséptico, antiinflamatorio, contra el dolor, etc.
4. Es un acto mágico que pretende producir efectos sobre la realidad mediante procedimientos sobrenaturales. Es de carácter ritual.
5. Persona a la que se le atribuyen poderes mágicos en determinadas culturas.
6. Bebida caliente que se prepara quemando aguardiente de orujo con frutas, granos de café y azúcar.

B. Ahora, escucha este *podcast* sobre las tradiciones de la noche de San Juan en Galicia. ¿Cuáles son los seis puntos que resalta? ¿Qué puedes decir sobre cada uno de ellos?

TRANSCRIPCIÓN MAPEADA en campus.difusion.com

C. En parejas, comparamos nuestras respuestas a A y B.

D. En pequeños grupos, comentamos las siguientes preguntas.

- ¿Has vivido alguna celebración semejante a la descrita en el *podcast* o alguna otra fiesta popular?
- ¿Cuándo y dónde fue exactamente?
- ¿Habías participado antes o era la primera vez?
- ¿Cón quién estabas? ¿Con quién fuiste?
- ¿En qué consiste esa celebración?
- ¿Había música, comida, ropa especial…?
- ¿Participaste activamente? ¿Te interesó, lo pasaste bien?

La gente se reúne / baila / canta / se viste / sale en procesión / en un desfile…
Todo el mundo lleva/prepara…

LA CAFETERÍA

¿Qué significa el fuego en nuestra cultura?

¿Está relacionado con alguna fiesta popular?

ACTIVIDAD COMPLEMENTARIA en campus.difusion.com

que no tenían ninguna relación con las personas que cruzaban las brasas. El ritual duró unos 30 minutos, durante los cuales 28 personas hicieron paseos de cinco segundos de duración. Después de medir sus latidos, los investigadores detectaron que el corazón de los familiares y amigos evolucionaba de una manera similar al de las personas que cruzaban las brasas. Por el contrario, los visitantes que no conocían a los pasadores no presentaron cambios.

La primera investigación de campo como antropólogo de Dimitris Xygalatas trató sobre los rituales del paso del fuego en su país: "Durante mis estudios de doctorado, pasé 16 meses en un pequeño pueblo del norte de Grecia llamado Agia Eleni, donde los lugareños participan en un paso del fuego anual en honor de los santos Constantinos y Elena. Estas celebraciones me interesaban como ejemplos de rituales de alta emoción, que se encuentran en muchas partes del mundo." Tras analizar este tipo de fiestas, Xygalatas describió lo similares que son estos rituales en Bulgaria, España o la isla Mauricio. Y es que el fuego es el protagonista de numerosos rituales celebrados en zonas muy alejadas geográficamente, en los que se mezclan elementos del cristianismo o de otras religiones con el culto a la naturaleza.

elmundo.es

SISTEMA FORMAL

6. TRADICIONES DE AÑO NUEVO EN LATINOAMÉRICA

GRAMÁTICA

PREPÁRATE

A. En Latinoamérica existen diferentes tradiciones para recibir el Año Nuevo. Observa las ilustraciones y completa las frases como en el ejemplo.

1. En México es típico **barrer** la casa de dentro hacia fuera para dejarla limpia de impurezas el resto del año.
2. En Colombia la tradición es .... una maleta alrededor de la casa para poder viajar todo el año.
3. En Chile es típico .... lentejas para tener prosperidad y abundancia.
4. En Cuba la costumbre es .... agua a la calle para quitar todo lo negativo.
5. En Ecuador la tradición es .... un muñeco de trapo para destruir lo malo del año viejo.
6. En Perú es típico .... cosas indeseables en papelitos para después quemarlos dentro de un muñeco y así evitar todo lo negativo.
7. En Venezuela la costumbre es .... ropa interior amarilla para tener éxito y dinero.

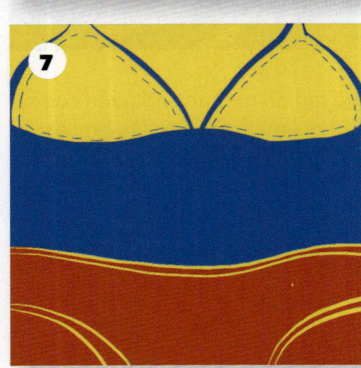

B. Observa las tres frases sobre la tradición mexicana e identifica el sujeto gramatical en cada una. Puedes consultar los Recursos lingüísticos.

1. Los mexicanos barren la casa de dentro hacia fuera para dejarla limpia de impurezas el resto del año.
2. En México barren la casa de dentro hacia fuera para dejarla limpia de impurezas el resto del año.
3. En México se barre la casa de dentro hacia fuera para dejarla limpia de impurezas el resto del año.

C. Sigue el modelo de B y haz lo mismo con las frases de A: escribe tres versiones para cada tradición.

D. Comparamos en parejas nuestras respuestas a A, B y C.

E. ¿Qué se hace en nuestra cultura para recibir el Año Nuevo? ¿Conocemos otras tradiciones?

— Yo sé que en España se comen doce uvas a las doce de la noche.
— Sí, y me parece que en China se limpia muy bien toda la casa.

UNIDAD 17

7. SUJETOS CON HISTORIA

GRAMÁTICA

PREPÁRATE

A. Sigue el ejemplo y elige la opción correcta. Para responder, puedes investigar y documentarte.

La colonización de la península ibérica	
Los romanos	s. II a. C.
~~Los fenicios~~	~~s. III. d. C.~~

Celebración del mundial de fútbol de 1986	
México	mayo-junio
Argentina	agosto-septiembre

Diseño del mapa más antiguo del continente americano	
Juan de la Cosa	1500
Cristóbal Colón	1498

Composición de *El concierto de Aranjuez*	
Joaquín Rodrigo	1933
Manuel de Falla	1951

La novela *Cien años de Soledad*	
Gabriel García Márquez	1967
Julio Cortázar	1970

Organización de las Olimpiadas de 1968	
México	verano
Montreal	invierno

Dirección de la película *Mujeres al borde de un ataque de nervios*	
Pedro Almodóvar	1963
Luis Buñuel	1988

El poema *Puedo escribir los versos más tristes esta noche*	
Federico García Lorca	1924
Pablo Neruda	1933

El cuadro *Las señoritas de Avignon*	
Joan Miró	1907
Pablo Ruiz Picasso	1914

B. Observa estas tres formas de expresar la misma idea. ¿Entiendes las diferencias? Haz lo mismo con las demás frases de A. Puedes consultar los Recursos lingüísticos.

- **Los romanos colonizaron** la península ibérica durante el s. II a. C.
- La península ibérica **fue colonizada** durante el s. II a. C. por los romanos.
- **La península ibérica la** colonizaron los romanos durante el s. II d. C.

C. Comparamos con el resto de la clase nuestras respuestas a A y B.

D. En parejas, preparamos preguntas como las de A para otro grupo.

8. ¡LO BONITAS QUE SON!

GRAMÁTICA Y LÉXICO

PREPÁRATE

A. Continúa estos mensajes con la opción adecuada. Puedes indicar diferentes opciones y buscar contextos o situaciones para poder usarlas.

¡No sabes lo grandes...

¡Es increíble lo llenas...

¡No sabes lo impresionante...

¡Hay que ver lo dulces...

a. que es ver las fallas arder!
b. que están los buñuelos!
c. que son las fallas!
d. que están las calles!

B. Comparamos nuestras respuestas a A.

C. A partir de este vídeo, escribimos nuevos mensajes de texto. Podemos consultar internet para informarnos sobre las costumbres o el léxico característico de las fallas valencianas.

No sabes lo...
Hay que ver lo...
Es increíble/fantástico/alucinante lo...
Me encanta lo...
Me sorprende lo...

SISTEMA FORMAL

9. TRADICIONES CON LOS CINCO SENTIDOS

LÉXICO

🏠 PREPÁRATE

A. ¿Cómo se llaman los cinco sentidos en español? Escribe también verbos o palabras que relacionas con ellos.

✋	👄	👃	👂	👁
El tacto: tocar, ...	...	...	...	...

B. ¿Con qué sentido te identificas más? ¿Cuál es más importante para ti? ¿Por qué?

C. Observa las imágenes de estas celebraciones de España y responde.

El tacto:
- ¿Qué crees que se toca?
- ¿Qué se puede sentir con el cuerpo?

El gusto:
- ¿Qué crees que se puede saborear?
- ¿Qué se come y se bebe?

El olfato:
- ¿Qué olores te parece que se pueden distinguir?
- ¿Qué se huele?

El oído:
- ¿Qué crees que se escucha?
- ¿Qué diferentes sonidos se pueden oír?

La vista:
- ¿Qué piensas que pueden observar los ojos?
- ¿Qué colores e imágenes se ven?

1. Alfombras de flores de Corpus Christi. Ponteareas, Pontevedra (Galicia)

2. Tamborrada de Calanda. Teruel (Aragón)

3. Tomatina. Buñol, Valencia (Comunidad Valenciana)

4. Fiesta de la tortilla gigante. Padrón, La Coruña (Galicia)

D. Comparamos en pequeños grupos nuestras respuestas a A, B y C.

E. Cada grupo elige una de estas cuatro tradiciones, busca vídeos y los muestra a la clase. ¿Qué cosas nos sorprenden?

UNIDAD 17

10. A FLOR DE PIEL

LÉXICO

🏠 PREPÁRATE

A. ¿Con qué sentidos relacionas estas imágenes?

1. Jalapeños mexicanos
2. Flamenco (España)  
3. Dulce de leche argentino 
4. Ocarina peruana 
5. Aceitunas españolas 
6. Lana de alpaca (Perú) 
7. Queso cabrales (España) 
8. El desierto de Sonora (México) 
9. Loros arcoíris (Colombia) 
10. Tango (Argentina) 

B. Compartimos nuestras respuestas a A con otras personas.

C. En parejas, leemos este texto sobre los jalapeños, elegimos dos imágenes de A que nos interesen y escribimos un texto parecido para cada una.

> Los jalapeños son un tipo de chile picante mexicano. Son verdes o rojos, cuando están más maduros, y brillantes. Al tacto, son duros y carnosos. Son muy picantes y cuando te metes un trozo en la boca, sientes que te arde.

11. EL TEXTO EXPOSITIVO

CARACTERÍSTICAS DEL TEXTO

🏠 PREPÁRATE

A. Lee esta explicación sobre el texto expositivo. Luego, lee el texto de la Tarasca y localiza la introducción, el desarrollo y el cierre.

> Un texto expositivo escrito tiene como objetivo explicar al lector un contenido concreto.
> Se estructura en tres partes básicas:
> 1. **Introducción**. Se presenta el tema central y se sitúa al lector en el escenario.
> 2. **Desarrollo**. Se añade nueva información pertinente, se enriquece el texto.
> 3. **Cierre**. Se termina con una conclusión, una idea final o un dato que da por terminado el texto.

La Tarasca es una procesión que se celebra en Granada en la semana del Corpus Christi. Suele tener lugar en las primeras semanas del mes de junio y siempre cae en miércoles. Más que una procesión es un desfile, porque no tiene carácter religioso. Salen cuatro gigantes, dos reyes cristianos y dos moros, los cabezudos que persiguen a los niños y un dragón (la Tarasca) con el maniquí de una mujer joven, que lleva un vestido según la moda del año siguiente. He asistido a esta celebración desde pequeña. Me encanta porque es muy alegre y la ciudad se llena de música, de globos y de gente.

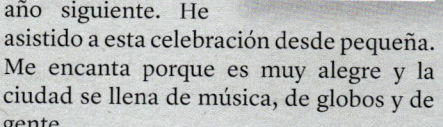

B. Ordena el texto del "Concurso Nacional de Pinchos y Tapas" de Valladolid.

☐ Estos pinchos y tapas son "apadrinados" por diferentes bares de la ciudad, que los comercializan mientras dura el concurso. Se pueden encontrar creaciones y nombres tan originales como "huevos divorciados con falsos chiles" o "sardina de roca".

☐ A mí me encanta esta nueva tradición porque es diferente, creativa y divertida. Siempre pruebas algo diferente y descubres nuevas combinaciones de alimentos y sabores.

☐ Desde el año 2005 se celebra en noviembre en Valladolid el "Concurso Nacional de Pinchos y Tapas". Participan cocineros de toda España que presentan sus creaciones más originales a un jurado compuesto por especialistas en gastronomía española.

C. Comparamos en parejas nuestras respuestas a A y B.

D. Decidimos un tema relacionado con tradiciones, celebraciones o rituales y redactamos un texto breve de unas 120-150 palabras.

E. Intercambiamos el texto con otra pareja. Hacemos sugerencias para mejorarlo y preguntas sobre el contenido.

TAREAS

12. PUBLICIDAD Y TRADICIÓN

A. En pequeños grupos, vamos a crear un anuncio para dar a conocer una tradición hispana (o de nuestro país) que nos interese especialmente por su contenido temático, su desarrollo, la forma de participación, etc.

B. Una vez elegida, recogemos toda la información posible. Para ello, podemos responder a estas preguntas.

- ¿Qué es? ¿Qué origen tiene?
- ¿Cómo era antes? ¿Ha cambiado mucho a lo largo de los años?
- ¿Dónde y cuándo se celebra?
- ¿Quiénes participan?
- ¿En qué consiste?
- ¿Cuáles son las palabras clave para describirla?
- ¿Qué relación tiene con los cinco sentidos?

C. Nos documentamos con carteles de fiestas y celebraciones y preparamos nuestro anuncio. Para ello, podemos utilizar imágenes, vídeos, testimonios...

D. Presentamos nuestro proyecto al resto de la clase.

13. EL MAPA DE LOS SENTIDOS

A. Vamos a crear el gran mapa mental de los sentidos. Para ello, dividimos la clase en cinco grupos; cada grupo elige un sentido (tacto, olfato, gusto, vista u oído).

B. Cada equipo desarrolla su propio mapa. Comenzamos con una lluvia de ideas. Estas sugerencias pueden ayudarnos:

- pensar en los verbos asociados a esos sentidos
- las partes del cuerpo que intervienen en la percepción de este sentido
- sensaciones agradables y desagradables,
- adjetivos que relacionemos con este sentido
- tradiciones o cosas típicas del mundo hispano que podemos asociar a este sentido
- ...

— Algunos verbos que podemos tener en cuenta para la vista son: mirar, ver, observar, contemplar, cegar(se)...
— Buena idea. Y de partes de cuerpo tenemos los ojos, los párpados, el iris... ¿Se os ocurre alguno más?
— No, pero podemos añadir objetos o aparatos útiles como las gafas, las lentillas, el microscopio, los prismáticos...
— La lupa...
— Sí, es verdad, la lupa.

C. Presentamos nuestro trabajo al resto de la clase y lo comentamos entre todos.

RECURSOS LINGÜÍSTICOS

GRAMÁTICA

ORDEN DE LA FRASE

sujeto + verbo + objeto directo
Este es el orden preferido en español.
México organizó las Olimpiadas de 1968.

Si queremos destacar nueva información (por ejemplo, el sujeto o el verbo), podemos cambiar el orden.

(objeto directo) + pronombre de OD + verbo + sujeto
— ¿Montreal organizó las Olimpiadas de 1968?
— No, (**las Olimpiadas de 1968**) **las** organizó México.

— ¿Los habitantes de San Pedro saltan las brasas?
— No, **no las saltan**, las pisan.

▶ **Otras estrategias para focalizar elementos**
- Focalización mediante la entonación
México organizó las Olimpiadas de 1968.

- Focalización mediante recursos sintácticos
Fue México quien organizó las Olimpiadas de 1968.
No fue Montreal sino México quien organizó las Olimpiadas de 1968.
Los habitantes de San Pedro **no** saltan las brasas, **sino que** las pisan.

CONSTRUCCIONES REFLEXIVAS Y NO REFLEXIVAS

Muchos verbos transitivos tienen la posibilidad de construirse con sujetos activos (agentes) y sujetos pasivos (pacientes), de modo que admiten conjugación no reflexiva y reflexiva.

poner > ponerse   celebrar > celebrarse

▶ **Construcción no reflexiva**

sujeto activo (agente) + verbo + objeto directo
La mayoría de las ciudades **ponen** luces de Navidad.
Muchas culturas **celebran** la llegada del verano.

Colocamos el objeto directo en primera posición cuando es el tema del que estamos hablando.

objeto directo / pronombre de OD + verbo
La llegada del verano **la** celebran muchas culturas.
La decoración navideña **la** pagan los comerciantes.
— ¿Cómo se celebra la llegada del verano en tu cultura?
— (La llegada del verano) **la** celebramos en la playa.
— (La llegada del verano) **la** celebramos con fuego.

▶ **Construcción reflexiva**

verbo en forma reflexiva + sujeto pasivo (paciente)
En este caso, el sujeto experimenta la acción, no la produce.
En la mayoría de las ciudades **se ponen** las luces de Navidad a principios de diciembre.
Aquí **se celebra** la llegada del verano con fuego.

sujeto pasivo (paciente) + verbo en forma reflexiva
Las luces de Navidad **se ponen** en la mayoría de las ciudades a principios de diciembre.
En muchas culturas la llegada del verano **se celebra** con fuego.

UNIDAD 17

RECURSOS PARA EXPRESAR IMPERSONALIDAD

▶ **3.ª persona del plural**
En México **barren** la casa de dentro hacia fuera.
Aquí **preparan** unos buñuelos buenísimos.

▶ **Se + 3.ª persona del singular/plural**
En Navidad **se** come turrón y **se** cant**an** villancic**os**.

▶ **Sujetos generales o colectivos**
También podemos expresar la impersonalidad mediante generalización o indeterminación, con **la gente, la mayoría (de la gente), algunas personas**...
En Navidad **la gente** come mucho turrón, **algunas personas** cantan villancicos y **la mayoría** compra regalos.

▶ **Otros recursos**
Especialmente en registros coloquiales, también se expresa impersonalidad usando la segunda persona del singular.
En fiestas siempre **bebes** mucho y **comes** demasiado.

CONSTRUCCIONES PASIVAS

La construcción pasiva se puede encontrar en el registro formal escrito. En este caso, el foco informativo está en el sujeto pasivo (paciente).

> sujeto pasivo (paciente) + **ser** + participio + **por** + sujeto activo (agente)

🔔 Atención a la concordancia de género y número del sujeto pasivo con el verbo y el participio.

> *L**as** fiest**as** indígen**as** dedicad**as** a los muertos **fueron** declarad**as** Patrimonio Inmaterial de la Humanidad en 2003 por la UNESCO.*
> (= la UNESCO declaró las fiestas indígenas dedicadas a los muertos Patrimonio de la Humanidad en 2003)

> *El Misteri**o** de Elche **fue** inscrit**o** por la UNESCO como Patrimonio de la Humanidad en 2008.*
> (= la UNESCO inscribió el Misterio de Elche como Patrimonio de la Humanidad en 2008)

Esta construcción pasiva puede aparecer con los diferentes tiempos del verbo **ser** + participio.
La celebración de las hogueras **es celebrada** cada año en muchas localidades de costa.
El próximo año esta fiesta **va a ser / será celebrada** sin presencia de investigadores.
Las autoridades quieren que la fiesta **sea declarada** Patrimonio Inmaterial de la Humanidad.

INTENSIFICAR CON LO + ADJETIVO/ADVERBIO

Cuando queremos destacar una cualidad de un objeto, evento o persona podemos usar esta construcción.

> **lo** + adjetivo + **que** + verbo + sujeto

🔔 Atención a la concordancia de género y número del adjetivo con el sujeto.
   🔊 *Alicia es divertida.*
   🔊 *¡**Lo** divertid**a** **que** es Alicia!*
   🔊 *¡**Lo** variad**as** **que** son las tradiciones en México!*
   🔊 *¡**Lo** difícil **que** debe de ser hacer esas esculturas!*

Esta construcción puede estar introducida por recursos como **me encanta, es increíble, hay que ver, ¿has visto...?, recuerdo muy bien**...
¡**Hay que ver** lo difícil que debe de ser hacer esas esculturas tan grandes!
¿**Has visto** lo bonitos que son estos fuegos?

▶ **Otras construcciones para destacar cualidades**

> **qué** + adjetivo

🔊 *¡**Qué divertida** (**que**) es esta fiesta!*
🔊 *¡**Qué variadas** (**que**) son las tradiciones en México!*

> **qué** + nombre + **tan** + adjetivo

🔊 *¡**Qué** fiesta **tan** divertida!*
🔊 *¡**Qué** tradiciones **tan** variadas tiene México!*

▶ **Destacar la cualidad de una acción**

> **lo** + adverbio + **que** + verbo + sujeto

🔊 *¡**Lo** bien **que** canta este coro!*
🔊 *¡**Lo** mal **que** están vestidos estos chicos!*

LÉXICO

TRADICIONES, CELEBRACIONES Y RITOS

celebrar	un cumpleaños 〉 una fiesta 〉 una tradición
organizar	las Olimpiadas 〉 un campeonato
	un mundial
	una fiesta 〉 una comida 〉 una reunión
	una boda 〉 un cumpleaños
fiesta	tradicional 〉 popular 〉 familiar 〉 religiosa
	de cumpleaños 〉 sorpresa
tradición	popular 〉 familiar 〉 religiosa

CARACTERÍSTICAS DEL TEXTO

EL TEXTO EXPOSITIVO
Un texto expositivo escrito tiene como objetivo explicar al lector un contenido concreto. Normalmente combina estrategias como describir, narrar, argumentar, explicar, etc. Podemos señalar tres secuencias básicas:

▶ **Introducción**
Se presenta el tema central y se sitúa al lector en el escenario.

▶ **Desarrollo**
Se añade nueva información pertinente y se enriquece el texto.

▶ **Cierre**
Se termina con una conclusión, una idea final o un dato que da por terminado el texto.

18 EMOCIONES

CULTURA
- La vida emocional del universitario
- Inteligencias y estilos de aprendizaje

COMUNICACIÓN
- Expresar emociones
- Valorar y aconsejar
- Agradecer, felicitar, disculparse y pedir
- Sugerir e influir en los demás

GRAMÁTICA
- **Ser** y **estar**
- **Parecer** + adjetivos y participios
- Intensificaciones
- **Ser** y **parecer** + adjetivos abstractos
- Valorar usando verbos de objeto indirecto: **(no) me gusta(n), me motiva(n)**...
- Verbos con sujeto personal

LÉXICO
- Emociones
- Familias de palabras
- Sustantivos abstractos

CARACTERÍSTICAS DEL TEXTO
- Actos de habla expresivos y directivos
- Combinación de actos de habla

DOCUMENTOS PARA EMPEZAR

1. PALABRAS CLAVE

🏠 **PREPÁRATE**

A. ¿Qué emociones relacionas con estas expresiones faciales? Añade palabras relacionadas.

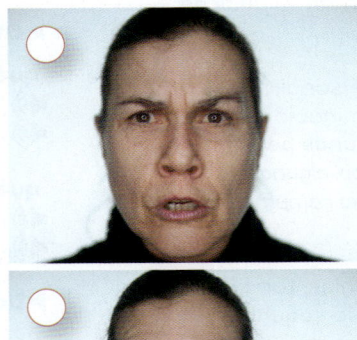

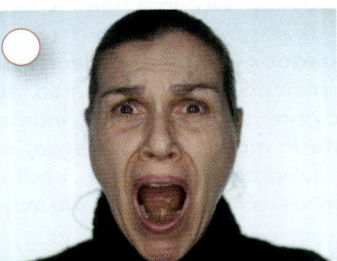

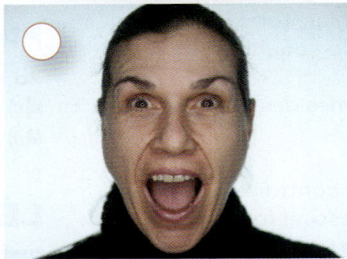

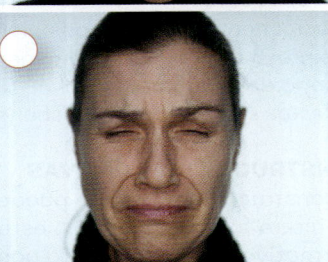

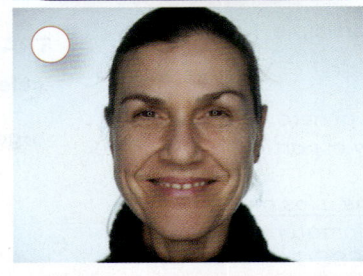

1. miedo	2. enfado	3. tristeza

pánico, terror

4. asco	5. sorpresa	6. alegría

B. Piensa en situaciones de tu vida universitaria en las que sientes estas seis emociones básicas.

Me da miedo/asco...
Me enfado cuando/si...
Me pongo triste cuando/si...
Me sorprendo cuando/si...
Me alegro cuando/si...
Me pongo contento cuando/si...

Me enfada que...
Me pone triste que...
Me sorprende que...
Me alegra que...
Me pone contento que...

C. Comparamos y comentamos en parejas las respuestas a A.

— *La segunda cara expresa miedo, ¿verdad?*
— *Sí, esa está muy clara... ¿Y la tercera?*

D. Comentamos en parejas nuestras respuestas a B.

— *Me pongo muy contento cuando llegan las vacaciones.*
— *Pues a mí me da miedo pensar en el futuro y no saber si encontraré trabajo.*

ACTIVIDAD COMPLEMENTARIA en campus.difusion.com

UNIDAD 18

2. CITAS

PREPÁRATE

A. El haiku es un tipo de poema japonés muy extendido también en Occidente. Está formado, generalmente, por tres versos de cinco, siete y cinco sílabas respectivamente. Cuenta las sílabas de estos haikus y comprueba su métrica.

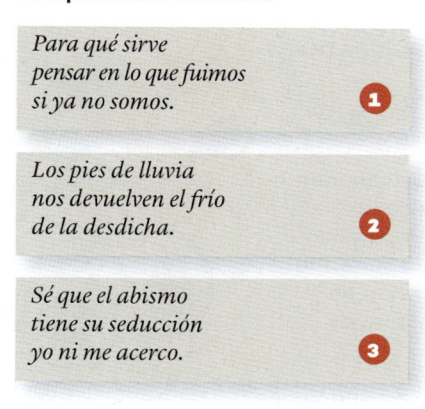

> *Para qué sirve*
> *pensar en lo que fuimos*
> *si ya no somos.* **1**

> *Los pies de lluvia*
> *nos devuelven el frío*
> *de la desdicha.* **2**

> *Sé que el abismo*
> *tiene su seducción*
> *yo ni me acerco.* **3**

B. Estos haikus pertenecen a Mario Benedetti. Investiga en internet y escribe dos o tres frases sobre él.

Mario Benedetti

C. Lee de nuevo los haikus. ¿Qué emociones podrías relacionar con cada uno de ellos? ¿Por qué?

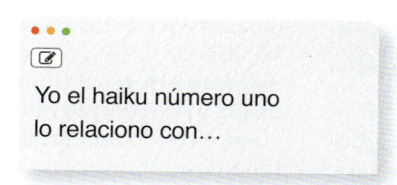

> Yo el haiku número uno lo relaciono con…

D. Comparamos en parejas nuestras respuestas a A y B.

E. En pequeños grupos, comentamos las respuestas a C. Después, escribimos con nuestras propias palabras cómo interpretamos cada haiku. Las respuestas pueden ser muy variadas. Lo comentamos con el resto de la clase.

3. VÍDEO

PREPÁRATE

A. Lee el texto: ¿crees que la psicología del color tiene base científica?

> Asociar el color a las emociones es el fundamento de la psicología del color. Cada color tiene un significado en nuestro subconsciente, por lo que le asociamos toda una serie de valores que suelen estar relacionados con la cultura en la que vivimos.

Cajitas de colores

B. ¿Qué colores asocias con las seis emociones básicas de la actividad 1?

C. ¿Cómo relacionarías estas emociones entre ellas? Después, asócialas con estos cinco colores.

la ilusión
la impotencia
la humildad
la confianza
la curiosidad
la rabia
la esperanza
la angustia
la calma
la pena

la ternura
el amor
la soledad
la frustración
la envidia
los celos
la amistad
la vergüenza
la felicidad
la paz

rojo **amarillo** **azul** **verde** **negro**

D. Comparamos en clase nuestras respuestas a C y tratamos de llegar a una clasificación común.

E. Vemos el vídeo y comparamos nuestra lista con la de la protagonista.

F. En parejas o pequeños grupos, contestamos a las siguientes preguntas.

- ¿Por qué abre las cajas la protagonista?
- ¿Con qué tres emociones se queda finalmente? ¿A qué colores corresponden?
- ¿Crees que funciona este método para canalizar las emociones? ¿Por qué?
- ¿Conoces o practicas algún método para sentirte mejor emocionalmente? ¿En qué consiste?

G. ¿Con qué otras sensaciones, momentos o situaciones relacionamos estos cinco colores?

DOCUMENTOS PARA DESCUBRIR

4. INTELIGENCIAS Y EMOCIONES EN EL APRENDIZAJE

PREPÁRATE

A. Lee con atención y completa los tres pasos del test sobre inteligencias múltiples.

B. Formamos grupos según nuestra inteligencia principal (apartado 2), comentamos los resultados del test, explicamos nuestras experiencias y buscamos nuevos ejemplos de esta inteligencia.

— *Según el test, mi inteligencia más importante es la espacial. ¿Y la tuya?*
— *La mía también. Además de lo que dice el test, también tengo muy buen sentido de la orientación.*

C. Ahora, comparamos en el mismo grupo los resultados del apartado 3 del test y comentamos con qué tipos de aprendizaje nos identificamos cada uno.

— *Yo me identifico sobre todo con el estilo de aprendizaje visual, pero también con el físico y el lógico. ¿Y tú?*

D. ¿Qué inteligencias múltiples están más o menos presentes en los cursos y las asignaturas que estamos haciendo? Buscamos otros en el directorio de nuestra universidad. Intentamos usar las ocho inteligencias.

— *Las personas que estudian Arquitectura tienen que tener una gran inteligencia lógico-matemática porque estudian mucho cálculo y geometría.*
— *Y también inteligencia espacial, porque para ser arquitecto debes saber dibujar y representar. Imagino que su estilo de aprendizaje es lógico, pero también visual.*

E. ¿Qué sabemos sobre la inteligencia emocional? En parejas, escribimos algunas palabras que relacionamos con este concepto.

F. Vamos a escuchar un *podcast* para confirmar nuestras hipótesis. ¿Qué es, según esta psicóloga, la inteligencia emocional?

🔊 46

TRANSCRIPCIÓN MAPEADA
en campus.difusion.com

G. Buscamos ejemplos de presencia o ausencia de inteligencia emocional en nuestra experiencia universitaria.

ACTIVIDAD COMPLEMENTARIA
en campus.difusion.com

MÚLTIPLES INTELIGENCIAS, MÚLTIPLES EMOCIONES

¿Te da vergüenza hablar en público? ¿Te aburres resolviendo problemas de lógica? ¿Te divierte escuchar música? ¿Prefieres que te dejen trabajar solo?

TEXTO MAPEADO en campus.difusion.com

Todos estos estados emocionales dependen de las experiencias individuales y de las habilidades de cada persona. El prestigioso psicólogo Howard Gardner formuló su teoría de las inteligencias múltiples teniendo en cuenta las capacidades que los humanos tenemos para resolver problemas.

¿Te identificas con las siguientes afirmaciones?
Marca estas afirmaciones de 1 (nada de acuerdo) a 4 (totalmente de acuerdo).

INTELIGENCIA VERBAL — 1 2 3 4

Afirmación	1	2	3	4
La lectura es muy importante en mi vida.	○	○	○	○
Me entretiene mucho escuchar la radio o un *podcast*.	○	○	○	○
Uso normalmente el diccionario y me preocupo por conocer nuevas palabras.	○	○	○	○
Cuando era pequeño/-a, en la escuela se me daban mejor la Lengua y la Literatura, las Ciencias Sociales y la Historia. No soportaba las Matemáticas, la Física, la Química o las Ciencias Naturales.	○	○	○	○
Aprender otra lengua no me resulta complicado, no me pone nervioso/-a ni hablarla ni escucharla.	○	○	○	○

INTELIGENCIA LÓGICO-MATEMÁTICA — 1 2 3 4

Afirmación	1	2	3	4
Me parecen muy interesantes los avances científicos.	○	○	○	○
Las Matemáticas y las Ciencias eran mis asignaturas favoritas en la escuela.	○	○	○	○
Me tranquiliza saber que todo tiene una explicación racional.	○	○	○	○
A veces pienso en conceptos claros, abstractos, sin palabras ni imágenes.	○	○	○	○
Mi mente busca patrones, regularidades o secuencias lógicas en las cosas.	○	○	○	○

INTELIGENCIA ESPACIAL — 1 2 3 4

Afirmación	1	2	3	4
Prefiero que el material de lectura y estudio tenga muchas ilustraciones e imágenes.	○	○	○	○
Cuando cierro los ojos, veo imágenes visuales claras.	○	○	○	○
Me considero sensible al color, elijo el color de la ropa y los objetos y me preocupa la armonía de colores.	○	○	○	○
Tomo fotos y vídeos para captar y guardar lo que veo a mi alrededor.	○	○	○	○
Me divierte dibujar, pintar, crear imágenes. En la escuela lo hacía a menudo.	○	○	○	○

1

UNIDAD 18

INTELIGENCIA CINÉTICO-CORPORAL 1 2 3 4

- Me pone nervioso/-a estar mucho tiempo quieto/-a. ○ ○ ○ ○
- Practico deporte o algún tipo de actividad física de forma regular. ○ ○ ○ ○
- Me gusta pasar mi tiempo de ocio al aire libre. ○ ○ ○ ○
- Gesticulo o utilizo otras formas de lenguaje corporal cuando hablo con alguien. ○ ○ ○ ○
- No me interesa que me expliquen una actividad física, prefiero practicarla por mí mismo/-a. ○ ○ ○ ○

INTELIGENCIA MUSICAL 1 2 3 4

- La música me hace feliz y me alegra la vida. ○ ○ ○ ○
- Con solo escuchar una canción una o dos veces, soy capaz de reproducirla. ○ ○ ○ ○
- Suelo producir sonidos rítmicos con golpecitos o cantar mientras estoy trabajando o estudiando. ○ ○ ○ ○
- Toco algún instrumento musical. ○ ○ ○ ○
- A veces canto mentalmente melodías que me sé de memoria. ○ ○ ○ ○

INTELIGENCIA INTERPERSONAL 1 2 3 4

- Prefiero practicar deportes de equipo a deportes solitarios, como natación o correr. ○ ○ ○ ○
- Cuando tengo un problema, necesito que me ayuden y no lo soluciono por mí mismo/-a. ○ ○ ○ ○
- Me encanta que me visiten mis amigos y familiares. Si ellos no vienen, voy yo a verlos. ○ ○ ○ ○
- Me considero un líder (o los demás dicen que lo soy). ○ ○ ○ ○
- Prefiero que me inviten a una fiesta con desconocidos a quedarme en casa. ○ ○ ○ ○

INTELIGENCIA INTRAPERSONAL 1 2 3 4

- Me relaja mucho meditar y reflexionar. ○ ○ ○ ○
- Prefiero que me regalen unas vacaciones en una cabaña en las montañas que en un sitio turístico. ○ ○ ○ ○
- Me molesta que la gente haga ruido cuando estoy pensando en mis cosas. ○ ○ ○ ○
- Tengo algunos objetivos importantes en mi vida en los que pienso de forma habitual. ○ ○ ○ ○
- Me considero una persona independiente y con mucha fuerza de voluntad. ○ ○ ○ ○

INTELIGENCIA NATURALISTA 1 2 3 4

- No me dan miedo los perros. Si veo uno, lo acaricio y juego con él. ○ ○ ○ ○
- Me estresa la ciudad, el tráfico y el desorden. ○ ○ ○ ○
- Cuando tengo vacaciones, prefiero los destinos de naturaleza a los urbanos. ○ ○ ○ ○
- Me pone muy contento/-a pasear por el campo o por la playa y escuchar los pájaros, notar los olores, sentir el viento... ○ ○ ○ ○
- Me gusta leer libros o revistas y ver programas o películas en los que la naturaleza está presente. ○ ○ ○ ○

2

Suma los puntos de cada categoría y organiza tus inteligencias de mayor a menor.
Si tienes inteligencias con los mismos puntos, decide cuál consideras más importante.

INTELIGENCIA	PUNTOS
1.	
2.	
3.	
4.	
5.	
6.	
7.	
8.	

Identifica tu(s) estilo(s) de aprendizaje.
¿Cómo te calificarías: más auditivo, más social...?

APRENDIZAJE VISUAL
Aprendo mejor con mapas mentales, imágenes, fotografías... Prefiero representar los conceptos y organizar la información con dibujos y colores.

APRENDIZAJE INDIVIDUAL
Prefiero aprender por mí mismo/-a. Me concentro sin dificultad y necesito tiempo antes de actuar. Soy una persona introspectiva e independiente.

APRENDIZAJE LÓGICO
Clasifico la información y busco conexiones entre los elementos. Trabajo con abstracciones, números, clasificaciones y listas.

APRENDIZAJE SOCIAL
Me comunico sin dificultad con las personas. Sé escuchar a los demás y compartir. Aprendo mejor compartiendo mis experiencias.

APRENDIZAJE AUDITIVO
Tengo sentido del ritmo y me gusta trabajar con los sonidos. No me molesta la música para trabajar o estudiar.

3

APRENDIZAJE FÍSICO
Proceso información mediante la acción física y los movimientos. Me gusta manipular objetos. Uso mi cuerpo para realizar actividades y comunicarme.

APRENDIZAJE VERBAL
Sé expresarme sin dificultad de manera oral y escrita. Prefiero interactuar con las palabras y construir mis ideas comunicándome con los demás.

Cuestionario creado a partir de Thomas Armstrong (2006). *Inteligencias múltiples en el aula. Guía práctica para educadores.* Barcelona: Paidós (pp. 39-43).

SISTEMA FORMAL

5. PERFIL EMOCIONAL DEL ESTUDIANTE

GRAMÁTICA

PREPÁRATE

A. Tu profesor/a quiere saber cómo se sienten sus estudiantes en clase. Lee esta lista de actividades y explica las emociones que te provocan.

Me divierte(n), me parece(n) divertido/-a/-os/-as…
Me gusta(n), me encanta(n), me interesa(n), me motiva(n)…
Me da(n) confianza/seguridad, me tranquiliza(n)…
Es/son necesario/-a/-os/-as, útil/es, buena idea…
Me aburre(n), no me motiva(n), no me gusta(n)/ interesa(n)…
Me pone(n) nervioso/-a, me estresa(n), me da(n) ansiedad…
Me da(n) vergüenza…
Me da(n) miedo…
Me molesta(n), me enfada(n)…
Me parece(n) absurdo/-a/-os/-as, innecesario/-a/-os/-as, inútil/es…

Las actividades de corrección de errores
Los exámenes
Las clases con muchos/pocos estudiantes
Hablar en público frente a toda la clase
Hablar sobre mi vida privada en las actividades
Las actividades en grupos o parejas
Trabajar individualmente
Usar solo el español en clase
Leer textos de actualidad o literarios
Las audiciones del libro y escuchar canciones
Los vídeos y las películas
Los juegos
Las actividades de gramática
Usar el diccionario
Traducir del español a mi lengua o al contrario
Otros

B. En grupos, comentamos nuestras emociones y encontramos los puntos de acuerdo.

—A mí me aburren los textos literarios muy largos.
—A mí también. No me motivan nada cuando no son muy interesantes.

C. En pequeños grupos, describimos cómo sería nuestro curso de español ideal.

6. LOLA SE PONE NERVIOSA. A LOLA LE PONE NERVIOSA

GRAMÁTICA

PREPÁRATE

A. Observa las diferencias entre estos usos e identifica el sujeto gramatical en cada frase. Puedes consultar la página de Recursos lingüísticos.

Me pongo nervioso/-a cuando/si tengo que hablar en público.
Me pone nervioso/-a tener que hablar en público.
Me ponen nervioso/-a las actividades en las que tengo que hablar en público.

Me aburro cuando/si leo textos literarios en clase.
Me aburre leer textos literarios en clase.
La lectura de textos literarios **me aburre**.
Me aburren los textos literarios en clase.

Nos estresamos cuando/si estudiamos la noche antes de un examen.
Nos estresa estudiar la noche antes de un examen.
Nos estresan los exámenes.

Me avergüenzo de mi pronunciación en español.
(**A mí**) **me avergüenza** / **me da vergüenza** pronunciar en español.
(**A mí**) **me avergüenzan** / **dan vergüenza** mis dificultades de pronunciación.

¿**Te diviertes** cuando/si juegas en clase?
¿**Te divierte** jugar en clase?
¿**Te divierten** los juegos en clase?

¿**Tenéis miedo de** los exámenes orales?
¿**Os da miedo** hacer exámenes orales?
¿**Os dan miedo** los exámenes orales?

B. Lee los perfiles de estos estudiantes y formula frases sobre cómo crees que son en relación con las actividades de clase de 5.A.

- Jessica tiene una inteligencia interpersonal elevada, pero poca intrapersonal.
- Anthony tiene poca inteligencia verbal, pero una gran inteligencia musical.
- Tom tiene muy desarrolladas la inteligencia naturalista y la cinético-corporal.
- Malika tiene mucha inteligencia lógico-matemática, pero espacial, ninguna.

Seguramente, Jessica se aburre cuando tiene que trabajar individualmente…

C. Comentamos en parejas nuestras respuestas a las actividades A y B.

UNIDAD 18

7. EVALUACIONES

LÉXICO

🏠 PREPÁRATE

A. Estas son cosas que han dicho sobre sus profesores/-as algunos estudiantes de español. Según tu experiencia, ¿estos comentarios son positivos o negativos? Añade otros.

	+	−
1. No corrige los errores.	☐	☐
2. Siempre sonríe y está de buen humor.	☐	☐
3. Es una persona muy organizada.	☐	☐
4. Trabaja con vídeos en clase.	☐	☐
5. Tiene ideas originales y divertidas.	☐	☐
6. Hace muchas actividades en grupo.	☐	☐
7. Habla siempre en español.	☐	☐
8. Siempre llega tarde.	☐	☐
9. No prepara las clases.	☐	☐
10. Usa a menudo la pizarra.	☐	☐
11. No explica gramática.	☐	☐
12. Usa poco el libro.	☐	☐
13. Habla muy despacio.	☐	☐
14. Traduce a menudo a mi lengua.	☐	☐
15. Usa canciones en clase para trabajar la pronunciación.	☐	☐
16. En clase se tratan pocos temas de cultura hispana.	☐	☐

B. En grupos, compartimos nuestras valoraciones. Podemos usar las expresiones de la actividad 5 y consultar la página de Recursos lingüísticos.

Valoraciones positivas

Me gusta
Me tranquiliza   que mi profesor explique la gramática
Me motiva   en mi lengua.
(...)

Valoraciones negativas

No me gusta
No me da seguridad   que mi profesor no corrija los errores.
Me molesta
(...)

— Me motiva mucho que mis profesores traten temas de cultura hispana en clase. Estudio Antropología y me interesa mucho aprender cosas sobre otras culturas desde el punto de vista de un nativo.

🔔 ATENCIÓN

Usamos el indicativo para constatar un hecho.
Mi profesor nunca **me corrige** los errores.
Usamos el subjuntivo para valorar una información.
Me molesta mucho que mi profesor nunca **me corrija** los errores.

C. En parejas, escribimos un pequeño texto sobre un/a profesor/a ideal. Puede ser de Lengua o de Música, un/a entrenador/a, un/a tutor/a de tesis...

D. Estos adjetivos se pueden aplicar a un/a profesor/a. ¿En qué casos? ¿Qué cosas hace un/a profesor/a dinámico/a, estricto/a, etc.? Lo comentamos en grupo.

dinámico/-a   estricto/-a
(im)paciente   aburrido/-a
(des)organizado/-a   (in)seguro/-a

— Para mí, un profesor dinámico es alguien que tiene ideas originales, que...

8. ¿Y TÚ QUÉ HARÍAS?

GRAMÁTICA

A. Por parejas, leemos los problemas de estos estudiantes en clase de español y escribimos consejos según nuestra experiencia.

> Me siento inseguro en clase cuando trabajamos en grupo porque nunca sé si lo estoy haciendo bien. Participo poco y siento que pierdo el tiempo.
> **Hannes**

> Me molesta mucho que me pregunten sobre mi vida privada en clase.
> **Elio**

> En clase nunca tengo tiempo suficiente para terminar las actividades. Y eso me pone muy nerviosa.
> **Teresa**

> Me da mucha vergüenza preguntar dudas gramaticales en clase porque pienso que son preguntas tontas o muy evidentes.
> **Ida**

B. Nos levantamos todos al mismo tiempo y escribimos cada uno un problema relacionado con la universidad en la pizarra. Después, entre todos, iremos leyendo y dando consejos útiles para cada problema.

Yo te sugiero /   más paciencia.
te recomiendo   tener más paciencia.
                     que tengas más paciencia.

Es importante /   el aprendizaje en grupo.
es buena idea   aprender a trabajar
                       en grupo.
                     que aprendas a
                       trabajar en grupo.

223

SISTEMA FORMAL

9. COLORES Y EMOCIONES

LÉXICO

PREPÁRATE

A. ¿Recuerdas los colores que hemos asociado a las emociones a partir del vídeo de la actividad 3? Siguiendo este mismo criterio de color, aquí tienes una tabla con algunas emociones. Complétala. Puedes usar el diccionario.

sustantivo(s)	adjetivo(s)	verbo(s)
....	....	entristecer(se), ponerse triste
....	sorprendido/-a, sorprendente	....
....	....	tener/sentir miedo, dar miedo
la alegría	....	....
....	angustioso/-a	....
el enfado	....	....
....	....	ser amigos
....	asqueroso/-a	....
los celos	....	....
....	avergonzado/-a, vergonzoso/-a	....
....	....	tener confianza en, confiar en
la envidia	....	....
....	tranquilo/-a	....
....	....	tener/sentir curiosidad por
la humildad	....	....

B. Completa la tabla con dos emociones más y adjudícales un color.

C. Completa las siguientes frases.

- Me da muchísima envidia...
- Me parece asqueroso (que)...
- Los celos son...
- Siento muchísima curiosidad por...
- Me da (mucha) vergüenza...
- Me sorprendo mucho cuando...

D. Elige cuatro emociones y piensa en un icono para representar cada una de ellas. Explica por qué.

Para la tristeza yo he elegido una lágrima porque…

E. En pequeños grupos, ponemos en común nuestras respuestas a A, B y C.

F. Compartimos con el resto de la clase los iconos de D sin decir a qué emociones los asociamos. Los demás tratan de adivinar cuáles son.

—Para esta emoción yo he elegido un nudo porque...

ACTIVIDAD COMPLEMENTARIA en campus.difusion.com

UNIDAD 18

10. MAPAS MENTALES

LÉXICO

🏠 **PREPÁRATE**

A. Observa este mapa mental sobre la inteligencia cinético-corporal. Complétalo con otras palabras o expresiones o crea el tuyo propio.

B. Comparamos en parejas nuestro mapa mental y lo completamos.

C. Dividimos la clase en grupos, adjudicamos a cada equipo una inteligencia de la actividad 4 y creamos un mapa mental. Lo podemos ilustrar con imágenes, fotos, etc. Después, lo presentamos al resto de la clase y completamos los mapas entre todos.

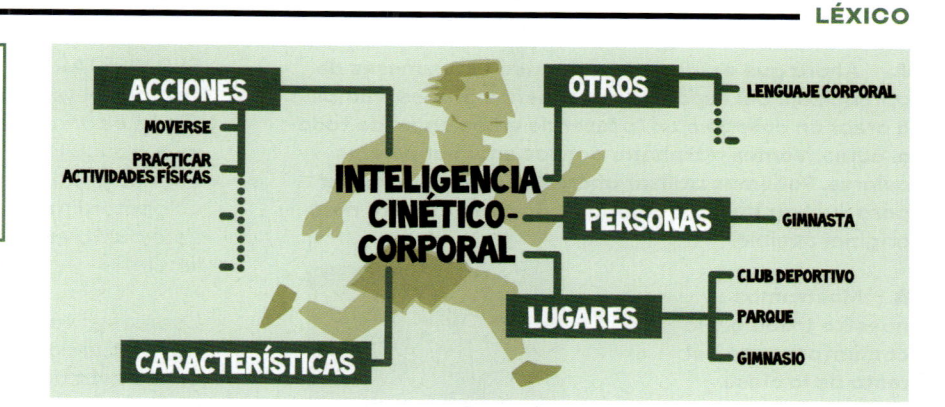

Mapa mental — INTELIGENCIA CINÉTICO-CORPORAL:
- ACCIONES: moverse, practicar actividades físicas
- OTROS: lenguaje corporal
- PERSONAS: gimnasta
- LUGARES: club deportivo, parque, gimnasio
- CARACTERÍSTICAS

11. CONVERSACIONES DIGITALES

CARACTERÍSTICAS DEL TEXTO

A. En parejas, clasificamos estos mensajes breves según el acto de habla correspondiente. Después, intentamos añadir otros mensajes equivalentes.

- Me alegro mucho. 8:27 p.m. ✓
- Quédate en casa. 9:12 p.m. ✓
- ¡Cómo te lo agradezco! 2:22 p.m. ✓
- ¿Te importa dejarme tu bici? 6:45 p.m. ✓
- ¿Puedes traer una botella de vino blanco? 8:17 a.m. ✓
- Quisiera pedirte un favor. 4:07 a.m. ✓
- No me escribas más. 3:15 p.m. ✓
- Que cumplas muchos más. 5:34 a.m. ✓
- Muchísimas gracias, de verdad. 6:27 p.m. ✓
- ¿Me dejas tu cámara el sábado, por favor? 4:08 p.m. ✓
- Llámame luego, es importante. 6:04 p.m. ✓
- Perdona que te moleste a estas horas. 1:35 a.m. ✓
- No volverá a ocurrir, de verdad. 7:07 p.m. ✓
- No tengo palabras, no era necesario. 4:37 p.m. ✓
- No hacía falta. 12:32 p.m. ✓
- Enhorabuena. 10:41 p.m. ✓
- Ha sido culpa mía, lo sé. 1:10 p.m. ✓
- ¡Cómo lo siento! 6:47 a.m. ✓
- ¡Qué alegría por vosotros! 2:55 p.m. ✓
- Ven un momentito, por favor. 7:27 p.m. ✓

AGRADECER
– Muchas gracias.
– ....
– ....
– ....
– ....

FELICITAR
– Muchas felicidades.
– ....
– ....
– ....
– ....

PEDIR
– Prefiero que compres tú el vino.
– ....
– ....
– ....
– ....

DISCULPARSE
– Lo siento mucho, llego veinte minutos tarde.
– ....
– ....
– ....
– ....

DAR INSTRUCCIONES
– No quiero que llegues tarde otra vez.
– ....
– ....
– ....
– ....

TAREAS

PROYECTOS UNIDADES 17 Y 18 → PÁG. 239

12. *COLLAGE* EMOCIONAL

A. Ahora que estamos terminando estos meses de aprendizaje del español, en pequeños grupos, vamos a crear un *collage* o un "póster de emociones" de todo el curso. Vamos a trabajar con las emociones y los colores. Podemos utilizar imágenes, vídeos o textos para ilustrar nuestra composición de la manera más original posible.

B. Mostramos nuestro trabajo y lo comentamos con el resto de la clase.

13. EMOCIONES PÚBLICAS

A. Por parejas, vamos a trabajar con noticias controvertidas que provocan en el lector reacciones de miedo, ira, tristeza, asco, sorpresa o alegría. Buscamos noticias que sean percibidas de manera diferente por el público en función de su edad, su posición económica, social, política... y explicamos ambos puntos de vista.

Finlandia, laboratorio mundial de la renta básica universal

El país nórdico será el primer país del mundo en experimentar esta forma de retribución.

—A muchos desempleados les interesa la implantación de la renta básica universal. Les parece una medida justa para cubrir sus necesidades básicas mientras encuentran trabajo.
—Sí, y a algunos gobiernos también les parece buena idea implantarla para dejar de dar ayudas sociales. Dicen que esas ayudas serán innecesarias si los ciudadanos ya reciben la renta básica. Por eso, mucha gente tiene miedo de que las condiciones sociales empeoren...

B. Presentamos en clase nuestras noticias y las comentamos entre todos.

C. Escribimos un informe sobre la noticia que hemos elegido exponiendo los diferentes puntos de vista.

RECURSOS LINGÜÍSTICOS

GRAMÁTICA

SER Y ESTAR
Usamos el verbo **ser** para definir cosas y personas.
*Julián **es** una persona muy tranquila.* (= Julián es muy tranquilo)
*Esta asignatura **es** muy fácil.* (= esta es una asignatura muy fácil)
*Este barrio **es** muy limpio.* (= este es un barrio muy limpio)

Usamos el verbo **estar** para informar del estado o de la situación de las cosas y personas.
*Lucas **está** bastante nervioso, ¿qué le pasa?*
*Hoy el barrio **está** muy sucio.*

Usamos el verbo **estar** con los participios ya que estos expresan siempre un estado.
—*Lola **está** estresada, ¿no?*
—*Creo que **está** cansada. Todos **estamos** cansados al final del curso.*

PARECER + ADJETIVOS Y PARTICIPIOS
Usamos el verbo **parecer** para atenuar afirmaciones, cuando no nos comprometemos al 100 % con la información.
🔊 **Parece** una persona muy tranquila.
🔊 **Es** una persona muy tranquila.
🔊 ¡**Qué** persona **tan** tranquila!

INTENSIFICACIONES

	qué + adjetivo
🔊 Estoy muy triste.	🔊 ¡**Qué** triste estoy!
🔊 Estoy muy alegre.	🔊 ¡**Qué** alegre estoy!
🔊 Estoy sorprendido.	🔊 ¡**Qué** sorprendente!

	qué + sustantivo
🔊 Es muy triste.	🔊 ¡**Qué** tristeza!
🔊 Es una alegría.	🔊 ¡**Qué** alegría!
🔊 Es una sorpresa.	🔊 ¡**Qué** sorpresa!

	cómo + verbo
🔊 Me alegro.	🔊 ¡**Cómo** me alegro!
🔊 Lo siento.	🔊 ¡**Cómo** lo siento!
🔊 Me duele.	🔊 ¡**Cómo** me duele!

SER Y PARECER + ADJETIVOS ABSTRACTOS

es **parece**	bueno malo lógico (in)necesario absurdo (in)útil normal importante ...	sustantivo
		infinitivo
		que + subjuntivo

Es importante *la organización*.
Es importante *organizarse*.
Es importante **que** *organicemos* bien el trabajo.

UNIDAD 18

VALORAR USANDO VERBOS DE OBJETO INDIRECTO

objeto indirecto	verbo	sujeto
(a mí) **me** (a ti, vos) **te** (a él, ella, usted) **le** (a nosotros/-as) **nos** (a vosotros/-as) **os** (a ellos, ellas, ustedes) **les**	gusta(n) interesa(n) motiva(n) divierte(n) molesta(n) aburre(n) preocupa(n) pone(n) nervioso/-a/-os/-as, triste/s, contento/-a/-os/-as, alegre/s da(n) miedo, pena, vergüenza parece(n) bien/mal	sustantivo infinitivo **que** + subjuntivo

No **me** gustan <u>los exámenes</u> sorpresa.
No **me** gusta <u>tener</u> exámenes sorpresa.
No **me** gusta **que** <u>nos hagan</u> exámenes sorpresa.

🔔 Usamos el indicativo para constatar un hecho.
Mucha gente **estudia** español.
Usamos el subjuntivo para valorar una información en frases subordinadas como las anteriores.
(A mí) me encanta que tanta gente **estudie** español.

VERBOS CON SUJETO PERSONAL

pronombre sujeto	verbo	complemento
(yo) (tú, vos) (él, ella, usted) (nosotros/-as) (vosotros/-as) (ellos, ellas, ustedes)	**me** pon**go** nervioso/-a **te** diviert**es** **se** aburre **nos** preocup**amos** **os** estres**áis** **se** sorprend**en**	**cuando** + presente de indicativo **si** + presente de indicativo

Me pongo nerviosa **cuando** <u>hablo</u> en público.
¿**Os aburrís si** no <u>tenéis</u> conexión a internet?
Nunca **te preocupas** de pedir los apuntes **cuando** no <u>vas</u> a clase. Eres muy desorganizado.
Nos divertimos mucho **si** <u>hacemos</u> juegos en clase porque aprendemos más rápido.

SUGERIR E INFLUIR EN LOS DEMÁS

te recomiendo te sugiero es importante es buena idea	infinitivo
	que + subjuntivo

Te recomiendo **estudiar** todos los días.
Te sugiero **que estudies** todos los días.
(Creo que) es buena idea **estudiar** todos los días.
(Creo que) es buena idea **que estudies** todos los días.

LÉXICO

EMOCIONES

estar › triste › melancólico/-a
› sorprendido/-a › asombrado/-a
› confiado/-a › alegre › enfadado/-a

dar › miedo › pena › asco › vergüenza › envidia › angustia › seguridad

ponerse › nervioso/-a › tranquilo/-a › contento/-a › triste › celoso/-a

sentir, experimentar › tristeza › pena › melancolía
› sorpresa › asombro › miedo
› terror › confianza › admiración
› alegría › éxtasis › furia
› ira › enfado › odio › aversión

RECURSOS LINGÜÍSTICOS

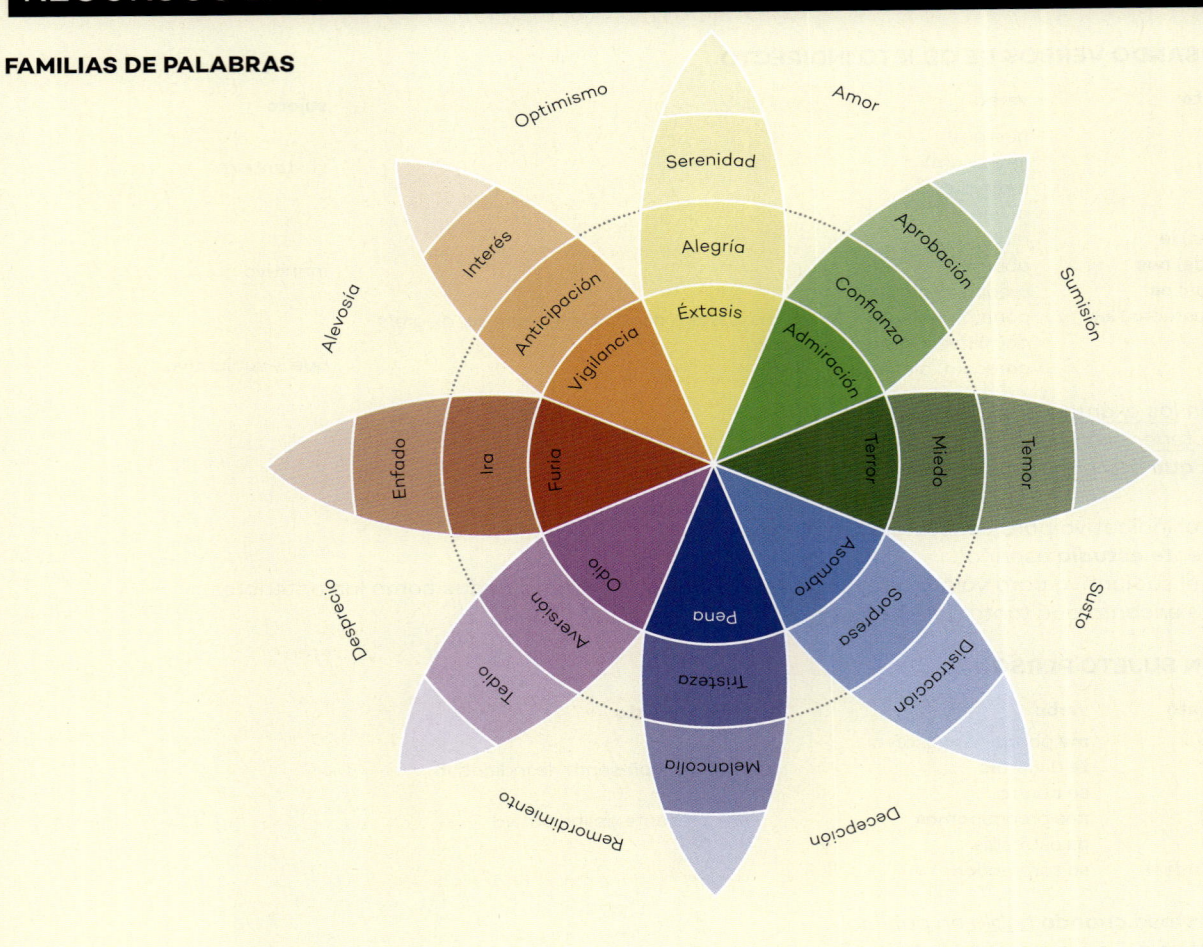

FAMILIAS DE PALABRAS

Rueda de emociones (Plutchik):
- Optimismo / Interés, Anticipación, Vigilancia
- Amor / Serenidad, Alegría, Éxtasis
- Sumisión / Aprobación, Confianza, Admiración
- Susto / Terror, Miedo, Temor
- Decepción / Asombro, Sorpresa, Distracción
- Remordimiento / Pena, Tristeza, Melancolía
- Despricio / Odio, Aversión, Tedio
- Alevosía / Enfado, Ira, Furia

sustantivo(s)	adjetivo(s)	verbo(s)
la tristeza	triste	entristecer(se), ponerse triste
la sorpresa	sorprendido/-a, sorprendente	sorprenderse
el miedo	miedoso/-a, miedica	tener/sentir miedo, dar miedo
la alegría	alegre	alegrar(se)
la angustia	angustioso/-a	angustiar(se), sentir angustia
el enfado	enfadado/-a	enfadar(se)
la amistad	amistoso/-a, amigable	ser amigos
el asco	asqueroso/-a	dar asco
los celos	celoso/-a	tener celos de, dar celos
la vergüenza	avergonzado/-a, vergonzoso/-a	tener vergüenza de, dar vergüenza
la confianza	confiado/-a	tener confianza en, confiar en
la envidia	envidioso/-a	tener envidia de, dar envidia
la tranquilidad	tranquilo/-a	tranquilizar(se)
la curiosidad	curioso/-a	tener/sentir curiosidad por
la humildad	humilde	tener humildad

UNIDAD 18

SUSTANTIVOS ABSTRACTOS
Estas son las terminaciones de los sustantivos abstractos más comunes derivados de adjetivos.

-eza
la trist**eza**
la pur**eza**

-ez
la sensat**ez**
la rapid**ez**

-ía
la alegr**ía**
la simpat**ía**

-encia
la paci**encia**
la intelig**encia**

-ancia
la eleg**ancia**
la abund**ancia**

-dad
la tranquili**dad**
la seguri**dad**

-ura
la amarg**ura**
la loc**ura**

-tud
la juven**tud**
la lenti**tud**

🔔 Estos sustantivos son todos femeninos.

CARACTERÍSTICAS DEL TEXTO

ACTOS DE HABLA EXPRESIVOS
Estos actos de habla expresan un estado afectivo, emocional o físico. Según el contexto, se realizan con más o menos intensidad.

▶ **Saludos**
🔈 *Hola.*
🔊 *Buenos días. ¿Qué tal? ¿Cómo estás?*

▶ **Felicitaciones**
🔈 *Felicidades.*
🔊 *¡Enhorabuena!*
🔊 *¡Cómo me alegro!*

▶ **Agradecimientos**
🔈 *Muchas gracias.*
🔊 *¡No sabes cómo te lo agradezco!*

▶ **Elogios**
🔈 *Estás muy guapo con ese jersey.*
🔊 *¡Qué bien te queda ese jersey! ¡Estás guapísimo!*

▶ **Disculpas**
La persona que se disculpa admite la ofensa cometida. Dependiendo del contexto, se pueden usar estrategias como las siguientes.

- Expresión explícita de disculpa
  Perdona/-e.
  Lo siento mucho.
  Disculpa/-e.

- Justificación
  Es que *no funcionaba el metro* ***y*** *tuve que venir en autobús.*

- Reconocimiento de responsabilidad
  Ya sé que *es mi culpa.*

- Reparación
  Te invito yo.

- Promesa
  No volverá a ocurrir, te lo prometo.

ACTOS DE HABLA DIRECTIVOS
El hablante busca persuadir al oyente y lograr que realice una acción determinada. Para ello, se usan estrategias muy variadas con diferentes grados de cortesía según las necesidades del contexto.

▶ **Peticiones directas**
*¿**Me pasas** el diccionario?*
*¿**Puedes pasarme** el diccionario?*
*¿**Podrías pasarme** el diccionario?*

▶ **Peticiones indirectas**
*¿**Tienes** un diccionario?*

▶ **Instrucciones directas**
*¡**No me llames más**!*
*¡**Pásame** el diccionario!*

COMBINACIÓN DE ACTOS DE HABLA
En la comunicación personal es normal combinar varios actos de habla para dar más intensidad al mensaje.

▶ **Saludo y felicitación**
¿Qué tal? Muy buenas. ¿Cómo estás? Oye, que me he enterado de que estás embarazada.
¡Enhorabuena!

▶ **Agradecimiento y elogio**
Muchas gracias. Eres un encanto.

▶ **Disculpas y justificación**
Lo siento mucho, es que no encontraba los archivos originales.

P

PROYECTOS

UNIDADES 1 Y 2
- Entrevistar a estudiantes y hacer un gráfico
- Solicitar una beca para un curso

UNIDADES 3 Y 4
- Buscar soluciones para los problemas de los estudiantes
- Escribir un informe sobre la calidad de la vivienda

UNIDADES 5 Y 6
- Diseñar un alojamiento
- Realizar un videocurrículum

UNIDADES 7 Y 8
- Exponer las diferencias entre la juventud de ahora y la de antes
- Escribir una historia de amor desastrosa

UNIDADES 9 Y 10
- Hacer una guía de lugares para comer y comprar
- Escribir un texto para presentar los resultados de un estudio

UNIDADES 11 Y 12
- Crear un foro de consejos
- Hacer un vídeo: ¿Cómo me veo en 10 años?

UNIDADES 13 Y 14
- Presentar una iniciativa de consumo colaborativo
- Escribir un artículo de opinión

UNIDADES 15 Y 16
- Crear una campaña en internet
- Escribir un texto para una revista universitaria

UNIDADES 17 Y 18
- Preparar un informe
- Redactar un informe para evaluar la universidad

PROYECTOS

PROYECTO EN GRUPO

Vamos a entrevistar a estudiantes de intercambio en nuestra universidad, los vamos a presentar a la clase y vamos a hacer una estadística sobre su procedencia y sus motivos para estudiar en vuestra ciudad. Aspectos a tener en cuenta:

- Vamos a hacer la entrevista individualmente, fuera de clase.
- Los entrevistados pueden ser de cualquier país, no solamente hispanohablantes.
- Podemos hacer fotos de los entrevistados, para mostrárselas a las personas de la clase.
- Podemos usar el inglés u otra lengua para hacer la entrevista, pero la presentación tiene que ser en español.

A. En grupos, comentamos si conocemos a estudiantes de intercambio.

— *Yo conozco a una chica sueca de mi clase de Administración.*

B. Hacemos una lista de los puntos que debe incluir nuestra entrevista. Luego, redactamos las preguntas que vamos a hacer.

— *Pues los datos personales, ¿no? Nombre, edad, nacionalidad...*

C. En clase, después de hacer individualmente las entrevistas, presentamos a los entrevistados en nuestros grupos.

— *Esta es Li. Es china y está de erasmus este semestre en mi facultad. Estudia Bioquímica...*

D. Cada grupo presenta a los estudiantes que ha entrevistado.

— *Nosotros tenemos dos chicos ingleses, una chica sueca y otra china. Todos están de Erasmus este semestre. Scott es de Londres...*

E. Hacemos una estadística para saber de dónde son la mayoría de los estudiantes y cuáles son sus principales motivos para estudiar en nuestra universidad o ciudad.

MOTIVOS PARA ESTUDIAR EN NUESTRA CIUDAD

- Aprender la lengua
- Vivir una experiencia
- Encontrar trabajo
- Continuar los estudios aquí

UNIDADES 1 Y 2

PROYECTO INDIVIDUAL

Vas a solicitar una beca para hacer un curso de español de dos semanas en una ciudad española.

A. Rellena el formulario con tus datos personales.

Fundación para la Difusión de la Lengua y la Cultura Española
Calle Dos de Mayo, 16 / Pasaje de la Marquesina, 19 / Valladolid 47004. España / Tel. +34 983 362 478

Puedes enviarnos tu solicitud de beca completando el siguiente formulario. Es obligatoria una redacción explicando por qué crees que eres merecedor de la beca.

Solicitud *Scholarship*

Nombre:

e-mail:

Teléfono:

País:

Título del mensaje:

Mensaje:

Restablecer   Enviar

B. Redacta un mensaje. Antes de escribir el texto, haz un guion.

- Breve descripción personal: nombre, ciudad de origen, edad, lenguas...
- Estudios y habilidades
- Carácter y cualidades personales
- Motivos para hacer un curso de lengua en España

C. Puedes comparar tu solicitud con la de otras personas y mejorarla si es necesario.

PROYECTOS

UNIDADES 3 Y 4

PROYECTO EN GRUPO

Vamos a investigar cuáles son los problemas y las necesidades de las viviendas de los estudiantes y vamos a pensar posibles soluciones.

A. Completamos individualmente este cuestionario sobre nuestra vivienda.

1. ¿Con quién vives?
- ☐ Solo/-a
- ☐ Con otros/-as compañeros/-as
- ☐ Con la familia
- ☐ Con mi pareja
- ☐ Otros:

2. ¿En qué tipo de vivienda?
- ☐ En una residencia universitaria
- ☐ En una residencia dentro del campus
- ☐ En un apartamento
- ☐ En una casa
- ☐ Otros:

3. ¿Tienes habitación propia?
- ☐ Sí, duermo solo/-a
- ☐ No, duermo con otra persona
- ☐ No, duermo con más personas
- ☐ Otros:

4. Valoración del precio de tu vivienda.
- ☐ No es nada cara.
- ☐ No es muy cara.
- ☐ Es muy cara.
- ☐ Es demasiado cara.

5. ¿Dónde está ubicada la vivienda?
- ☐ En el campus
- ☐ Cerca del campus
- ☐ Lejos del campus
- ☐ Muy lejos del campus
- ☐ Otros:

6. Transporte. ¿Cómo vas a clase?
- ☐ A pie
- ☐ En bicicleta
- ☐ En autobús
- ☐ En metro o en tren
- ☐ En coche particular
- ☐ Otros:

7. Nivel de satisfacción general.
- ☐ Me encanta donde vivo.
- ☐ Me gusta donde vivo.
- ☐ No me gusta mucho donde vivo.
- ☐ No me gusta nada donde vivo.

B. Entrevistamos a otras personas de la clase o del campus con este cuestionario. Luego, tomamos nota de las necesidades y problemas más relevantes.

Muchas personas del campus viven muy lejos y en zonas mal comunicadas. Necesitamos más frecuencia de autobuses.

Todos los estudiantes de primer año viven en la residencia del campus. Las habitaciones son muy pequeñas...

C. En pequeños grupos comentamos nuestras conclusiones de B. ¿Cuáles son las necesidades y problemas más importantes relacionados con la vivienda?

— Muchos estudiantes viven en apartamentos pero están muy lejos del campus.
— Sí, y pagan mucho dinero.

D. Una persona de cada grupo presenta al resto de la clase las conclusiones. Discutimos y buscamos soluciones. Tomamos notas para el Proyecto individual.

— Vivimos en apartamentos que son muy caros, están muy lejos y no tienen buenos servicios. Por ejemplo, no hay calefacción. Necesitamos nuevos apartamentos cerca de la universidad, subvencionados...

PROYECTO INDIVIDUAL

Vas a escribir un informe para un blog universitario sobre la calidad de la vivienda en tu campus. Usa las notas que has tomado en el Proyecto en grupo.

A. Decide qué estructura va a tener tu informe.

Recuerda que debes hablar de:
- los problemas de los estudiantes (y a qué porcentaje de estudiantes afectan)
- posibles soluciones

B. Redacta tu informe y publícalo en un blog.

Todos / la mayoría de / la mitad de los estudiantes...
Muchos/pocos estudiantes...
El ochenta/cincuenta/veinte por ciento de los estudiantes...

PROYECTOS

UNIDADES 5 Y 6

PROYECTO EN GRUPO

Vamos a diseñar un alojamiento para estudiantes, en la ciudad donde estudiamos o en un lugar turístico al que vamos de vacaciones.

A. Comentamos en grupos qué cosas nos gustan más del lugar donde vivimos.

— *Yo tengo una terraza. Me encanta porque, cuando hace buen tiempo, puedo desayunar tomando el sol.*
— *Pues a mí sobre todo me gusta el barrio donde vivo, tengo un montón de tiendas y bares cerca.*

B. Buscamos en internet páginas de residencias y apartamentos para estudiantes o de alojamientos turísticos: ¿qué servicios ofrecen?

— *Yo he encontrado una residencia con piscina, me gusta mucho.*
— *Pues aquí hay otra donde te limpian la habitación, tampoco está mal...*

C. Teniendo en cuenta lo que hemos comentado en A y B, decidimos ahora cómo va a ser nuestro alojamiento.

- ¿A quién va destinado?
- ¿Dónde está?
- ¿Qué servicios ofrece?
- ¿Cómo se llama?
- ¿Qué precios tiene?
- ¿Qué requisitos hay que reunir para ser admitido?
- ¿Qué otra información nos parece importante?

D. Realizamos un cartel para presentar nuestro proyecto.

E. Después de las presentaciones, damos nuestra opinión a los demás grupos: ¿Qué nos parecen los alojamientos? ¿Nos gustan sus carteles? ¿Tenemos ideas para mejorarlos?

ACTIVIDAD COMPLEMENTARIA
en campus.difusion.com

PROYECTO INDIVIDUAL

Vamos a realizar un videocurrículum, en el que vamos a presentar de forma atractiva nuestra experiencia profesional y nuestras principales competencias.

A. Busca en la red algunos ejemplos de videocurrículums y toma nota de los aspectos positivos y negativos (errores que hay que evitar) de cada uno de ellos.

Positivos	Negativos
Tiene una estructura clara.	Hay mala iluminación, se ve mal la cara...
Es diferente, atractivo.	...

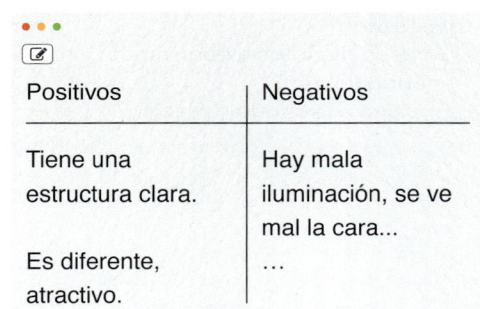

B. Ahora diseña tu propio videocurrículum. Piensa en qué quieres contar y en cómo vas a conseguir que sea original e interesante.

No olvides hablar de:
- tus competencias
- tus conocimientos
- tus experiencias

C. Graba tu vídeo. Luego, puedes enseñárselo a otra persona de la clase y pedirle su opinión.

PROYECTOS

UNIDADES 7 Y 8

PROYECTO EN GRUPO

Vamos a exponer las diferencias entre la juventud antes (cuando nuestros abuelos eran jóvenes) y ahora. Para ello, vamos a entrevistar a personas de nuestra familia o a conocidos.

A. En grupos, hacemos una lluvia de ideas de los temas sobre los que nos gustaría investigar.

—*Las relaciones sentimentales, los estudios…*

B. Lo comentamos con el resto de la clase y hacemos una lista común de posibles temas.

— las relaciones sentimentales
— los estudios
— el trabajo
— el ocio
— las relaciones familiares
— las inquietudes políticas
— …

C. Elegimos un tema por grupo y redactamos una lista de preguntas que podemos hacer a nuestros abuelos u otras personas conocidas.

D. Fuera de clase, cada uno entrevista a una o dos personas. Después, comentamos con nuestro grupo las respuestas que hemos obtenido.

E. Preparamos una presentación para exponer las principales conclusiones de nuestro estudio.

F. Hacemos la presentación a las otras personas de la clase.

—*Nosotros hemos investigado cómo eran las relaciones sentimentales en la época de nuestros abuelos y en qué eran distintas de las de ahora. Hemos entrevistado a diez personas: al abuelo de Karen, a la abuela de Kirsten…*

PROYECTO INDIVIDUAL

Vas a escribir una historia de amor desastrosa. Puede ser una historia vivida (por ti o por alguien que conoces) o inventada.

A. Decide qué historia vas a contar.

Algunas técnicas de creación:
- Mezclar historias (de novelas o películas, etc.).
- Transformar una historia (cambiando los personajes, el espacio, el final, etc.).
- Pensar qué puede pasar en situaciones hipotéticas: ¿Y si…?
- Inventar una historia a partir de un titular de una noticia.

B. Prepara un borrador.

- Personajes
- Ambientación (espacio y tiempo)
- Narrador
- Argumento
- Estructura: planteamiento, nudo y desenlace

C. Redacta el texto y revísalo, teniendo en cuenta los siguientes criterios.

El contenido:
- ¿Hay planteamiento, nudo y desenlace?
- ¿Se entiende lo que ocurrió y por qué la historia fue desastrosa?
- ¿Se capta la atención del lector? ¿Se consigue que tenga ganas de saber lo que ocurrió?
- ¿Se entiende bien la relación entre los acontecimientos?

La forma:
- ¿Se emplean correctamente los tiempos del pasado?
- ¿Se usan distintos mecanismos para evitar repetir palabras?
- ¿El léxico es variado y preciso?

PROYECTOS

UNIDADES 9 Y 10

PROYECTO EN GRUPO

Vamos a hacer una guía de lugares de nuestra ciudad que nos gustan para comprar ropa o para comer.

A. Individualmente, pensamos en un lugar que nos gusta para comprar ropa y en otro, para comer. Lo comentamos en grupo y explicamos por qué nos gustan.

—Para comer, el Kansui. ¿Lo conocéis?
—Yo no.
—Yo tampoco.
—Es un restaurante japonés muy pequeñito en el que solo hacen ramen. Me gusta porque los platos están muy buenos y son abundantes y baratos…

B. En los mismos grupos, hacemos una lista de lugares y la compartimos en clase (la podemos colgar en una red social o blog de la clase). Leemos y comentamos las listas de los demás. ¿Se repiten algunos lugares?

—Ah, sí, ¡el Kansui es muy bueno! Pero no hay que ir los sábados, porque está llenísimo…

C. Nos repartimos los lugares. Cada persona se encarga de escribir uno de los textos de la guía. Si hay lugares repetidos, pensamos en alternativas.

- Cómo se llama
- Dónde está
- Qué ofrece
- Cuáles son sus puntos fuertes y sus puntos débiles
- Consejos y recomendaciones

D. Creamos dos grupos: en uno, revisamos los textos de lugares para comer y en el otro, los de lugares para comprar ropa. Los corregimos, los unificamos y los ordenamos. Si no entendemos algo, hacemos preguntas al autor del texto.

—¿Qué es el ramen shio? ¿Y por qué dices que es recomendable compartirlo? No entendemos por qué.
—Es un tipo de ramen. Y recomiendo compartirlo porque las raciones son muy grandes.

E. Leemos la guía y la comentamos.

PROYECTO INDIVIDUAL

Vas a buscar un estudio interesante y vas a escribir un texto en el que presentarás los resultados principales.

A. Vas a buscar un estudio relacionado con los temas de las unidades 9 y 10. Puede ser un estudio realizado en tu país.

- Las compras *online*
- Industria textil: marcas más vendidas…
- Lugares en los que se fabrica la ropa que compramos
- Evolución de la moda
- La gastronomía en el mundo
- Alimentos buenos y malos: falsos mitos
- Dietas para cuidar la salud y el medioambiente
- Alimentos más consumidos
- …

B. Toma nota de los datos principales del estudio y selecciona los gráficos que te parecen más interesantes.

C. Redacta un texto para presentar los principales resultados del estudio y comentar los gráficos que has seleccionado.

PROYECTOS

UNIDADES 11 Y 12

PROYECTO EN GRUPO

Vamos a crear un foro de dudas y consejos relacionados con nuestro futuro profesional.

A. En grupos, respondemos a estas preguntas.

- ¿Estamos trabajando o haciendo prácticas? ¿En qué? ¿Estamos contentos?
- ¿Estamos buscando trabajo? ¿De qué?
- ¿Qué tipo de trabajo nos gustaría hacer en el futuro? ¿Sabemos cómo es el día a día de la gente que se dedica a ello? ¿Sabemos si nuestro carácter y forma de vida se adecúan a ese tipo de trabajo?
- ¿Sabemos qué requisitos piden a los candidatos a nuestro puesto de trabajo ideal? ¿Estamos preparados para ello? ¿Qué nos falta? ¿Sabemos por dónde empezar?
- ¿Hemos hecho entrevistas de trabajo? ¿Cómo nos sentimos haciéndolas? ¿Qué deberíamos mejorar?
- ¿Cómo vemos nuestro futuro profesional: con algo de miedo o con optimismo?

B. Creamos un foro. Cada uno escribe una consulta relacionada con su futuro profesional y la búsqueda de trabajo.

> A mí me encantan los libros y me gustaría trabajar en una editorial. Pero no sé si es un trabajo con futuro. Mis padres dicen que dentro de unos años ya no se imprimirán libros y que cada vez más editoriales están cerrando. Además, a mí no me gustaría estar todo el tiempo delante del ordenador: quiero viajar, estar con gente… ¿Conocéis a alguien que trabaje en una editorial y que me pueda aconsejar? ¿Qué pensáis vosotros?
> Chiara

C. Leemos las consultas de las otras personas y, si tenemos consejos o información que les puedan resultar útiles, les respondemos.

> Hola, Chiara:
> Yo creo que las editoriales seguirán existiendo. Quizás habrá más contenidos *online*, pero el trabajo de editor seguirá siendo parecido. ¡En una editorial hay gente que se dedica a promocionar los libros y que tiene que viajar mucho y no siempre está en la oficina delante de un ordenador! Todo esto lo sé porque mi tío es editor. Si quieres te paso su contacto. De todos modos, te recomiendo que busques una editorial para hacer prácticas. Así sabrás si es lo que quieres.

PROYECTO INDIVIDUAL

Vas a hacer un vídeo en el que responderás a las siguientes preguntas:

- ¿Cómo te ves en 10 años?
- ¿Qué vas a hacer para conseguir tus metas?

A. Se dice que en las entrevistas de trabajo es habitual preguntar al candidato cómo se ve en 10 años. Piensa qué responderías a esa pregunta. Toma notas.

- Tipo de trabajo (horarios, responsabilidades, tareas, etc.)
- Tipo de vida (dónde te gustaría vivir, cómo te gustaría organizarte tu tiempo…)

> - Un trabajo que me permita viajar.
> - Horarios flexibles.
> …

B. Ahora piensa qué vas a hacer para conseguir eso. Anota los planes que tienes para los próximos años.

> Estoy buscando una empresa para hacer prácticas. Y cuando termine la carrera haré un máster en Traducción Jurada…

C. Haz un vídeo con toda esa información. Puedes grabarte contestando a esas preguntas o hacer un vídeo escrito, con las imágenes que quieras.

PROYECTOS

UNIDADES 13 Y 14

PROYECTO EN GRUPO

Vamos a imaginar y presentar una iniciativa de consumo colaborativo para nuestra universidad. Puede estar relacionada con la vivienda, el transporte, los estudios (clases, libros, etc.), las relaciones sociales, el ocio, la alimentación, el mundo laboral (prácticas, búsqueda de empleo...), etc.

A. En grupos, pensamos en problemas que nos gustaría solucionar. Los anotamos.

—La biblioteca no abre en vacaciones.
—Sí, y es absurdo. No es lógico que en vacaciones no podamos sacar libros.

— La biblioteca no abre en vacaciones.
— No hay suficiente espacio para aparcar las bicis y las motos.
— Los horarios de tarde no convienen a todos los alumnos.
— ...

B. Escogemos un problema y pensamos en una posible solución de consumo colaborativo.

—Para solucionar lo de la biblioteca, podríamos hacer una plataforma de intercambio de libros...
—Sí, ¡y de apuntes!

C. Ahora vamos a preparar la presentación para el resto de la clase.

- Cómo se llama la iniciativa.
- Qué problema pretende solucionar.
- Qué servicio ofrece.
- Cuáles son las principales ventajas y puntos fuertes.
- Por qué nos parece interesante.

D. Presentamos la iniciativa de consumo colaborativo.

PROYECTO INDIVIDUAL

Vas a escribir un artículo para un blog sobre consumo en el que expresas tu opinión sobre un tema. Tu artículo debe contener los siguientes puntos:

- Qué relación o experiencia tienes tú con ese tema.
- Aspectos positivos y negativos.
- Tu opinión.

A. Elige uno de estos dos temas.

- Nuevas técnicas de *marketing online*: cuál es la más efectiva.
- El consumo colaborativo para resolver problemas medioambientales.

B. Documéntate. Para ello, puedes volver a leer los textos, ver los vídeos y escuchar los audios de las unidades 13 y 14, y anotar los argumentos principales. También puedes buscar información sobre esos temas en internet o en libros.

C. Haz un guion con la información e ideas principales que vas a exponer en cada párrafo.

D. Redacta el artículo y revísalo, teniendo en cuenta los siguientes criterios de evaluación.

El contenido:
- ¿Está clara la tesis del texto?
- ¿Están claros los argumentos principales? ¿Los has ordenado por importancia?
- ¿Pones ejemplos concretos para que se entiendan los argumentos?

La forma:
- ¿El título es atractivo?
- ¿Usas distintos mecanismos para evitar repetir palabras?
- ¿Usas conectores para que esté clara la relación entre las ideas?
- ¿Usas expresiones gramaticales correctas para expresar tu opinión?
- Si al texto lo acompaña algún soporte visual, ¿es adecuado? ¿Llama la atención?

PROYECTOS

UNIDADES 15 Y 16

PROYECTO EN GRUPO

Vamos a crear una campaña de activismo en las redes sociales.

A. Pensamos en problemas que tiene nuestro país en la actualidad.

- Economía y trabajo
- Migración
- Política y democracia
- Medioambiente
- Relaciones sociales
- Educación
- ...

— Yo creo que el acoso escolar es un problema muy actual, ¿no?
— Sí, tienes razón, la verdad es que se debe hacer algo al respecto porque cada vez se oyen más casos. Hace poco leí que...

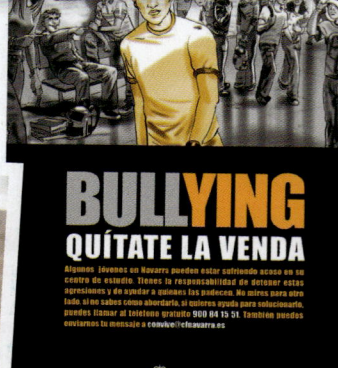

B. Escogemos uno de los problemas que hemos mencionado en A y diseñamos una campaña en las redes sociales.

- ¿Cuál es el problema?
- ¿A qué público queremos llegar?
- ¿Qué tipo de movilización queremos llevar a cabo?
- ¿Qué red social es más conveniente para nuestra campaña?
- ¿Qué etiqueta (#) vamos a utilizar?
- ¿Qué estrategias y medios vamos a usar para hacer popular nuestra etiqueta?

ATENCIÓN

Las etiquetas también se escriben con tildes: #acentúate

C. Presentamos nuestra campaña al resto de la clase.

D. Comentamos en clase qué campaña preferimos llevar a las redes sociales.

PROYECTO INDIVIDUAL

Vas a escribir un texto para una revista universitaria en español sobre uno de estos temas:

- Las redes sociales y el ciberactivismo
- Los jóvenes *influencers* y la política
- Las redes sociales y el filtro burbuja en la información

A. Elige el tema que más te interesa y decide qué tipo de texto quieres escribir.

- La reseña de un libro sobre el tema
- La biografía de un *influencer*
- La definición de un concepto
- La descripción y cronología de un movimiento

B. Documéntate y haz un esquema de la información más relevante. Ten en cuenta la siguiente estructura: introducción, desarrollo, cierre.

C. Redacta tu texto y revísalo.

PROYECTOS

UNIDADES 17 Y 18

PROYECTO EN GRUPO

Vamos a preparar un informe en el que evaluaremos nuestra universidad.

A. En grupos, hacemos una lista de eventos destacados de la vida universitaria.

Eventos positivos (que alegran y producen un estado de optimismo y aprobación general):
- una buena noticia
- un logro
- un elogio
- …

Eventos negativos (que enfadan y molestan a la comunidad universitaria):
- una queja sobre una situación problemática
- un hecho conflictivo
- …

—Algo positivo… la ampliación de la biblioteca, ¿no?
—Sí, o los nuevos menús de la cafetería, ¡que están buenísimos!

B. Seleccionamos un evento positivo y uno negativo, y preparamos una presentación para el resto de la clase.

- Qué
- Quiénes
- Dónde
- Cuándo
- Cómo
- Por qué
- Valoración
- …

C. Hacemos nuestra presentación a las demás personas de la clase. Luego, juntos hacemos una evaluación de lo mejor y lo peor de nuestra universidad.

PROYECTO INDIVIDUAL

Vas a redactar un informe para evaluar tu universidad y enviarlo al rectorado.
El informe debe tener dos partes:

- Primera parte: lo mejor de la universidad.
- Segunda parte: lo peor de la universidad.

A. De todo lo comentado en el Proyecto en grupo, elige los dos eventos (uno positivo y otro negativo) que más te interesan. Decide un título para cada uno de ellos.

B. Antes de redactar el texto, prepara un borrador.

- Busca un punto de vista.
- Organiza la información.
- Documenta y justifica tus argumentos.

C. Revisa tu primer borrador y modifica todo lo que sea necesario para mejorarlo.

T

TEXTOS DEL MUNDO UNIVERSITARIO

UNIDADES 1 Y 2
- Escribir correos electrónicos

UNIDADES 3 Y 4
- La descripción objetiva y subjetiva

UNIDADES 5 Y 6
- Realizar un cartel

UNIDADES 7 Y 8
- Revisar un texto

UNIDADES 9 Y 10
- Analizar y comentar un gráfico

UNIDADES 11 Y 12
- Hacer un resumen

UNIDADES 13 Y 14
- Hacer una exposición oral

UNIDADES 15 Y 16
- El texto expositivo

UNIDADES 17 Y 18
- El texto académico

TEXTOS DEL MUNDO UNIVERSITARIO

ESCRIBIR CORREOS ELECTRÓNICOS

A. Leemos estos correos electrónicos de una estudiante de intercambio en México. ¿A quién van dirigidos?

- ☐ A una profesora
- ☐ A un profesor
- ☐ A un compañero de curso

1

Para: nsanchez@uam.mx
De: jennifer.schwarz@uam.mx
Asunto: literatura complementaria

Estimado Sr. Sánchez:

Soy una de las alumnas de intercambio en su clase de Antropología Social este semestre. Me interesa mucho el tema de esta unidad, pero todavía es un poco difícil comprender los textos en español. ¿Tiene alguna lista de autores en inglés o alemán? Eso puede ser útil para entender mejor las discusiones en clase.

Gracias de antemano por su ayuda.

Un saludo cordial,
Jennifer Schwarz

UNIDADES 1 Y 2

B. ¿Cuál es la finalidad del mensaje en cada correo?

- [ ] Pedir bibliografía
- [ ] Invitar a alguien
- [ ] Informar sobre una ausencia

C. Comentamos en grupos las siguientes cuestiones.

- ¿En qué correo electrónico se usa una forma de tratamiento formal? ¿Qué palabras nos dan esa información? Márcalas.
- ¿Recordamos qué pasa con los signos de interrogación (¿?) en español? Corregimos el correo electrónico número 3.
- ¿Qué fórmulas se usan para saludar y despedirse? ¿Corresponden a las fórmulas que se usan en nuestra lengua materna?

2

Para: megonzalez@uam.mx
De: jennifer.schwarz@uam.mx
Asunto: la clase esta semana

Querida María Elena:

Esta semana no puedo ir al curso de español, porque necesito hacer unos trámites para mi beca en la secretaría de alumnos. Voy a revisar los contenidos en la plataforma y a hacer los ejercicios por mi cuenta.

Nos vemos la próxima semana.

Saludos,
Jennifer

3

Para: rodrigo.lopez@esmail.com
De: jennifer.schwarz@uam.mx
Asunto: tiempo para mí?

Hola, Rodri, qué tal todo?? Tienes tiempo esta semana para tomar un café y hacer unas dos horas de tándem? Necesito practicar para mi examen oral. Además, el sábado vamos a hacer una fiesta en casa por el cumple de Juan Carlos, quieres venir?

Por cierto, sabes algo de Lupita?? Quiero invitarla también.

Espero tu respuesta.

Besos,
Jenny

TEXTOS DEL MUNDO UNIVERSITARIO — UNIDADES 3 Y 4

LA DESCRIPCIÓN OBJETIVA Y SUBJETIVA

A. Leemos el texto. Luego, pensamos en textos que escribimos en los que encontramos descripciones. ¿Son objetivas o subjetivas?

— *En las páginas de venta online describo los objetos que vendo. Son descripciones objetivas.*
— *¿Seguro que no son un poco subjetivas?*

¿QUÉ SIGNIFICA DESCRIBIR?

Según el diccionario de la Real Academia Española, describir es "representar o detallar el aspecto de alguien o algo por medio del lenguaje". Esta representación de personas o cosas puede ser más o menos objetiva. De hecho, hay muy pocas descripciones completamente objetivas: en la mayoría hay elementos subjetivos.

LA DESCRIPCIÓN OBJETIVA

Las descripciones que aparecen en definiciones de un diccionario, instrucciones de productos o en textos exclusivamente informativos son los ejemplos más claros de descripción objetiva. En este tipo de descripciones, normalmente no hay valoraciones ni comentarios personales. La intención es constatar un hecho.

> **inmigrante**: *persona que llega a un país extranjero para radicarse en él.*
>
> **frontera**: *línea convencional que marca los límites de un estado. Hay fronteras naturales (ríos, mares, lagos, montañas...) y fronteras artificiales: carreteras, muros, etc.*

DESCRIPCIÓN SUBJETIVA

En los textos literarios, artículos de opinión o textos publicitarios aparecen descripciones subjetivas. En esas descripciones hay valoraciones, puntos de vista personales u opiniones, porque la intención no es constatar un hecho, sino denunciar, criticar, elogiar, defender una idea, convencer, etc. Una de las características de la descripción subjetiva es el uso de adjetivos.

> *Es un inmigrante alegre, decidido, lleno de vida.*

B. Individualmente, observamos y describimos esta fotografía sobre el conflicto de la inmigración en la frontera entre Estados Unidos y México.

C. Estos son titulares que intentan representar lo que se ve en la imagen de B. ¿Cómo lo hacen? ¿Cuáles son más subjetivos? ¿Y cuáles más objetivos? ¿Por qué?

1. Grupos de estadounidenses protestan contra la llegada de inmigrantes en la frontera mexicana
2. ¿Dónde está mi casa?
3. Otro ejemplo de solidaridad en la frontera
4. Nuevas manifestaciones por las llegadas masivas de indocumentados
5. Defendemos nuestro país. Defendemos nuestros valores.
6. Lugares donde continúa el conflicto de la inmigración ilegal

D. Proponemos dos nuevos titulares para la fotografía: uno más objetivo y otro mucho más subjetivo.

E. Buscamos fotos relacionadas con la inmigración y las describimos. Luego, leemos las descripciones de las demás personas y comentamos su grado de subjetividad.

ACTIVIDAD COMPLEMENTARIA en campus.difusion.com

TEXTOS DEL MUNDO UNIVERSITARIO — UNIDADES 5 Y 6

REALIZAR UN CARTEL

PREPÁRATE

A. Los elementos visuales y los esquemas son muy importantes durante los estudios: ¿para qué los utilizas normalmente?

- Para resumir los contenidos más importantes de una clase
- Para resumir las ideas de un texto
- Para preparar una presentación oral
- Como apoyo para hacer una presentación oral
- ...

Para acompañar una presentación oral uso imágenes.

B. En este texto se mencionan algunos aspectos que deben tenerse en cuenta para realizar un cartel. ¿Cuáles son en tu opinión las ideas más importantes? Márcalas.

C. En pequeños grupos, comentamos nuestras respuestas a A y B.

D. Observamos ahora este cartel: ¿Nos parece una buena representación visual? ¿Encontramos en él todos los elementos que se indican en el texto? ¿Cómo creemos que podría mejorar?

El texto de un cartel

→ Resumir la información: limitarse a lo más importante.
→ No usar frases complicadas.
→ No usar abreviaturas.
→ Escribir con letra clara.
→ Hacer bloques con informaciones relacionadas.
→ Utilizar solo palabras que todos entendemos bien.
→ No escribir demasiado.

E. En pequeños grupos, intentamos mejorar el cartel de D. Hacemos una propuesta y luego la mostramos a las demás personas. Si queremos, podemos usar alguna herramienta digital para hacer el cartel.

VER PARA ENTENDER: CONSEJOS PARA REALIZAR UN CARTEL

Utilizar un cartel como apoyo durante una presentación oral puede ayudar al público a entender nuestras explicaciones, pero, al mismo tiempo, realizarlo nos servirá a nosotros para organizar nuestras ideas y recordar mejor la información. Además, gracias al póster, no necesitaremos llevar otros papeles o notas.

¿Qué debemos tener en cuenta para realizar un cartel? Estos son los aspectos más importantes.

EL TEXTO
En primer lugar, debemos pensar qué queremos incluir en el cartel: ¿cuál va a ser el título? ¿Hay varias ideas importantes? ¿Queremos ofrecer algunas cifras? Para buscar la información esencial podemos hacernos preguntas como ¿quién?, ¿cuándo?, ¿dónde?, etc.
Si queremos asegurarnos de que el público va a entender bien la presentación, es mejor no incluir demasiada información en el cartel. Puede bastar con elegir palabras clave.

LA ESTRUCTURA
A continuación, decidiremos cómo organizar la información: ¿en qué orden la presentaremos? ¿Hay aspectos más importantes que otros? ¿Se pueden agrupar algunos datos? ¿Cómo vamos a distribuir el contenido en el espacio disponible?

LOS ELEMENTOS CONECTORES
¿Qué símbolos vamos a utilizar para marcar las relaciones entre distintos tipos de información?

LAS IMÁGENES
¿Vamos a incluir gráficos, fotos, símbolos...? ¿Vamos a hacer dibujos? Las imágenes pueden despertar el interés del público y ayudarlo a recordar la idea.

EL COLOR
Hace más atractivos nuestros carteles y nos ayuda a resaltar la información más importante. También es útil para hacer más fácilmente reconocible la estructura.

Una vez tomadas estas decisiones, ya podemos empezar a realizar nuestro cartel. Un último consejo: la letra tiene que ser clara. Si no nos sentimos seguros, podemos empezar escribiendo con lápiz. Con el tiempo y un poco de práctica, todo se puede aprender: ¿manos a la obra?

TEXTOS DEL MUNDO UNIVERSITARIO — UNIDADES 7 Y 8

REVISAR UN TEXTO

PREPÁRATE

A. Busca un texto que hayas escrito en español y revísalo. ¿Qué cosas cambiarías? ¿Por qué?

B. Lee el texto sobre la revisión. ¿Te has fijado en todas esas cosas a la hora de revisar tu texto? ¿Qué aspectos no has tenido en cuenta?

C. Revisamos el texto de otra persona de la clase teniendo en cuenta lo que hemos aprendido sobre la revisión.

LA REVISIÓN

La revisión comporta la comprobación de que todos los conocimientos y todas las habilidades y aptitudes que intervienen en la tarea de la escritura han sido atendidos de la manera más exitosa posible. Por lo tanto, hay que asegurarse de que se ha seleccionado la estrategia idónea en el momento de planificar el texto, de seleccionar su contenido, de elegir la estructura más apropiada, así como el estilo y el léxico adecuados. Asimismo, hay que comprobar que se han seguido las normas relacionadas con la corrección gramatical, con los signos de puntuación y con la ortotipografía del texto. Y, en el caso de incluir ideas de otros autores, es importante dejar constancia de su procedencia, siguiendo los procedimientos de cita consensuados.

Cuestiones más relevantes que deben ser tenidas en cuenta en el momento de hacer la revisión:

I. ESTRATEGIA Y RECEPTOR. CUESTIONES DE PLANIFICACIÓN
- ¿Ha dejado pasar un tiempo desde que terminó el texto?
- ¿Ha tenido en cuenta la situación comunicativa en la que se produce el texto?
- ¿Ha tomado en consideración a quién va dirigido el texto y lo que quiere conseguir con él?

II. EL CONTENIDO
- ¿La primera oración centra el tema y capta la atención del lector?
- ¿Ha proporcionado la información suficiente para que el lector pueda entender el texto?
- ¿Ha comprobado que no existe una forma más breve de expresar alguna de las ideas del texto?
- ¿Todo lo que dice es pertinente?
- ¿Ha empleado el registro adecuado?
- ¿Ha evitado utilizar formulaciones ambiguas?
- ¿Ha conectado bien las ideas?
- ¿Ha conseguido que la organización de la información sea la más adecuada para el objetivo perseguido?
- ¿Ha incluido los ejemplos necesarios para las exlicaciones?

III. LA ESTRUCTURA DEL TEXTO
- ¿El texto está organizado en introducción, cuerpo y conclusión?
- ¿La distribución de la información en párrafos es la adecuada? ¿La extensión de los párrafos es la adecuada?
- ¿Ha empleado los conectores necesarios? ¿Los ha utilizado correctamente?

IV. EL ESTILO DEL TEXTO
- Revise la longitud de las oraciones: que no sean demasiado breves o excesivamente largas.
- Asegúrese de que no hay errores de concordancia o de conexión.
- ¿Ha dejado oraciones incompletas?

V. EL LÉXICO DEL TEXTO
- ¿Ha comprobado que no se repiten palabras, sobre todo si están próximas en el texto?
- ¿Ha seleccionado en todo momento el vocabulario más preciso?
- ¿Ha evitado las palabras baúl (como "cosa")?

VI. CUESTIONES DE PUNTUACIÓN, ORTOGRAFÍA, ORTOTIPOGRAFÍA Y GRAMÁTICA NORMATIVA
- ¿Ha comprobado que sigue las normas ortográficas?
- ¿Se emplean correctamente los signos de puntuación?

VII. CITAR NO ES PLAGIAR
- ¿Se citan correctamente los autores cuyas ideas se reproducen en el texto?

Adaptado de "La revisión", Mar Garachana, en *Manual de escritura académica y profesional, estrategias discursivas* (Vol. II), Barcelona (2015).

TEXTOS DEL MUNDO UNIVERSITARIO UNIDADES 9 Y 10

ANALIZAR Y COMENTAR UN GRÁFICO

A. Miramos los gráficos 1 y 2 y contestamos a las preguntas.

- ¿Qué tipos de gráficos son? ¿Qué otros tipos de gráficos conocemos?
- ¿De qué elementos están formados y qué indican? (colores, años, etc.)
- Si hay cifras, ¿son porcentajes o cifras absolutas?
- ¿Cuál es el periodo representado?
- ¿Qué datos destacamos de cada uno de ellos?
- ¿Qué sabemos de la situación económica en España en los periodos representados en los gráficos? Teniendo en cuenta eso, ¿qué conclusiones principales podemos sacar?

B. Leemos los textos en los que se comentan los gráficos. ¿Qué datos o tendencias destacan? ¿Qué información aportan sobre el contexto económico de España?

C. Buscamos en los textos palabras o estructuras típicas de los comentarios de gráficos.

Para destacar datos o tendencias:
El dato / la subida... más relevante/destacable... es...
Llama la atención...
Cabe destacar...

Para hablar de tendencias:
El gasto/consumo... sube / aumenta / se dispara...
El gasto/consumo... cae/baja/disminuye...
La subida / el aumento / el ascenso del gasto/ consumo...
La caída / la bajada / la disminución / el descenso del gasto/consumo...

Para hablar de cifras:
30 años / 300 euros... de media
Está / se sitúa por encima/debajo de la media...
Caer/subir... un 30 %...
El 30% de la gente / los habitantes...
Concretamente un 30 % / 54 años / 500 euros...
Francia encabeza / las mujeres encabezan el gasto/consumo...
Le sigue Francia/ le siguen las mujeres con un 60 %...

Para hablar de periodos:
Entre los años 2000 y 2008...
Del año 200 al 2008...

Para valorar:
Resulta / es interesante/sorprendente...

Para sacar conslusiones:
Parece / puede deducirse..., por tanto, que...

1

T. 6 — GASTO EN PRENDAS DE VESTIR EN ESPAÑA
FUENTE: ELABORACIÓN PROPIA REALIZADA A PARTIR DE DATOS PROCEDENTES DE EUROMONITOR INTERNACIONAL

	UNIDAD	2009	2010	2011	2012	2013	2014	VARIACIÓN 2009-2014
Total País	€ Millones	26 779	26 022	25 011	24 041	23 483	23 643	-11,7 %
Prendas Mujer	€ Millones	13 075	12 716	12 239	11 791	11 534	11 679	-10,7 %
Prendas Hombre	€ Millones	7933	7688	7308	6951	6742	6751	-14,9 %
Prendas Niño	€ Millones	5771	5619	5465	5300	5208	5213	-9,7 %
Prendas Mujer	% Gasto	48,8 %	48,9 %	48,9 %	49,0 %	49,1 %	49,4 %	1,2 %
Prendas Hombre	% Gasto	29,6 %	29,5 %	29,2 %	28,9 %	28,7 %	28,6 %	-3,6 %
Prendas Niño	% Gasto	21,5 %	21,6 %	21,8 %	22,0 %	22,2 %	22,0 %	2,3 %
Gasto por Habitante	€	579 €	560 €	536 €	514 €	503 €	508 €	-12,4 %
Gasto medio por Mujer	€	653 €	631 €	605 €	581 €	569 €	577 €	-11,6 %
Gasto medio por Hombre	€	410 €	396 €	376 €	357 €	348 €	351 €	-14,4 %
Gasto medio por Niño	€	608 €	583 €	563 €	543 €	535 €	534 €	-12,1 %

¿Cuánto se gastan las familias en España en artículos textiles? ¿Cómo está afectando la actual situación económica al gasto en este tipo de artículos? En España, el gasto en prendas de vestir es de 23 643 millones de euros. El gasto más relevante es el llevado a cabo en prendas de vestir para mujeres, con 11 679 millones de euros, es decir el 49 % del gasto realizado en el país en productos textiles para vestir. Le siguen prendas de vestir para hombre, con 6751 millones, y prendas para niños, con 5213 millones de euros. Resulta interesante el hecho de que haya caído el gasto en todo tipo de prendas de vestir en España entre los años 2009 y 2014, con un descenso general del 12 %, del 11 % en el caso de prendas para mujeres, del 15 % para hombres y del 10 % para niños. Parece, por tanto, que las familias españolas están reduciendo su consumo en prendas de vestir en todo tipo de artículos.

El sector del textil y el gasto en prendas de vestir en España, 2015
(finanzas.com)

2

ASÍ ES EL PRESUPUESTO PARA LA ROPA DE LOS HOGARES ESPAÑOLES
Gasto en textil por habitante en el año 2015 y variación respecto al año anterior.

	Gasto anual 2015	Variación 2014-2015
Navarra	755 €	25,4 %
País Vasco	744 €	20,4 %
Asturias	712 €	38,3 %
Galicia	694 €	35,0 %
La Rioja	683 €	48,8 %
Cantabria	680 €	26,4 %
Cataluña	669 €	23,0 %
Baleares	653 €	24,9 %
Madrid	608 €	11,8 %
Castilla y León	592 €	35,2 %
Murcia	589 €	30,0 %
Aragón	585 €	22,4 %
Comunidad Valenciana	569 €	32,3 %
Andalucía	566 €	18,4 %
Extremadura	547 €	15,2 %
Castilla-La Mancha	535 €	28,6 %
Canarias	493 €	21,7 %
Total Nacional	612 €	23,1 %

El textil es un mercado potente en España. En 2015 la recuperación económica se tradujo también en un mayor gasto en prendas de vestir que se disparó un 23 %, según recoge el último informe del sector realizado por EAE Business School. Concretamente, cada español destinó, de media, 612 euros el año pasado para renovar su vestuario. Eso sí, la factura textil varía mucho entre una comunidad y otra. Los ciudadanos de Navarra fueron los que más dinero se dejaron en su indumentaria, concretamente, 755 euros. Entre los más "presumidos" aparecen también los del País Vasco (744 euros), Asturias (712 euros), Galicia (694 euros) y La Rioja (683 euros). Por contra, por debajo de la media se situaron los de Canarias (493 euros), Castilla-La Mancha (535 euros), Extremadura (547 euros), Andalucía (566 euros) y Comunidad Valenciana (569 euros).

expansion.com

TEXTOS DEL MUNDO UNIVERSITARIO — UNIDADES 11 Y 12

HACER UN RESUMEN

PREPÁRATE

A. Piensa en actividades del mundo profesional y académico en las que es necesario saber hacer un resumen. Anótalo.

> Mundo profesional: resumir una reunión a compañeros que no han asistido…

B. ¿Haces resúmenes para revisar las asignaturas? ¿Qué pasos sigues cuando tienes que hacer un resumen?

C. Lee el texto y marca la información que crees que puede resultarte más útil.

> Subrayo en el texto la información más importante.

D. Comentamos nuestras respuestas a A, B y C.

E. En grupos, seleccionamos distintos tipos de textos. Si hacemos un resumen, ¿qué tipo de información consideramos relevante que aparezca en cada caso?

> Podemos buscar:
> - una historia o un cuento
> - una noticia de un acontecimiento
> - un artículo de opinión
> - un apartado de un libro de texto o manual académico
> - …

F. Individualmente, elegimos uno de los textos anteriores y hacemos un resumen. Luego, leemos los resúmenes de las demás personas del grupo y damos consejos para mejorarlos.

Mis estudiantes y yo

¿Cómo hacer un buen resumen?
Hoy voy a hablaros del resumen y de algunas técnicas para saber resumir.

¿Qué hacemos cuando resumimos?
Leer, entender y escribir. Resumir requiere un dominio de las estrategias de lectura y de escritura. De lectura, porque debemos ser capaces de entender un texto y discernir lo esencial de lo secundario. De escritura, porque tenemos que poder transmitir esa información esencial de forma clara y concisa: el resumen debe entenderse por sí solo, sin necesidad de conocer el texto al que hace referencia. Me gustaría llamar la atención sobre dos cosas que creo que no solemos tener en cuenta a la hora de hacer un resumen:
1. La lectura del texto base (el que queremos resumir) y la escritura del resumen que haremos están muy determinadas por el género de ese texto base. No destacaremos lo mismo de un cuento que de un artículo de opinión. En el primero, será esencial decir quiénes son los personajes o dónde y cuándo se desarrolla la acción. En el segundo, cuál es la tesis del autor y cuáles son sus principales argumentos.
2. Un resumen, como cualquier otro texto, está dirigido a alguien y tiene un objetivo comunicativo. Eso determinará qué información consideramos más importante y queremos incluir en el resumen. También será importante ese objetivo comunicativo a la hora de decidir si el resumen tiene que ser más o menos largo.

El resumen como producto: no todos los resúmenes son iguales
Un resumen puede ser un texto escrito, pero también un gráfico o una infografía. Aquí me voy a centrar en el primer caso. Las características lingüísticas de un resumen dependerán del género discursivo del texto que se quiere resumir. Sin embargo, hay algunos errores frecuentes que conviene evitar:

- Copiar frases literales del texto: debemos expresar con nuestras palabras lo esencial del texto que resumimos.
- Hacer descripciones, enumerar o ejemplificar: debemos ser concisos, usar términos generales y descartar la información secundaria.
- Usar la primera persona: no empezamos un resumen diciendo "creo que el artículo trata de", sino "el artículo trata de".
- Empezar un resumen diciendo "este es un resumen de".

Pasos para hacer un resumen
1. Leer muchas veces el texto para entender bien su significado y su intención.
2. Identificar el género discursivo del texto.
3. Marcar de alguna forma lo que es esencial (haciendo un esquema mental, subrayando, escribiendo notas al margen…).
4. Hacer un borrador con las ideas principales. Estructurar las ideas.
5. Escribir el texto.
6. Revisar el resumen analizando si se entiende por sí solo, si recoge el significado esencial del texto y si se adecúa al objetivo comunicativo.

TEXTOS DEL MUNDO UNIVERSITARIO — UNIDADES 13 Y 14

HACER UNA EXPOSICIÓN ORAL

PREPÁRATE

A. Vas a escuchar dos presentaciones que hacen en clase unos estudiantes sobre una iniciativa para luchar contra el desperdicio de alimentos. Toma notas. (47-48)

B. Comparamos nuestras notas con las de otra persona y, entre los dos, hacemos un resumen o un mapa conceptual con la información que hemos recogido. ¿Qué iniciativa es y en qué consiste?

C. Ahora leemos esta lista de errores típicos al hacer una presentación oral. Luego, volvemos a escuchar las presentaciones. ¿Cuál de ellas creemos que es mejor? ¿Por qué? Lo comentamos en grupos. (47-48)

D. En grupos, comentamos qué fallos cometemos nosotros. Luego, nos damos consejos para mejorar en esos aspectos. Para ello, podemos pensar en trucos o técnicas que usamos cuando tenemos que hacer una presentación oral.

E. ¿Añadiríamos algún otro fallo típico?

DIEZ FALLOS QUE DEBES EVITAR EN UNA EXPOSICIÓN ORAL

Hablar en público es una experiencia terrorífica para muchas personas. Después de unos cuantos años trabajando con mis estudiantes, he recogido aquí los diez fallos que más se repiten, el *hit parade* de los grandes errores al hablar en público:

1. Olvidarse de la introducción. Empieza presentando el tema y explica brevemente el contenido.

2. Preparar demasiado material (y querer contarlo todo). A menudo tenemos miedo de quedarnos sin nada que decir. En realidad, suele pasar más bien lo contrario.

3. Hablar demasiado deprisa. ¿Has intentado alguna vez llenar una botella de aceite con un embudo? ¿A que enseguida se sale? Pues lo mismo les pasa a las cabecitas de tu público.

4. Hablar hasta que te retiran la palabra. Nunca llegues a este extremo. Es una de las mayores desgracias de un orador.

5. No vocalizar. Respira profundamente y deja que el aire al salir te marque el ritmo de la pronunciación. Y no te comas trozos de las palabras: pronuncia cada sonido individual.

6. No mirar al público. Si tú no los miras, ¿cómo quieres que ellos te escuchen?

7. No te muevas continuamente. Estate quieto. Planta bien los pies en el suelo y habla con tranquilidad.

8. Leer. ¡No leas! Ensaya en casa para no tener que leer. Simplemente, consulta tus notas cuando lo necesites.

9. Contar cosas que no entiendes. Si tú no lo entiendes, ¿cómo van a entenderlo los demás?

10. Saltarse la conclusión. Siempre, siempre, siempre resume al final y recoge las ideas más importantes. Es un fallo de principiante.

TEXTOS DEL MUNDO UNIVERSITARIO   UNIDADES 15 Y 16

EL TEXTO EXPOSITIVO

PREPÁRATE

A. ¿Sabes a qué movimientos hacen referencia estas etiquetas? Descríbelo brevemente. Si lo necesitas, investiga en internet.

- #OccupyWallStreet
- #15-M
- #BringBackOurGirls
- #NiUnaMenos

B. Lee el texto 1 y extrae sus ideas principales.

C. ¿Conoces ejemplos puntuales para los tipos de activismo que se mencionan en el texto? Escríbelo.

D. Leemos el texto 2 y pensamos cuál es el esquema de organización de la información del texto 1.

E. Teniendo en cuenta los dos textos que hemos leído, ¿cuáles de estas características creemos que tiene el texto expositivo?

- Contenido claro y preciso
- Citas directas o indirectas de otras fuentes
- Estructura clara: presentación, desarrollo y cierre
- Lenguaje formal y comprensible
- Uso de metáforas y elementos poéticos
- Uso de juegos de palabras
- Uso de la primera persona y opiniones personales
- Uso de la tercera persona y de frases impersonales
- Uso preferente del presente histórico para facilitar la lectura

F. ¿Cuáles de estos textos creemos que tienen características del texto expositivo?

- Un artículo de investigación científica
- Una biografía
- Una entrada enciclopédica
- Una reseña periodística
- Un artículo de opinión
- Una carta al director de un periódico
- Un cuento

1

¿Qué es el activismo digital? ¿Qué tiene en común o lo diferencia de los términos que se emplean en algunas ocasiones de forma intercambiable? ¿Cómo podemos clasificar las actividades con repercusión política en internet? Este asunto ha sido tratado por Dorothy E. Denning (2001) al distinguir entre tres tipos de actividades que tienen por objetivo emplear internet como herramienta para influir en la política: activismo digital, hacktivismo y ciberterrorismo. La primera categoría, activismo digital, ciberactivismo o netactivismo propiamente dicho, se refiere al uso normal y no destructivo de internet en función de una causa u objetivo. La segunda categoría, hacktivismo o desobediencia civil electrónica (*electronic civil disobedience*), consiste en combinar el activismo con el *hacking*; como, por ejemplo, las sentadas y bloqueos de páginas (*virtual sit-ins*, *virtual blockades*), el envío automático y masivo de correos electrónicos con el efecto de bombas (*e-mail bombs*), alterar los contenidos de una página web (*hacking*), transmitir virus y gusanos para romper ordenadores o destruir un sistema (*cracking*). Finalmente, el ciberterrorismo sería la convergencia entre ciberespacio y terrorismo. Este tipo de actividades motivadas políticamente pretenden mediante el *hacking* provocar graves daños a personas, incluso a sus vidas, o a bienes materiales. [...] Las consecuencias de las TIC en la esfera política abre esperanzas y temores. Por un lado, el inicio de la primera década del siglo XXI ha despertado el interés de los gobiernos por subirse al carro de las nuevas tecnologías, así el desarrollo del gobierno electrónico se ha convertido en el objetivo tanto para la mejora de los servicios administrativos como para el control y vigilancia más efectivo de la ciudadanía. Por otro lado, desde finales de la década de los noventa se encuentran multitud de ejemplos de participación ciudadana o democracia electrónica en internet promovidos por el Tercer Sector y los movimientos sociales; aunque no siempre son empleados para defender valores positivos como señala Castells (1999 y 2001).

Adaptado de "Ciberactivismo: conceptualización, hipótesis y evaluación" (fes-sociologia.com)

---

2 **EL TEXTO EXPOSITIVO**

La finalidad de este tipo de textos es compartir el conocimiento objetivo sobre un tema. Por lo tanto, se expone la información de forma ordenada y clara, y con precisión.
La información puede organizarse siguiendo varios esquemas:
a. **Definición o descripción**: se definen conceptos.
b. **Clasificación o tipología**: se establecen tipologías.
c. **Comparación o contraste**: se establecen semejanzas y diferencias entre elementos.
d. **Pregunta y respuesta**: el conocimiento se estructura en forma de preguntas y respuestas.
e. **Problema y solución**: se plantean problemas y soluciones a un tema.
f. **Causa y consecuencia**: se organiza la información como una secuencia de causa y consecuencia.

Fuente: *Manual de escritura académica y profesional, estrategias discursivas* (Vol. II), Barcelona (2015).

TEXTOS DEL MUNDO UNIVERSITARIO — UNIDADES 17 Y 18

EL TEXTO ACADÉMICO

A. ¿Qué tipo de textos académicos escribimos?

— *Comentarios de texto.*
— *Sí, y trabajos de investigación…*

B. ¿Qué características lingüísticas tienen esos textos académicos? Lo pensamos en grupos y luego leemos el texto.

C. Individualmente, elegimos un texto académico en español. Localizamos el tema principal y buscamos ejemplos concretos de las características mencionadas en el texto.

D. En grupos, comentamos lo que hemos encontrado. ¿En nuestros textos hay otras características de los textos académicos?

— *Sí, en este artículo, por ejemplo, hay citas de otros autores.*
— *En el mío también hay tablas y gráficos.*

CARACTERÍSTICAS DE LOS TEXTOS ACADÉMICOS

Los textos académicos, técnicos y científicos usan un lenguaje más especializado que los textos de divulgación general. Su función básica es exponer el conocimiento de la manera más objetiva posible.

1. PUNTO DE VISTA

1.1. Imparcialidad. En general, en el lenguaje académico se evita expresar los gustos e intereses.

Texto no académico:
Me gusta mucho este estilo de arte modernista con tanta decoración de plantas y flores.

Texto académico:
El modernismo catalán incorpora motivos vegetales en los elementos decorativos y tectónicos.

1.2. Relevancia. El tema se centra en aspectos pertinentes que se estudian. No se tratan aspectos anecdóticos.

Texto no académico:
En el Palau de la Música de Barcelona hay decoraciones que me recuerdan al jardín de mis abuelos.

Texto académico:
El Palau de la Música de Barcelona incorpora en su decoración elementos de la naturaleza, como flores, palmeras o frutos que caracterizan el modernismo de la época.

2. IMPERSONALIDAD. LA VOZ DEL SUJETO EMISOR DESAPARECE. SE EVITA EL USO DE LA PRIMERA PERSONA DEL SINGULAR

2.1. Se impersonal.
Se tiene escasa información sobre el autor de *La Celestina*.

2.2. Sujeto pasivo.
La obra se publicó en 1499.
La obra, publicada en 1499, …

2.3. Voz pasiva.
Esta obra fue publicada en 1499.

2.4. Uso del nosotros.
Sabemos que la obra fue publicada en 1499.

3. LÉXICO. LOS TÉRMINOS BUSCAN LA PRECISIÓN Y LA ESPECIALIZACIÓN DEL REGISTRO CULTO

3.1. Nominalizaciones. Construcciones de sustantivos a partir de verbos y adjetivos.

Texto no académico:
La gente relaciona el acento con la clase social y esto margina a las personas.

Texto académico:
La relación del acento con el nivel económico estigmatiza a sectores de la población.

3.2. Variedad. Léxico no repetitivo, rico en matices. Sinónimos, antónimos, etc.

Texto no académico:
este cuadro de Picasso…

Texto académico:
esta obra/creación/lienzo de Picasso…

3.3. Precisión. Se evita la ambigüedad y vaguedad.

Texto no académico:
La cosa más importante de este cuadro es que no tiene perspectiva.

Texto académico:
El aspecto más importante de esta obra reside en la ausencia de perspectiva.

4. ADJETIVOS

4.1. Se evitan los usos antepuestos de adjetivos con connotaciones subjetivas.

Texto no académico:
un fantástico crecimiento de la población

Texto académico:
un significativo crecimiento del 40 % de la población

4.2. Se admiten usos de adjetivos antepuestos:
un buen ejemplo, una gran mayoría, la mejor obra, la mayor parte.

C

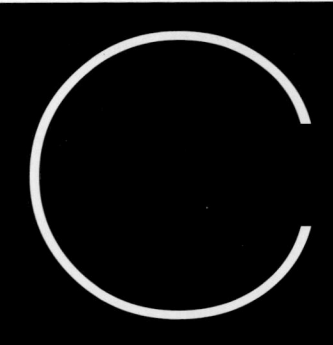

COMPRENSIÓN AUDITIVA

UNIDAD 1 IDENTIDADES **A1**

UNIDAD 2 PLANES **A1**

UNIDAD 3 ESTEREOTIPOS **A1**

UNIDAD 4 LUGARES **A1**

UNIDAD 5 EXPERIENCIAS **A2**

UNIDAD 6 VIAJES **A2**

UNIDAD 7 GENERACIONES **A2**

UNIDAD 8 RELACIONES **A2**

UNIDAD 9 MODA Y CUERPO **A2**

UNIDAD 10 COMIDA Y SALUD **A2**

UNIDAD 11 EDUCACIÓN Y FUTURO **B1**

UNIDAD 12 ORGANIZACIÓN Y TIEMPO **B1**

UNIDAD 13 CONSUMO Y MEDIOAMBIENTE **B1**

UNIDAD 14 MARKETING Y PUBLICIDAD **B1**

UNIDAD 15 HISTORIAS Y DESAFÍOS **B1**

UNIDAD 16 REDES **B1**

UNIDAD 17 TRADICIONES **B1**

UNIDAD 18 EMOCIONES **B1**

COMPRENSIÓN AUDITIVA

→ P. 24, ACTIVIDAD 6

A. Escucha las descripciones de estos cuatro estudiantes universitarios. Relaciona cada descripción con una foto.

A

B

C

D

B. Escucha el audio de nuevo y escribe las palabras que entiendas sobre cada uno de los estudiantes.

HANS	
MARTINA	
TIM	
ZOE	

C. Lee la transcripción en la página 285 y comprueba tus resultados.

D. Usa la transcripción como ejemplo y crea un texto para describir a alguien que conoces. Si quieres, puedes grabarte.

→ P. 29, ACTIVIDAD 14

A. Vas a escuchar una conversación sobre Aldo Villegas, el cantante de *hip hop* de la página 285 del Libro del alumno. Antes de escucharla, lee de nuevo el texto y marca qué palabras crees que se pueden usar para describirlo.

1. ☐ cantante
2. ☐ escritor
3. ☐ mexicano
4. ☐ estadounidense
5. ☐ pesimista
6. ☐ conocido
7. ☐ importante
8. ☐ romántico
9. ☐ poesía
10. ☐ comprometido
11. ☐ repetitivo
12. ☐ radio

B. Ahora, escucha la conversación y marca las palabras que realmente se utilizan.
🔊 2

1. ☐ cantante
2. ☐ escritor
3. ☐ mexicano
4. ☐ estadounidense
5. ☐ pesimista
6. ☐ conocido
7. ☐ importante
8. ☐ romántico
9. ☐ poesía
10. ☐ comprometido
11. ☐ repetitivo
12. ☐ radio

C. Vuelve a escuchar la conversación. ¿Qué le parece Aldo Villegas a Melina?
🔊 2 ¿Le gusta?

D. Escucha de nuevo la conversación con la transcripción delante (en la página 285)
🔊 2 y comprueba tus respuestas.

E. Ahora autoevalúa tu comprensión.

¿Estoy satisfecho de mi comprensión?
☐ Muy poco ☐ Poco ☐ Más o menos ☐ Bastante ☐ Totalmente

¿Qué porcentaje de la información he entendido antes de tener la transcripción?

¿Qué dificultades he tenido?
☐ Hablan muy rápido.
☐ No entiendo muchas palabras.
☐ El audio es muy largo.
☐ Cuando no entiendo, me desconcentro.
☐ Otras dificultades: ....

COMPRENSIÓN AUDITIVA

→ **P. 35, ACTIVIDAD 5**

A. Tres personas han dejado un mensaje de voz en una web de intercambio de lenguas. Escucha los mensajes y anota la información en las fichas.

	GUADALUPE	JAVIER	MARTÍN
Nacionalidad			
¿Qué idiomas le interesan?			
¿Qué intereses tiene?			

> **ESTRATEGIAS**
>
> Al principio, si es más fácil para ti, puedes usar tu lengua para tomar notas y recoger la información que se pide. Después, utiliza el español para escribir las respuestas.

B. Ahora, lee de nuevo los anuncios propuestos en la unidad 2 del Libro del alumno. Decide con cuál de las personas que has escuchado (Guadalupe, Javier y Martín) pueden contactar Gabi, Ludovic y Mei Ling. Escucha de nuevo el audio si es necesario.

BUSCO TÁNDEM

¡Hola!
Soy Gabi, de Alemania.

Estudio Etnología. Tengo un nivel avanzado de español (B2) y quiero practicar para hablar con más fluidez. Soy muy abierta. Mi lengua materna es el alemán, pero también hablo inglés perfectamente.

Mi correo:
gabi.shwartz@mymail.com
Mi celular: 5559356224

Intercambio Español – Francés

¡Salut! ¡Hola! Soy Ludovic, soy francés y estudio Turismo. Busco alguien para practicar español. Cocino muy bien y quiero aprender a cocinar platos mexicanos. ¿Quién me enseña?

Email:
jesuisludo@yahoo.fr
Celular: 5559329815

¿QUIERES PRACTICAR CHINO? YO QUIERO PRACTICAR ESPAÑOL

Soy Mei Ling, estudio Economía y quiero practicar conversación. Busco una persona tranquila y simpática para hablar de cine y arte. Contáctame por correo (meiling@mail.com) o por celular (5559307218).

	GABI	LUDOVIC	MEI LING
¿Con quién puede contactar?	Puede hacer un intercambio con	Puede hacer un intercambio con	Puede hacer un intercambio con
¿Por qué? (Puedes usar tu lengua).			

UNIDAD 2

C. Ahora compara tus respuestas con un/a compañero/a y autoevalúa tu comprensión.

¿Has utilizado tu idioma para recoger datos?

☐ Sí   ☐ No

Si has contestado *sí* en la pregunta anterior, ¿tu lengua te ha ayudado a entender mejor el audio?

☐ Sí   ☐ No

¿Por qué?
....

Si has contestado *no*, ¿por qué has decidido no usar tu lengua?
....

→ P. 36, ACTIVIDAD 7

A. Escucha la encuesta que le hacen a Ana sobre sus estudios y planes de futuro, y anota sus respuestas en la plantilla del encuestador.

🔊 4

1. ¿Te gusta estudiar en la universidad?

- **a.** ☐ Sí, me gusta mucho.
- **b.** ☐ Sí, me gusta.
- **c.** ☐ No, no me gusta mucho.
- **d.** ☐ No, no me gusta nada.

2. ¿Qué estudias?

....

3. ¿Por qué estudias español?

- **a.** ☐ Para viajar.
- **b.** ☐ Para trabajar o realizar prácticas.
- **c.** ☐ Para estudiar un posgrado.
- **d.** ☐ Para comunicarme con hispanohablantes.

4. ¿Cuántas horas estudias español a la semana?

- **a.** ☐ Dos.
- **b.** ☐ Tres.
- **c.** ☐ Cuatro.
- **d.** ☐ Cinco.
- **e.** ☐ Más de cinco.

5. ¿Qué vas a hacer este verano?

- **a.** ☐ Viajar.
- **b.** ☐ Trabajar.
- **c.** ☐ Realizar prácticas.
- **d.** ☐ Pasar tiempo con mi familia o amigos.
- **e.** ☐ Otros...

6. ¿Qué vas a hacer al terminar la universidad?

- **a.** ☐ Trabajar.
- **b.** ☐ Estudiar otro idioma.
- **c.** ☐ Viajar durante un tiempo.
- **d.** ☐ Estudiar un posgrado.
- **e.** ☐ Otros.

7. ¿En qué quieres trabajar?

- **a.** ☐ En una empresa.
- **b.** ☐ En una escuela, colegio o instituto.
- **c.** ☐ En un hospital o en una clínica.
- **d.** ☐ En la Administración pública.
- **e.** ☐ Otros...

B. Ahora realiza la encuesta a tu compañero/a y comprueba si tenéis mucha información en común.

COMPRENSIÓN AUDITIVA

→ P. 49, ACTIVIDAD 7

A. Vas a escuchar cinco preguntas. Marca, para cada una, qué respuesta es posible.
🔊 Antes de escucharlas, lee las posibles respuestas.
5

1. a. ☐ Yo, sí.
   b. ☐ Yo, también.
   c. ☐ Yo, tampoco.

2. a. ☐ Solo habla inglés.
   b. ☐ Dos. Hablo danés y un poco de español.
   c. ☐ Hablan tres idiomas: holandés, alemán y francés.

3. a. ☐ Sí, les interesa mucho.
   b. ☐ Sí, de hecho, es pintor.
   c. ☐ No, no me gusta.

4. a. ☐ A nosotros también nos gusta.
   b. ☐ No, no me gusta nada.
   c. ☐ Sí, le gusta mucho.

5. a. ☐ A mí, no.
   b. ☐ Sí, nos gusta bastante.
   c. ☐ Sí, me gusta mucho.

> **ESTRATEGIAS**
>
> En muchas actividades, **antes de escuchar el texto**, es muy útil **leer el cuadro de respuestas**. Esto te va a ayudar a orientar tu escucha en la dirección adecuada.

→ P. 50, ACTIVIDAD 8

A. En esta entrevista una chica argentina cuenta algunas cosas de su vida en Madrid.
🔊 Escúchala y escribe las palabras clave que oigas sobre quién es, qué hace y qué gustos tiene.
6

PALABRAS CLAVE SOBRE	
quién es:	....
qué cosas hace:	....
sus gustos:	....

> **ESTRATEGIAS**
>
> Es importante entrenarse para reconocer las palabras clave. Mientras escuchamos, escribimos palabras clave, por ejemplo: *deporte*.
>
> Después de escuchar, elaboramos frases, por ejemplo: *Hace bastante deporte*.

B. Ahora, en parejas, comparad vuestras respuestas. ¿Hay grandes diferencias?

C. Escucha de nuevo la conversación y marca los temas sobre los que habla.

1. ☐ Estereotipos sobre los argentinos.
2. ☐ La vida en Argentina.
3. ☐ Los profesores de su universidad.
4. ☐ Sus compañeros de piso.
5. ☐ Cosas que le gusta hacer.
6. ☐ Cosas que no le gusta hacer.

D. Ahora escucha de nuevo el audio con la transcripción delante (en la página 285). Comprueba tus respuestas. Después, haz la autoevaluación.

¿Qué es lo más útil o importante que he aprendido?
....
....

¿Qué actividades me han ayudado más?
....
....

¿Qué me parece difícil todavía?
....
....

¿Qué me interesa hacer en relación con esta unidad? (información que quiero buscar, algo que quiero leer, película que quiero ver, música que quiero escuchar, etc.)
....
....

Palabras relevantes para mí:
....
....

Estructuras gramaticales interesantes:
....
....

Errores que cometo:
....
....

COMPRENSIÓN AUDITIVA

→ **PP. 60-61, ACTIVIDAD 4**

A. Vas a escuchar dos audios en los que se habla de dos de los sitios descritos en el texto de las páginas 60 y 61 del Libro del alumno. Identifica a qué lugar se refiere cada uno.

🔊 7

AUDIO	AUDIO ......
Catedral de Burgos, Castilla y León	Muralla de Ávila, Castilla y León
Cueva de Altamira, Cantabria	Puente de Vizcaya, País Vasco
Torre de Hércules, Galicia	Teatro romano de Mérida, Extremadura
Dólmenes de Antequera, Andalucía	Palau de la Música Catalana, Cataluña

UNIDAD 4

B. Escucha los audios de nuevo y completa las frases.

🔊 7

AUDIO 1

a. La "catedral subterránea" se refiere a ....

b. La religión de la que habla se basa en ....

c. El caballo representa ....

d. El bisonte representa ....

AUDIO 2

a. Los bloques de piedra más pesados pesan ....

b. Los bloques de piedra más altos miden ....

c. Están orientados a ....

→ P. 64, ACTIVIDAD 9

A. Mira esta ilustración. Una persona habla de esta habitación, pero da 4 informaciones falsas.
🔊 Escucha una primera vez la descripción y marca en el dibujo los posibles errores.
8

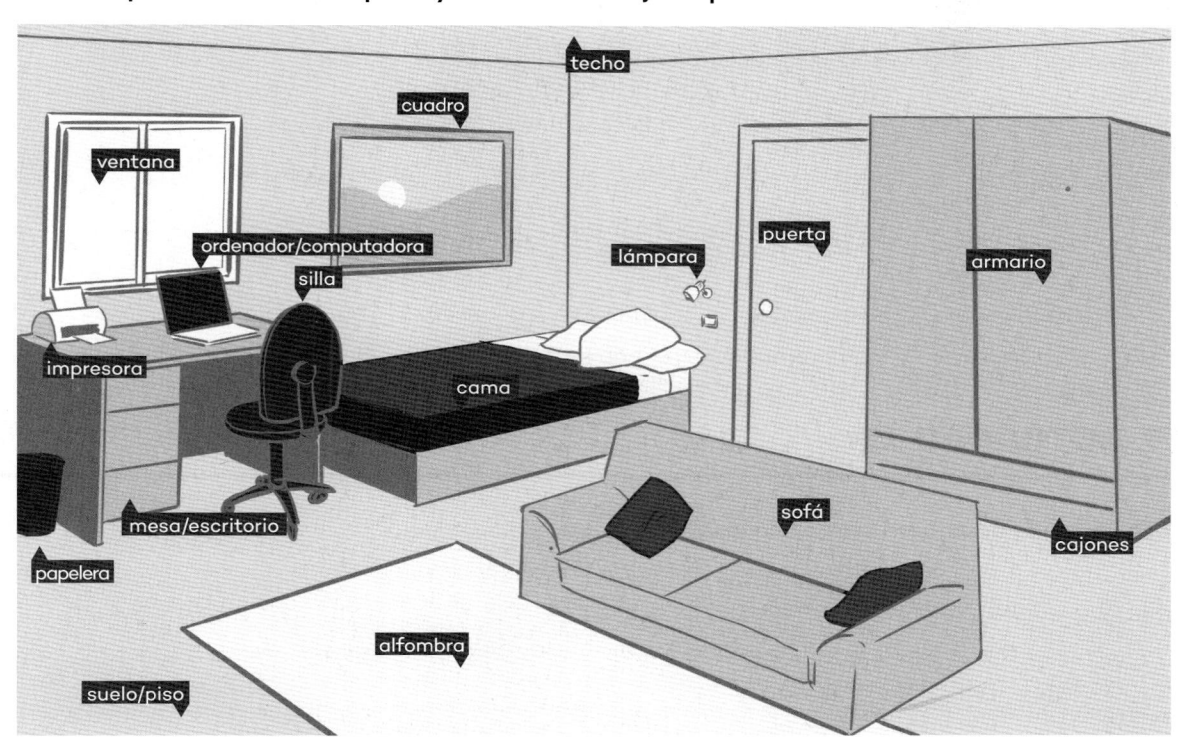

B. Escucha de nuevo y completa el cuadro.

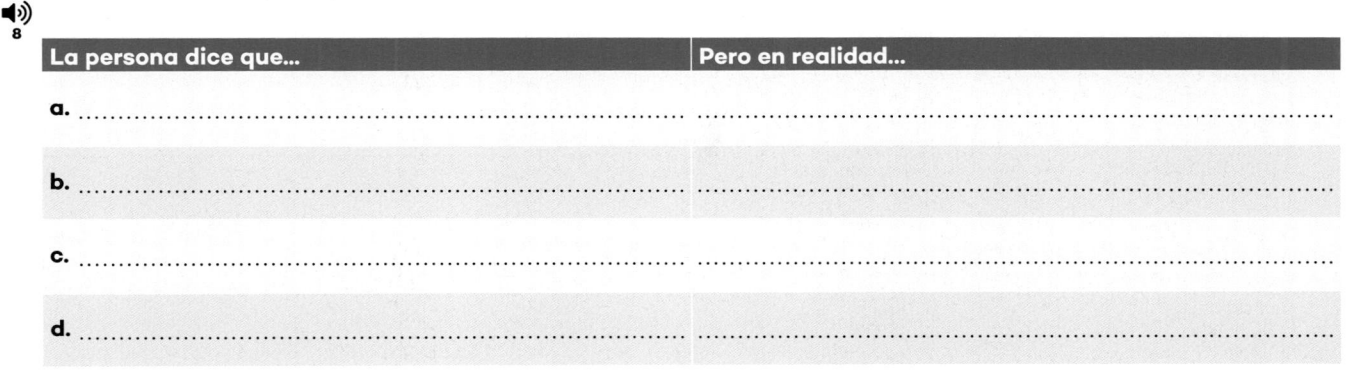

🔊 8

La persona dice que...	Pero en realidad...
a.	
b.	
c.	
d.	

COMPRENSIÓN AUDITIVA

→ P. 76, ACTIVIDAD 12

A. Escucha a estos tres profesionales hablando de lo que hacen en su trabajo. ¿Qué profesión tiene cada uno?

| AUDIO 1 | AUDIO 2 | AUDIO 3 |

1. Arquitecto/a
2. Cocinero/a
3. Comercial
4. Cuidador/a de personas mayores
5. Dependiente/a
6. Diseñador/a web
7. Director/a financiero/a
8. Enfermero/a
9. Maestro/a
10. Medico/a
11. Periodista
12. Socorrista

B. Escucha de nuevo los audios y toma notas de las funciones de estas personas en su trabajo. Luego, en parejas, pensad qué características deben tener cada uno para realizar mejor su trabajo.

	FUNCIONES
Persona 1:	
Persona 2:	
Persona 3:	

organizado/a · responsable · analítico/a · detallista · tranquilo/a · rápido/a · paciente · comprometido/a · hábil · creativo/a · flexible · sociable

→ P. 77, ACTIVIDAD 15

A. Escucha cómo se describen estas personas y toma notas.

Persona 1:	
Persona 2:	
Persona 3:	
Persona 4:	

UNIDADES 5 Y 6

B. En parejas, poned en común vuestras notas y escuchad de nuevo para completarlas.
🔊 Luego decidid: ¿cuál de estas profesiones creéis que es más adecuada para cada uno?
10

| arquitecto/a | cocinero/a | comercial | cuidador/a de personas mayores | dependiente/a |

| diseñador/a web | director/a financiero/a | enfermero/a | maestro/a | médico/a | periodista | socorrista |

Persona 1:	Creemos que puede trabajar como .... porque ....
Persona 2:	Creemos que puede trabajar como .... porque ....
Persona 3:	Creemos que puede trabajar como .... porque ....
Persona 4:	Creemos que puede trabajar como .... porque ....

→ P. 86, ACTIVIDAD 6

A. Vas a escuchar opiniones sobre el restaurante Tapas, Copas y Salsa. ¿Qué te sugiere ese nombre?
Habla con tu compañero/a y marcad las palabras que, en vuestra opinión, pueden servir para describir ese lugar.

- menú
- negocios
- música
- ruidoso
- intimidad
- copas
- tranquilo
- raciones
- tapas
- bailar
- amigos
- gourmet

B. Ahora escucha las opiniones y marca las palabras clave para describir el restaurante.
🔊
11

1. menú
2. negocios
3. música
4. ruidoso
5. intimidad
6. copas
7. tranquilo
8. raciones
9. tapas
10. bailar
11. amigos
12. gourmet

C. Escucha el audio de nuevo y marca las oraciones que mejor definen el restaurante.
🔊
11

1. Se puede comer de todo.
2. Es un restaurante gourmet.
3. Es un lugar tranquilo.
4. Es un lugar con mucho ambiente.
5. Todos los platos se sirven con salsa.
6. En el restaurante se puede escuchar música en directo.
7. El restaurante es un buen lugar para hacer negocios.

COMPRENSIÓN AUDITIVA

→ P. 88, ACTIVIDAD 9

A. En España son muy populares los programas en los que se visita una ciudad desde la perspectiva de los españoles que viven en ella. Escucha a estas tres personas y toma notas sobre ellos.
🔊 12

Lo que he entendido sobre Hugo
....
....
....
....

Lo que he entendido sobre Silvia
....
....
....
....

Lo que he entendido sobre Jesús
....
....
....
....

ESTRATEGIAS

Es importante aprender a tomar notas breves sobre aspectos que nos parecen relevantes.

B. Ahora, comparte con tu compañero/a lo que has entendido.

C. Escucha de nuevo y marca los temas principales sobre los que se habla en los tres audios.
🔊 12

	Hugo	Silvia	Jesús
1. Su vida laboral en el país.	☐	☐	☐
2. Cosas interesantes para hacer en la ciudad.	☐	☐	☐
3. La relación con la gente.	☐	☐	☐
4. El clima en la ciudad.	☐	☐	☐
5. Las relaciones con la gente de la ciudad.	☐	☐	☐
6. El ocio en la ciudad.	☐	☐	☐
7. Los viajes que se pueden hacer dentro del país.	☐	☐	☐

D. Escucha de nuevo. Ahora tienes que prestar atención en quién expresa las siguientes intenciones, incluso si no lo hace de manera directa.
🔊 12

	Hugo	Silvia	Jesús
1. Cambiar de trabajo.	☐	☐	☐
2. Volver a España.	☐	☐	☐
3. Casarse.	☐	☐	☐

ESTRATEGIAS

En muchas ocasiones, tenemos que saber interpretar cuál es la intención del hablante, incluso si no la expresa de manera directa.

UNIDADES 6 Y 7

→ P. 100, ACTIVIDAD 11

A. Ernesto es un español que se fue a vivir a otro país. Él cuenta su experiencia y nos da algunos consejos.
🔊 13 Escucha el audio e intenta entender al menos dos consejos.

B. Escucha el audio de nuevo y completa las informaciones.
🔊 13
1. País al que fue: ....
2. Edad cuando se fue de España: ....
3. Primera dificultad que encontró: ....
4. Consejo a las personas que van a vivir a otro país: ....
5. Primer trabajo: ....
6. Consecuencia positiva del primer trabajo: ....
7. Consejo para conocer gente en otro país: ....
8. Consejo para compartir piso: ....
9. Consejo para aprender una lengua: ....
10. Tiempo que lleva en Dinamarca: ....
11. Qué ha conseguido en este tiempo: ....
12. Aspectos negativos: ....

C. Comparte con un/a compañero/a tus respuestas a B. Si es necesario, escuchad el audio otra vez.

D. En parejas, ¿creéis que Ernesto está contento con su vida en la actualidad? ¿Por qué?

→ P. 101, ACTIVIDAD 13

A. Dos ancianos y dos jóvenes explican por qué quieren participar en un 'programa intergeneracional' como
🔊 14 el de la página 101 del Libro del alumno. Escucha dos veces a cada persona y completa el cuadro.

	MANUELA	PEDRO	LUIS	ALICIA
¿Su razón para participar es el dinero, la compañía, la solidaridad o el aprendizaje?				
Frases o palabras clave				

> **ESTRATEGIAS**
> Puedes escribir en tu idioma las razones. Recuerda escribir palabras o frases clave.

B. Ahora compara los resultados con un/a compañero/a.

C. Escuchad de nuevo el audio para comprobar vuestros resultados.
🔊 14

D. En parejas, decidid quién puede compartir piso con quién. Justificad vuestra respuesta.

COMPRENSIÓN AUDITIVA

→ P. 109, ACTIVIDAD 7

A. En un foro sobre relaciones, los usuarios dejan mensajes de voz contando cosas que hicieron por amor. Escucha estos dos mensajes y decide a cuál corresponde cada título.

15

| Vacaciones con sorpresa | | Una canción desesperada... que dio dinero |

AUDIO 1: @Amoradolescente dejó el mensaje...
AUDIO 2: @AmorVLC dejó el mensaje...

B. Escucha de nuevo. Marca la historia a la que corresponden las siguientes afirmaciones.

15

	AUDIO 1	AUDIO 2
a. Alguien da una sorpresa a su pareja.	☐	☐
b. Alguien deja a su pareja.	☐	☐
c. Alguien escribe un poema.	☐	☐
d. Alguien ganó dinero.	☐	☐
e. Alguien se va de viaje con su pareja.	☐	☐
f. La persona parece contenta con lo que sucedió.	☐	☐

C. Ahora deja un comentario a los dos mensajes.

Mensaje de @Amoradolescente	Mensaje de @AmorVLC

→ P. 112, ACTIVIDAD 11

A. Escucha esta conversación entre Carmen y Manuel. Escribe los tres ámbitos de relaciones de los que hablan.

16

Hablan de las relaciones con .... , ...

y ....

UNIDAD 8

B. Ahora, con un/a compañero/a, anotad qué cosas os gustan y cuáles no os gustan en esos tres ámbitos de relación.

	NOS GUSTA	NO NOS GUSTA
En las relaciones con	....	....
En las relaciones de	....	....
En las relaciones con	....	....

C. Ahora, escucha otra vez la conversación entre Carmen y Manuel. Hablan de diversas situaciones sociales. Trata de entender al menos dos aspectos positivos y dos negativos de los que hablan.
🔊 16

CARMEN
Aspectos positivos:
....
....
....
....
....
....

Aspectos negativos:
....
....
....
....
....
....

MANUEL
Aspectos positivos:
....
....
....
....
....
....

Aspectos negativos:
....
....
....
....
....
....

> **ESTRATEGIAS**
> Para tomar notas, es muy útil escribir de forma esquemática. Ej.: *Compañero: critica ropa*.

D. Compara las respuestas con las de tu compañero/a.

E. Ahora, escucha de nuevo leyendo la transcripción (en la página 288). Escribe más aspectos positivos y negativos.
🔊 16

COMPRENSIÓN AUDITIVA

→ P. 121, ACTIVIDAD 5

A. Los audios de esta actividad tienen como tema "Cómo perder tu trabajo en un post".
Habla con tu compañero/a: ¿qué creéis que vamos a escuchar en esos audios?
Escribid una lista de ideas.

B. Ahora, imagina que eres un empleado de cada una de estas empresas.
Escribe un post para perder tu trabajo y otro para mantenerlo.

Trabajas como...	Post para perder el trabajo	Post para mantener el trabajo
Cajero/a en un supermercado		
Dependiente/a en una tienda de ropa		
Jugador/a en un equipo de fútbol		
Monitor/a de yoga en un gimnasio		

C. Lee los posts a tu compañero/a sin decir cuál es su intención. Tu compañero/a tiene que adivinar si son para perder o para mantener el trabajo.

D. Vas a escuchar los posts en forma de mensaje de audio de cuatro trabajadores.
🔊 Toma notas de lo que dicen.
17

Cajero/a en un supermercado	
Dependiente/a en una tienda de ropa	
Jugador/a en un equipo de fútbol	
Monitor/a de yoga en un gimnasio	

E. Ahora imagina que eres el/la director/a de esas empresas.
Escribe una respuesta para cada empleado/a.

F. Comparte tus respuestas D y E con un/a compañero/a.

UNIDAD 9

→ P. 123, ACTIVIDAD 9

A. En parejas, observad estos dos productos e imaginad que tenéis que hacer un anuncio de radio para venderlos. Pensad qué adjetivos, nombres, verbos, etc., se pueden usar para identificar cada producto y hacerlo atractivo.

Bebida energética **Toro verde**

Anoraks de plástico reciclado **Cyclos**

B. Ahora escucha dos anuncios de radio. Escribe qué anuncian y cuáles son las palabras clave de cada uno.
🔊 18

	Qué anuncia	Palabras clave
ANUNCIO 1		
ANUNCIO 2		

C. Comparte tus notas con un/a compañero/a.

D. En parejas, cread un anuncio de radio para un cierto producto. Después, grabadlo y dejad que lo escuchen otros compañeros. Ellos deben adivinar de qué producto se trata.

COMPRENSIÓN AUDITIVA

→ P. 131, ACTIVIDAD 2

A. Vas a escuchar un podcast llamado "Héroes anónimos". En parejas, pensad de qué puede tratar.

B. Ahora escucha esta entrevista a Fernando, uno de esos héroes anónimos. Escribe las palabras o frases clave que entiendas.
🔊 19

Quién es Fernando:	
Qué cosas hace para ser considerado un héroe:	

C. Ahora, elabora tus ideas (puedes escribir frases completas) y compara tus respuestas con las de un/a compañero/a.

D. Escucha de nuevo, con la transcripción delante (en la página 289), para ver qué has entendido y qué no.
🔊 19

E. ¿Crees que Fernando es un héroe? Piensa en razones a favor y en contra de esa idea.

> **ESTRATEGIAS**
>
> En general, antes de dar nuestra opinión sobre un texto escrito u oral, es muy útil escribir nuestras razones haciendo referencia a palabras o frases del texto.

Razones por las que Fernando es un héroe:	Razones por las que Fernando no es un héroe:

F. En grupos, comentad vuestra opinión sobre si Fernando es o no un héroe.

UNIDAD 10

→ **P. 135, ACTIVIDAD 8**

A. En una facultad, están haciendo una encuesta sobre los hábitos de alimentación de los estudiantes. Escucha las ocho preguntas que formula la encuestadora y escribe tus propias respuestas.

🔊 20

Hábitos en la alimentación
1.
2.
3.
4.
5.
6.
7.
8.

B. En parejas, tratad de recordar las preguntas que habéis oído y escribidlas.

Hábitos en la alimentación
1.
2.
3.
4.
5.
6.
7.
8.

C. Escuchad el audio otra vez y comprobad si habéis recordado correctamente las preguntas.

🔊 20

D. Ahora comentad vuestros hábitos. ¿Tenéis mucho en común?

COMPRENSIÓN AUDITIVA

→ P. 144, ACTIVIDAD 6

A. ¿Cuáles son los aspectos negativos de las nuevas tecnologías? En parejas, buscad ejemplos de esos aspectos negativos en los siguientes ámbitos.

1. ☐ consumo   2. ☐ salud   3. ☐ educación   4. ☐ redes sociales   5. ☐ seguridad

B. En el programa de radio que vas a escuchar, se emiten noticas relacionadas con las nuevas tecnologías. Escúchalas y relaciona cada noticia con el tema del que habla.
🔊 21

noticia 1   noticia 2   noticia 3   noticia 4   noticia 5

1. consumo   2. salud   3. educación   4. redes sociales   5. seguridad

C. Escucha de nuevo las noticias y crea un titular para cada una.
🔊 21

	TITULAR DE LA NOTICIA
noticia 1	
noticia 2	
noticia 3	
noticia 4	
noticia 5	

D. En parejas, compartid vuestras propuestas.

→ P. 147, ACTIVIDAD 12

A. Una revista universitaria está preparando un monográfico. En grupos, haced una lista de temas vinculados con la universidad que os parecen interesantes.

B. El equipo de redacción de la revista está decidiendo el tema del monográfico. Escucha su conversación y anota qué temas proponen.
🔊 22

Tema 1	
Tema 2	
Tema 3	
Tema 4	

C. Escucha de nuevo el audio y toma notas de las opiniones y afirmaciones que te parecen más importantes. ¿Hay algo que te sorprenda?
🔊 22

Tema 1	
Tema 2	
Tema 3	
Tema 4	

D. Ahora, en parejas, decidid cuál de los temas propuestos os parece más interesante para un monográfico.

UNIDADES 11 Y 12

→ P. 152, ACTIVIDAD 5

A. Dos compañeros de la universidad hablan de un trabajo que tienen que hacer. ¿Qué tipo de actitud tiene cada uno? Escucha la conversación y combina estas palabras con Elisa o Nico. Justifica tus respuestas.

🔊 23

constructiva | destructiva | preocupada | egoísta | generosa | responsable | irresponsable

Elisa tiene una actitud…

………………………………………………………
………………………………………………………
………………………………………………………

Nico tiene una actitud…

………………………………………………………
………………………………………………………
………………………………………………………

> **ESTRATEGIAS**
>
> Recuerda que cuando se pide una escucha general, no tienes que entenderlo todo. La entonación y el tono de voz de los hablantes te pueden ayudar en la interpretación, además de las palabras clave.

B. Escucha el audio de nuevo y decide qué frases describen mejor a Nico (N) y qué frases describen mejor a Elisa (E).

🔊 23

1. Tiene constancia. ……..
2. Le falta constancia. ……..
3. Tiene pleno control sobre su tiempo. ……..
4. No tiene control sobre su tiempo. ……..
5. No planifica bien sus objetivos. ……..
6. Planifica bien sus objetivos. ……..
7. Organiza su trabajo de acuerdo a sus prioridades. ……..
8. Sabe distinguir lo importante de lo urgente. ……..
9. No distingue lo importante de lo urgente. ……..
10. No planifica para evitar imprevistos. ……..
11. Evita hacer el trabajo de otros. ……..
12. Cuenta con suficiente tiempo para su ocio. ……..

C. Escucha de nuevo el audio con la transcripción y justifica tus elecciones de B con fragmentos de las intervenciones.

🔊 23

COMPRENSIÓN AUDITIVA

D. Ahora, compara tus respuestas con un/a compañero/a y autoevalúa tu comprensión.

¿Estoy satisfecho de mi comprensión?

☐ Muy poco ☐ Poco ☐ Más o menos ☐ Bastante ☐ Totalmente

La entonación y tono de voz de los hablantes me han ayudado a mi comprensión del audio.

He entendido la actitud general de Nico y Elisa.

He entendido las razones de la actitud de Nico y Elisa.

☐ Muy poco ☐ Poco ☐ Más o menos ☐ Bastante ☐ Totalmente

Me ha resultado fácil elegir las características que mejor definen a Nico.

Me ha resultado fácil elegir las características que mejor definen a Elisa.

¿Qué porcentaje de la información he entendido antes de tener la transcripción?

¿Qué dificultades he tenido?

☐ Hablan muy rápido.   ☐ El audio es muy largo.
☐ No entiendo muchas palabras.   ☐ Cuando no entiendo, me desconcentro.
☐ Otras dificultades: ....

UNIDAD 12

→ P. 155, ACTIVIDAD 7

A. Vas a escuchar un reportaje sobre una serie de aplicaciones para móvil desarrolladas por alumnos de una universidad española. Antes de escucharlo, responded en parejas a estas preguntas.

1. ¿Qué es un reportaje? ¿Cuál es la diferencia con una noticia?
....
....

2. Aquí tienes el nombre de tres aplicaciones sobre las que informa el reportaje. ¿Cuál crees que puede ser su finalidad?

Recíclame y recíclate	....
Camino seguro al cole	....
Mapa verde de Madrid	....

B. Ahora escucha el audio y define con tus palabras para qué sirve cada aplicación. Puedes escuchar más de una vez si quieres.
🔊 24

Recíclame y recíclate	....
Camino seguro al cole	....
Mapa verde de Madrid	....

C. Ahora, en parejas, comparad vuestras respuestas.

COMPRENSIÓN AUDITIVA

→ P. 168, ACTIVIDAD 6

A. En un programa de radio han lanzado la pregunta "¿Yo sumo o consumo?". ¿De qué crees que trata el programa?

Yo creo que seguramente varias personas van a hablar sobre...

> **ESTRATEGIAS**
>
> Es importante pensar sobre qué tema o asunto puede tratar un audio antes de iniciar la escucha.

B. Ahora, escucha a cuatro personas que nos hablan de sus hábitos de consumo y completa los cuadros.

PERSONA			Sí	No
1	a.	¿Crees que su actitud como consumidor es responsable?	☐	☐
	b.	Expresa un deseo sobre su forma de actuar: *Ojalá la gente como esta persona...*		
2	a.	¿Crees que su actitud como consumidor es responsable?	☐	☐
	b.	Expresa un deseo sobre su forma de actuar: *Espero que...*		
3	a.	¿Crees que su actitud como consumidor es responsable?	☐	☐
	b.	Expresa un deseo sobre su forma de actuar: *Ojalá...*		
4	a.	¿Crees que su actitud como consumidor es responsable?	☐	☐
	b.	Expresa un deseo sobre su forma de actuar: *Espero que...*		

C. En parejas, comprobad si pensáis lo mismo.

D. Ahora buscad páginas web en español para incentivar el consumo responsable y recomendad una a cada persona del audio teniendo en cuenta sus hábitos. Podéis usar las siguientes palabras clave para las búsquedas. Escuchad de nuevo el audio si lo necesitáis.

| alargascencia | contra la obsolescencia | reducir los residuos | comercio justo | el día mundial sin auto |

PERSONA	PÁGINA WEB EN ESPAÑOL
1	
2	
3	
4	

UNIDAD 13

→ P. 173, ACTIVIDAD 16

A. En el programa de televisión *La vida en directo* entrevistan a una persona que se dedica a reciclar cosas olvidadas en aeropuertos. ¿Cómo crees que alguien se puede ganar la vida así? En grupos, escribid qué ideas se os ocurren.

B. Escucha el audio. Usa las palabras de cada fila del cuadro para resumir lo que escuchas.
🔊 26

> **ESTRATEGIAS**
>
> Puedes usar tu lengua para recoger la información que se pide. Después, usa el español para elaborar las respuestas de la actividad.

LA VIDA EN DIRECTO / RAFA / NEGOCIO	La vida en directo es un programa de televisión en el que entrevistan a Rafa para conocer su negocio.
RAFA / PERSONAS / OBJETOS EXTRAVIADOS	
AEROPUERTOS / OBJETOS PERDIDOS / LOTES	
LOTES / SUBASTA / COMPRAR	
COMPRAR / LOTES / VENDER / TIENDA	
MALETA / ROPA / OBJETO RARO / ENCONTRAR / PAELLERA	

C. Ahora, en parejas, preparaos y recread la entrevista a Rafa delante de la clase. Podéis escuchar el audio de nuevo.
🔊 26

COMPRENSIÓN AUDITIVA

→ P. 180, ACTIVIDAD 6

A. Escucha a cuatro personas que comparten sus opiniones sobre la publicidad corporal y toma notas de las palabras clave.

1

CARLOTA, Zaragoza

....
....
....
....

2

HÉCTOR, Cádiz

....
....
....
....

3

TOMÁS, Ciudad Real

....
....
....
....

4

ADA, Barcelona

....
....
....
....

B. Ahora, en parejas, decidid qué frase resume mejor la opinión de cada persona. Podéis escuchar el audio de nuevo.

1. No me parece bien que se utilice solo gente atractiva en la publicidad. ....
2. Es cierto que los testimonios influyen en el éxito de una campaña publicitaria. ....
3. Creo que, atractivo o no, el cuerpo humano es una buena herramienta para el *marketing*. ....
4. Me parece increíble que los publicistas utilicen personas-anuncio. ....

UNIDADES 14 Y 15

→ P. 182, ACTIVIDAD 11

A. Cuatro personas hablan de sus hábitos a la hora de comprar.
🔊 Escucha las conversaciones y relaciona cada afirmación con la persona que habla.
28

| Conversación 1 | Conversación 2 | Conversación 3 | Conversación 4 |

1. Prefiere ir a comprar con alguien. ....
2. Compra sobre todo por internet. ....
3. Compra por impulso. ....
4. Compara precios y características. ....

B. Escucha de nuevo, toma notas de las palabras clave y decide con qué
🔊 afirmaciones te identificas más.
28

Yo también soy bastante inseguro con la ropa...

C. En parejas, escribid una lista de normas para que tu compra sea un desastre. Después, grabad un vídeo con vuestras recomendaciones y enseñádselo a la clase. ¿Quién tiene la propuesta más divertida?

Si dudas entre dos productos, compra siempre el más caro, seguro que es el mejor.

→ P. 189, ACTIVIDAD 5

A. Escucha la primera parte del audio (hasta la sintonía del programa) y explica
🔊 brevemente en qué va a consistir lo que escucharás después.
29

Vamos a escuchar un...

B. Ahora escucha las preguntas. Contesta con la opción que te parezca correcta.
🔊
29

Pregunta 1	
Pregunta 2	
Pregunta 3	
Pregunta 4	
Pregunta 5	
Pregunta 6	
Pregunta 7	
Pregunta 8	

C. En parejas, comparad vuestras respuestas. ¿Estáis de acuerdo?
🔊 Si es necesario, escuchad de nuevo las preguntas.
29

D. Investigad en internet para encontrar las respuestas. ¿Hay algún dato que os sorprenda?

E. En grupos, preparad ocho preguntas sobre un país o un continente que os interese y haced un concurso en clase.

COMPRENSIÓN AUDITIVA

→ P. 195, ACTIVIDAD 14

A. TED es una plataforma en la que personajes relevantes de todo el mundo dan charlas sobre temas muy diversos. Estos son los títulos de dos de esas charlas. ¿De qué crees que van a tratar? Habla con tu compañero.

Para entender el autismo, no quites la mirada.

Por qué los periodistas tienen la obligación de desafiar el poder.

B. Lee los títulos de las dos charlas e intenta prever cuáles serán las palabras clave del inicio de cada una. Luego escucha el audio y toma notas de lo que entiendes.

🔊 30

CHARLA	PALABRAS CLAVE
Para entender el autismo, no quites la mirada. Carina Morillo	
Por qué los periodistas tienen la obligación de desafiar el poder. Jorge Ramos	

ESTRATEGIAS

Ver vídeos de temas interesantes, como las charlas de TED, puede ser una manera fantástica de entrenar tu comprensión audiovisual. Algunos consejos:
a. Antes de escuchar, piensa en el tema que se va a tratar.
b. Lee la información sobre la persona que va a hablar.
c. Piensa y escribe algunas palabras clave que se te ocurran.
d. Escucha una primera vez sin los subtítulos.
e. Escucha una segunda vez leyendo los subtítulos.

ESTRATEGIAS

Puedes usar tu lengua para recoger la información que se pide. Después, usa el español para elaborar las respuestas de la actividad.

UNIDADES 15 Y 16

C. Vamos a escuchar los audios de nuevo. Pero antes, lee las palabras clave que te proponemos.
🔊 30

CHARLA	PALABRAS CLAVE
Para entender el autismo, no quites la mirada Carina Morillo	Entrenadora de miradas, mamá, Iván, autismo, diagnóstico, dolor, intuición, mirar a los ojos, puente roto, cosas que le gustaban, jugar, estar vivo
Por qué los periodistas tienen la obligación de desafiar el poder Jorge Ramos	Periodista, inmigrante, México, EE. UU., neutralidad, miedo, responsabilidad, desafiar a los poderosos, objetividad, qué es cierto, vida compleja

D. Ahora, autoevalúa tu comprensión.

¿Me ha ayudado reflexionar sobre el tema del audio antes de escucharlo?
☐ Muy poco   ☐ Poco   ☐ Más o menos   ☐ Bastante   ☐ Mucho

¿Me ha ayudado pensar en las palabras clave de cada tema antes de escucharlo?
☐ Muy poco   ☐ Poco   ☐ Más o menos   ☐ Bastante   ☐ Mucho

¿Me ha ayudado tener las palabras clave de cada tema antes de escucharlo?
☐ Muy poco   ☐ Poco   ☐ Más o menos   ☐ Bastante   ☐ Mucho

→ P. 200, ACTIVIDAD 4

A. Vas a escuchar el inicio del programa de radio *Red paranormal*, dedicado a fenómenos extraños y paranormales. Toma notas de las dos historias de las que se habla.
🔊 31

NOTICIA	
1	....
2	....

B. Piensa en las dos historias que se han presentado. ¿Crees que son reales o imaginarias? ¿O tal vez tienen elementos reales y partes imaginarias? Vuelve a escuchar el audio si lo necesitas.
🔊 31

COMPRENSIÓN AUDITIVA

C. Ahora lee estos fragmentos de textos encontrados en la red sobre los dos asuntos. ¿Entiendes ahora qué partes son reales y qué partes son falsas? Comentadlo en parejas.

TEXTO 1

El mito (de Slendreman), ya de por sí retorcido, tomó un giro tétrico el 31 de mayo de 2014. Morgen Geyser y Annisa Weier, dos niñas de 12 años residentes en Waukesha (Wisconsin), se conocen e intiman cuando comienza el curso. Crean una amistad muy especial, ya que Annisa no es muy popular y no tiene amigos, y Morgen tampoco cuenta con muchas amistades, excepto la de Payton Leutner (…).

Las amigas deciden asesinar a la otra niña aprovechando el barullo del cumpleaños de Morgen, ya que las tres van a dormir en la misma casa para hacer una fiesta de pijamas. Van a un parque que tiene una zona boscosa cercana y, con la excusa de que van a jugar al escondite, la llevan a la zona más profunda y allí le asestan 19 puñaladas con un cuchillo de cocina. Las autoras dejan en estado agonizante a la víctima y se escapan del lugar del crimen. Payton se arrastra hasta una carretera cercana donde es recogida por un ciclista al que narra los hechos y es trasladada a un hospital, donde le salvan la vida (…).

Morgen y Annisa intentaron matar a Payton Leutner para honrar a Slenderman y convertirse en sus sirvientas, en una especie de agentes del mito que, según sus seguidores, se encargan de hacerle el trabajo sucio. Ambas confiesan los hechos a la Policía sin guardarse nada, contando todo con inocencia infantil.

Adaptado de *La aterradora historia (real) de Slenderman de la que todos hablan pero pocos se atreven a ver*, El País

TEXTO 2

Cerca de 1981 apareció un misterioso videojuego en los suburbios de Portland, Estados Unidos. O eso decían. También decían que el juego era una cosa extraña. Para empezar, su mecánica era muy curiosa: el jugador controlaba una nave que disparaba a distintos enemigos, pero estos se desplazaban alrededor de la nave, que permanecía fija. Como tenía muchos efectos y gráficos de colores vivos, pronto se convirtió en el favorito de jóvenes aficionados a esta clase de entretenimiento. Los jugadores hacían fila para poder acceder a las máquinas. Rápidamente, comenzaron a darse cuenta de que el juego estaba lleno de mensajes subliminales. No solo eso, además enseguida te volvías adicto. Los mensajes instaban en algunos casos al conformismo y a destruir la creatividad de los usuarios con frases como: *No imagination* "sin imaginación", *No thought* "sin pensamiento", *Conform* "confórmate", *Honor apathy* "honra la apatía", *Do not question authority* "no cuestiones a la autoridad" y, en otros, guardaban un mensaje aún más siniestro: *Kill yourself* "mátate" y *Surrender* "ríndete". Su nombre: Polybius.

Además, provocaba otros síntomas perturbadores, como tics nerviosos, vómitos, mareos, alucinaciones auditivas y ópticas (hay quienes dicen que estas se producían mientras se jugaba y que por el rabillo del ojo podían verse rostros fantasmales), ataques epilépticos y terrores nocturnos.

Adaptado de *Polybius, la verdad sobre el videojuego maldito*, factorelbog.com

D. ¿Conoces leyendas urbanas? ¿En qué consisten? ¿Mezclan elementos reales con partes inventadas? Comentadlo en grupos.

UNIDAD 16

→ P. 203, ACTIVIDAD 8

A. ¿Te gustaría trabajar desde casa? En parejas, pensad en aspectos positivos y negativos del teletrabajo y haced dos listas.

B. Ahora escucha a dos amigos que hablan sobre el teletrabajo. Marca en tus listas los aspectos en los que coincidís.
🔊 32

C. Ahora escucha el audio en el que hablan otros dos amigos y haz lo mismo.
🔊 33

D. Escucha de nuevo los dos audios y marca quién trabaja desde casa y quién no.
🔊 32 Y 33

	Marisa	Marcos
AUDIO 1	☐	☐

	Yolanda	Héctor
AUDIO 2	☐	☐

> ⚙ **ESTRATEGIAS**
>
> Cuando lo que vamos a escuchar trata sobre un tema determinado, puede ser útil pensar en aspectos relacionados con ese tema antes de iniciar la escucha. Una opción es reflexionar sobre los pros y contras de la cuestión.

E. Lee estas afirmaciones y escucha de nuevo los dos audios: ¿quién las dice?
🔊 32 Y 33

	Marisa	Marcos	Yolanda	Héctor
1. El transporte público es malo para la salud.	☐	☐	☐	☐
2. El teletrabajo favorece su vida familiar.	☐	☐	☐	☐
3. Le gusta trabajar con gente.	☐	☐	☐	☐
4. No se considera preparado/a para trabajar desde casa.	☐	☐	☐	☐
5. Cree que se trabaja más cuando se hace desde casa.	☐	☐	☐	☐
6. En el transporte público se puede aprovechar el tiempo.	☐	☐	☐	☐
7. Trabajar solo te ahorra lidiar con malos compañeros.	☐	☐	☐	☐
8. Con el teletrabajo puedes trabajar desde cualquier sitio.	☐	☐	☐	☐

F. En parejas, elaborad una lista de trabajos que se pueden hacer desde casa. Después poned vuestra lista en común con la clase. ¿Estáis todos de acuerdo?

COMPRENSIÓN AUDITIVA

→ P. 209, ACTIVIDAD 3

A. Mira estas fotos de festivales o fiestas polémicas. ¿Los conoces?
¿De qué crees que tratan? ¿Crees que son cultura? Discutidlo en parejas.

Festival del Gato o Miaustura (Perú)

Encierros de San Fermín (España)

Campeonato de Transporte de Esposas (Finlandia)

Thaipusam (Malasia)

B. Ahora escucha la descripción de cada una de estas fiestas y festivales.
🔊 Escribe las palabras clave para hablar de ellas.
34

	PALABRAS CLAVE
Festival del Gato o Miaustura	
Encierros de San Fermín	
Campeonato de Transporte de Esposas	
Thaipusam	

UNIDAD 17

C. Ahora vas a escuchar la opinión de cuatro personas sobre estas fiestas.
🔊 Resume lo que dicen en una frase.
35

Festival del Gato o Miaustura	....
Encierros de San Fermín	....
Campeonato de Transporte de Esposas	....
Thaipusam	....

D. Escucha de nuevo los audios. Piensa por qué estás de acuerdo o no
🔊 con esas personas. Escribe palabras, ideas o frases (en tu idioma, si lo prefieres).
35 Después comentadlo en parejas.

E. ¿Existen en tu país festivales o fiestas polémicas?
Busca información sobre una de ellas, graba en tu casa un vídeo (o un audio)
con su descripción y tu opinión, y preséntalo a la clase.

F. Ahora, autoevalúa tu comprensión.

> ¿Crees que ayuda a entender mejor el español grabar vídeos o audios en casa?
> ▢ Muy poco ▢ Poco ▢ Más o menos ▢ Bastante ▢ Mucho
>
> ¿Crees que es útil ver vídeos o escuchar audios de tus compañeros para entender mejor el español?
> ▢ Muy poco ▢ Poco ▢ Más o menos ▢ Bastante ▢ Mucho

→ P. 214, ACTIVIDAD 9

A. Hoy vamos a hablar de los sentidos y de los recuerdos. Primero, completad las siguientes informaciones.

Un recuerdo de mi niñez que asocio...
  1. al tacto:
  2. al gusto:
  3. al olfato:
  4. al oído:
  5. a la vista:

B. Ahora, en parejas, comentad cuáles son vuestros recuerdos y por qué creéis que los habéis guardado.

COMPRENSIÓN AUDITIVA

C. Una neurocientífica está haciendo un estudio sobre cómo relacionamos nuestros sentidos con ciertos objetos y conceptos. Escucha sus preguntas y responde.

Pregunta 1	
Pregunta 2	
Pregunta 3	
Pregunta 4	
Pregunta 5	
Pregunta 6	
Pregunta 7	
Pregunta 8	
Pregunta 9	
Pregunta 10	

D. En parejas, comprobad si habéis entendido todas las preguntas.

E. Ahora, lee la transcripción para comprobar tu comprensión. Luego, en parejas, comentad vuestras respuestas.

→ P. 223, ACTIVIDAD 8

A. Lee los siguientes consejos para resolver problemas y dificultades en el aprendizaje del español. ¿Cuáles podrías aplicarte a ti mismo? ¿Por qué?

Te aconsejo:

Preparar lo que vas a decir antes de hablar.
Organizar mejor tu tiempo.
No obsesionarte con la gramática.
Estudiar más gramática.
Usar tarjetas para recordar el vocabulario.
Unirte a una comunidad de habla hispana.
Hacer intercambios con estudiantes hispanohablantes.
Comparar el español con tu lengua.
Leer en español.
Traducir todas las palabras.
Pedir ayuda a tu profesor/a. Te puede recomendar algún libro sobre las cuestiones que te preocupan.
Hablar delante de un espejo para ver los movimientos de tu boca al pronunciar.
Hacer ejercicios de relajación y respiración antes de ir a la universidad.
Hablar despacio.
Ver películas con subtítulos en español.
Estudiar con un/a amigo/a.

UNIDADES 17 Y 18

B. Vas a oír los testimonios de algunos estudiantes sobre sus problemas con el español.
🔊 Escúchalos y escribe en qué consiste el problema de cada uno.
37

Jana	Simon	Emma
....	....	....

C. ¿Cuál o cuáles de los consejos del punto A crees que son más adecuados para Jana, Simon y Emma?

D. Ahora escucha de nuevo el audio con la transcripción. Responde a las siguientes preguntas;
🔊 luego, en parejas, comentad vuestras respuestas.
37

1. Después de leer la transcripción, ¿crees que todos los consejos que diste eran adecuados? ¿Cuáles no?
2. ¿Hay consejos que pueden aplicarse a más de un estudiante del audio?
3. ¿Hay algún consejo de A que consideras que no es útil en ningún caso? ¿Cuál o cuáles? ¿Por qué?

→ P. 225, ACTIVIDAD 10

A. Lee los siguientes titulares de noticias. ¿De qué crees que trata cada uno?
Escribe cinco o seis palabras clave sobre cada noticia; luego comparte tus respuestas con un compañero.

TITULAR A

IMPRESORAS 3D:
EL FUTURO DE LAS AULAS

TITULAR B

REALIDAD VIRTUAL:
nueva terapia para las enfermedades mentales

TITULAR C

¿Aumentar las capacidades intelectuales a través de los videojuegos?

COMPRENSIÓN AUDITIVA

B. El programa de radio *Vaya mañanita* informa sobre las noticias de los titulares que acabamos de ver. Escúchalo y relaciona cada noticia con su titular.
🔊 38

1. Noticia 1   A. Titular A
2. Noticia 2   B. Titular B
3. Noticia 3   C. Titular C

C. Escucha el programa de nuevo. Usando los titulares y las palabras clave que has entendido, escribe un resumen de cada noticia.
🔊 38

¿Aumentar las capacidades intelectuales a través de los videojuegos?
....
....
....
....
....

Realidad virtual: nueva terapia para las enfermedades mentales
....
....
....
....
....

Impresoras 3D: el futuro de las aulas
....
....
....
....
....

D. ¿Qué piensas de las tres noticias? Comentadlo en grupos.

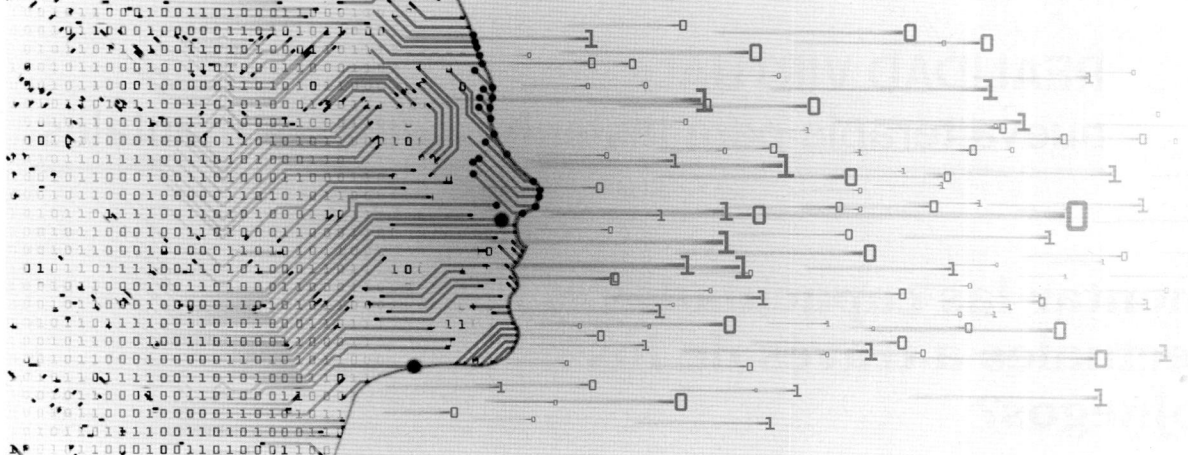

TRANSCRIPCIONES

UNIDAD 1

🔊 **1**

1. Se llama Hans y es estudiante de Medicina. Hans es de Alemania, pero ahora estudia en México. Vive en Cuernavaca, una ciudad muy cerca de Ciudad de México, la capital del país.
2. Es mexicana y vive en España. Se llama Martina y estudia Derecho en la Universidad Autónoma de Barcelona. Además, es una artista. Pinta cuadros modernos muy interesantes. Tiene mucho talento para las lenguas: habla cuatro idiomas, español, inglés, alemán y francés.
3. Tim es mi compañero de piso. Vivimos en Buenos Aires, pero Tim no es argentino: es francés y estudia español. Además, Tim canta en un grupo de rock. A mí no me gusta su música, pero es muy divertido.
4. Se llama Zoe y vive en México. Estudia Historia. Vive en una residencia de estudiantes y es española. Hace muchas actividades culturales: va a conciertos, visita museos de arte... Además de estudiar, trabaja como camarera los fines de semana.

🔊 **2**

Hombre: ¡Me gusta esta canción! Melina, ¿quién es este cantante?
Melina: Aldo Villegas, ¡es uno de mis cantantes favoritos! Es mexicano como yo. Ustedes los españoles no lo conocen mucho, pero en México y en Estados Unidos es muy conocido.
Hombre: ¿Y por qué te gusta?
Melina: Pues porque es muy talentoso, hace la música, pero también escribe poesía, y sus videos sobre temas sociales son realmente buenos... Es muy creativo: siempre hace cosas nuevas y originales.
Hombre: Entonces... es alguien muy comprometido, ¿no?
Melina: Sí, es alguien que defiende los derechos de los afrodescendientes y de los latinos en los Estados Unidos.

UNIDAD 2

🔊 **3**

1. ¡Qué onda! Me llamo Guadalupe. Soy mexicana y estudio la Licenciatura de Traducción. Me encanta aprender idiomas y busco a una persona para practicar alemán. Me gusta mucho el cine y leer. Mi celular es el 5559343234. Mándame un WhatsApp y hablamos.
2. ¡Hola! Me llamo Javier y soy un estudiante español. Estudio Medicina aquí en México y estoy muy interesado en China. Busco a alguien para poder aprender más cosas de ese país. También quiero aprender un poco de chino. Mi número de teléfono es el 5559342769.
3. Soy Martín y soy argentino. Estudio Hostelería acá en México. Ahora mismo estudio una maestría especializada en cocina y gastronomía latinoamericana. Me encanta la cocina. Busco alguien para aprender francés, pues quiero viajar a Francia y conocer su gastronomía. Me podéis contactar a mi mail, martin@mail.com.

🔊 **4**

Locutor: Buenos días. Te voy a hacer una serie de preguntas para conocerte mejor como estudiante. Pregunta número 1. ¿Te gusta estudiar en la universidad?
Estudiante: Sí, me encanta.
Locutor: Pregunta número 2. ¿Qué estudias?
Estudiante: Estudio Medicina.
Locutor: Pregunta número 3. ¿Por qué estudias español?
Estudiante: Porque quiero hacer prácticas en República Dominicana.
Locutor: Pregunta número 4. ¿Cuántas horas estudias español a la semana?
Estudiante: Tengo cuatro horas de clase.
Locutor: Muy bien. Ahora te voy a preguntar sobre tus planes de futuro.
Pregunta número 5. ¿Qué vas a hacer este verano?
Estudiante: Voy a trabajar para ganar algo de dinero.
Locutor: Pregunta número 6. ¿Qué vas a hacer al terminar la universidad?
Estudiante: Quiero estudiar un máster.
Locutor: Pregunta número 7. ¿En qué quieres trabajar?
Estudiante: En un hospital o en una clínica.

UNIDAD 3

🔊 **5**

1. Yo estudio Medicina. ¿Y tú?
2. ¿Cuántos idiomas hablas?
3. ¿A tus compañeros de clase les interesa la pintura?
4. ¿A tu padre le gusta hablar de política?
5. ¿A tus amigos y a ti os gusta estudiar en esta universidad?

🔊 **6**

Locutora: ¡Hola, hola! Bienvenidos una semana más a "Mundo universitario", el programa de radio que habla de los estudiantes. Hoy vamos a escuchar un mensaje que nos ha mandado una estudiante argentina. Ella se llama Marcela, estudia Ciencias Políticas en la Universidad Complutense de Madrid y no le gusta nada levantarse pronto para ir a la universidad. Escuchamos a Marcela.
Marcela: Hola a todos. Yo soy argentina y soy una estudiante normal. Acá en Madrid, vivo en una casa cerca de la universidad. Tengo tres compañeras de piso, dos españolas y una inglesa. Hago deporte, bastante a menudo. Por ejemplo, voy a correr por el parque con Jen, mi compañera inglesa. Y con mis compañeras españolas voy al gimnasio tres veces a la semana.
Acá todo el mundo me dice: "Si sos argentina, seguro que te gusta el tango y el fútbol". Yo les digo: "Sí, soy argentina, pero no me gusta nada el fútbol". El tango, sin embargo, me encanta, es cierto, pero el fútbol no. También me gusta mucho la música independiente en inglés... Lo que más me gusta hacer en mi tiempo libre es pasear por Madrid, salir con mis amigos, ir a tomar unas tapas, cosas normales.
Pero, claro, también hay cosas que no me gustan. Lo que no me gusta de mi vida de estudiante acá es madrugar, no me gusta nada levantarme pronto para ir a la universidad. Tampoco me gusta hacer la comida, por eso como mucho fuera de casa, en bares o en la cafetería de la universidad. Otra cosa que no me gusta es estudiar, ja,

COMPRENSIÓN AUDITIVA

ja, ja. Pero estudio mucho, ¿eh? Aunque no me gusta, lo hago, ja, ja, ja.
¡Ah! Otra cosa que me encanta hacer es visitar otras ciudades los fines de semana, lo hago mucho con mis amigas.

UNIDAD 4

🔊 7

AUDIO 1
Los habitantes de esta cueva, que es una auténtica catedral subterránea, daban un sentido religioso a su existencia. La investigadora Raquel Lacalle en su último libro interpreta de una forma nueva los elementos simbólicos dibujados. Según ella, el caballo o el bisonte no tienen un significado ritual mágico relacionado con la caza. Según Raquel Lacalle, estas cuevas son equivalentes a catedrales porque en ellas se desarrolla una primera religión relacionada con la naturaleza, una religión de la Madre Naturaleza. De esta forma, por ejemplo, el caballo y el bisonte son una representación del Sol y la Luna respectivamente; es decir, el caballo es el Sol y el bisonte representa la Luna. Podemos decir que para estos antepasados nuestros tan lejanos estas cuevas eran auténticos templos. Así que ¿se puede afirmar que estos hombres prehistóricos tenían conciencia de una vida después de la muerte?

AUDIO 2
Es increíble. Todavía hoy, después de tantos siglos, no podemos explicar cómo los hombres prehistóricos pudieron mover esos bloques de piedra. ¿Cómo pudieron sacar de la montaña esas gigantescas rocas, transportarlas y colocarlas.? Estamos hablando de bloques que pesan 80 toneladas y que miden hasta 11 metros... es maravilloso. Hoy día, con la tecnología actual, tendríamos muchos problemas para mover unos bloques de piedra tan grandes. Y otro aspecto sorprendente es la orientación de estas piedras. Todas están orientadas al oeste, al punto exacto por el que se pone el sol el 21 de septiembre, en el equinoccio de primavera del hemisferio sur. ¿Cómo es posible semejante precisión? Sin duda, los hombres prehistóricos tenían un conocimiento de las estrellas...

🔊 8

Hola, me llamo María y estudio en la Universidad Complutense de Madrid. Vivo en una residencia universitaria y tengo que decir que me encanta. Mi habitación es muy bonita y me gusta mucho. ¿Quieren conocerla? Pues miren, para empezar, tengo que decir que comparto habitación con una chica holandesa, así que hay dos camas en la habitación, y también un sofá y una mesa de estudio. La mesa de estudio está debajo de una ventana al lado de mi cama. Además,
a la izquierda de la ventana hay un cuadro muy bonito. En la habitación hay un armario al lado de la puerta. La puerta está entre el armario y mi cama. El sofá está en el centro de la habitación y tiene dos cojines encima. También hay una alfombra. La alfombra está debajo del escritorio. Y en el escritorio hay un ordenador y una impresora. También tenemos una papelera. La papelera está delante de la mesa, al lado de la silla.

UNIDAD 5

🔊 9

AUDIO 1
MUJER: Yo trabajo en una pequeña empresa de ropa. Mis funciones son varias. Tengo que controlar los gastos de la empresa y supervisar toda la parte financiera. Además, tengo que controlar los pedidos en el almacén, saber qué hay y qué es necesario comprar. Tengo un buen conocimiento de contabilidad y finanzas, ya que trabajo todo el día con números. Otra cosa muy importante es que me ocupo de las nóminas de los trabajadores, es decir, el sueldo de todas las personas que trabajan en la empresa.

AUDIO 2
HOMBRE: Yo me dedico a vender chocolate. Trabajo para una marca de chocolate española, tengo que viajar mucho para visitar tanto supermercados como tiendas especializadas para vender nuestro chocolate. Hay semanas que viajo mucho y otras semanas que viajo menos, pero siempre tengo que estar preparado para ir a un sitio u otro.
Pero mi trabajo tiene más funciones. Una de ellas es comprobar que nuestro producto está bien situado en los supermercados, es decir, que ocupa un lugar del supermercado que es fácil de ver, que es visible para los clientes.

AUDIO 3
MUJER: Trabajo con personas y es duro, pero muy bonito. Tengo que ser muy respetuosa con las personas que cuido y darles la mejor atención posible. Mis tareas son varias, entre ellas, ayudarlos a vestirse, a bañarse, a andar con seguridad, a subir y bajar escaleras, a moverse. Además, tengo que hacer un plan cada semana con el menú de las comidas, las visitas al médico, el ejercicio que pueden hacer. Como son ancianos, tengo que respetar sus tiempos y hacer las cosas a su ritmo, no al mío, así que tengo que tener paciencia.

🔊 10

PERSONA 1
Yo soy muy paciente y responsable. Soy bastante imaginativa y creativa. Me encanta trabajar con niños, estar con ellos. ¡Son tan agradecidos! ¡Y aprenden tan rápido!

PERSONA 2
Me gusta mucho el contacto con la gente, me gustaría tener un trabajo en el que pudiera estar de cara al público. Soy bastante organizado y siempre hago mi trabajo con eficacia. Lo único que no me gusta mucho es viajar.

PERSONA 3
Sobre todo me considero una persona creativa. Tengo mucha capacidad para prestar atención a los detalles, especialmente a cuestiones relacionadas con el diseño... y me motiva muchísimo trabajar con computadoras.

PERSONA 4
Creo que soy una persona bastante comprometida.

Entre otras cosas, tengo un blog sobre temas sociales. Me encanta la comunicación, escribir en mi blog, y que la gente pueda saber qué cosas pasan en la sociedad que no conocen.

UNIDAD 6

🔊 **11**

A. Es un restaurante con poca variedad. Ofrecen bastante carne, pero pocas ensaladas y poco pescado. Además, las raciones no son muy grandes, en mi opinión.

B. El lugar es un poco ruidoso. No es un sitio para comer o cenar tranquilamente con tu pareja. Pero no está mal para comer algo rápido o tomar una copa.

C. A mí me encanta, es un sitio divertido y no es caro. Las raciones están bien y la música es muy buena. Bueno, es que a mí me encanta la salsa.

D. Es un buen sitio para ir con los amigos a tomar algo y charlar. Es un local con mucha vida. Además, todos los fines de semanas hay un grupo de salsa en vivo y se puede bailar.

🔊 **12**

AUDIO 1
¡Hola! Me llamo Hugo y vivo desde hace tres años en Hong Kong, una de las ciudades más increíbles del mundo. Soy profesor de español en la Universidad de Hong Kong y la verdad es que mi trabajo me encanta. Me gusta mucho enseñar a los alumnos chinos; son muy disciplinados y muy divertidos. Yo llegué aquí con una beca del Gobierno español para ser profesor por tres años. Tres años es la duración del contrato... y este año se acaba y tengo que volver a España.
En Hong Kong he disfrutado mucho, hay muchas personas de diferentes partes del mundo y es muy fácil hacer amigos. Además, Hong Kong es una ciudad muy divertida y con una vida nocturna increíble. Sin duda, es el mejor sitio que he conocido para salir de fiesta. Lo malo de Hong Kong es que está muy, muy poblado: aquí vive demasiada gente. Es una ciudad muy estresante, ya que siempre hay mucha gente en todas partes y muchísimos coches, autobuses, motos. Aquí la contaminación es realmente alta, altísima. Pero, bueno, ahora en España recuperaré la tranquilidad y el aire limpio, aunque voy a echar muchísimo de menos esta ciudad.

AUDIO 2
Me llamo Silvia y vivo desde hace seis en años en Copenhague, Dinamarca. Yo acabé la carrera de Ciencias Empresariales y después de trabajar en Madrid unos años decidí salir de España para mejorar mi currículo. Salió la oportunidad de trabajar en Copenhague en una empresa muy grande de exportación que necesitaba personas que hablasen español
para las relaciones con Latinoamérica.
Y aquí me vine.
Han sido seis años duros porque tuve que aprender la lengua danesa, que es muy, muy difícil, y porque en esta empresa en la que estoy el nivel de exigencia es muy alto. Quiero quedarme en Dinamarca, pero creo que seis años son suficientes en la misma empresa y quiero desarrollarme profesionalmente en otros sectores y, quizás, vivir en otra ciudad.
Copenhague es una ciudad preciosa, pero el clima no es muy bueno, la verdad. Los inviernos se hacen muy largos y falta luz. Yo, que soy de Valencia, noto mucho la falta de sol. Por otro lado, es una ciudad muy segura y con mucha oferta cultural. Otra cosa son las amistades, a mí me ha resultado difícil hacer amigos daneses, la mayoría de mis amigos son extranjeros.

AUDIO 3
Soy Jesús y desde hace tres años vivo en Ciudad de México, una ciudad enorme en todos los sentidos. Ciudad de México provoca un impacto brutal desde el primer momento. Es una ciudad gigantesca que no duerme nunca. Siempre hay mercados abiertos, conciertos, eventos deportivos, fiesta... en fin, encuentras de todo. Por otro lado, también hay inseguridad, pobreza, contaminación... Es una ciudad increíble, tanto en lo bueno como en lo malo. Pero yo estoy enamorado de esta ciudad.
Soy músico profesional y tuve la suerte, hace unos años, de encontrar una oferta de trabajo donde se pedía un músico de guitarra clásica española. Lo solicité, me llamaron para la entrevista y aquí empezó la aventura. Aquí es facilísimo encontrar buenos amigos. Los mexicanos son muy abiertos y receptivos con el que viene de fuera. Y yo, además, he tenido la suerte de encontrar a Manuel, el amor de mi vida. O sea, que creo que de aquí a muy poquito tendremos que viajar a España y pasar por el ayuntamiento o el juzgado. Aquí en México también está legalizado el matrimonio entre dos personas del mismo sexo, pero yo si no está mi abuela presente no me caso, ja, ja, ja.

UNIDAD 7

🔊 **13**

Ernesto: Yo me fui a Dinamarca a los 24 años. Como en España no había trabajo, decidí probar suerte en Dinamarca. Al principio, tuve problemas para encontrar trabajo por no hablar el idioma. Aquí todo el mundo habla inglés, pero hablar danés es muy importante. Creo que, cuando vas a vivir a otro país, tienes que hablar el idioma de ese país, al menos a un nivel básico.
Empecé a trabajar como camarero en un restaurante y en ese momento las cosas mejoraron un poco... porque empecé a conocer gente. Cuando vas a vivir a un país diferente al tuyo, te sientes muy solo porque no tienes amigos. Si quieres hacer amigos en cualquier país, una manera de conocer gente es salir de fiesta con tus compañeros de trabajo, por ejemplo. Así se conoce a mucha gente. Y claro, si no conoces el idioma del país es importante hablar inglés para comunicarte y conocer gente.
Al principio compartí un piso con dos chicos, uno mexicano y otro peruano, pero tuvimos muchos problemas a la hora de hacer las tareas de la casa. Si vas a compartir piso, es conveniente hablar con tus compañeros de piso y repartir las tareas de la casa de manera clara, si no es un caos. Después de un

COMPRENSIÓN AUDITIVA

tiempo empecé a estudiar danés. La gente dice que es difícil, pero a mí me gusta. Creo que para aprender bien cualquier idioma es necesario hablar todo lo que puedas en ese idioma. No importa cometer errores. No hay que tener vergüenza. Lo importante es practicar y comunicarse en esa lengua.

Ahora, después de diez años en Dinamarca, ya hablo bien el idioma y he conseguido un trabajo estable bastante bueno. Pero echo mucho de menos a mis amigos y familia. He tenido que hacer un esfuerzo muy grande por vivir aquí y no sé si ha valido la pena. La verdad es que no sé si quiero seguir viviendo aquí.

🔊 14

AUDIO 1
Me llamo Manuela. Yo la verdad es que no necesito participar en este proyecto, pero veo que hoy en día los jóvenes tienen tantos problemas a la hora de acceder a un piso, encontrar trabajo, tener un buen salario. Yo creo que es bueno ayudar a los jóvenes. Me parece que están un poco perdidos y es una buena oportunidad ayudarlos no solo en el plano material o económico, sino también en las experiencias que pueden aprender de nosotros los mayores. Lo hago para ayudar a crear una sociedad mejor y más justa.

AUDIO 2
Soy Pedro, soy estudiante de Veterinaria y la verdad es que siempre viene bien ahorrar dinero. Los estudiantes siempre estamos justos en cuestiones económicas. Pero mi principal razón no es esa. Yo he decidido participar en este proyecto porque a mí me parece que es esencial para la gente joven, como yo, aprender de las personas mayores. Creo que los ancianos realmente son sabios porque han vivido más años que nosotros y nos pueden enseñar cosas que no se aprenden en la universidad. Para mí es una experiencia de vida maravillosa compartir mi vida con una persona mayor.

AUDIO 3
Me llamo Luis y tengo 75 años. Me casé muy joven, mi mujer y yo tuvimos tres hijos maravillosos y puedo decir que he tenido una vida muy feliz. Hace tres años que mi mujer no está y lamentablemente nuestros tres hijos viven fuera del país. Me he apuntado a este proyecto para compartir mi piso con una persona joven porque me siento un poco solo. Creo que esta es una buena oportunidad para tener a una persona joven a mi lado, poder charlar con alguien y estar acompañado.

AUDIO 4
Soy Alicia, tengo 19 años y soy estudiante de Ingeniería. Mis padres me apoyan todo lo que pueden, pero no tienen mucho dinero. Esta es una ciudad muy cara y mi carrera también es bastante cara y muy exigente, hay que estudiar mucho. Así que creo que este proyecto para vivir en casa de una persona anciana es muy buena idea. Los pisos y las residencias cuestan mucho dinero, de modo que esta solución me permite ahorrar y poder dedicarme a estudiar, en vez de trabajar para poder pagarme un piso.

UNIDAD 8

🔊 15

AUDIO 1
Yo, a los 17 años, tenía un novio del que estaba muy enamorada. Se llamaba Andrés y yo creía que era el amor de mi vida, cosas de adolescente... Un día me dejó y durante unas semanas me sentí muy mal, fue muy, muy duro. Pero tuvo una cosa positiva: escribí un poema de amor muy triste y se lo enseñé a una amiga que tenía un grupo de rock. Le encantó y le puso música. Y un año más tarde grabó la canción.
No fue un éxito enorme, pero durante un tiempo, la ponían bastante en la radio... La cosa es que los primeros años recibí derechos de autor por la canción: no era mucho dinero, pero no estaba nada mal...

AUDIO 2
Aquí en Perú no está permitido el matrimonio homosexual y Roberto, mi pareja, siempre me decía que podíamos viajar a España (yo soy español) y casarnos allí. Yo creo que no es necesario casarse para demostrar tu amor, pero para Roberto era una cosa muy importante. Así que un día le dije que nos íbamos dos semanas a Valencia, a casa de mis padres, de vacaciones. Cuando llegamos, todo estaba preparado, incluso estaban allí algunos amigos nuestros. Nos casamos ese mismo fin de semana. Fue una sorpresa increíble para Luis. Y la verdad, yo estoy muy feliz de haberme casado.

🔊 16

Carmen: Bueno, yo creo que en cada situación social somos una persona diferente, ¿no?
Manuel: Sí, sí, es verdad.
Carmen: Es difícil ser uno mismo.
Manuel: En realidad, es imposible.
Carmen: Yo, por ejemplo, me siento relajada y bien cuando estoy con mi familia más cercana, mis padres y hermanos. Pero cuando tengo que interactuar con mis tíos, uf, me cuesta mucho hablar con ellos. Son un poco pesados.
Manuel: A mí me pasa lo mismo. Mis primos y tíos me caen bien, ¿eh?, pero nunca sé de qué hablar con ellos.
Carmen: Otra cosa son las relaciones de pareja. Con Antonio me siento muy segura porque es una persona muy atenta y cariñosa, pero, claro, algunas cosas no me gustan. Por ejemplo, no soporto lo tranquilo que es, siempre lo hace todo despacio, despacio. Y además, es un poco parado, me molesta su actitud los fines de semana, solo quiere estar en casa, no quiere hacer nada.
Manuel: A mí no me pasa eso. Julia y yo hacemos muchas cosas juntos. Me encanta ir al campo con ella, ir a pasear, al teatro... Visitamos muchas ciudades de alrededor...
Carmen: Hombre, pero alguna cosa no te gustará de ella, ¿no? ¿O es la mujer perfecta?
Manuel: Claro, claro. Hay pequeñas cosas que no me gustan. Por ejemplo, no soporto ver una película en casa con ella. No para de hablar, es imposible seguir la película.
Carmen: ¿Y en el trabajo qué?
Manuel: Bueno, eso es otro tema. Hay cosas de mi

TRANSCRIPCIONES

trabajo que están muy bien y otras que no.
Carmen: Ya, claro, como todo el mundo, ¿no? Pero... ¿qué tal te llevas con tus compañeros?
Manuel: En general, me llevo bastante bien con todos mis compañeros. Pero hay uno, Daniel, que me cae muy mal.
Carmen: ¿Y eso?
Manuel: Porque siempre está opinando sobre mi ropa.
Carmen: ¿Qué?
Manuel: Sí, está obsesionado con mi ropa. Siempre, cada día, tiene que hacer un comentario negativo sobre mi ropa.
Carmen: ¡Uf! Yo odio a la gente que siempre critica lo que haces. Me siento afortunada de no tener compañeros negativos en mi trabajo. Otra cosa es mi jefe.
Manuel: Ja, ja, ja, claro, los jefes.
Carmen: Es un buen tipo, pero me molesta cómo lleva las reuniones. Son siempre horribles. Solo me dice las cosas que hago mal, nunca las que hago bien.
Manuel: Ya, aquí es un poco así. Estamos acostumbrados a decir solo lo malo.
Carmen: Pues no me gusta eso. Hay que decir lo bueno también.
Manuel: Estoy de acuerdo.

UNIDAD 9

🔊 17

AUDIO 1
Yo he estudiado una carrera y he hecho un máster: cinco años en la universidad. Y aquí estoy, todo el día sentado pasando por la caja latas, verduras, bolsas de patatas, huevos... Así es el trabajo del cajero de supermercado, poco motivador y muy, muy aburrido.

AUDIO 2
Cada vez que tengo que atender a un cliente, siempre pienso: "¡Qué buena manera de conocer gente!". Creo que, aunque a veces hay momentos estresantes, es mucho mejor que un trabajo sin contacto con la gente. Me gusta la gente y hago mi trabajo con alegría.

AUDIO 3
Llegué al Club de Fútbol Los Tigres muy ilusionado. Pero no juego lo suficiente. Yo creo que si no empiezo pronto a jugar más, aquí estoy perdiendo el tiempo y arruinando mi carrera.

AUDIO 4
Siempre he querido ser monitora de yoga. Me encanta ayudar a las personas con esta disciplina que trabaja cuerpo y mente. Pero la sala trabajo es muy pequeña y, además, está al lado de la clase de baile, con lo que hay siempre mucho ruido. En el yoga es fundamental el silencio y la relajación.

🔊 18

AUDIO 1
¿Estás cansado ya de comprarte ropa de invierno todos los años? ¿Estás cansado de anoraks e impermeables que se rompen o deterioran rápidamente? ¿Estás cansado de ver cómo contaminamos el planeta? Únete a nosotros y compra anoraks e impermeables Cyclos. Están hechos con material reciclado a partir de botellas PET. Son bonitos, son resistentes y son ecológicos. Tu bolsillo y tu planeta lo agradecerán.

AUDIO 2
Mujer: Marcos: estoy fatal. De verdad, estoy muy cansada, no tengo fuerzas ni para andar. Y mucho menos para estudiar, ¡y la semana que viene tengo exámenes!
Hombre: No te preocupes, yo tengo la solución. Empieza ya a tomar Toro verde y te encontrarás mejor.
Mujer: Pero una cosa: esto debe de tener mucho azúcar, ¿no?
Hombre: ¡Qué va! Toro verde es bajo en azúcar. Bébelo sin problemas. Es bueno para ti, bueno para tu rendimiento en época de exámenes y bueno para tu salud.

UNIDAD 10

🔊 19

Bienvenidos una semana más a "Héroes anónimos", un podcast en el que queremos mostrar a esos héroes del día a día que no salen en los noticieros. Hoy vamos a entrevistar a un héroe de la salud, Fernando, un médico rural de 66 años que siempre tuvo esa vocación desde que empezó a estudiar Medicina en la Universidad de la Plata; y dijo: "Yo quiero ser médico rural, yo quiero estar cerca de la gente, quiero acercarme a los lugares a ver a los chicos, a los mayores, a las familias".
Locutor: Fernando, bienvenido a "Héroes Anónimos".
Fernando: Hola a todos. Muchas gracias.
Locutor: Fernando, vos lleváis muchos años ejerciendo tu profesión.
Fernando: Llevo ya 40 años.
Locutor: Y todavía hoy seguís visitando a los pacientes en su casa o en pequeñas consultas locales.
Fernando: Sí, claro. Ellos son gente de campo. No tienen muchos recursos. Me gusta mi trabajo porque es muy necesario en estas zonas.
Locutor: Pero ya cada vez hay menos médicos rurales.
Fernando: Muy pocos, muy pocos. Es una lástima.
Locutor: ¿Y por qué después de tanto tiempo seguís al pie del cañón? Ya sos mayor. ¿No crees que necesitas descansar? ¿Jubilarte?
Fernando: ¿Jubilarme? No, no. Yo no voy a jubilarme nunca. Me encanta ser médico rural. Acá sí tenés la sensación de estar ayudando a las personas.
Locutora: Y he oído que tampoco te tomas vacaciones.
Fernando: Llevo años sin tomar vacaciones. No importa, la vida acá es tranquila. No necesito vacaciones.
Locutora: Dime. ¿Qué transporte utilizas para visitar a tus pacientes?
Fernando: Normalmente una ambulancia. Está bastante vieja, pero aún anda. También uso una bicicleta porque acá muchos caminos no permiten el paso de vehículos.
Locutor: ¿En bicicleta? ¿Con 66 años?
Fernando: Sí, viste, es un buen ejercicio para mantenerse joven.
Locutor: Última pregunta. ¿Qué es ser médico rural? ¿Cuál es la diferencia con ejercer la medicina en otros ámbitos, en una ciudad o un hospital?
Fernando: ¿La diferencia? Pues, primero, la tranquilidad. Ser médico rural puede ser muy duro, pero no hay el estrés de la gran ciudad o de los hospitales. Segundo, que los pacientes no son solo pacientes, son amigos,

COMPRENSIÓN AUDITIVA

casi como familia.
Locutor: Fernando, muchas gracias por este ratito. Gracias por ser como eres y espero que, en el futuro, habrá más jóvenes que sigan tu ejemplo.
Fernando: Ojalá, ojalá.

🔊 20

Locutor: Buenos días. Estamos haciendo una pequeña encuesta sobre la alimentación de los estudiantes universitarios y estamos pasando por varias aulas de la facultad. Os vamos a hacer una serie de preguntas y debéis responder en la hoja que os hemos facilitado. Entonces, empecemos la encuesta.

Primera pregunta. Voy a decir una serie de alimentos. Escribe cuál de ellos prefieres: patatas, lechuga, pollo, salmón.

Segunda. ¿Cuántas veces a la semana comes carne roja?

Tercera pregunta. ¿Cuántas veces al día comes verdura?

Siguiente pregunta. Voy a decir una serie de alimentos. Escribe qué dos consumes más veces a lo largo de una semana: galletas y pasteles, productos lácteos, patatas fritas y otros aperitivos, frutas.

Quinta. ¿Qué bebes normalmente en las comidas?

Sexta. En tu opinión, ¿tus compañeros tienen hábitos saludables de alimentación?

Séptima. ¿Crees que, en general, tú tienes unos buenos hábitos en tu alimentación?

Y para terminar, ¿puedes escribir dos razones para justificar tu respuesta anterior?

Muy bien. Pues eso es todo, vamos a proceder a recoger vuestras respuestas.

UNIDAD 11

🔊 21

Locutora: Buenos días, amigos oyentes y bienvenidos a *Vaya mañanita*. Hoy vamos a hablar del lado menos amable de las nuevas tecnologías. Parece que todo es bueno cuando hablamos de las nuevas tecnologías, pero no. Vamos a escuchar algunas noticas preocupantes sobre los avances tecnológicos y su aplicación a diferentes campos.
Hombre: Las nuevas impresoras 3D, las impresoras en tres dimensiones, están provocando que sea muy fácil imprimir drones de una forma barata. Esa es la razón por la cual este fin de semana, el aeropuerto de Gatwick, en Londres, estuvo cerrado durante varias horas, debido al vuelo descontrolado de varios de estos drones.
Locutora: La inteligencia artificial cambiará la educación y la manera de aprender de nuestros hijos y nietos. Varios expertos y científicos han advertido que, en pocos años, los robots serán los nuevos profesores de los estudiantes del futuro.
Hombre: Cada vez más personas presentan *tecnoestrés*. El *tecnoestrés* es un estado psicológico negativo ocasionado por el uso excesivo de las tecnologías de la información. Este *tecnoestrés* puede provocar dolores de cabeza, molestias musculares, fatiga, aislamiento y conductas agresivas.
Locutora: Denuncian la práctica conocida como obsolescencia programada. Los fabricantes de ordenadores y otros materiales informáticos limitan deliberadamente la vida útil de sus productos para mantener la demanda estable y así tener más beneficios económicos. Según parece, esto lleva años practicándose de forma velada por parte de la mayoría de las empresas del sector.
Hombre: El acoso o *bullying* en las escuelas ya ha sido superado por el acoso en las redes sociales, el llamado *cyberbullying*. Según expertos, este tipo de acoso es peor que otros tipos debido a que es difícil evitarlo y puede alcanzar a cualquier persona, sin importar dónde está o qué está haciendo.
Locutora: Pues ya ven, amigos, no todo lo relacionado con las nuevas tecnologías es progreso. Ahora vamos a repasar otras noticias de la actualidad.

🔊 22

A: Bueno, chicos, para este número de la revista vamos a hacer un monográfico sobre un tema que nos parezca de especial importancia.
¿De qué temas creéis que podemos hablar?
B: Yo creo que una buena idea sería hablar de cómo nos prepara la universidad para el mercado laboral. Creo que la universidad no nos informa suficientemente bien a los estudiantes sobre nuestro futuro laboral y las salidas profesionales cuando terminamos los estudios.
A: ¿Y cómo tratamos el tema?
B: Creo que tenemos que hablar de la relación de la universidad con las empresas privadas y pedir que esa relación sea cada vez más profunda, ¿no?
A: Muy bien, buena idea. A ver, ¿qué más se os ocurre?
C: En mi opinión, deberíamos hacer un número más centrado en el día a día de la universidad. Quizás deberíamos enfocarnos en cómo se relacionan nuestros estudiantes entre ellos y cómo ven la universidad como una experiencia de vida.
A: ¿Puedes concretar más?
C: Sí, claro. Me refiero a la vida dentro de la universidad. Por ejemplo, qué hacemos para divertirnos y para conocer a gente. Yo creo que la forma de divertirse de muchos estudiantes no es muy sana en muchos casos. Las fiestas locas con alcohol dentro de la universidad es algo que vemos todas las semanas.
A: Muy bien. Más ideas.
D: A mí me parece muy bien lo de hablar de la vida universitaria, del trabajo y todo eso, pero yo creo que esta revista debe denunciar aquellos asuntos que no están bien dentro de la universidad.
A: ¿A qué te refieres?
D: Pues en concreto me refiero, sobre todo, a la diferencia entre hombres y mujeres que existe dentro de esta universidad. Deberíamos hacer un estudio profundo y analizar realmente si existe igualdad de oportunidades

para hombres y mujeres dentro de la universidad.
A: ¿Por ejemplo?
D: Por ejemplo, algunas estudiantes mujeres denuncian que han sufrido comportamientos machistas por parte de sus propios compañeros.
A: Eso es muy grave.
D: Y no solo eso. Algunas chicas denuncian también que es más difícil acceder a una beca o a prácticas en una empresa si eres mujer.
A: Bueno, estaría muy bien investigar sobre eso, sí. ¿Alguna idea más?
E: Yo tengo una idea un poco diferente. Me parece que sería una buena idea orientar nuestro monográfico a hablar de los estudiantes que vienen de fuera.
A: Quieres decir, a los estudiantes extranjeros.
E: Sí. Cada vez tenemos más estudiantes que vienen de todas partes. Podemos hacer un monográfico sobre cómo se sienten estudiando aquí. Hay algunos estudiantes que dicen que es muy difícil relacionarse con alumnos locales.
A: Claro, la lengua siempre es una barrera.
E: Sí, puede ser. Pero sobre todo deberíamos tener una universidad abierta al mundo. A lo mejor, usando el tema de los estudiantes extranjeros, podemos hablar de todos los temas que hemos propuesto antes.
A: ¡Ah! Pues eso puede ser una buena solución. Así podemos hablar de varios temas teniendo uno en común, que serían los estudiantes que vienen de otro país. Muy bien, muy bien.

UNIDAD 12

🔊 23

Elisa: A ver, Nico. ¿Ya terminaste tu parte del trabajo de Economía?
Nico: ¡Ay, Elisa! Verás, el fin de semana me puse a hacerlo, pero surgió algo.
Elisa: ¿Qué surgió?
Nico: Vinieron unos familiares de visita. Me avisaron la semana pasada, pero se me olvidó.
Y claro, cuando llegaron, dije: "¡Ay! No podré hacer el trabajo".
Elisa: Pero, Nico. El trabajo hay que entregarlo el jueves y hoy es martes.
Nico: Lo siento, lo siento.
Elisa: ¡Pero cómo te olvidás de una visita! Bueno, aún tenemos tiempo. Podés hacer tu parte hoy y mañana miércoles nos juntamos y lo ponemos en común.
Nico: ¡Uy!, es que ahora no puedo. Tengo que estudiar para el examen de mañana.
Elisa: ¿Qué examen? ¿El de Administración de Empresas?
Nico: Sí, sí. Es que no estudié mucho.
Elisa: Pero, Nico. Este examen sabés que lo tenés hace más de un mes.
Nico: Ya, ya. Es que no me organizo bien. Siempre surgen cosas cuando voy a estudiar.
Elisa: Todos tenemos exámenes, Nico, y cosas que nos surgen cada día. Pero tenés que saber cuál es la prioridad en cada momento.
Nico: Lo sé, lo sé. Yo intento organizar mi tiempo para estudiar. Los primeros días sigo mi planificación bien, pero después empiezo a perder el tiempo sin darme cuenta.
Elisa: Eso es porque te falta actitud. Tenés que ser firme y seguir tu plan día a día. Y ahora, ¿cómo hacemos con el trabajo?
Nico: Mira. Sé que es pedir mucho. Pero si me ayudás con mi parte, solo esta vez., te prometo que no vuelve a pasar.
Elisa: ¡Ah, no! Eso sí que no. Yo no voy a hacer tu parte del trabajo. Si no sabés organizarte es tu problema. Yo tengo una agenda donde apunto mis planes cada semana. Hacé como yo.
Nico: ¿Y qué hago? Ahora mi prioridad es el examen.
Elisa: No sé. Yo no voy a solucionar tus errores. Yo estudié para el examen e hice mi parte del trabajo. Esta tarde me voy al cine con mi novio. Yo he hecho las cosas bien y tengo derecho a relajarme un poco.
Nico: No sé qué hacer. Ayudáme, por favor.
Elisa: Mira. Estudia hoy para el examen. Mañana, al terminar el examen, dedicás todo el día a hacer tu parte del trabajo. Y después, después de cenar, quedamos en la biblioteca y ponemos en común el trabajo. ¿Qué te parece?
Nico: Buena idea. Muchas gracias, Elisa. Vos sí que sabés organizar las cosas.
Elisa: Dale, pero empezá ya, que no te va a dar tiempo.

🔊 24

Locutora: Buenos días, amigos oyentes, y bienvenidos una semana más a *Vaya Mañanita*. Hoy vamos a tratar de nuevo el tema de las nuevas tecnologías. Para este programa, hemos preparado un reportaje muy interesante relacionado con los alumnos de la Facultad de Informática de la Universidad Complutense de Madrid. Vamos a escucharlo.
Hombre: Aplicaciones para reciclar correctamente que ayudan a localizar puntos de reciclaje, aplicaciones para promover los viajes a pie para los escolares, aplicaciones para encontrar gasolineras y puntos de carga de automóviles, motos y bicicletas eléctricas, aplicaciones que proponen visitas guiadas al parque del Retiro.... Estas son algunas de las aplicaciones para móviles relacionadas con el medioambiente que han creado alumnos de la Facultad de Informática de la Universidad Complutense de Madrid como parte de sus proyectos de fin de carrera y que han presentado en el ayuntamiento de la capital.

Con el nombre de *Recíclame y Recíclate* se ha presentado una aplicación para aprender a reciclar. Gracias a esta *app*, los usuarios pueden leer el código de barras de cualquier producto con la cámara de su móvil y, si ese producto está en una lista, la aplicación indica en qué contenedor se debe depositar. La aplicación indica, de manera muy sencilla, mediante texto e imágenes, en qué tipo de contenedor se debe depositar cada residuo.

Camino seguro al cole es una aplicación destinada a los padres de niños de entre 4 y 10 años. Está pensada para ayudar a los padres a ir paseando con sus hijos a la escuela y permite escoger el mejor recorrido y el más tranquilo, con menos tráfico y cruzando menos carreteras.

COMPRENSIÓN AUDITIVA

Otra de las aplicaciones, *Mapa verde de Madrid*, muestra en un plano parques y jardines, puntos de reciclaje, puntos de recarga de vehículos eléctricos y de suministro de combustibles ecológicos, rutas para bicicleta... La *app* ofrece información sobre los horarios de todos estos lugares y la posibilidad de localizar los más cercanos según la posición del móvil o de un punto determinado.

Estas son algunas de las ideas que han desarrollado...

UNIDAD 13

🔊 25

AUDIO 1
La verdad es que yo nunca miro las etiquetas de los productos que compro. Tampoco me fijo en el origen. Normalmente solo me fijo en el precio y en si ese producto me apetece en ese momento o no.

AUDIO 2
Yo siempre intento comprar productos que no tengan envases de plástico y, si lo tienen, que sea un envase que después voy a poder reutilizar. Creo que contaminamos el planeta innecesariamente con tanto envase de plástico. Me gustaría saber más maneras de reutilizar y reciclar.

AUDIO 3
Yo soy muy maniático con los lugares donde hago mis compras. Por ejemplo, siempre me gusta comprar los productos de limpieza en una determinada cadena de supermercados. Así que para comprarlos, siempre agarro el auto. No me importa tener que recorrer dos o tres kilómetros porque a mí me gusta ese supermercado en concreto. Y, en cambio, la carne, siempre la compro argentina: conozco un importador y siempre compro piezas grandes congeladas y tengo en casa carne para 4 o 5 meses.

AUDIO 4
Con esto de la obsolescencia programada, los aparatos electrónicos se estropean cada vez más deprisa y además todo el mundo dice que cuesta más repararlos que comprar uno nuevo. Así que yo no me lo pienso. Compro aparatos electrónicos baratos o que están en oferta. Cuando se averían, los tiro y me compro uno nuevo. Ya está.

🔊 26

Locutor: Hoy en *La vida en directo* vamos a hablar con Rafa, una persona que tiene un negocio de lo más peculiar. Vamos a ver... ahí está Rafa. ¡Rafa! ¿Qué haces allí arriba abriendo bolsas de ropa?
Rafa: Pues mira, me he traído estas bolsas del aeropuerto de Ámsterdam y ahora las estoy abriendo.
Locutor: Es decir, que esto es todo lo que la gente se deja en los aeropuertos perdido, extraviado.
Rafa: Efectivamente. La gente lo extravía, lo pierde o lo olvida y luego voy yo al aeropuerto y lo compro. Después lo traigo a mi tienda y lo vendo.
Locutor: Pues nada. Vamos dentro de tu tienda y nos explicas cómo funciona.
Rafa: Muy bien.

Locutor: Vamos a ver, Rafa. Tú te has convertido en un experto en aprovechar todo lo que nosotros, la gente, se deja olvidado en los aeropuertos.
Rafa: Sí, sí.
Locutor: Explícanos cómo lo haces.
Rafa: Pues yo voy al aeropuerto. Normalmente yo voy al de Barajas, aquí en Madrid, y al de Ámsterdam. Verás, los aeropuertos normalmente, con los objetos perdidos, hacen unos lotes.
Locutor: Entiendo; o sea, que hacen unos conjuntos de cosas... ¿que tienen algo en común?
Rafa: Sí, exacto. Entonces tienes lotes de maletas, de chaquetas, de camisas, de objetos electrónicos...
Locutor: ¿Y cómo se vende esto?
Rafa: Pues con una subasta. Es decir, crean los lotes, por ejemplo, un lote de chaquetas. Y si te interesa comprar esas chaquetas, pues tienes que pujar.
Locutor: Es decir, ofrecer una cantidad de dinero.
Rafa: Exacto. Y el que ofrece más dinero, se queda con el lote.
Locutor: ¿Cada cuánto se hacen las subastas?
Rafa: En el aeropuerto de Madrid, cada seis meses; en el de Ámsterdam, cada dos o tres meses.
Locutor: ¿Y después qué haces?
Rafa: Pues traigo todo lo que he comprado a mi tienda y lo vendo.
Locutor: Pero lo vendes sin lavar ni nada.
Rafa: ¡No, hombre! Primero tengo que prepararlo. Si he comprado ropa, lavo la ropa; si son objetos electrónicos, los reparo si están rotos, etcétera.
Locutor: Muy bien. Una pregunta: ¿puedes comprar maletas cerradas?
Rafa: Sí, claro. Tú compras un lote con, por ejemplo, 30 maletas. Y el aeropuerto te da las maletas como las olvidaron allí. Luego, cuando vuelvo a mi tienda, las abro y descubro lo que tienen dentro.
Locutor: Es decir, que no sabes lo que hay dentro de la maleta.
Rafa: No. Cuando compras la maleta, siempre está cerrada. La compras y luego la abres. Y lo que encuentras es siempre una sorpresa.
Locutor: ¿Y qué encuentras normalmente en las maletas?
Rafa: Normalmente, ropa.
Locutor: ¿Y alguna vez te has encontrado cosas raras?
Rafa: Sí, a veces encuentro alguna cosa rara.
Locutor: ¿Por ejemplo?
Rafa: Pues una vez encontré una paellera.
Locutor: ¿Una paellera?
Rafa: Sí, alguien que quería hacer paellas en el extranjero, ja, ja, ja.
Locutor: ¿Y qué más cosas has encontrado?
Rafa: Lo típico: ropa, libros, comida...
Locutor: Y todo lo vendes.
Rafa: Todo lo vendo en mi tienda. Es una forma de reciclar y ganar dinero.
Locutor: Pues muy buena idea. Muchas gracias por atendernos, Rafa.
Rafa: Gracias a vosotros.

TRANSCRIPCIONES

UNIDAD 14

🔊 **27**

1.
Bueno, no es que no me guste, pero me cansa tanta publicidad. En la calle hay publicidad en todas partes: en el metro, en los autobuses, en carteles, en las tiendas… ¡Y ahora incluso hay personas-anuncio!

2.
A mí me parece ingenioso: es estético, llama la atención y, sobre todo, ¡no molesta a nadie! Lo que no me gusta es que los famosos usen su imagen para anunciar productos. ¡Engañan a la gente, que confunde el producto con la imagen de una persona que les gusta y, encima, ellos ganan dinero!

3.
Yo creo que usar el cuerpo para hacer publicidad no está bien. Es más, creo que debería estar prohibido. Es denigrante. Además, solo la gente físicamente atractiva hace este tipo de publicidad. A los demás los discriminan.

4.
Me parece genial. Es llamativo, diferente y además, ecológico, porque el soporte es el cuerpo humano.

🔊 **28**

1.
A: Yo, en realidad es que soy un poco vago.
B: O sea, que lo de comprar no lo llevás muy bien.
A: No, es que no me gusta moverme de casa mucho. Soy muy casero. Prefiero comprar desde casa y que me traigan todo acá.

2.
A: ¿A ti, Claudio? ¿Te gusta ir de compras?
B: Uy, me encanta, pero es un peligro.
A: ¿Por qué? ¿Te compras muchas cosas? ¿O qué?
B: No, qué va. No es el hecho de comprar mucho, sino el hecho de que no pienso las cosas. Cuando algo me gusta, me lo compro. A veces no me pruebo la ropa. Me digo: "esto me va a quedar bien", y ya está, lo compro sin pensar.

3.
A: No, no. Yo no me fío de nadie. Internet está lleno de información falsa.
B: Pero entonces, ¿no te informas a la hora de comprar algo?
A: Depende, si voy a comprar, por ejemplo, un electrodoméstico, suelo ir a varios sitios para ver lo que puedo ahorrar, hablo con personas que conozco, miro algo de información por internet, leo los foros…
B: Vaya, ¡qué precavido!

4.
A: Tú, Joanna, con lo segura que eres en el trabajo, seguro que tienes muy claro qué quieres cuando vas a comprar algo, ¿no?
B: ¡Qué va, qué va! Fíjate que para eso soy muy insegura. Sobre todo cuando tengo que comprar ropa.
A: Quién lo diría.
B: Pues sí. No soy capaz de comprarme ni una camiseta si no tengo una segunda opinión. No sé, no me fío de mi propio criterio.

UNIDAD 15

🔊 **29**

Locutor: Bienvenidos a *Teleconcursazo*. Como cada día, en el concurso de hoy vamos a plantear ocho preguntas y vamos a dar a los concursantes varias opciones de respuesta. Hoy vamos a preguntar sobre África. Nuestros concursantes deben escuchar atentamente las preguntas y escribir en la cartulina la respuesta adecuada. El premio para el ganador será un viaje con todos los gastos pagados a África, donde podrá conocer Marruecos, Cabo Verde, Kenia y Sudáfrica.
Entonces, comenzamos. ¿Están listos?
Primera pregunta. ¿Cuántos habitantes tiene África: alrededor de mil millones, alrededor de quinientos millones o alrededor de doscientos millones?
Segunda pregunta. Digan si es verdadera o falsa esta afirmación: en África se hablan más de dos mil lenguas diferentes.
Tercera pregunta. ¿Qué país africano nunca ha sido una colonia de un país europeo: Marruecos, Etiopía o Egipto?
Cuarta pregunta. Digan si esta afirmación es verdadera o falsa: Egipto es el país africano con más pirámides.
Quinta pregunta. ¿Qué país africano tiene tres capitales: Marruecos, Kenia o Sudáfrica?
Sexta pregunta. Digan si es verdadera o falsa esta afirmación: se cree que el primer hombre tuvo su origen en África.
Séptima pregunta. ¿Cuántos países hay en total en África: 80, 54 o 24?
Octava pregunta. ¿Cuál es la ciudad más poblada de África: Nairobi, en Kenia; Johannesburgo, en Sudáfrica o El Cairo, en Egipto?

🔊 **30**

AUDIO 1 - Carina Morillo
Con esa palabra me convertí en entrenadora de miradas. Soy la mamá de Iván, de 15 años. Iván tiene autismo, no habla, y se comunica a través de un iPad donde está todo su universo de palabras en imágenes.
Recibimos su diagnóstico cuando tenía dos años y medio y todavía hoy me acuerdo de ese momento con mucho dolor. Con mi marido nos sentíamos muy perdidos. No sabíamos por dónde empezar. No había Internet como ahora, no se podía googlear información, así que esos primeros pasos fueron de pura intuición. Iván no sostenía la mirada, había perdido las palabras que decía, no respondía a su nombre
ni a nada que le pidiéramos, como si las palabras fueran ruidos. La única forma que yo tenía de saber lo que a él le pasaba, lo que él sentía, era mirándolo a los ojos. Pero ese puente estaba roto. ¿Cómo enseñarle la vida a Iván? Cuando yo hacía cosas que a él le gustaban, allí sí, me miraba; y estábamos juntos. Así que me dediqué a seguirlo en esas cosas, para que cada vez hubiera más y más momentos de miradas. Nos pasábamos horas y horas jugando a la mancha con su hermana mayor, Alexia, y en esa ronda de "¡Ay! ¡Que te atrapo!", nos buscaba con la mirada y yo allí, en ese momento, sentía que él estaba vivo.

COMPRENSIÓN AUDITIVA

AUDIO 2 - Jorge Ramos

Soy un periodista y soy un inmigrante. Y estas dos condiciones me definen. Nací en México, pero me he pasado más de la mitad de mi vida reportando en los Estados Unidos, un país creado precisamente por inmigrantes. Y como reportero, y como extranjero, he aprendido que la neutralidad, el silencio y el miedo no son las mejores opciones, ni para el periodismo ni para la vida. La neutralidad muchas veces es una excusa que usamos los periodistas para escondernos de nuestra verdadera responsabilidad.

Y ¿cuál es esa responsabilidad? Cuestionar y desafiar a los que tienen el poder. Para eso sirve el periodismo. Esa es la gran maravilla del periodismo: cuestionar y desafiar a los poderosos. Por supuesto que tenemos la obligación de reportar la realidad tal y como es, no como quisiéramos que fuera. En tal sentido, estoy de acuerdo en el principio de la objetividad; si una casa es azul, digo que es azul. Si hay un millón de desempleados, digo que hay un millón. Pero la neutralidad no necesariamente me va a llevar a la verdad. Aunque sea rigurosamente escrupuloso y yo les presente a ustedes las dos partes de una noticia, la demócrata y la republicana, liberal y conservador, el Gobierno y la oposición, al final, eso no me garantiza ni nos garantiza que vamos a saber qué es cierto y qué no es cierto. La vida es muchísimo más compleja y creo que el periodismo debe reflejar precisamente esa complejidad.

UNIDAD 16

🔊 **31**

Locutor: Buenas noches a todos y bienvenidos a *Red paranormal*, el programa de radio que te trae los misterios que encontramos en la Red. Hoy vamos a escuchar dos historias inquietantes. Pero ¿son solo leyendas urbanas o son realidad? Vamos con la primera de estas historias.

Mujer: Es un ser antropomórfico, es decir, que tiene forma más o menos humana, de entre dos y cuatro metros de largo. Sus extremidades son largas y su rostro es una máscara pálida sin facciones, sin ojos, sin orejas, sin boca. En la espalda esconde seis tentáculos con los que ataca a sus víctimas. Se puede volver invisible y, por eso, muy pocas veces ha podido ser fotografiado o grabado en vídeo. Se mueve en las sombras y acecha a niños y adolescentes. Lo terrible es que, en ocasiones, algunos niños se ponen a su servicio y se convierten en asesinos.

Locutor: ¡Qué miedo! ¿Verdad? Vamos ahora con la segunda historia

Hombre: Los jugadores hacían fila para poder acceder a las máquinas. Rápidamente, comenzaron a darse cuenta de que el juego estaba lleno de mensajes subliminales. No solo eso, los jóvenes que jugaban en aquellas máquinas se volvían adictos en muy pocos días. Los mensajes que se leían en las pantallas parecían tener como objetivo acabar con la creatividad, la iniciativa y la rebeldía de los jugadores. Pero algunos dicen que había mensajes aún más peligrosos y que incitaban al suicidio.

Locutor: Increíble, ¿verdad? ¿Y qué opinas tú? ¿Crees que estas historias son leyendas urbanas o realidad?

🔊 **32**

AUDIO 1

Marisa: Creo que la gente tiene muchas ideas preconcebidas sobre el teletrabajo. Una de las más extendidas es que desde casa no se trabaja. Mucha gente dice "Qué bien, si no está mirando el jefe, no trabajarás mucho".

Marcos: Bueno, pero es cierto que tienes más tiempo libre si no hay nadie controlando, ¿no?

Marisa: ¿Más tiempo libre? Yo, la mayoría de los días trabajo más horas de las que debo.

Marcos: ¿Y cómo es eso?

Marisa: Pues mira. Yo me dedico a la comunicación digital y uno de los problemas es que cada cliente piensa que solo trabajas para él o ella y, como te llaman al móvil, lo hacen a cualquier hora y te fastidian todos los horarios y tus planes de trabajo.

Marcos: Pero tú no tienes lunes, por ejemplo.

Marisa: Sí, bueno, no existe la misma sensación de lunes porque estás en casa, pero tampoco tengo la misma sensación de viernes. Para mí todos los días son más parecidos y eso puede llegar a ser un poco pesado en ocasiones.

Marcos: Pero ¿y lo positivo?

Marisa: Hay muchos aspectos positivos, claro. El principal, para mí, es que puedo organizar mejor mi vida profesional, social y familiar. Tengo dos hijos y, claro, trabajar desde casa me permite que pueda llevarlos al cole, recogerlos, comer con ellos... y muchas veces, me puedo ir al parque y pasar una hora jugando con ellos.

Marcos: No sé. Yo creo que no podría trabajar desde casa. Soy muy desorganizado. Yo necesito tener una obligación fuera de casa.

Marisa: Eso, desde luego. Si quieres trabajar desde casa, tienes que marcarte una rutina y un horario de trabajo y seguirlo.

Marcos: Pues yo no podría. No soy un buen jefe para mí mismo, ja, ja, ja, necesito que alguien me dé la rutina.

🔊 **33**

AUDIO 2

Yolanda: Yo es que no me puedo imaginar pasar todo el día en casa.

Héctor: Sí, a veces puede ser un poco duro.

Yolanda: A mí me gusta ver a gente cada día. Hablar, aunque sea un par de minutos con alguien. No me imagino hacer la pausa del café y no poder hablar con nadie.

Héctor: Es cierto. Pero, por otro lado, lo bueno de estar en casa es que no tenés que hablar con nadie que no quieras. Ya sabés lo que dicen, más vale solo que mal acompañado.

Yolanda: Ya, pero no sé. Me parece un poco solitario y triste trabajar desde casa.

Héctor: A mí me parece más triste y solitario pasarse tantas horas en el coche o en el transporte público para ir a trabajar.

Yolanda: Eso depende de cada persona. Yo, por ejemplo, que voy a trabajar en tren, esa hora de transporte la aprovecho para leer o para mirar cosas por Internet que me interesan, comprar ropa, mirar cosas para hacer el fin de semana con mi novio...

Héctor: Eso está bien, pero pasar tantas horas en el transporte público produce mucho estrés.
Yolanda: Sí, eso es cierto. El transporte causa bastante estrés. Pero trabajar solo desde casa te hace estar un poco aislado.
Héctor: Sí, un poco. Es verdad que uno puede tener la sensación de que no pertenece a un grupo, de que no trabaja para ninguna empresa. Pero también es verdad que, si quiero, puedo trabajar desde la playa o desde cualquier otro sitio.
Yolanda: ¡Uf! ¿Pero eso no es un poco peligroso?
Héctor: ¿Qué querés decir?
Yolanda: Si te acostumbrás a que podés trabajar en cualquier lugar y momento, a lo mejor hace que trabajes todo el tiempo y no tengas vacaciones.
Héctor: Sí, es uno de los problemas de trabajar desde casa. Hay personas que no consiguen desconectar. El peligro es no saber diferenciar tu vida privada de tu vida laboral. A mí eso no me pasa... de momento.
Yolanda: Bueno, pues espero que sigas así...

UNIDAD 17

🔊 34

1.
El Festival del Gato, también conocido como "La Miaustura" o "Curruñao" es un encuentro religioso y gastronómico que se lleva a cabo a finales de septiembre en el pueblo de La Quebrada, en el sur de Perú. Cada 21 de septiembre se inician estas actividades religiosas. De acuerdo con los llamados "chefs gatunos", estos crían a los gatos en jaulas durante un año y cuando llega la fecha del festival los matan, los cocinan y los comen en una gran fiesta.

2.
Los encierros en honor a san Fermín se celebran en verano en Pamplona, España. Consisten en un recorrido de unos 900 metros en el que centenares de personas corren delante de los seis toros que, posteriormente, esa tarde, serán lidiados y morirán a manos del torero en la plaza de toros. Los encierros tienen lugar todos los días entre el 7 y el 14 de julio, y comienzan a las ocho de la mañana, con una duración media de entre dos y tres minutos.

3.
El Campeonato de Transporte de Esposas es un campeonato que tiene lugar en Finlandia el 18 y 19 de agosto. Los participantes transportan a sus esposas en la espalda en una carrera de relevos. Gane quien gane, se recibe como recompensa el peso de la mujer en cerveza.

4.
El Thaipusam es un festival originario de India, y se celebra en enero o febrero, en varias regiones de Malasia, Singapur o Sri Lanka. Consiste en una peregrinación hasta las cuevas Batu para asistir a la procesión en honor del dios Muruga o Kartikeya.

🔊 35

1.
A mí el Festival del Gato no me parece tan horrible. Si se pueden comer cerdos, vacas, pollos..., ¿por qué no se puede comer gatos? Son animales también, ¿no?

2.
Solo se habla de lo terribles que son las corridas de toros, pero en mi opinión los encierros de toros también son muy crueles. Los toros sienten miedo al correr perseguidos, ya que a veces les pegan con palos o periódicos. Es un sufrimiento psicológico. Además, a veces se rompen las patas o los cuernos en las curvas.

3.
Me parece un campeonato un poco machista. Los hombres fuertes y duros tienen que llevar a sus mujeres débiles en brazos en una carrera. Todo para conseguir el peso de su mujer en cerveza. Es una forma de tratar a las mujeres como cosas. Me parece patético.

4.
Hay personas que pueden pensar que es una salvajada atravesar tu cuerpo con alfileres o barras de hierro, pero los participantes lo hacen después de prepararse para ello y siempre con fines religiosos. Ellos dicen que no sienten dolor. Es una manera de demostrar su fe y el poder de la mente humana. Creo que es fascinante.

🔊 36

Locutora: Hola. Muchas gracias por colaborar en mi investigación. A continuación, te voy a hacer una serie de preguntas. Quiero que escribas las respuestas en tu cuaderno.
Primera pregunta. ¿Con qué sentido asocias la palabra *guerra*?
Segunda pregunta. Imagina que tienes delante una flor muy bonita. ¿Qué quieres hacer? ¿Quieres tocarla o quieres olerla?
Tercera pregunta. Piensa en tu país ¿Con qué sentido asocias tu país?
Cuarta pregunta. Imagina que tienes delante a la persona que amas. ¿Qué quieres hacer? ¿Quieres hablarle o quieres mirarla?
Quinta pregunta. ¿Con qué sentido asocias el mar?
Sexta pregunta. Imagina que estás delante de ti cuando tenías 6 años. ¿Qué quieres hacer? ¿Quieres abrazar o quieres escuchar a ese niño o niña?
Séptima pregunta. ¿Con qué sentido asocias estudiar español?
Octava pregunta. Imagina que tienes delante a tu mejor amigo o amiga. ¿Qué quieres hacer? ¿Quieres hablar o quieres escuchar a esa persona?
Novena pregunta. ¿Con qué sentido asocias un libro?
Y décima y última pregunta. ¿A qué crees que huelen las nubes?

UNIDAD 18

🔊 37

Locutor: Hoy vamos a preguntar a varios alumnos extranjeros que estudian en nuestra universidad cómo se las arreglan con el español. Escuchemos qué nos cuentan.

Locutor: ¡Hola! ¿Cómo te llamas y cuál es tu nacionalidad?
Jana: ¡Hola! Me llamo Jana y soy alemana.
Locutor: A ver, Jana, cuéntanos. ¿Qué problema o situaciones difíciles has tenido con la lengua española?

COMPRENSIÓN AUDITIVA

Jana: Principalmente, mi problema es en clase de Español. No tenemos una clase específica de gramática. Siempre estamos hablando y practicando de forma muy interactiva y comunicativa, lo cual está muy bien, pero me gustaría una clase más gramatical, analizando oraciones y esas cosas.
Locutor: Muy bien, Jana. Gracias.

Locutor: ¡Hola! ¿De dónde eres?
Simon: De Francia.
Locutor: ¿Y tu nombre?
Simon: Simon.
Locutor: Dinos, Simon. ¿Qué es lo más difícil para ti en tu relación con la lengua española?
Simon: Bueno. La barrera de la lengua es muy importante. Cuando llegué a la universidad, no hablaba muy bien español y además soy muy tímido. Me cuesta mucho hablar con españoles porque siempre pienso que no me van a entender. Entonces me pongo muy, muy nervioso y no hablo.
Locutor: De acuerdo. Muchas gracias.

Locutor: ¡Hola!
Emma: ¡Hola!
Locutor: Dinos cómo te llamas y de dónde eres.
Emma: Me llamo Emma y soy italiana.
Locutor: Muy bien, Emma. Aquí en la universidad, ¿qué es lo que más te cuesta a la hora de comunicarte en español?
Emma: Mi principal problema es que no tengo mucho tiempo para estudiar español, ya que, además de estudiar en la universidad, tengo que trabajar por las tardes. Así que, como no estudio, cometo algunos errores e incorrecciones cuando uso el español. Esto es un problema porque en la universidad me exigen un español correcto para hacer trabajos o exámenes.
Locutor: Pues muchas gracias.

🔊 38

Locutor: Buenos días, amigos y amigas oyentes, y bienvenidos una semana más a nuestro programa *Vaya mañanita*.
¿Nos pueden ayudar las nuevas tecnologías a ser más inteligentes? ¿Realidad o ciencia ficción? Hoy vamos a escuchar algunas noticias que nos hablan de estos temas. ¡Adelante!
Locutora: Jugar al Tetris 30 minutos al día durante 3 meses puede ayudar a aumentar el tamaño de la corteza cerebral; los juegos en 3D incrementan un 12 % más las capacidades de memoria que los de 2D. Pero eso no es todo: en la actualidad, juegos como Minecraft están siendo utilizados en las aulas con el objetivo de desarrollar la capacidad creativa de los más pequeños. Esto es al menos lo que dicen los últimos estudios científicos al respecto. ¿Aprenderemos más en el futuro jugando con máquinas que estudiando con libros?
Locutor: Un equipo internacional de científicos ha creado un programa informático para ayudar a curar la depresión. Se trata de una terapia basada en la realidad virtual en la que el paciente entra en un escenario muy similar a la realidad, en el que tiene que consolar durante 8 minutos a un niño que está llorando. Después el niño deja de llorar y se intercambian los papeles, el niño se convierte en adulto y el paciente, en niño. Según los primeros datos del estudio, la mayoría de los pacientes responden positivamente a estas terapias virtuales.
Locutora: A pesar de que esta herramienta tecnológica todavía no es habitual en nuestras aulas, profesores y especialistas en educación afirman que las impresoras 3D pueden aportar enormes beneficios al aprendizaje y ayudar de manera muy significativa a los profesores de diferentes materias. ¿Su utilidad? En primer lugar, la posibilidad de materializar en un objeto real algunos conceptos y explicaciones estudiadas en clase. Por ejemplo, en clase de anatomía, con una impresora 3D podemos imprimir cualquier parte u órgano del cuerpo, como por ejemplo, un corazón para, así, entender mejor su forma y su funcionamiento.
Locutor: Pues ya ven, amigos, el futuro ya está aquí. ¿Se harán reales y habituales estos avances? Solo el tiempo lo dirá. Seguimos. No se vayan. Volvemos después de la publicidad.

SOLUCIONES

UNIDAD 1

P. 24, ACTIVIDAD 6
A
1. B 2. A 3. D 4. C

P. 29, ACTIVIDAD 14
B
1, 3, 6, 9, 10

C
Sugerencia
Le gusta mucho porque es muy talentoso, hace la música y escribe poesía. Sus videos sobre temas sociales son muy buenos. Es realmente muy creativo: siempre hace cosas nuevas y originales. También le gusta porque defiende los derechos de los afrodescendientes y de los latinos en los Estados Unidos.

UNIDAD 2

P. 35, ACTIVIDAD 5
A

	GUADALUPE	JAVIER	MARTÍN
Nacionalidad	mexicana	español	argentino
¿Qué idiomas le interesan?	alemán	chino	francés
¿Qué intereses tiene?	aprender idiomas, cine, leer	China	cocina y gastronomía, viajar a Francia

B

	GABI	LUDOVIC	MEY LING
¿Con quién puede contactar?	Puede hacer un intercambio con **Guadalupe**.	Puede hacer un intercambio con **Martín**.	Puede hacer un intercambio con **Javier**.
¿Por qué? (Puedes usar tu lengua).	Quiere practicar español a cambio de alemán.	Martín estudia cocina latinoamericana y le puede enseñar a cocinar platos mexicanos.	Javier es español y quiere aprender chino.

P. 36, ACTIVIDAD 7
A
1. a
2. Medicina
3. b
4. c
5. b
6. d
7. c

UNIDAD 3

P. 49, ACTIVIDAD 7
A
1. b 3. a 5. b
2. b 4. c

P. 50, ACTIVIDAD 8
A
Sugerencia
Quién es: Marcela es una estudiante argentina.
Qué cosas hace: Estudia Ciencias Políticas en la Universidad Complutense de Madrid. Hace deporte: va a correr por el parque con su compañera inglesa, y va al gimnasio tres veces a la semana con sus compañeras españolas. Come mucho fuera de casa, en bares o en la cafetería de la universidad. Los fines de semana, a menudo, visita otras ciudades con sus amigas.
Sus gustos: Le gusta pasear por Madrid, salir con sus amigos, ir a tomar unas tapas. También le encantan el tango y la música independiente en inglés.
No le gusta el fútbol y tampoco levantarse pronto para ir a la universidad. No le gusta nada cocinar.

C
1, 4, 5, 6

UNIDAD 4

PP. 60-61, ACTIVIDAD 4
A
AUDIO 1: Cueva de Altamira, Cantabria
AUDIO 2: Dólmenes de Antequera, Andalucía

B
AUDIO 1:
a. La "catedral subterránea" se refiere **al sentido religioso que los hombres prehistóricos daban a la cueva**.
b. La religión de la que habla se basa en **la naturaleza**.
c. El caballo representa **el Sol**.
d. El bisonte representa **la Luna**.

AUDIO 2:
a. Los bloques de piedra más pesados pesan **80 toneladas**.
b. Los bloques de piedra más altos miden **11 metros**.
c. Están orientados **al oeste**.

COMPRENSIÓN AUDITIVA

P. 64, ACTIVIDAD 9
B

La persona dice que...	Pero en realidad...
a. hay dos camas	hay una cama
b. el cuadro se encuentra a la izquierda de la ventana	está a la derecha de la ventana
c. la alfombra está debajo del escritorio	está debajo del sofá
d. la papelera está delante de la mesa, al lado de la silla	está al lado de la mesa

UNIDAD 5

P. 76, ACTIVIDAD 12
A
AUDIO 1: Directora financiera
AUDIO 2: Comercial
AUDIO 3: Cuidadora de personas mayores

B
Persona 1: Controlar los gastos de la empresa, supervisar toda la parte financiera, controlar los pedidos en el almacén, saber qué hay y qué es necesario comprar, ocuparse de las nóminas de los trabajadores.
Persona 2: Visitar supermercados y tiendas especializadas para vender chocolate, comprobar que el producto está bien situado en los supermercados para que sea visible para los clientes.
Persona 3: Ayudar a los ancianos a vestirse, a bañarse, a andar con seguridad, a subir y bajar escaleras, a moverse. Además, tiene que hacer un plan cada semana con el menú de las comidas, las visitas al médico, el ejercicio que pueden hacer.

P. 77, ACTIVIDAD 15
A
Persona 1: Paciente, responsable, bastante imaginativa y creativa. Le gusta trabajar con niños.
Persona 2: Le gusta estar de cara al público. Es organizado y trabaja con eficacia. No le gusta mucho viajar.
Persona 3: Creativa, presta atención a los detalles, especialmente a cuestiones relacionadas con el diseño, y le motiva muchísimo trabajar con computadoras.
Persona 4: Comprometida, tiene un blog sobre temas sociales. Le encanta la comunicación y escribir en su blog.

B
Sugerencia
Persona 1: Creemos que puede trabajar como **maestra** porque **le encanta trabajar con niños**.

Persona 2: Creemos que puede trabajar como **dependiente** (en una tienda, un supermercado, etc.) porque **le gusta estar de cara al público**.

Persona 3: Creemos que puede trabajar como **diseñadora web** porque **es una persona creativa que presta atención a los detalles y le motiva trabajar con computadoras**.

Persona 4: Creemos que puede trabajar como **periodista** porque **es una persona comprometida, le encanta la comunicación y escribir sobre temas sociales**.

UNIDAD 6

P. 86, ACTIVIDAD 6
B
1, 3, 4, 6, 8, 10, 11

C
1, 4, 6

P. 88, ACTIVIDAD 9
C

	Hugo	Silvia	Jesús
1. Su vida laboral en el país.	X	X	X
2. Cosas interesantes para hacer en la ciudad.	☐	☐	☐
3. La relación con la gente.	X	☐	☐
4. El clima en la ciudad.	☐	X	☐
5. Las relaciones con la gente de la ciudad.	☐	X	X
6. El ocio en la ciudad.	X	☐	X
7. Los viajes que se pueden hacer dentro del país.	☐	☐	☐

D
1. Cambiar de trabajo: **Silvia**
2. Volver a España: **Hugo**
3. Casarse: **Jesús**

UNIDAD 7

P. 100, ACTIVIDAD 11
B
1. Dinamarca
2. 24 años
3. encontrar trabajo
4. aprender a hablar el idioma del país, al menos a nivel básico
5. camarero
6. conoció gente

SOLUCIONES

7. salir de fiesta con los compañeros de trabajo
8. repartir las tareas de casa de manera clara
9. hablar todo lo que puedas sin tener vergüenza de cometer errores
10. 10 años
11. habla bien el idioma y ha conseguido un trabajo bastante bueno
12. echa mucho de menos a sus amigos y familia.

P. 101, ACTIVIDAD 13
A
Manuela: solidaridad. Ayudar a los jóvenes, buena oportunidad, experiencias, aprender, sociedad mejor y más justa.
Pedro: aprendizaje. Aprender de las personas mayores, experiencia de vida, compartir.
Luis: compañía. Sentirse solo, charlar, estar acompañado.
Alicia: dinero. Carrera, tiempo, dinero, ahorrar, estudiar.

UNIDAD 8

P. 109, ACTIVIDAD 7
A
1. @Amoradolescente dejó el mensaje: **Una canción desesperada... que dio dinero**
2. @AmorVLC dejó el mensaje: **Vacaciones con sorpresa**

B

	AUDIO 1	AUDIO 2
a. Alguien da una sorpresa a su pareja.		X
b. Alguien deja a su pareja.	X	
c. Alguien escribe un poema.		
d. Alguien ganó dinero.	X	
e. Alguien se va de viaje con su pareja.		X
f. La persona parece contenta con lo que sucedió.		X

P. 112, ACTIVIDAD 11
A
Hablan de las relaciones con **la familia**, **la pareja** y **los compañeros de trabajo**.

C
CARMEN
Aspectos positivos: Se siente relajada y bien cuando está con su familia más cercana. Se siente muy segura con su pareja.
Aspectos negativos: Le cuesta mucho hablar con sus tíos. Su pareja es demasiado tranquila. El jefe lleva mal las reuniones.

MANUEL
Aspectos positivos: Le encanta hacer muchas cosas con su pareja. Se lleva bien con todos sus compañeros.
Aspectos negativos: Nunca sabe de qué hablar con sus tíos y primos. No soporta ver una película en casa con su pareja porque no para de hablar. Un compañero de trabajo le cae muy mal porque siempre opina sobre su ropa.

UNIDAD 9

P. 123, ACTIVIDAD 9
B

	Qué anuncia	Palabras clave
1	Anoraks e impermeables Cyclos	romperse, deteriorarse, contaminar, material reciclado, bonitos, resistentes, ecológicos
2	Bebida energética Toro verde	estar cansado, tener fuerzas, exámenes, azúcar, rendimiento, salud

UNIDAD 10

P. 131, ACTIVIDAD 2
B

Quién es Fernando:	un médico rural de 66 años
Qué cosas hace para ser considerado un héroe:	visita a pacientes que no tienen muchos recursos
	le encanta ser médico rural, tiene la sensación de estar ayudando a las personas
	los pacientes no son solo pacientes, son amigos, casi como familia

P. 135, ACTIVIDAD 8
B
1. Voy a decir una serie de alimentos. Escribe cuál de ellos prefieres: patatas, lechuga, pollo, salmón.
2. ¿Cuántas veces a la semana comes carne roja?
3. ¿Cuántas veces al día comes verdura?
4. Voy a decir una serie de alimentos. Escribe qué dos consumes más veces a lo largo de una semana: galletas y pasteles, productos lácteos, patatas fritas y otros aperitivos, frutas.
5. ¿Qué bebes normalmente en las comidas?
6. En tu opinión, ¿tus compañeros tienen hábitos saludables de alimentación?
7. ¿Crees que, en general, tú tienes unos buenos hábitos en tu alimentación?
8. ¿Puedes escribir dos razones para justificar tu respuesta anterior?

COMPRENSIÓN AUDITIVA

UNIDAD 11

P. 144, ACTIVIDAD 6
B
Noticia 1: seguridad
Noticia 2: educación
Noticia 3: salud
Noticia 4: consumo
Noticia 5: redes sociales

P. 147, ACTIVIDAD 12
B

Tema 1	cómo prepara la universidad para el mercado laboral y la relación de la universidad con las empresas privadas
Tema 2	el día a día de la universidad, cómo se relacionan los estudiantes entre ellos y cómo ven la universidad como una experiencia de vida
Tema 3	denunciar los asuntos que no están bien dentro de la universidad, sobre todo la diferencia entre hombres y mujeres
Tema 4	hablar de los estudiantes extranjeros, de su experiencia en la universidad

UNIDAD 12

P. 152, ACTIVIDAD 5
A
Elisa tiene una actitud: **constructiva**, **responsable**, **generosa**

Nico tiene una actitud: **destructiva**, **preocupada**, **irresponsable**, **egoísta**

B
Nico
2, 4, 5, 9, 10

Elisa
1, 3, 6, 7, 8, 11, 12

P. 155, ACTIVIDAD 7
B

Recíclame y recíclate	Sirve para aprender a reciclar. Leyendo el código de barras, la aplicación indica en qué tipo de contenedor se debe depositar cada residuo.
Camino seguro al cole	Es una app para ayudar a los padres a escoger el mejor recorrido, el más seguro, para ir con sus hijos al colegio andando.
Mapa verde de Madrid	Muestra informaciones sobre zonas verdes, puntos de reciclaje, puntos de recarga de vehículos eléctricos y de suministro de combustibles ecológicos y rutas para bicicleta.

UNIDAD 13

P. 168, ACTIVIDAD 6
B
Posibles respuestas
Persona 1
a. No.
b. Ojalá la gente como esta persona se informara más antes de comprar.

Persona 2
a. Sí.
b. Espero que aprenda más maneras de reutilizar y reciclar.

Persona 3
a. No.
b. Ojalá se concienciara del impacto enorme del consumo de carne en el medioambiente.

Persona 4
a. No.
b. Espero que la gente como esta persona aprenda a no tirar las cosas que todavía se pueden arreglar y que entienda la importancia del reciclaje.

UNIDAD 14

P. 180, ACTIVIDAD 6
B
1. audio 3
2. audio 2
3. audio 4
4. audio 1

P. 182, ACTIVIDAD 11
A
1. Conversación 4
2. Conversación 1
3. Conversación 2
4. Conversación 3

UNIDAD 15

P. 189, ACTIVIDAD 5
A
Vamos a escuchar un cuestionario de cultura general sobre África.

B
1. Alrededor de mil millones.
2. Verdadera.
3. Etiopía.
4. Falsa.
5. Sudáfrica.
6. Verdadera.
7. 54.
8. El Cairo, en Egipto.

SOLUCIONES

UNIDAD 16

P. 200, ACTIVIDAD 4
C
Texto 1
El ser antropomórfico es un mito. Nunca ha sido fotografiado o grabado en vídeo. Pero realmente dos niñas se pusieron al servicio del mito y se convirtieron en asesinas.

Texto 2
Los jugadores se volvían adictos enseguida, no hacían falta unos días. Todas las otras informaciones que se dan en el audio son reales.

P. 203, ACTIVIDAD 8
D
AUDIO 1: Marisa
AUDIO 2: Héctor

E
Marisa: 2, 5
Marcos: 4
Yolanda: 3, 6
Héctor: 1, 7, 8

UNIDAD 17

P. 209, ACTIVIDAD 3
C
Posibles respuestas

Festival del Gato o Miaustura	Los gatos son animales como otros.
Encierros de San Fermín	Lo encierros de toros son un terrible sufrimiento para los toros.
Campeonato de Transporte de Esposas	El Campeonato mundial de transporte de esposas es machista y patético.
Thaipusam	Es fascinante ver el poder de la mente humana a la hora de demonstrar su fe.

UNIDAD 18

P. 223, ACTIVIDAD 8
B
Jana
En clase de Español no se dedica bastante tiempo a la gramática. Le gustaría una clase más gramatical.

Simon
Es muy tímido y le cuesta mucho hablar con españoles porque siempre piensa que no le van a entender.

Emma
No tiene mucho tiempo para estudiar español y, como no estudia, comete algunos errores e incorrecciones.

P. 225, ACTIVIDAD 10
B
1. C
2. B
3. A

C
Posibles respuestas

¿Aumentar las capacidades intelectuales a través de los videojuegos?

Recientes estudios científicos dicen que algunos videojuegos 3D, como Minecraft y Tetris, pueden incrementar las capacidades de memoria y están siendo utilizados en las aulas con el objetivo de desarrollar la capacidad creativa de los más pequeños.

Realidad virtual: nueva terapia para las enfermedades mentales

Un equipo internacional de científicos está experimentando una terapia contra la depresión basada en la realidad virtual: el paciente entra en un escenario muy similar a la realidad, en el que tiene que consolar durante 8 minutos a un niño que está llorando. Después el niño deja de llorar y se intercambian los papeles.

Impresoras 3D: el futuro de las aulas

Las impresoras 3D pueden aportar beneficios al aprendizaje y ayudar a los profesores de diferentes materias. De hecho, permiten materializar en un objeto real algunos conceptos y explicaciones estudiados en clase. Por ejemplo, en clase de Anatomía, con una impresora 3D podemos imprimir cualquier parte u órgano del cuerpo, para así entender mejor su forma y su funcionamiento.

Fotografías
José Castro

excepto: **unidad 0** p. 14 lechatnoir/istockphoto.com, Skouatroulio/istockphoto.com, Ekaterinabelova/Dreamstime.com, tankbmb/istockphoto.com, Osmany Torres Martín/istockphoto.com, p. 15 es.wikipedia.org, es.wikipedia.org, es.wikipedia.org, subdivx.com, informativos.net, en.wikipedia.org, p.16 Jahmaican/Dreamstime.com, Zoom-zoom/Dreamstime.com, casadellibro.com, es.wikipedia.org, elvocerous.com, huffingtonpost.es, Convisum/Dreamstime.com, Adam Borkowski/Dreamstime.com, Snumr/Dreamstime.com, Pathastings/Dreamstime.com, p.17 Aifos/istockphoto.com, Fudio/istockphoto.com, Milacroft/Dreamstime.com, javarman3/istockphoto.com, powerofforever/istockphoto.com, MarquesPhotography/istockphoto.com, Li Kang Long/Dreamstime.com, casadellibro.com, marinaescribe.com, micaoticabiblioteca.wordpress.com, thecorsaironline.com, eurochannel.com, sensacine.com, p. 18 LUNAMARINA/istockphoto.com; **unidad 1** p. 20 publico.es, eglycolinamarinprimera.blogspot.com.es, larepublica.ec, glamour.com, onu.org.pe, gregoriomartinez.mx, p. 21 Sam74100/Dreamstime.com, Andres Rodriguez/Dreamstime.com, Jóvenes indígenas (CDI Mx), p. 22 mehaceruido.com, franco-graffiti.com, casaetc.cl, buenamusica.com, independent.co.uk, unmultimedia.org, p.24 patriotledger.com, p. 25 Konstantin Chagin/Dreamstime.com, p. 26 Igor Mojzes/Dreamstime.com, p. 28 www.viajesyfotos.net, gettyimages.es, p. 29 Rawpixelimages/Dreamstime.com; **unidad 2** p. 32 commons.wikimedia.org, sandracisneros.com, muzul.com, p. 33 ¿Por qué es importante saber más de un idioma? (PQS), p. 34 Tyler Olson/Dreamstime.com, p. 35 Jenifer P24 2009/Flickr, Difusión, p. 36 Gstockphoto1/Dreamstime.com, p. 37 Diego Vito Cervo/Dreamstime.com, p. 38 mtv.com/music, p. 39 Westend61/gettyimages.es, PeopleImages/gettyimages.es, p. 42 blogylana.com; **unidad 3** p. 45 Klemen Misic/Dreamstime.com, Alberto Gonzalez Rovira/Dreamstime.com, Maxriesgo/Dreamstime.com, Nathan Dappen/Dreamstime.com, Teh Soon Huat/Dreamstime.com, Ginasanders/Dreamstime.com, Pedro Antonio Salaverría Calahorra/Dreamstime.com, Gan Hui/Dreamstime.com, Vdvtut/Dreamstime.com, Juan Antonio Barros Moreno/Dreamstime.com, Patricio Hidalgo/Dreamstime.com, Anthony Aneese Totah Jr/Dreamstime.com, Auris/Dreamstime.com, Celso Pupo Rodrigues/Dreamstime.com, Luvvstudio/Dreamstime.com, Necesito España (Canal de Tvspotblog1), p. 46 Checco/Dreamstime.com, entre-mujeres.webnode.es, Rafael Benari/Dreamstime.com, iStock/anyaberkut, Dreamstime/Michael Poe , iStock/hogs, elmulticine.com, p. 47 Andrew Marginean/Dreamstime.com, Difusión, p. 49 Robert Lerich/Dreamstime.com, p. 50 getemoji.com, p. 51 Jakub Krechowicz/Dreamstime.com, Kiosea39/Dreamstime.com, p. 52 Kadettmann/Dreamstime.com, Cidepix/Dreamstime.com, Erik Reis/Dreamstime.com, p. 54 all-that-is-interesting.com, p. 57 Stefano Lunardi/Dreamstime.com; **unidad 4** p. 58 photo980x880.mnstatic.com, turismo-blog.ubp.edu.ar, suenamexico.com.jpg, cdn.traveler.es, p. 59 viajamosacancun.wordpress.com, RedHondurás.com, diaadia.com.pa, misionvenezuela.org, tarapacaenelmundo.cl, bolivia.com, greatperu.com, p. 60 es.wikipedia.org, encrypted, tbn0.gstatic.com, guias-viajar.com, martainfante.com, puente-colgante.com, torredeherculesacoruna.com, encrypted-tbn3.gstatic.com, p. 61 deviajeporaragon.com, 4Gress.jpg, p. 65 es.wikipedia.org, youtube.com, palaumusica.cat, antoniomanuel.org, 69 Cealbiero/Dreamstime.com, Alfonsodetomas/Dreamstime.com, google.es, p. 69 aringa.net, dreamatico.com, conozcasucanton.com, wikipedia.org, sobrecroacia.com, objetivocantabria.eldiariomontanes.es, fondoswiki.com, Andreviegas/Dreamstime.com, 7-themes.com, expedia.com.ar, beraton.es, viajejet.com; **unidad 5** p. 71 Un currículum: Ana Gómez (Ana Gómez), p. 72 Andres Rodriguez/Dreamstime.com, p. 73 Elultimodeseo/Dreamstime.com, Rohappy/Istockphoto, sturti/Istockphoto, Piksel/Dreamstime.com, p. 74 thegoodmooc.com, p. 77 istockphoto.com/llhedgehogll, p. 78 economia.elpais.com; **unidad 6** p. 82 sos48.com, elcaleidoscopiodelucy.blogspot.com.es, es.wikipedia.org, p. 83 panamacity.travel, vueling.com, trayectorio.com, primiciadiario.com, p. 84-85, todoincluidolarevista.com, viajero-turismo.com, pablovalenzuela.cl, turismoasturias.es, Andrés Nieto Porras _ Flickr, marcapaisuruguay.gub.uy, p. 86 Yearly_M© gstockstudio/Fotolia, p. 88 Expo Gourmet Magazine.jpg, sonrisasdebombay.org, eleganteaIaparquediscreta.com, p. 89 turismoextremadura.com, p. 90 Las migraciones del mundo (afpes); **unidad 7** p. 93 vistelacalle.com, vogue.es, Igor Terekhov/Dreamstime.com, Adolescentes, 2015 (ING DIRECT España), p. 94 Julief514/Dreamstime.com, p. 95 aldeasinfantiles.es, greenglass.com.ar, p. 96 rincondelvago.com, nationalgeographic.com, entre88teclas.es, p. 98 Studio KIVI/Fotolia, ajr_images/Fotolia, p. 99 Archivo histórico provincial de Lugo, leer.es, dejamevivir.blog, elpais.com, abc.es, p. 100 Artem Varnitsin/Dreamstime.com, Clara Serfaty, p. 101 Eva-Katalin/Istockphoto.com, stock.adobe.com/Jacob Lund, Barabas Attila| Fotolia, pathdoc/Fotolia, sianc/Fotolia, ratmaner/Fotolia, p. 102 cubanet.org, SobreHistoria.com, caribbeannewsdigital.com; **unidad 8** p. 104 upsocl.com, recreoviral.com, viajemostomandofotos.blogspot.com.es, elblogverde.com, es.warhammer40k.wikia.com, Art4stock/Dreamstime, p. 105 YO TB TQ (Dani Montes), p. 107 Grafphotogpaher/Dreamstime.com, Aleksey Boldin/Dreamstime, p. 108 Markus Mainka/Fotolia, p. 109 diariotag.com, p. 110 Cara Neil_Flickr, TommL/Istockphoto.com, p. 111 eCartelera, p. 112 Yearly_MMichaelJBerlin/Fotolia, Yearly_M/Fotolia, p. 113 teksomolika/Istockphoto.com; **unidad 9** p. 118 gotham-magazine.com, thefamouspeople.com, portobellostreet.es, p. 119 La moda también es yoga (Trucos de Yoga), p. 121 Melinda Fawver |Dreamstime.com, El lenguaje gestual (Llorenç Conejo), p. 122 Alfonsodetomas/Dreamstime.com, p. 123 boneltattoos.com, p. 124 Kadrof/Megapixl.com, Albert Smirnov/Dreamstime.com, Gemenacom/Dreamstime.com, Carolina K. Smith M.d./Dreamstime.com, Toxawww/Dreamstime.com, artistasleoneses.es, Karina Bakalyan/Dreamstime.com, Broker/Dreamstime.com, Monika Adamczyk/Dreamstime.com, Belliot/Megapixl.com, Johnfoto/Dreamstime.com, primarkcatalogo.com, Tasosk/Dreamstime.com, Monika3stepsahead/Dreamstime.com, Figarro/Megapixl.com, Marilyn Gould/Dreamstime.com, Alexmax/Megapixl.com, Juan Moyano/Dreamstime.com, hernandezfoto.zenfolio.com, Pinterest.com, esha.es, abarcademenorca.com, closket.com, almacendosleones.com, sweatersnorteños.com, primarkcatalogo.com, amazon.es, monicahats.com, p. 126 Kati1313 |, Dreamstime.com, p. 127 Andrey Popov/Dreamstime.com, Anatoliy Samara/Dreamstime.com, Radu Razvan Gheorghe/Dreamstime.com, Rohappy/Dreamstime.com, Photoeuphoria/Dreamstime.com, 129 Picsfive/Dreamstime.com; **unidad 10** p. 130 cellercanroca.com, espaciossecretos.com, luciagaray.blogspot.com.es, p. 131 Jason Stitt/Dreamstime.com, Hasan Can Balcioglu/Dreamstime.com, Skypixel/Dreamstime.com, Monika Adamczyk/Dreamstime.com, Horchata de arroz rica y sencilla (Tasty Recetas), p. 132 Ppy2010ha/Dreamstime.com, Mircea Dobre/Dreamstime.com, Ildipapp/Dreamstime.com, Ppy2010ha/Dreamstime.com, freecreatives.com, p. 134 juliaysusrecetas.com, cubanos.guru, ma-cuisine-latine.jimdo.com, conmuchogustomario.blogspot.com.es, lapalmerarosa.com, Pakhnyushchyy/Dreamstime.com, p. 135 seocompr.com, familiascondiabetes.org, oswalcandela.com, pan-aleman.com, pixabay.com, dbodas.net, pngimg.com, remedios10.net, pixabay.com, dietistasnutricionistas.es, beaysusmundos.blogspot.com, actiweb.es, barcelonaquiropractic.es, es.123rf.com, lasperlasdemar.com, verdimed.es, comesanovivemejor.org, transportesargentinos.com, gastronomiarecetas2014.blogspot.com.es, casadecarneseloi.capaodoleao.com.br, fama.redcarne.com, granjapisofirme.com deliciousgofres.wordpress.com, navazaragraria.es, alphafoods.com.mx, gabitos.com, consejosdelconejo.com, emaze.com, pngimg.com, pastelesdlulu.com, p. 136 c-ferrer.com, elgranjamon.es, panificadoramediterranea.com, calidadgourmet.com, dorigenformatgeria.com, olivaoliva.com, efectofruta.com, Design56/Dreamstime.com, calidadgourmet.com, p. 137 Martinmark/Dreamstime.com, p. 138 www.playgroundmag.net, Dragoneye/Dreamstime.com, p. 139 pandepueblo.es, Canadapanda/Dreamstime.com, Nationkp/Dreamstime.com, dia.es, heb.com.mx, informabtl.com, emaze.com, foro3d.com, avanteselecta.com, aceitel.com, abastus.com, libbys.es, de.123rf.com, ¡eligetuiberico.es, hsnstore.com, naranjayaguacatebio.es, universonatural.social, carnes-online.com; **unidad 11** p. 140 anticcolonial.com, controlpublicidad.com, es.wikipedia.org, todoliteratura.es, p. 141 cite.umg.edu.gt, ¿El fin de las universidades? (TEDx Talks), p. 142 oronoticias.com.mx, p. 144 Ratz Attila/Dreamstime.com, p. 146 Markus Mainka/Fotolia, youtube.com, g4demexico.com.mx, Rawpixelimages/Dreamstime, Japonikus/Dreamstime.com, p. 147 espanolesdeapie.es; **unidad 12** p. 151 lifetimetv.co.uk, El banco del tiempo (goikoaldea), p. 152 DMEPhotography/Istock, michaelpuche/Istock, dolgachov/Istock, Giordano Aita/Dreamstime.com, p. 154 Markus Mainka/fotolia, Gabe Palmer/Dreamstime.com, Charles Knox Photo Inc./Dreamstime.com, p. 155 AGL_Photography/iStockPhoto, antonio díaz/iStockPhoto, Lidali/iStockPhoto, shapecharge/iStockPhoto, p. 156, Vladyslav Starozhylov/Dreamstime.com, p. 157 Hongqi Zhang (aka Michael Zhang)/Dreamstime, p. 158 Indigofish/Dreamstime.com, p. 162 gettyimages.es/Emanuele Ravecca/EyeEm; **unidad 13** p. 164 Ana Martínez Lara, librarything.com, rtve.es, es.wikipedia.org, p. 165 bugphai/IstockPhoto, cdnb.20m.es, wordpress.com, Jose mesa/ Flickr, losreplicantes.com, *¿Tienes un marrón o una alternativa?* (REAS Red Redes), p. 167 labioguia.com, club de reparadores (Facebook), istockphoto.com/DODDYTANK, istockphoto.com/pixelfit, p. 168 istockphoto.com/Juanmonino, istockphoto.com/kupicoo, p. 169 es.pinterest.com, www.cantabrianosevende.org, comocrear.org, p. 170 jhorrocks/IstockPhoto, p. 173 yorokobu.es, yorokobu.es, p. 174 John Casey/Dreamstime.com; **unidad 14** p.176 recentlyviewedmovies.blogspot.com.es, topsy.one, es.wikipedia.org, p. 177 Héroes que inspiran (Creativistas, Andrés Felipe Olivera), p. 178 ferrantraite/iStock, p. 179 entradas.com, istockphoto.com/Rocky89, istockphoto.com/fotografixx, istockphoto.com /97, p. 180 istockphoto.com /wdstock, Marie Rivière, p. 181 Ironjohn/Dreamstime.com, p. 83 lamazetadeportiva.blogspot.com.es, guiahombres.com, istockphoto.com/Portra, istockphoto.com/Ballero, istockphoto.com /MaxRiesgo, istockphoto.com/Mixmike, p. 184 El perro y el hombre (campaña sobre la donación de órganos), digitalsynopsis.com, ; p. 187 Informar sobre África (Casa África), p. 188 generaciondelaamistad.blogspot.com.es, wikimedia commons, p. 189 donato-ndongo.com, p. 190 donato-ndongo.com, p. 196 posibl.com; **unidad 16** p.199 esferacultural.com, La huella digital (webcyldigital), p. 201 gettyimages.es/JGI/Jamie Grill, p. 203 gettyimages.es/Joerg Fockenberg/EyeEm, p. 204 Imillian/Dreamstime.com, p. 206 Ilovemayorova/Dreamstime.com; **unidad 17** p. 208 en.wikipedia.org, tnrelaciones.com, conexiones.digital, althistory.wikia.com, p. 209 vinnienoticiero.wordpress.com, sentirvenezuela.ca, blog.intiways.travel, visitelcheblog.com, p. 210 Dimitris Xygalatas, p. 211, Dani Vázquez _ Flickr, p. 213 efesan/Istockphoto.com, notikumi.com, Jorgefontestad/Istockphoto.com, elplatotipico.blogspot.com.es, #FALLESUNESCO (MrPatufet), p. 214 elentir/flickr.com, okdiario.com, s-media-cache-ak0.pinimg.com, bernarms.blogspot.com.es, p. 215 thehungrytxn.blogspot.com.es, revistateatros.wordpress.com, razafolklorica.com, quito.evisos.ec, imagenesdeluniverso.com, hogarmania.com, acllahuasi.com, laalacenadelareina.es, zoocriadero.com, maspormas.com, danielperezsan.blogspot.com.es, granadapickups.blogspot.com.es, globalstylus.com, p. 216 danielperezsan.blogspot.com.es; **unidad 18** p. 218 Llorenç Conejo (llorco.com), p. 219 mty360.net, *Cajitas de colores* (Instituto Ecología Emocional), p. 222 fundaciocreativacio.org, © Thomasamby/Dreamstime.com p. 223 fotolia/Markus Mainka, fotolia/karepa , fotolia/farbkombinat, fotolia/Markus Mainka, p. 224 topsy.one, p. 226 evolucionconsciente.org; **proyectos** p. 232 Bill_Dally/iStock, p. 233 trevorhirst/iStock, rilueda/iStock, p. 234 Halfpoint/iStock, p. 235 ronniechua/iStock, kyoshino, es.pinterest.com, p. 237 madrid.es, p. 238 acabemosconelbullying.com, .com, navarra.es, guarderia.org; **textos** p. 242. losandes.com.ar, p. 246 Olegdutko/Dreamstime, p. 247 kasto80/iStock.

Comprensión auditiva unidad 1 aldomurillo/iStock, alvarez/iStock, LightFieldStudios/iStock, guruXOOX/iStock; **unidad 3** DMEPhotography/iStock; **unidad 4** es.wikipedia.org, encrypted, tbn0.gstatic.com, guias-viajar.com, martainfante.com, puente-colgante.com, torredeherculesacoruna.com, encrypted-tbn3.gstatic.com, Cealbiero/Dreamstime.com; **unidad 6** SensorSpot/iStock, Ekaterina Kapranova/ iStock, AaronAmat/iStock, lukas_zb/iStock; **unidad 7** pixdeluxe/iStock, sturti/iStock, PeopleImages/iStock, Morsa Images/iStock; **unidad 8** syntika/iStock, littlehenrabi/iStock, Yuricazac/iStock; **unidad 9** alashi/iStock, VictoriaBar/iStock, lukpedclub/iStock; **unidad 10** fcafotodigital/iStock. **unidad 11** SensorSpot/iStock, ajr_images/iStock; **unidad 12** exdez/iStock; **unidad 14** MaxRiesgo/iStock, Mixmike/iStock, Portra/iStock, ballero/iStock; **unidad 15** NASA/Bill Ingalls, rudall30/iStock; **unidad 17** culturacolectiva.com, maxresdefault_carrera_esposa, mmeee/iStock, 5c0b50f89c/Flickr; **unidad 18** m-imagephotography/iStock, m-imagephotography/iStock, SanneBerg/iStock, Ryzhi/iStock.

Ilustraciones
Roger Pibernat
excepto: unidad 1 p. 23 muyinteresante.es, p.28 Joan Sanz, p. 30 Erengoksel/Dreamstime.com; **unidad 2** p. 33 nuestravidahoy.com, p. 39 aztecanoticias.com.mx; **unidad 3** p. 46 todocoleccion.net, p. 56 Cidepix/Dreamstime.com; **unidad 4** p. 58 David Revilla, p. 61 laclasedeptdemontse.wordpress.com, p. 62 freevectormaps.com, Pedro Ponciano, p. 63 banderas-mundo.es, p. 64 uam.es, p. 69 Cealbiero/Dreamstime.com, Alfonsodetomas/Dreamstime.com, google.es; **unidad 5** p. 70 geospatialtrayninges.com, p. 71 es.pinterest.com, p. 81 istockphoto.com/29mokara; **unidad 6** p. 83 es.pinterest.com, p. 88 sonrisasdebombay.org, aymy.org, p. 96 cmagazine.es, p. 97 jrmora.com, recreoviral.com; **unidad 8** p. 104 Pakmor/Fotolia, bbc.com, p. 105 Eva Vázquez, p. 112 flaticon.com, p. 114 emaze.com; **unidad 9** p. 119 elpais.com, p. 123 pzgfpe.ipnodns.ru, p. 128 David Revilla, p. 129 Yodke67/Dreamstime.com; **unidad 10** p. 136 cadizturismo.com, elgranjamon.es, xunta.gal, casaolmo.com, carniceriasjfernandez-bosco.com, jaenoroverde.com, imd.sevilla.org, sidradeasturias.es, origenespana.es, p. 137 Serban Bogdan/Dreamstime.com; **unidad 11** p. 142 seoplus.gr_wp; **unidad 12** p. 153 viralinside.xyz, p. 155 apple.com; **unidad 13** p. 165 cdnb.20m.es, laalameda.files.wordpress.com, p. 166 Multirealism/Dreamstime.com, p. 169 es.pinterest.com, cantabrianosevende.org, p. 171 Mar Guixè, p. 172 Richard Griffin | Dreamstime.com; **unidad 14** p. 177 losandes.com.ar, elmundo.es, p. 182 Sentavio | Dreamstime.com; **unidad 15** p. 186 tomaguasa.com, p. 187 travindy.com, p. 189 Ksanask | Dreamstime.com, p. 191 msfporunmundomejor.blogspot.com.es, p. 194 internacional.elpais.com, GettyImages, p. 195 Agcuesta | Dreamstime.com, talleresradiofonicos.es; **unidad 16** p. 198 es.pinterest.com, cibercorresponsales.org, agendacomunistavalencia.blogspot.com.es; **unidad 17** p. 210 wikimedia.org.

SI QUIERES MEJORAR TU NIVEL DE ESPAÑOL,
te recomendamos:

Gramática básica del estudiante de español

Cuadernos de gramática española A1-B1

Las claves del nuevo DELE B1

Un día en Buenos Aires

Un día en La Habana

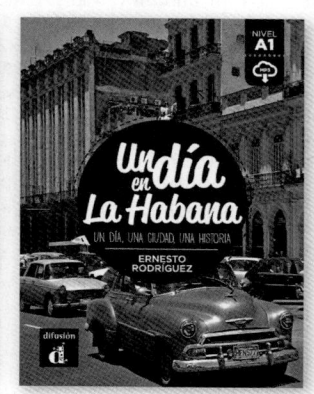

Un día en Ciudad de México

Un día en Barcelona

Un día en Madrid

Un día en Málaga

Un día en Salamanca